에듀윌과 함께 시작하면,
당신도 합격할 수 있습니다!

대학 진학 후 진로를 고민하다 1년 만에
서울시 행정직 9급, 7급에 모두 합격한 대학생

다니던 직장을 그만두고
어릴 적 꿈이었던 경찰공무원에 합격한 30세 퇴직자

용기를 내 계리직공무원에 도전해
4개월 만에 합격한 40대 주부

직장생활과 병행하며 7개월간 공부해
국가공무원 세무직에 당당히 합격한 51세 직장인까지

누구나 합격할 수 있습니다.
시작하겠다는 '다짐' 하나면 충분합니다.

마지막 페이지를 덮으면,

**에듀윌과 함께
공무원 합격이 시작됩니다.**

누적판매량 255만 부 돌파!
62개월 베스트셀러 1위 공무원 교재

7·9급공무원 교재

기본서
(국어/영어/한국사)

기본서
(행정학/행정법총론)

단원별 기출&예상 문제집
(국어/영어/한국사)

단원별 기출&예상 문제집
(행정학/행정법총론)

9급공무원 교재

기출문제집
(국어/영어/한국사)

기출문제집
(행정학/행정법총론/사회복지학개론)

기출PACK
공통과목(국어+영어+한국사)

실전동형 모의고사
(국어/영어/한국사)

7급공무원 교재

민경채 PSAT 기출문제집

7급 PSAT 기출문제집

국어 집중 교재

매일 기출한자(빈출순)

국어 문법 단권화 요약노트

영어 집중 교재

빈출 VOCA

매일 3문 독해(4주 완성)

빈출 문법(4주 완성)

한국사 집중 교재

한국사 흐름노트

계리직공무원 교재

기본서
(우편일반/예금일반/보험일반)

기본서
(컴퓨터일반·기초영어)

단원별 기출&예상 문제집
(우편일반/예금일반/보험일반)

단원별 기출&예상 문제집
(컴퓨터일반·기초영어)

군무원 교재

기출문제집
(국어/행정법/행정학)

파이널 적중 모의고사
(국어+행정법+행정학)

* 에듀윌 공무원 교재 누적판매량 합산 기준(2012년 5월 14일~2024년 1월 31일)
* YES24 수험서 자격증 공무원 베스트셀러 1위 (2017년 3월, 2018년 4월~6월, 8월, 2019년 4월, 6월~12월, 2020년 1월~12월, 2021년 1월~12월, 2022년 1월~12월, 2023년 1월~12월, 2024년 1월 월별 베스트, 매월 1위 교재는 다름)

더 많은
공무원 교재

1초 합격예측
모바일 성적분석표

1초 안에 '클릭' 한 번으로 성적을 확인하실 수 있습니다!

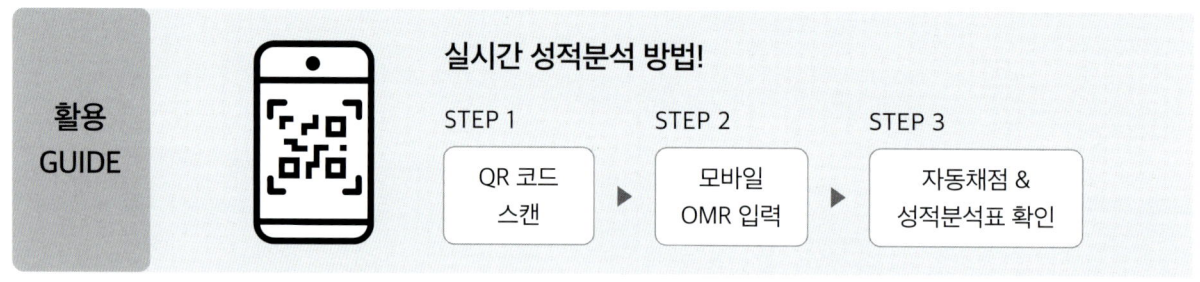

활용 GUIDE — 실시간 성적분석 방법!

- **STEP 1** QR 코드 스캔
- **STEP 2** 모바일 OMR 입력
- **STEP 3** 자동채점 & 성적분석표 확인

STEP 1
QR 코드 스캔

- 교재의 QR 코드를 모바일로 스캔 후 에듀윌 회원 로그인
- QR 코드 하단의 바로가기 주소로도 접속 가능

STEP 2
모바일 OMR 입력

- 회차 확인 후 '응시하기' 클릭
- 모바일 OMR에 답안 입력
- 문제풀이 시간까지 측정 가능

STEP 3
자동채점 & 성적분석표 확인

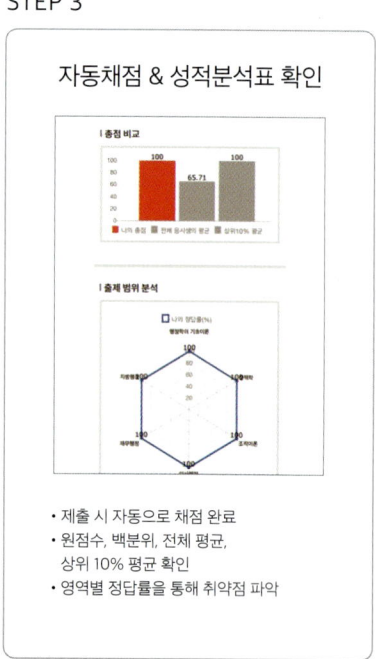

- 제출 시 자동으로 채점 완료
- 원점수, 백분위, 전체 평균, 상위 10% 평균 확인
- 영역별 정답률을 통해 취약점 파악

※ 본 서비스는 에듀윌 공무원 교재(연도별, 회차별 문항이 수록된 교재)를 구입하는 분에게 제공됨.

에듀윌 계리직공무원

계리직공무원, 에듀월을 선택해야 하는 이유

합격자 수 수직 상승
2,100%

명품 강의 만족도
99%

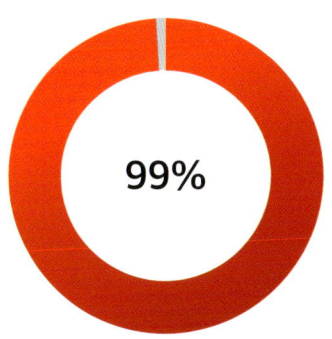

계리직 공무원

베스트셀러 1위
62개월(5년 2개월)

5년 연속 계리직공무원 교육
1위

* 2017/2022 에듀윌 공무원 과정 최종 환급자 수 기준 * 계리직공무원 교수진 2023년 9월 강의 만족도 평균
* YES24 수험서 자격증 공무원 베스트셀러 1위 (2017년 3월, 2018년 4월~6월, 8월, 2019년 4월, 6월~12월, 2020년 1월~12월, 2021년 1월~12월, 2022년 1월~12월, 2023년 1월~12월, 2024년 1월 월별 베스트, 매월 1위 교재는 다름)
* 2023, 2022, 2021 대한민국 브랜드만족도 계리직공무원 교육 1위 (한경비즈니스) / 2020, 2019 한국브랜드만족지수 계리직공무원 교육 1위 (주간동아, G밸리뉴스)

계리직공무원 1위

1위 에듀윌만의
체계적인 합격 커리큘럼

원하는 시간과 장소에서
온라인 강의

① 초보 수험 가이드 무료 제공
② 기출문제 해설강의 무료 제공
③ 전 과목 기초 특강과 합격필독서 무료 제공

쉽고 빠른 합격의 첫걸음 **합격필독서 무료** 신청

최고의 학습 환경과 빈틈 없는 학습 관리
직영 학원

① 현장 강의와 온라인 강의를 한번에
② 확실한 합격관리 시스템, 아케르
③ 완벽 몰입이 가능한 프리미엄 학습 공간

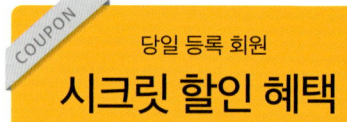 

합격전략 설명회 신청 시 **당일 등록 수강 할인권** 제공

친구 추천 이벤트

"**친구 추천**하고 한 달 만에
920만원 받았어요"

친구 1명 추천할 때마다 현금 10만원 제공
추천 참여 횟수 무제한 반복 가능

※ *a*o*h**** 회원의 2021년 2월 실제 리워드 금액 기준
※ 해당 이벤트는 예고 없이 변경되거나 종료될 수 있습니다.

친구 추천 이벤트
바로가기

* 2023 대한민국 브랜드만족도 계리직공무원 교육 1위 (한경비즈니스)

회독 플래너

회독 실패율 Zero!
따라만 하면
3회독 가능!!

PART	Chapter	1회독	2회독	3회독
Ⅰ. 금융 개론	01 금융경제 일반	1~2	1	1
	02 금융회사와 금융상품	3~5	2	2
	03 저축과 금융투자에 대한 이해	6~8	3	3
	04 우체국금융 일반현황	9~11	4~5	4
Ⅱ. 우체국 금융 제도	01 예금업무 개론	12~14	6~7	5
	02 내부통제 및 준법감시	15~17	8~9	6
	03 예금 관련 법	18~21	10~11	7
Ⅲ. 우체국 금융 상품	01 우체국금융 상품	22~24	12	8
	02 우체국금융 서비스	25~28	13~14	9
	03 전자금융	29~30	15	10
		30일 완성!	**15일 완성!**	**10일 완성!**

직접 체크하는 회독 플래너

회독 실패율 Zero!
따라만 하면
3회독 가능!!

PART	Chapter	1회독	2회독	3회독
Ⅰ. 금융 개론	01 금융경제 일반			
	02 금융회사와 금융상품			
	03 저축과 금융투자에 대한 이해			
	04 우체국금융 일반현황			
Ⅱ. 우체국 금융 제도	01 예금업무 개론			
	02 내부통제 및 준법감시			
	03 예금 관련 법			
Ⅲ. 우체국 금융 상품	01 우체국금융 상품			
	02 우체국금융 서비스			
	03 전자금융			

○일 완성! ○일 완성! ○일 완성!

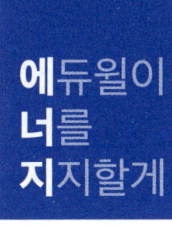

시작하는 데 있어서
나쁜 시기란 없다.

– 프란츠 카프카(Franz Kafka)

설문조사에 참여하고 스타벅스 아메리카노를 받아가세요!

에듀윌 계리직공무원 기본서를 선택한 이유는 무엇인가요?
소중한 의견을 주신 여러분들에게 더욱더 완성도 있는 교재로 보답하겠습니다.

참여 방법	QR 코드 스캔 ▶ 설문조사 참여(1분만 투자하세요!)
이벤트 기간	2024년 2월 20일~2026년 1월 31일
추첨 방법	매월 1명 추첨 후 당첨자 개별 연락
경품	스타벅스 아메리카노(tall size)

에듀윌 계리직공무원 기본서

예금일반

INTRO
머리말

반복학습이 기적을 만든다
필요한 것은 노력, 끈기, 단권화이다

계리직공무원 시험에서 '예금일반'은 우체국 업무에 필요한 사전 지식을 습득하는 과목으로, 잘하면 잘할수록 실무현장에서 많은 도움이 되는 과목입니다.

'예금일반' 과목에서 좋은 점수를 받기 위해서는 먼저 출제경향을 잘 파악하고, 우선순위를 정하여 출제빈도가 높은 부분 위주로 세밀하게 공부해야 합니다. 더불어 반복학습을 꾸준히 한다면 분량에 대한 부담도 줄고 높은 점수를 받을 수 있을 것입니다.

이 책의 방향

첫째, 최대한 적은 시간을 투자하여 한 권으로 고득점을 받을 수 있는 가장 완벽한 기본서를 지향합니다.

둘째, 이 교재로만 공부해도 합격할 수 있다는 자신감을 얻을 수 있습니다.

셋째, 시험장에 갈 때 단권화할 수 있는 한 권의 기본서로서 언제 어디서나 편리하게 학습할 수 있습니다.

이 책의 구성

첫째, 2023. 12. 28. 발표한 우정사업본부 개정 학습자료를 완벽하게 반영하였습니다.

둘째, 2023년 최신 기출문제를 수록하였습니다.

셋째, 학습포인트, 출제키워드 등 기출분석을 토대로 중요 내용을 잘 정리하여 단권화 정리에 유용합니다.

넷째, 필수이론 학습 후, 핵심지문 OX와 기출&예상문제를 통해 학습한 내용을 바로 점검할 수 있습니다.

개정된 학습자료에 대한 수험생의 불안감을 줄여주고, 새로운 출제방향을 최대한 빠르게 파악하고 안정적으로 대비할 수 있게 도움을 주고자 정성을 들였습니다. 본 교재를 통해서 수험기간을 단축할 수 있기를 희망합니다. 또한 그 시간을 즐기며 학습할 수 있는 계기를 만들기 바라며, 미래에 합격이라는 기쁨이 함께하기를 진심으로 기원합니다.

끝으로 이 책을 통해 공부하는 모든 수험생이 합격하기를 기원하며, 모든 이들의 소박한 바람이 결실을 맺을 수 있기를 간절히 바랍니다.
모두의 합격을 진심으로 기원하겠습니다. 파이팅!!

INSTRUCTION

이 책의 활용법

단권화 커리큘럼

맥을 잡는 기출분석

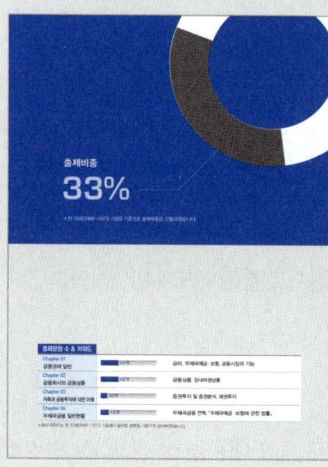

시험 기출분석으로 출제비중을 파악하고 학습의 강약 조절하기

학습포인트를 잡는 필수이론 & 단권화 MEMO

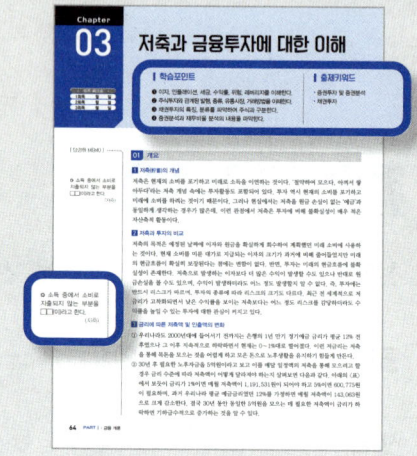

- 학습포인트와 출제키워드로 학습 방향 설정하기
- 중요 내용은 빈칸 문제로 한번 더 확인하기
- 이론을 학습하면서 단권화 MEMO에 중요 내용을 필기하기

무료 합격팩

3회독 플래너

체계적으로 계획된 회독 플래너를 따라만 하면 3회독 완성!

3회독 체크표

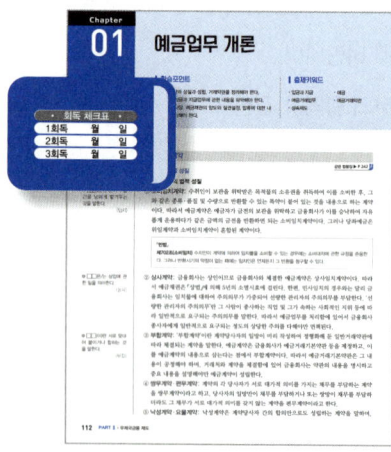

챕터마다 공부한 날을 기입하여 다회독 학습 관리

개념확인 핵심지문 O/X

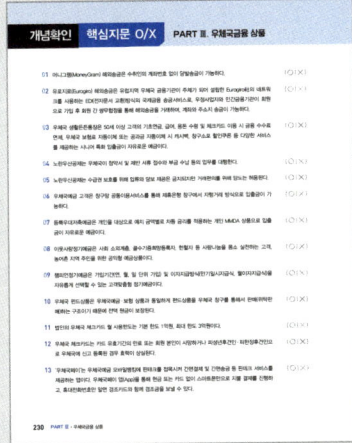

PART별 핵심지문 O/X로 개념을 확실히 다잡기

실전적용 기출&예상문제

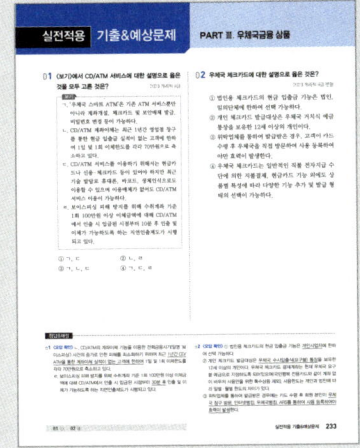

PART별 다양한 기출&예상문제를 풀어보며 실전 감각 익히기

최신 3개년 기출 해설강의

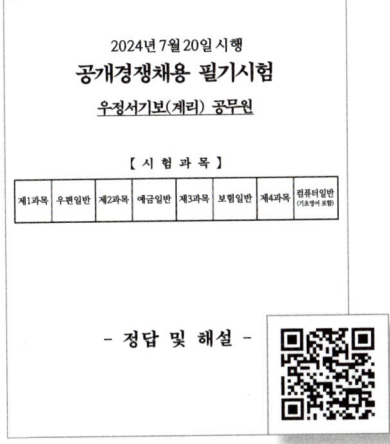

최신 3개년(2024~2022) 기출 해설강의 무료 제공
※ 2024년 시험 해설강의는 2024년 7월 20일 시험 이후 업로드 예정
※ 강의 수강 방법: 에듀윌 도서몰(book.eduwill.net)
　▶ 동영상 강의실 또는 상단 QR 코드 스캔

관련 법령집

본책과 연계학습이 가능한 페이지링크로 심화학습 가능　　※도서 내 수록

GUIDE

계리직 시험 가이드

응시자격

구분	응시자격
응시 연령	18세 이상
학력 및 경력	제한 없음
응시자 거주지역 제한	응시자는 공고일 기준으로 주민등록이 되어 있어야 함 ex) 공고일 기준 주민등록이 서울특별시, 인천광역시, 경기도에 되어 있을 경우 서울청, 경인청 중 한 곳만 선택하여 응시 가능(최종 합격 후 임용된 곳에서 5년 근무 후 타 지역 전보 가능)
응시 결격 사유	「국가공무원법」상 결격사유에 해당되거나, 「국가공무원법」상 정년에 해당되는 자 또는 「공무원임용시험령」 등 관계법령에 의하여 응시자격을 정지당한 자는 응시할 수 없음(판단기준일: 면접시험 최종 예정일) ＊장애인·저소득층 구분 모집 응시대상자에 대한 상세 내용은 공고를 참고하기 바람
응시자격 부여	• 기준점수(등급): 한국사능력검정시험(국사편찬위원회) 3급 이상 • 인정 범위: 필기시험 시행 예정일 전날까지 점수(등급)가 발표된 시험으로 한정하며, 기준 점수 이상으로 확인된 시험만 인정됨(단, 유효기간 없음) ＊성적표 제출방법은 최종 시험계획 공고 시 안내되므로 최종 시험계획 공고를 반드시 확인하기 바람.

※ 선발인원(세부)·응시자격 등을 포함한 최종 우정9급(계리) 공무원 공개경쟁채용시험 계획 공고는 우정사업본부 홈페이지 등을 통해 공고문을 반드시 확인하시기 바랍니다.

필기시험 과목 및 방법

구분	2024년 이후 개편 사항
시험과목	• 우편일반: 20문항 • 예금일반: 20문항 • 보험일반: 20문항 • 컴퓨터일반(기초영어 포함): 컴퓨터일반 13문항, 기초영어 7문항
시험방법	• 매 과목당 100점 만점(과락 40점) • 객관식 4지 택일형 • 시험문항 총 80문항, 시험시간 총 80분

※ 2024년부터 금융상식 과목이 예금일반, 보험일반의 2과목으로 분리되고 한국사는 한국사능력검정시험으로 대체됩니다.
※ 2024년부터 컴퓨터일반 출제범위에서 자료구조·알고리즘, 프로그래밍언어론이 제외됩니다.
※ 2024년부터 기초영어의 출제문항이 7문항으로 확대되며, 문제 유형은 일반 상황 및 우체국 업무수행 과정에서 발생할 수 있는 상황 등에서 회화형·숙어형·독해형으로 출제됩니다.

시행정보

구분	공고일	시험일		선발인원
		필기	면접	
1회(2008)	2008. 6. 23.	2008. 8. 31.	2008. 10. 11.	295명
2회(2010)	2010. 3. 8.	2010. 7. 24.	2010. 9. 4.	281명
3회(2012)	2011. 11. 14.	2012. 3. 3.	2012. 4. 21.	317명
4회(2014)	2013. 10. 10.	2014. 2. 15.	2014. 4. 5.	287명
5회(2016)	2016. 3. 7.	2016. 7. 23.	2016. 10. 8.	205명
6회(2018)	2018. 3. 5.	2018. 7. 21.	2018. 10. 6.	355명
7회(2019)	2019. 7. 15.	2019. 10. 19.	2019. 12. 21.	350명
8회(2021)	2021. 1. 8.	2021. 3. 20.	2021. 5. 29.	331명
9회(2022)	2021. 12. 6.	2022. 5. 14.	2022. 7. 23.	464명
10회(2023)	2023. 2. 28.	2023. 6. 3.	2023. 8. 12.	374명
11회(2024)	2024. 4월 중	2024. 7. 20.	2024. 9월 중	미정

가산점

*제10회 시험 공고 기준

구분	가산비율	비고
취업지원대상자	과목별 만점의 10% 또는 5%	취업지원대상자 가점과 의사상자 등 가점은 본인에게 유리한 1개만 적용
의사상자 등 (의사자 유족, 의상자 본인 및 가족)	과목별 만점의 5% 또는 3%	

※ 국가직 공무원 직렬 공통으로 적용되었던 통신·정보처리 및 사무관리 분야 자격증 가산점은 「공무원임용시험령」 개정(2015. 5. 6.)에 따라 2017년부터 폐지되었습니다.

- 취업지원대상자
  - 취업지원대상자 가점을 받아 합격하는 사람은 선발 예정 인원의 30%를 초과할 수 없음
  - 선발 예정 인원이 4명 이상인 경우에 한하여 가산점을 적용함
  - 취업지원대상자 등록 여부, 가점비율은 응시자 본인이 사전에 국가보훈처에 확인
- 의사상자 등 대상자
  - 의사상자 등 대상자가 가점을 받아 합격하는 사람은 선발 예정 인원의 10%를 초과할 수 없음
  - 선발 예정 인원이 10명 이상인 경우에 한하여 가산점을 적용함
  - 의사상자 등 등록 여부, 가점비율은 응시자 본인이 사전에 보건복지부에 확인
- 가산점 적용 유의사항
  - 필기시험 시행일 전까지 해당 요건을 갖추어야 하며, 반드시 필기시험 답안지의 해당란에 표기해야 함
  - 가산특전대상자는 증빙서류(취업지원대상자 증명서 등)를 필기시험 합격자 발표일에 안내하는 방법으로 기간 내에 제출해야 함

ANALYSIS

기출분석으로 보는 예금일반

1~10회 시험 출제문항 키워드

PART	CHAPTER	10회(2023)	9회(2022)	8회(2021)	7회(2019)
Ⅰ 금융 개론	금융경제 일반		금융시장의 기능		
	금융회사와 금융상품		장내파생상품		금융투자상품, 예금보험제도
	저축과 금융투자에 대한 이해	채권	증권투자 · 증권분석	주식투자 및 채권투자	
	우체국금융 일반현황	「우체국예금 · 보험에 관한 법률」 및 동법 시행규칙, 우체국 외국환 업무	우체국금융 연혁	「우체국예금 · 보험에 관한 법률」과 동법 시행령 · 시행규칙	
Ⅱ 우체국 금융 제도	예금업무 개론	입금과 지급, 상속제도	상속제도		상속제도
	내부통제 및 준법감시	금융거래 비밀보장, 예금자보호	금융실명거래 (실명확인방법)		
	예금 관련 법		자금세탁방지제도		종합과세
Ⅲ 우체국 금융 상품	우체국금융 상품	체크카드, 예금상품	체크카드, 예금상품	체크카드, 예금상품	예금상품 및 체크카드
	우체국금융 서비스	CD/ATM 서비스	우체국페이 (구 포스트페이)		
	전자금융				

6회(2018)	5회(2016)	4회(2014)	3회(2012)	2회(2010)	1회(2008)
금리	금리		우체국예금 · 보험	금융시장	금리
			(금융상품)	금융상품	금융상품(2)
입금과 지급	예금			예금거래업무	예금거래약관
		금융거래정보			
	자금세탁방지제도		금융경제 · 과세 · 자금세탁방지 업무		
예금상품	예금상품, 체크카드	예금상품(2)	예금상품	예금상품	
해외송금서비스		노란우산공제	제휴서비스		
			전자금융	전자금융	카드의 종류별 특징

CONTENTS

이 책의 차례

회독 플래너
- INTRO 머리말
- INSTRUCTION 이 책의 활용법
- GUIDE 계리직 시험 가이드
- ANALYSIS 기출분석으로 보는 예금일반

빈출도
- 없음 : 미출제
- ★ : 1~4문항 출제
- ★★ : 5~8문항 출제
- ★★★ : 9문항 이상 출제

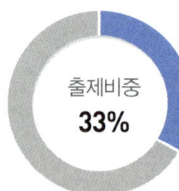

PART Ⅰ 금융 개론
출제비중 33%

	페이지	빈출도
Chapter 01 금융경제 일반	16	★★
Chapter 02 금융회사와 금융상품	37	★★
Chapter 03 저축과 금융투자에 대한 이해	64	★
Chapter 04 우체국금융 일반현황	96	★
[개념확인 핵심지문 O/X]	101	
[실전적용 기출&예상문제]	104	

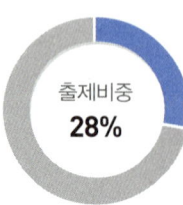

PART Ⅱ 우체국금융 제도
출제비중 28%

	페이지	빈출도
Chapter 01 예금업무 개론	112	★★
Chapter 02 내부통제 및 준법감시	141	★
Chapter 03 예금 관련 법	159	★
[개념확인 핵심지문 O/X]	171	
[실전적용 기출&예상문제]	174	

＊출제비중 및 빈출도는 전 10회(2008~2023) 시험을 기준으로 분석하였습니다.

		페이지	빈출도
PART Ⅲ 우체국금융 상품	Chapter 01 우체국금융 상품	184	★★★
	Chapter 02 우체국금융 서비스	197	★★
	Chapter 03 전자금융	209	★
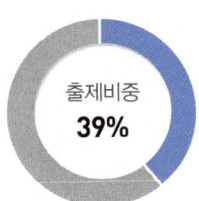출제비중 39%	[개념확인 핵심지문 O/X]	230	
	[실전적용 기출&예상문제]	233	

		페이지
부록 관련 법령집	01 우체국 예금거래 기본약관	242
	02 입출금이 자유로운 예금 약관	246
	03 거치식 예금 약관	247
	04 적립식 예금 약관	248
	05 금융실명거래 및 비밀보장에 관한 법률	249
	06 우체국예금·보험에 관한 법률	254
	07 우체국예금·보험에 관한 법률 시행령	261
	08 우체국예금·보험에 관한 법률 시행규칙	263

PART I

금융 개론

Chapter 01　금융경제 일반
Chapter 02　금융회사와 금융상품
Chapter 03　저축과 금융투자에 대한 이해
Chapter 04　우체국금융 일반현황

출제비중

33%

※ 전 10회(2008~2023) 시험을 기준으로 출제비중을 산출하였습니다.

출제문항 수 & 키워드

Chapter	문항 수	키워드
Chapter 01 금융경제 일반	6문항	금리, 우체국예금·보험, 금융시장의 기능
Chapter 02 금융회사와 금융상품	6문항	금융상품, 장내파생상품
Chapter 03 저축과 금융투자에 대한 이해	3문항	증권투자 및 증권분석, 채권투자
Chapter 04 우체국금융 일반현황	4문항	우체국금융 연혁, 「우체국예금·보험에 관한 법률」

*출제키워드는 전 10회(2008~2023) 시험에서 출제된 문항을 기준으로 분석하였습니다.

Chapter 01 금융경제 일반

학습포인트
❶ 경제순환과 금융의 역할을 이해한다.
❷ 금리, 환율, 주가 등 주요 금융경제지표를 파악한다.
❸ 금융시장을 이해하고 그 기능을 이해한다.

출제키워드
• 금리
• 우체국예금·보험
• 금융시장의 기능

[단권화 MEMO]

01 국민경제의 순환과 금융의 역할

1 국민경제의 순환과 금융의 연결

경제란 '인간의 생활에 필요한 재화나 용역을 생산·분배·소비하는 모든 활동 또는 그것을 통하여 이루어지는 사회적 관계'이다. 즉, 경제는 인간이 물질생활을 유지하기 위한 활동을 의미하며, 그러한 물질적인 활동에는 활동의 주체(경제주체)가 존재하고 활동주체에 의한 일정한 흐름의 현상(순환)이 나타난다.

(1) 경제주체(Economic Subjects)
경제활동을 하는 경제주체는 가계(Household Sector), 기업(Corporation Sector), 정부(Government Sector), 해외(Foreign Sector)로 분류할 수 있다.

① **가계부문**: 생산요소의 공급주체로서 생산요소인 노동, 자본, 토지를 제공하며, 그 결과로 얻은 소득을 소비하거나 저축한다.
② **기업부문**: 생산의 주체로서 노동, 자본, 토지라는 생산요소를 투입하여 재화와 용역(서비스)을 생산하며, 그 결과로 창출한 생산량이 투입량을 초과하면 이윤(Profit)을 얻는다.
③ **정부부문**: 규율(Regulation)과 정책(Policy)의 주체로서 가계와 기업이 경제행위를 하는 방식을 규율하고 정책을 수립·집행하며 그에 필요한 자금을 세금 등으로 징수하거나 지출한다.
④ **해외부문**: 국외자로서 국내부문의 과부족을 수출입을 통하여 해결해 준다.

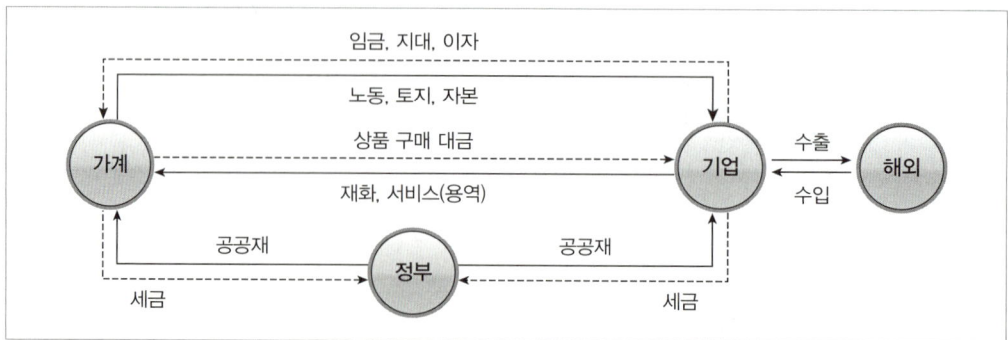

◐ 경제활동의 주체 - 가계, 기업, 정부, 해외

(2) 생산(Production)

기업은 생산을 위해 생산요소를 투입한다. 생산과정에 투입되는 생산요소(Factors of Production)는 인적 요소와 물적 요소로 나눌 수 있는데, 전자에는 노동이 있으며 후자에는 토지와 자본이 있다. 생산요소의 특징은 다음과 같다.

① **비소멸성**: 어느 생산과정에 투입된 후에도 소멸되지 않고 다음 회차의 생산과정에 다시 재투입될 수 있다는 점에서(비소멸성) 원재료(Raw Material)나 중간재(Intermediate Goods)와는 다르다.

② **본원적 생산요소(Primary Sector)**: 생산요소 중에 노동(Labor)이나 토지(Land)는 원래 존재하던 생산요소이며, 재생산된 것이 아니다.

③ **생산된 생산요소(Produced Means of Production)**: 생산요소 중에 자본(Capital)은 생산과정에서 생산된 산출물 중에서 소비되지 않고 다시 생산과정에 투입되어 부가가치를 생산하는 생산요소로서의 기능을 한다.

④ **재화와 용역**: 생산물 중에서 재화는 의복, 식료품, 주택 등 생존에 필수적인 물질이며, 용역(서비스)은 교육, 문화, 관광 등 정신적 욕망을 채워주는 행위이다. 또 용역(서비스)에는 도소매, 운수, 통신, 공무 등 비물질 생산에 기여하는 행위도 포함된다.

⑤ **부가가치 생산**: 생산요소가 투입되면 생산과정에서 투입된 양을 초과하는 생산량이 산출되며, 그 초과된 생산량은 투입량에 대한 부가가치(Added Value)가 되어 소득으로 분배된다. 한편, 기업가의 경영행위(Entrepreneurship)도 생산 활동에 투입되어 부가가치를 생산한다는 점에서 생산요소의 하나이며, 기업가는 그 대가로 이윤(Profit)을 획득하게 된다.

(3) 지출(Consumption, Expenditure)

생산요소를 투입하여 생산된 결과물이 한 경제에서 모두 소비되는 것으로 가정하면 그 소비를 위한 지출은 가계는 소비지출로, 기업은 투자지출로, 정부는 재정지출로, 해외는 수출의 모습으로 각각 이행된다.

(4) 분배(Distribution)

분배는 생산에 의해 얻은 소득이 누구에게 나누어지느냐의 문제로, 생산자가 소득을 경제주체에 나눠주기 위해서는 생산물이 판매(소비)되어야 생산자에게 소득이 발생하고 그 발생된 소득을 각 경제주체에게 분배할 수 있는 것이므로 사실상 분배와 소비는 동전의 양면과 같다. 생산자가 생산물을 판매하여 얻은 금액은 생산과정에 투입된 생산요소들에게 분배하며, 그래도 남는 금액은 생산자(기업가)의 몫(이윤)이 된다.

(5) 국민소득 3면 등가의 원칙

국민소득 3면 등가의 원칙이란 국민소득을 생산·분배·지출의 측면에서 파악했을 때 그 값이 동일하다는 원칙이다. 즉, 생산국민소득, 분배국민소득, 지출국민소득이 동일하다는 의미이다.

[단권화 MEMO]

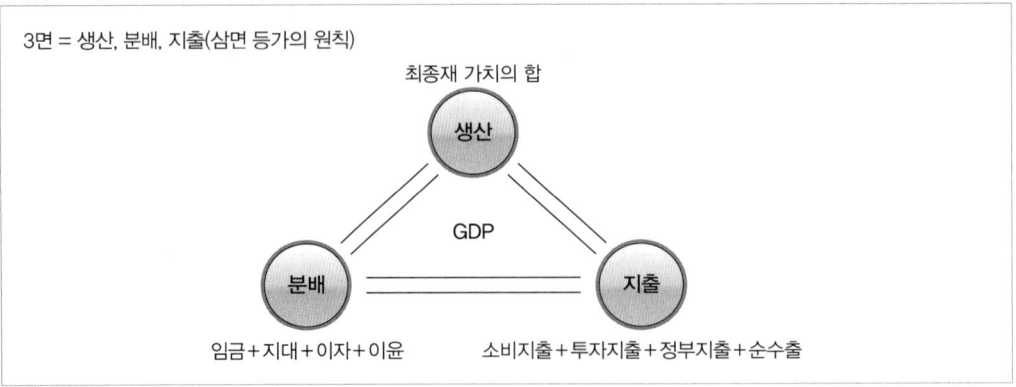

● 국민소득 3면 등가의 원칙

(6) 순환과정(Circulation)

① **국민경제활동의 순환**: 경제행위는 결국 각 경제주체들이 각자 맡은 역할을 하는 것으로, 그 역할을 종합해보면 생산요소의 투입과 산출(생산단계), 생산물의 소비(소비단계), 소득의 분배측면(분배단계)이 시간의 흐름에 따라 경제주체들 간에 유동적으로 흘러가는 순환과정으로 볼 수 있다. 즉, 국민경제활동은 개별적으로 이루어지지 않고 생산에서 분배, 분배에서 지출, 지출에서 다시 생산으로 이어지며 순환하게 된다. 기업이 상품을 생산하기 위해서는 그 상품에 대한 충분한 수요가 있어야 하고, 가계와 정부의 상품 수요에는 지출을 위한 충분한 소득이 있어야 한다.

㉠ **생산단계**: 우선 재화와 용역(서비스)을 생산하는 주된 주체는 기업이다. 기업은 이윤 극대화를 위해 신제품 개발, 설비투자, 기술혁신, 새로운 시장개척 등 혁신적인 활동을 하며, 이러한 활동이 경제성장의 원동력이 된다. 특히 제4차 산업혁명의 시대를 맞아 우리 경제의 지속적인 성장을 위해서는 혁신적인 기업 활동이 중요하다. 기업이 재화와 용역(서비스)을 생산하는 데에는 노동력이나 자본과 같은 생산요소가 필요하다.

㉡ **분배단계**: 생산요소를 투입하기 위해 기업은 생산을 통해 벌어들인 소득을 가계에 배분하는데, 근로자에게는 임금·급여 등의 형태로, 자본가에게는 이자·배당금·임대료 등의 형태로 배분한다. 또 정부에도 법인세 등의 형태로 납부한다. 기업으로부터 임금·이자·배당금 등을 받은 가계는 정부에 소득과 부(富)에 대한 소득세·재산세 등을 납부하며, 소득세·재산세·법인세 등의 형태로 정부에 납부된 자금 중 일부는 정부보조금·수혜금 등의 형태로 가계에 다시 이전된다. 이렇게 한 경제 내에서 생산된 소득은 가계, 기업, 정부로 각각 배분된다.

㉢ **소비단계**: 기업에서 소득을 이전받는 가계와 정부는 재화와 용역(서비스)을 소비하기 위해 지출활동을 한다. 가계는 다양하게 유입된 소득을 이용하여 주택, 자동차, 가구 등의 내구재나 옷, 음식, 구두 등 비내구재 구입에 사용한다. 또 영화, 여행, 학원, 이·미용 등 용역(서비스)을 위해 지출하기도 한다. 정부는 거둬들인 세금을 활용하여 가계나 기업에 행정·국방 등의 서비스를 제공하거나 도로·항만·공항·철도 등 공공 인프라를 건설·유지한다.

② **국민경제 순환의 해외부문**: 국민경제의 순환은 국내에서만 이루어지지 않으며, 우리나라와 같은 개방경제는 생산·분배·지출 활동에서 해외부문이 큰 역할을 차지하고 있다. 국내 기업의 생산물을 외국에 수출하고 석유·원자재·식량 같은 것들은 외국에서 수입하는데, 특히 스마트폰·자동차·TV·선박처럼 우리 기업이 생산하였으나 우리 국민이 소비하는 것보다 외국에 수출하는 양이 더 많은 생산품들도 많다. 반면에 외국으로부터는 제조업이나 서비스업 등에 종사하는 인력은 물론 주식시장·채권시장이나 직접투자 등을 통해 자본도 우리 경제로 유입되고 있다.

③ **국민소득 3면 등가의 법칙(Equivalence of Three Approaches)**: 경제주체들 간의 상호 유기적인 활동으로 이루어진 각 단계(생산, 소비, 분배)별 총액은 모두 동일하다.

> 1년간의 국민총생산량(생산국민소득) = 지출국민소득 = 분배국민소득

④ **국민경제 순환의 개념**: 국민경제의 순환은 일정한 시간의 흐름상에서 나타나는 유동적인 경제활동을 의미하므로, 플로우(Flow)의 개념이지(회계상 개념으로 보면 1년간의 손익계산서) 대차대조표와 같이 축적된 양을 나타내는 스톡(Stock)의 개념은 아니다.

(7) 국민경제와 금융의 연결

① **금융의 의미**: 개인의 일상생활 전체는 돈과 연관되어 있다고 해도 과언이 아니다. 사람들은 번 돈에서 필요한 재화나 용역을 구매하며 남는 돈은 금융회사에 맡기기도 하고 목돈이 필요할 때에는 빌리기도 한다. 일상생활에서 돈이 부족한 사람은 여유가 있는 사람이나 금융회사로부터 빌려서 쓰기도 하는데, '금융'이란 이처럼 '자금이 부족하거나 여유가 있는 사람과 금융회사 간에 돈을 융통하는 행위'를 의미한다. 경제의 순환은 자금의 융통, 즉 금융을 매개로 하여 이루어진다.

○ □□은/는 화폐(자금)의 융통을 말한다.
(금융)

② **금융활동의 분류**: 금융활동의 주체로는 경제주체인 가계·기업·정부에 금융회사를 추가해 네 부문으로 나눌 수 있다. 구체적인 금융관계는 이들 금융활동의 주체와 금융자산(또는 금융부채)과의 조합에 의해 형성되며 개개의 금융형태도 이에 따라 분류될 수 있다. 예를 들어 기업금융, 소비자금융 등의 구분은 금융회사의 일상 업무에서 가장 흔히 찾아볼 수 있는데, 이는 자금을 조달하는 주체별로 분류한 방법이다. 이 기준에서 보면 정부의 금융활동도 포함된다.

③ **자금과 금융의 유통**
  ㉠ **자금의 조달**: 기업이 생산을 하려면 기계와 원자재를 구입하고 인력을 고용하며 이를 위해 필요한 자금을 조달해야 한다. 특히 기업이 사내에 유보하고 있는 자본이 생산활동에 필요한 수준을 충족시키지 못할 경우 부족한 자금은 은행 등 금융회사로부터 대출을 받거나 주식·채권 등 유가증권 발행을 통해 조달해야 한다. 기업이 가계와 정부에 소득을 분배하거나 가계가 정부에 세금을 납부하는 데에도 금융의 도움이 필수적이며, 현대사회에서는 수많은 거래나 지급·결제가 금융을 통하지 않고는 완료될 수 없다.

[단권화 MEMO]

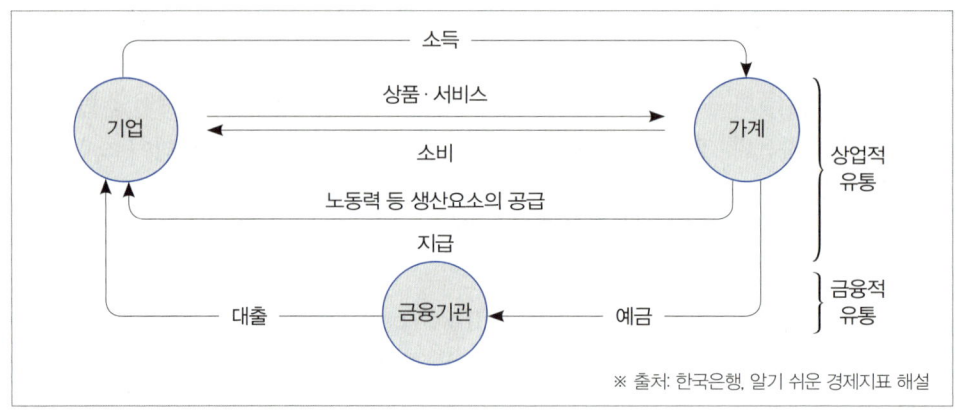

○ **자금의 상업적 유통과 금융적 유통**

ⓒ **금융시장의 발달**: 생산·소비·분배와 같은 경제활동이 원활하려면 각 경제주체 간의 거래를 뒷받침할 수 있는 돈의 흐름을 원활하게 해주는 금융시장이 잘 발달되어 있어야 한다. 그런데 여기서 주의해야 할 부분은 전술한 네 개의 금융활동 주체 가운데 금융회사는 그 자신이 최종적인 자금수요자 또는 자금공급자가 되는 것이 아니라 여타 세 주체 간 금융의 중개기능을 수행한다는 점이다.

④ **금융회사의 경유**: 소비자금융·기업금융·정부의 금융활동 중에는 각각 금융회사를 경유하는 부분과 그렇지 않은 부분이 있다. 예컨대 기업금융 중 외상매출 및 외상매입 등 기업 간의 신용이나 주식의 발행 등은 은행이 중개하지 않는 금융형태이며, 단기·장기의 은행차입과 상업어음의 할인 등은 은행이 중개하는 금융인 것이다. 또 한국은행의 금융자산·부채잔액표의 항목 중 금융회사가 중개하지 않는 금융수단(금융자산)은 유가증권·기업간신용·출자금 등이고 여타의 항목은 금융회사가 중개하는 금융수단이라 할 수 있다.

⑤ **기업간신용**: 기업간신용이라는 용어에는 기업 간의 외상매출 또는 외상매입에 수반하는 채권·채무 이외에 기업과 가계, 기업과 정부와의 사이에 발생한 기업의 영업활동에 수반하는 자금의 대차도 포함되어 있다. 따라서 그 속에는 기업의 개인에 대한 할부판매채권 등도 포함되어 있는 것이다.

2 금융의 역할

금융은 경제활동이 원활하게 일어날 수 있도록 윤활유 역할을 한다. 자금을 공급하려는 자와 자금을 필요로 하는 자 사이에 금융거래가 이루어지는 장소인 금융시장은 재래시장이나 편의점처럼 지역·건물과 같은 특정 공간일 뿐만 아니라 자금의 수요·공급이 이루어지는 가상의 공간을 의미한다. 금융시장에서는 자금수요자와 자금공급자를 이어주는 매개수단인 금융상품을 통해 필요한 거래가 일어난다. 예를 들어 집이나 자동차, 옷 등의 재화를 구입하기 위해 필요한 자금은 은행 예금에서 인출하거나 펀드 해지 또는 환매 등 다른 자산을 매각하여 조달할 수도 있다. 물론 신용카드를 사용하거나 대출을 통해 마련할 수도 있다. 이처럼 다양한 경로를 통해 이루어지는 금융은 각 경제주체들에게 다음과 같은 기능을 제공하고 있다.

(1) 자금거래의 중개

금융은 여윳돈이 있는 사람들의 돈을 모아서 돈이 필요한 사람들에게 이전해주는 자금의 중개 기능을 수행한다. 물론 사람들이 자금거래를 직접 하기보다는, 먼저 돈을 금융회사에 맡기고 금융회사가 이 돈을 가계나 기업, 정부 등에 빌려주고 여기서 발생한 이자수익을 다시 저축자들에게 돌려주는 방식이 전형적인 자금중개의 모습이다. 그러나 금융시장의 발달로 채권이나 주식을 직접 매매하는 행위를 통해서도 자금중개가 가능한데, 정부나 기업이 국채나 회사채를 발행하면 금융회사가 이를 인수한 후 투자자들에게 판매하는 형태이다.

(2) 거래비용의 절감
거래비용이란 탐색비용, 정보획득비용 등 금융거래 시 수반되는 모든 비용을 말한다. 예를 들어 돈을 가진 사람과 돈이 필요한 사람이 서로를 직접 찾아 나선다면 엄청난 탐색비용이 든다. 그러나 개인들이 돈을 맡기거나 빌리는 금융거래를 금융회사에 요청하면 금융회사가 필요한 금융서비스를 제공해주므로 비용과 시간 등 거래비용을 획기적으로 줄여준다.

(3) 지급결제수단의 제공
가계, 기업, 정부 등 경제주체들이 각종 경제활동에 따라 거래당사자들 사이에서 발생하는 채권·채무 관계를 지급수단을 이용하여 해소하는 행위를 지급결제라고 한다. 현금, 신용카드 등으로 물품을 구입하거나 인터넷 뱅킹이나 모바일 뱅킹을 통해 송금하는 것 등도 모두 금융을 통한 거래이다. 이제는 외국의 인터넷 쇼핑몰에서 물건을 직접 사거나 이종 화폐를 사용하는 거래에 대해서도 결제가 가능하다. 정보통신기술의 발달로 오히려 현금, 어음, 수표 대신 각종 카드(신용카드, 직불 및 체크카드, 선불카드 등), 전자지급 결제망을 통한 계좌이체 거래, 가상화폐 등 다양한 대체 지급·결제수단들이 더 많이 활용되고 있다. 이처럼 금융은 안전하고 편리한 지급·결제 시스템을 구축하여 이용자들의 원활한 거래를 지원하고 있다.

(4) 가계에 대한 자산관리수단의 제공
보통 사람들은 중장년 시절에는 직장생활이나 사업 등을 통해 얻은 소득 중 일부를 노후대비용으로 저축하고 노년기에는 저축한 돈을 사용하게 된다. 그런데 실제로는 실직 등으로 고용상태가 변하거나 임금 상승률이 매년 달라질 수도 있으며, 특히 자영업자의 경우에는 경기상황에 따른 매출 증감으로 임금근로자에 비해 더 높은 소득 변동성을 보이기도 한다. 반면, 지출은 대체로 일정하게 이루어진다. 이러한 소득과 지출의 차이는 금융을 통해 해소할 수 있다. 금융은 지출에 비해 소득이 많을 때에는 돈을 운용할 기회를 마련해주고, 지출이 많을 때에는 돈을 빌려주는 등 개인들의 자금사정에 따른 자산관리수단을 제공해준다.

(5) 자금의 효율적인 배분
금융은 여유자금을 가진 사람에게는 투자의 수단을 제공하고, 자금이 필요한 사람에게는 자금을 공급해준다. 이때 각 경제주체들이 자금을 조달 또는 운용하는 과정에서 원하는 금리 수준이 다르기도 하므로 금융회사들은 원활한 자금중개를 위해 돈을 빌리는 사람의 신용도를 평가하거나, 돈을 저축(투자)하는 사람들과 돈을 빌리는 사람 사이에서 가격(이자율)을 조정하기도 한다. 또한 자금의 만기나 크기를 재조정하여 자금이 적절하게 제자리를 찾아가도록 돕고 있다. 이처럼 금융은 자금의 효율적인 배분을 주도함으로써 거시적인 차원에서 경제발전에 기여하고 있다.

(6) 금융위험 관리수단의 제공
금융경제 분야에서 위험(Risk)은 경제현상이나 투자결과 등이 기대와 달라지는 정도를 말하며, 불확실성 또는 변동성이라고도 한다. 금융은 이런 불확실성이나 위험을 적절히 분산시키거나 해소할 수 있는 수단을 제공한다. 예를 들어 개인이 여윳돈을 금융회사에 예금하고 그 돈을 빌린 사람이 부도가 나더라도 그 부담을 금융회사가 지게 되므로 예금을 떼일 위험이 줄어든다. 또한, 금융시장에 판매되는 다양한 금융상품에 분산투자하거나 옵션이나 선물 등 파생금융상품을 위험관리수단으로 활용함으로써 투자위험을 줄일 수 있다. 이 밖에도 금융은 비슷한 위험(Risk)에 처한 사람들로 하여금 보험에 가입할 수 있게 함으로써 불의의 사고 등으로 인한 손해가 발생하더라도 보험금 지급을 통해 그 충격을 완화해 사람들을 보호하는 기능을 한다.

02 주요 금융경제지표

사람들은 예금, 대출, 금융투자 등 금융거래를 할 때에는 좀 더 많은 수익을 얻거나 덜 위험한 금융상품에 투자하기를 원한다. 따라서 합리적인 금융거래를 위해 다음과 같은 금융지표들은 가장 기본적이면서도 중요한 것들이다.

1 금리(이자율)

사람들은 일상생활 속에서 돈이 부족하면 금융회사 등으로부터 돈을 빌리기도 하고 여유자금이 있으면 저축이나 투자를 한다. 이때 돈을 빌린 사람은 일정 기간 동안 돈의 사용대가를 금융회사에 되돌려주어야 하는데 이러한 돈의 사용대가를 '이자'라고 하며, 기간당 원금에 대한 이자의 비율을 '이자율' 또는 '금리'라고 한다. 이자율은 보통 연간 이자액의 원금에 대한 비율을 의미한다. 예를 들어 1년간 100만원을 연 5%의 이자율로 대출받는다면 채무자는 채권자에게 5만원의 이자를 지급해야 한다. 이러한 이자율은 현재의 소비를 희생한 대가라고도 볼 수 있다. 즉, 100만원을 빌려주지 않았다면 누릴 수 있는 영화관람, 외식, 옷 구입 등 현재 소비의 만족을 포기한 대가라고 할 수 있다. 또한 이자는 금융거래를 하고 일정 기간이 지나야 발생하므로 이자를 '돈의 시간가치'라고도 한다.

(1) 금리의 결정

① 금리의 결정 요인: 물건 가격이 시장에서 수요와 공급에 의해 결정되는 것처럼 돈의 값(가격)인 금리도 금융시장에서 자금의 수요와 공급에 의해 결정된다. 자금수요는 주로 가계소비, 기업투자 등에 영향을 받고 자금공급은 가계의 저축, 한국은행의 통화정책 등에 영향을 받는다. 통상 자금에 대한 수요가 늘어나면 금리는 상승하고 반대로 자금공급이 늘어나면 금리는 하락한다.

② 금리변동의 예
   ㉠ 경기 전망이 좋아지면 이익 증가를 예상한 기업의 투자가 늘어나 돈에 대한 수요가 증가하고 금리는 올라가게 된다. 한편, 돈의 공급은 주로 가계에 의해 이루어지는데, 가계의 소득이 적어지거나 소비가 늘면 돈의 공급이 줄어들어 금리가 오르게 된다. 또한 물가가 오를 것으로 예상되면 돈을 빌려주는 사람은 같은 금액의 이자를 받는다 하더라도 그 실질가치가 떨어지므로 더 높은 금리를 요구하게 되어 금리는 상승하게 된다.
   ㉡ 금리는 차입자의 신용과 돈을 빌리는 기간 등에 따라서도 그 수준이 달라진다. 일반적으로 빌려준 돈을 못 받을 위험이 클수록, 차입 기간이 길수록 금리가 높다.

[단권화 MEMO]

● 돈의 사용대가를 □□, 원금에 대한 이자의 비율을 이자율 또는 □□(이)라고 한다.
(이자, 금리)

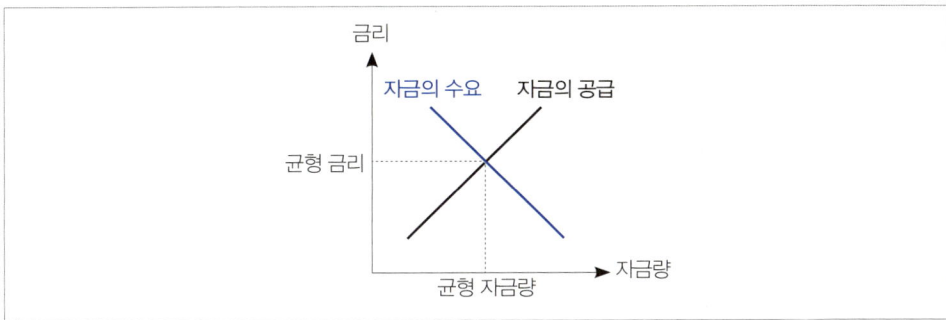

○ 금리의 결정

(2) 금리변동의 영향

① **금리변동에 따른 영향**: 금리의 변동은 가계소비와 기업투자 수준, 물가, 국가 간의 자금이동 등 여러 분야에 큰 영향을 미친다. 가계는 경제활동을 통해 벌어들인 소득을 소비하거나 저축하는데, 금리가 오르면 저축으로 얻을 수 있는 이자 소득이 증가하므로 현재의 소비를 줄이는 대신 미래의 소비를 위해 저축을 증가시킨다. 반대로 금리가 하락하면 미래 소비를 줄이고 현재 소비는 늘리기 위해 저축을 줄이게 된다. 주택이나 자동차 등 내구재를 구입하기 위해 큰 자금이 필요할 경우 가계는 대출로 자금을 조달할 수 있는데, 이때에도 대출규모를 결정하는 중요한 요인이 금리이다.

　㉠ **물가에 미치는 영향**: 금리는 물가에도 영향을 미치는데 금리상승으로 기업의 자금조달비용이 올라가면 상품가격이 상승할 수도 있지만 가계소비와 기업투자 위축을 가져와 경제 전체적으로 보면 물품수요 감소로 인해 물가가 하락할 가능성이 크다.

　㉡ **국가 간 자금흐름에 미치는 영향**: 금리변동은 국가 간의 자금흐름에도 영향을 미친다. 국내금리보다 해외금리가 더 높아지면 더 높은 수익을 좇아 국내자금이 외국으로 유출되거나 외국으로부터의 자금유입이 줄어든다. 반대로 국내금리가 더 높아지면 국내자금의 해외유출이 줄어들거나 외국자금의 국내유입이 증가하게 된다.

② **경제 흐름의 안정화 도모**: 금리는 가계소비, 기업투자, 물가 등 실물부문뿐만 아니라 국가 간의 자금흐름에도 신호 역할을 하는바, 각국 중앙은행은 기준금리 조정을 통해 시장금리에 영향을 줌으로써 경제 전체의 흐름을 안정화시킨다.

(3) 금리의 종류

① **단리와 복리**: 원금에 대한 이자를 산정하는 방법에 따라 단리와 복리로 나눌 수 있다. 단리는 단순히 원금에 대해서만 이자를 계산하는 방법이며, 복리는 원금과 원금에서 발생한 이자를 합친 금액에 대해 이자를 계산하는 방법이다. 예를 들어 100만원을 연 3%의 금리로 은행에 2년간 예금할 경우 만기에 받게 되는 원금과 이자의 합계액은 단리방식으로는 세전 106만원[100만원×(1+0.03×2)]이 되지만 복리방식으로는 세전 106만 900원[100만원×(1+0.03)^2]이 된다.

> • 단리 원리금: 원금×(1+이자율×거치기간)
> • 복리 원리금: 원금×(1+이자율)^{거치기간}

② **표면금리와 실효금리**: 표면금리는 겉으로 나타난 금리, 실효금리는 실제로 지급받거나 부담하게 되는 금리를 뜻한다. 표면금리가 동일한 예금이자라도 복리·단리 등의 이자계산방법

이나 이자에 대한 세금의 부과 여부 등에 따라 실효금리는 달라진다. 대출의 경우에도 이자 계산방법 등에 따라 실효금리는 달라진다.

③ **수익률과 할인율**

㉠ 100만원짜리 채권을 지금 산 뒤 1년 후 원금 100만원과 이자금액 10만원을 받는다면 이 경우 수익률은 10%이다. 즉, 수익률은 투자수익, 여기서는 이자금액을 투자원금으로 나눈 비율을 말한다.

$$수익률 = \frac{이자금액}{채권가격} = \frac{100,000}{1,000,000} = 0.1(즉, 10\%)$$

㉡ 100만원짜리 채권을 지금 10만원 할인된 90만원에 사고 1년 후 100만원을 받는 경우에 할인율은 10%라고 한다. 이를 위에서 설명한 수익률로 바꿔 보면 현재 90만원짜리 채권에 투자하고 1년 후에 원금 90만원과 이자금액 10만원을 받는 것과 같다. 식으로 나타내면 다음과 같다. 금융시장에서 일반적으로 사용하는 이자율 또는 금리는 수익률 개념이다. 따라서 할인율로 표기된 경우에는 정확한 금리 비교를 위하여 아래와 같이 수익률로 전환하여 사용할 필요가 있다.

- $할인율 = \dfrac{할인금액}{채권가격} = \dfrac{100,000}{1,000,000} = 0.100(혹은\ 10.0\%)$

⇩ 이를 수익률 개념으로 전환하면

- $수익률 = \dfrac{이자금액}{채권가격} = \dfrac{100,000}{900,000} = 0.111(혹은\ 11.1\%)$

④ **기준금리**: 중앙은행인 한국은행이 경기상황이나 물가수준, 금융·외환시장 상황, 세계경제의 흐름 등을 종합적으로 고려하여 시중에 풀린 돈의 양을 조절하기 위해 금융통화위원회(금통위)의 의결을 거쳐 결정하는 정책금리이다.

㉠ **기준금리의 변동**: 한국은행은 경기가 과열양상을 보이면 기준금리를 인상하고, 반대로 경기침체 양상이 나타나면 기준금리를 인하하게 된다. 금융시장에서 거래되는 금리는 기준금리를 기준으로 하므로 기준금리는 모든 금리의 출발점이자 나침반 역할을 한다. 일반적으로 기준금리를 내리면 시중에 돈이 풀려 가계나 기업은 투자처를 찾게 되고, 또 은행 차입비용이 내려가 소비와 투자가 활성화되어 침체된 경기가 회복되고 물가가 상승한다. 기준금리를 올리면 반대로 시중에 돈이 마르고 은행 차입비용이 올라가 과도한 투자나 물가상승이 억제되어 과열된 경기가 진정되고 물가가 하락한다.

㉡ **기준금리 변동에 따른 영향**: 기준금리의 변경은 장·단기 시장금리, 예금 및 대출 금리 등에 영향을 주거나 주식·채권·부동산·외환 등 자산 가격에 영향을 줌으로써 실물경제 및 물가를 변동시키는 원인이 된다.

⑤ **시장금리**: 시장금리는 기간에 따라 단기금리와 장기금리로 나눌 수 있다.

㉠ **단기금리**

ⓐ **개념**: 금융회사 또는 거래금액이 크고 신용도가 높은 경제주체들이 거래하는 만기 1년 이내의 금융시장에서 결정되는 이자율이다.

ⓑ **종류**: 금융회사들 간에 자금을 빌릴 때 적용하는 콜금리 [금융기관 사이에 단기적인 자금거래가 이루어지는 콜시장에서 결정되는 금리] 판매자가 되사는 것을 전제로 한 채권 매매 거래인 환매조건부채권(RP; Repurchasing Agreement) 금리, 기업어음

(CP; Commercial Paper) 금리, 무기명인 양도성예금증서(CD; Certificate of Deposit)의 금리 등이 있다.
  ⓒ 장기금리
    ⓐ 개념: 만기가 1년을 초과하는 금리이다.
    ⓑ 종류: 국공채, 회사채, 금융채 등의 수익률이 포함된다. 채권시장에서 형성되는 금리는 '채권수익률'이라고 한다. 채권수익률은 채권의 종류나 만기에 따라 국공채, 회사채 수익률 등 매우 다양하게 존재한다.

> **플러스이론 펼쳐보기 ▼** **채권가격과 채권수익률의 관계**
>
> 채권수익률은 채권가격의 변동과 반대 방향으로 움직인다. 채권가격이 오르면 채권수익률은 떨어지고 반대로 채권가격이 떨어지면 채권수익률은 올라가게 된다. 정부가 발행하는 국채를 매입하는 상황을 가정해보자. 1년 만기 국채를 10,000원에 구입한 후 만기 때 이자 1,000원과 원금 10,000원을 합해 총 11,000원을 받는다면 이 채권의 수익률은 10%가 된다(1,000원/10,000원×100% = 10%). 그런데 만약 이 채권을 구입한 날에 지인의 요청에 따라 그에게 10,500원에 팔았다면 지인은 얼마의 수익을 올릴까? 매입대금으로 10,500원을 지불하고 1년 후 11,000원을 받게 되므로 실제로 버는 돈은 500원, 채권수익률은 약 4.8%가 된다(500원/10,500원×100% = 4.76%). 여기서 우리는 채권가격과 채권수익률의 관계를 알 수 있다. 채권 구입가격이 10,000원일 때는 채권수익률이 10%였으나 채권 구입가격이 10,500원으로 상승하자 채권수익률은 4.8%가 되었다. 즉, 채권가격이 상승하면 채권수익률은 하락하고 채권가격이 하락하면 채권수익률은 상승하게 되는 것이다.

  ⓒ 단기금리와 장기금리의 차이: 일반적으로 장기금리가 단기금리보다 높은데, 그 이유는 차주가 장기간에 걸쳐 자금을 안정적으로 사용할 수 있는 이익이 있다거나 차입자의 부도위험이 장기일수록 더 커지기 때문이다. 시장금리는 경제주체의 신용도에 따라 다르게 적용된다. 금융회사의 입장에서는 차주의 신용도에 따라 위험이 달라지므로 같은 금액을 빌려주더라도 신용이 좋은 사람에게는 낮은 이자로 빌려주지만 신용이 좋지 않은 사람에게는 더 높은 이자를 요구한다. 이때 금융회사는 거래상대방의 신용상태를 직접 파악하려면 많은 시간과 비용이 들어가므로 주로 신용평가회사들을 통해 신용정보를 확보한다. Moody's, S&P, Fitch IBCA 등 세계 3대 신용평가사와 우리나라의 NICE신용평가, 한국기업평가, 한국신용평가 등이 대표적이다.
⑥ 명목금리와 실질금리: 화폐의 가치는 물가 변동에 의해 영향을 받으며, 물가가 상승하면 화폐의 실질 구매력은 떨어진다. 금리는 돈의 가치 변동, 즉 물가 변동을 고려하느냐 안 하느냐에 따라 명목금리와 실질금리로 구분할 수 있다.
  ㉠ 명목금리: 물가상승에 따른 구매력의 변화를 감안하지 않은 금리이며, 우리가 돈을 빌리고 빌려줄 때에는 보통 명목금리로 이자를 계산한다.
  ㉡ 실질금리: 명목금리에서 물가상승률을 뺀 금리이다. 실제로 기업이 투자를 하거나 개인이 예금을 하려고 할 때에는 실질금리가 얼마인지에 관심을 갖게 된다.
  ㉢ 예시: 1년 만기 정기예금의 금리가 연 5%이고 물가상승률이 연 5%라고 하면 실질금리는 0인 결과가 초래된다. 연 1.5%인 1년 만기 정기예금을 가입했으나 물가상승률이 연 2%라면 실질금리는 −0.5%가 된다. 명목금리는 1.5%이지만 실질금리는 −0.5%이기 때문에 실질 이자소득은 오히려 손해를 본 것이다. 즉, 예금가입자가 받는 실질 이자소득은 같은 금리 수준에서 물가상승률이 낮을수록 늘어나게 된다.

[단권화 MEMO]

● ☐☐금리는 물가상승에 따른 구매력의 변화를 감안하지 않은 금리이고, ☐☐금리는 ☐☐금리에서 물가상승률을 뺀 금리이다.
(명목, 실질, 명목)

> 실질금리 = 명목금리 − 물가상승률

2 환율

(1) 개념 – 원화와 외화의 교환비율

글로벌 시대가 도래하면서 연간 수천만 명의 국민이 해외로 여행을 가고 외국인들도 우리나라로 여행을 온다. 또 우리나라에 있는 많은 제조업체들이 석유, 철강 등 원자재를 수입하여 완제품이나 중간재 등으로 상품을 생산한 후 해외에 수출하고 있다. 그러나 이처럼 외국과 거래할 때에는 우리 돈인 원화로 결제하기는 어려우므로 국제적으로 통용되는 미 달러화 등으로 바꿔 거래해야 한다. 국제적 거래를 위해서는 각 나라 화폐 간 교환비율을 결정하여야 하는데, 이 교환비율을 '환율'이라고 한다. 우리나라는 '미화 1달러에 몇 원' 식으로 외국 화폐 1단위에 상응하는 원화 가치를 환율로 표시하는 자국통화표시법을 사용한다. 예를 들어 달러당 환율이 1,000원이라면 1달러를 살 때 지불하는 가격이 1,000원이라는 뜻이고, 유로(euro) 환율이 1,300원이라는 것은 1유로의 가격이 1,300원이라는 것이다. 결국 원화를 외국화폐로 환전하는 것을 외국상품을 구매하는 것과 같은 의미로 이해해도 된다. 즉, 100달러를 구입(환전)하는 것은 개당 1,000원인 상품을 100개 구입하는 것과 같은 의미로 생각할 수 있다. 환율은 ₩1,000/$, ₩1,300/€ 등 외국 돈 1단위당 원화의 금액으로 표시한다.

(2) 환율의 결정과 변동

환율은 우리나라 원화와 다른 통화 간의 교환비율로, 외환시장에서 외화의 수요와 공급에 따라 자유롭게 결정된다.

① **외화의 공급적 측면**: 외화는 우리나라 기업이 해외로 상품이나 서비스를 수출하거나, 외국으로부터의 자본유입, 외국인에 의한 국내투자, 외국인의 국내여행 등에 의해 국내로 공급(유입)된다. 우리나라의 금리가 다른 나라에 비해 높게 상승하면 금융자산의 수익률도 높아지기 때문에 외국인 자본이 국내로 유입된다. 또 수출이 늘어나거나 외국인 관광객이 증가하는 등 경상수지 흑자가 늘어나면 외화의 공급이 증가하므로 환율은 하락하게 된다. 실제로 우리나라 경상수지는 2012년 이후 크게 늘어났는데, 지속적인 경상수지 흑자는 환율 하락 요인으로 작용하고 있다.

② **외화의 수요적 측면**: 환율 변동에 대한 원인을 외화의 수요 쪽에서도 찾을 수 있다. 외화에 대한 수요는 해외로부터의 상품이나 서비스 수입, 자본유출, 내국인의 해외투자, 내국인의 해외여행 등에 의해 발생한다. 예를 들어 외국의 금리가 높아지면 우리나라 금융자산의 수익률이 상대적으로 낮아지기 때문에 국내에 있던 자본이 외국으로 유출된다. 만약 미국 중앙은행인 연준(연방준비제도)이 금리를 인상하여 미국 금리가 우리나라보다 높은 수준을 유지한다면 달러화 금융자산에 투자하는 것이 유리하게 된다. 이 경우 국내자본이나 국내에 있던 외국자본이 자금을 빼내가기 위해 달러 수요가 늘어나면 우리나라 외환시장에서 달러화 대비 원화 환율이 상승할 수 있다.

③ **환율 변동에 따른 우리 돈의 가치 변화**: 상품가격이 오르면 화폐가치가 떨어지는 것처럼 환율 상승은 우리 돈의 가치가 떨어진다는 것을 의미한다. 즉, 환율이 상승하면 원화가치가 하락하고 환율이 하락하면 원화가치가 올라간다. 환율 상승은 우리 돈의 가치가 외화에 비해

상대적으로 떨어진다는 것을 의미하며, '원화 약세', '원화 평가절하'라고도 한다. 반대로 환율 하락은 우리 돈의 가치가 외화에 비해 상대적으로 높아진다는 것을 뜻하며, '원화 강세'나 '원화 평가절상'도 같은 의미이다. 예를 들어 개인이 해외여행을 가거나 유학자금을 송금하기 위해 외화가 필요한 경우에는 원화가 강세일 때 환전하는 것이 유리하다. 외화의 입장에서 보면 외화 가치 상승과 환율 상승은 서로 같은 방향으로 움직인다.

(3) 변동환율제도와 고정환율제도
나라마다 자국의 사정에 따라 환율정책을 달리하고 있는데, 대체로 변동환율제도와 고정환율제도로 나눌 수 있다.

① **변동환율제도**: 우리나라는 변동환율제도를 채택하고 있으며, 환율이 외환시장에서의 수요와 공급에 따라 결정된다. 변동환율제도는 국제수지에 불균형이 발생했을 때 고정환율제도보다 빠르게 조정된다는 장점 때문에 최근에는 많은 국가들이 채택하고 있다. 변동환율제도는 시장에 의한 환율 결정을 원칙으로 하고 있으나, 대부분의 국가에서 환율의 급격한 변동으로 경제에 충격이 발생할 경우에는 정부가 외환시장에 참가(개입)하여 환율의 변동 속도를 조정(Smoothing Operation)하기도 한다.

② **고정환율제도**: 정부나 중앙은행이 외환시장에 개입하여 환율을 일정한 수준으로 유지시키는 제도로, 우리나라도 과거에는 이 제도를 사용했으나 1997년 IMF 외환위기 이후에 자유변동환율제도로 변경·적용하고 있다.

(4) 환율의 영향

① **환율 상승의 긍정적 영향**: 경제주체들의 외환수요가 어떤지에 따라 환율 변화가 미치는 영향은 서로 다르다. 예를 들어 환율이 상승할 경우에는 우리나라 수출품의 외화로 표시된 가격이 하락하여 수출이 증가함과 동시에 수입품 가격 상승으로 수입이 감소함으로써 경상수지(주로 한 나라의 1년간 상품 및 서비스의 수출·수입거래에 따른 수지로, 수출이 수입보다 많으면 흑자, 수입이 수출보다 많으면 적자)가 개선된다. 따라서 환율 상승은 수출 증대를 통해 경제성장이나 경기회복에 도움을 줄 수 있다. 흔히 불경기에서 벗어나기 위해서 금리를 낮추는 통화정책을 사용하기도 하지만 자국 화폐 가치를 하락시키는 환율정책을 사용하기도 한다. 환율이 상승하면 국제 상품 및 서비스 시장에서 가격 경쟁력이 높아지기 때문이다.

② **환율 상승의 부정적 영향**: 환율 상승이 우리 경제에 반드시 유리한 것만은 아니다. 환율이 상승하면 원자재 및 부품 등 수입품 가격이 오르면서 국내 물가가 상승할 수 있기 때문이다. 수입 기계류 가격도 올라 투자비용이 상승할 수도 있다. 또한 가계는 해외여행 비용이 상승하고, 항공회사처럼 외화표시 부채가 많은 기업들의 상환부담이 높아질 수도 있다.

③ **환율 변동성의 영향**: 환율이 높거나 낮은 것 중에서 어느 것이 우리 경제에 더 유리하다고 단언하기는 어렵다. 그러나 환율 변동성이 높아지는 것은 우리 경제에 부정적인 영향을 미치므로 바람직하지 않다. 만약 환율 변동성이 높아지고 있다고 정책당국이 판단하면 외환시장에 개입하여 환율을 안정시킬 수 있다. 예를 들어 투기세력이 외환시장에서 외화를 대량으로 매도하거나 매수하면 환율이 크게 요동칠 수 있다. 이때 정책당국은 외환보유고를 이용하여 외환시장을 진정시킨다. 즉, 각국 중앙은행이 보유하고 있는 외환보유고는 외화 지급 불능 사태에 대비할 뿐만 아니라 외환시장 교란 시 환율 안정을 도모하기 위해서도 매우 중요하다.

3 주가

(1) 주식과 주식시장

① **개념**: 주식은 기업이 필요한 자본을 조달하기 위해 발행하는 증권으로, 주식시장에서 거래되며 경제의 꽃이라고 할 수 있다. 기업들은 주식시장을 통해 대규모 자금을 조달할 수 있고 개인들은 여유자금을 투자할 기회를 가질 수 있다. 만약 주식시장이 없다면 기업들은 수많은 투자자들로부터 자금을 조달하거나 다른 기업과의 인수합병을 통해 성장의 기회를 가지기 힘들 것이다.

② **주식시장의 구분**
- ㉠ 주식시장은 기업공개(IPO; Initial Public Offering)나 유상증자를 통해 주식이 발행되는 시장인 발행시장과, 이렇게 발행된 주식이 거래되는 시장인 유통시장으로 나뉜다.
- ㉡ 우리나라 주식 유통시장은 장내유통시장과 장외유통시장으로 구분할 수 있다. 전자에는 유가증권시장, 코스닥시장, 코넥스시장이, 후자에는 K-OTC시장이 포함된다.

(2) 주가지수와 경기변동

① **주가지수**: 주식시장에는 여러 종류와 종목의 주식이 거래되기 때문에 주식시장 전체적인 성과를 파악하기 위해서는 평균적으로 주식가격이 올랐는지 떨어졌는지를 판단할 수 있는 지표(Index)를 살펴보는 것이 중요하다. 주가지수는 주가의 전반적인 움직임을 나타내는 대표적인 지표로, 투자자에게 중요한 정보를 제공한다.

$$주가지수 = \frac{비교시점\ 시가총액}{기준시점\ 시가총액} \times 100$$

② **주가지수의 역할**
- ㉠ 주가지수는 특정 시점의 경제상황을 대표하는 지수이다. 경제의 건실함이 반드시 주가지수 상승으로 연결되는 것은 아니지만, 기업들의 영업실적이 좋아지고 경제 활동이 활발하며 사람들의 경제에 대한 신뢰도가 높아지면 주가지수가 상승하고, 반대로 불경기나 경제에 대한 신뢰도가 떨어지면 주가는 하락한다. 즉, 주가지수의 변동은 경제상황을 판단하게 해주는 하나의 바로미터가 된다. 또 통화 공급이 늘어나거나 이자율이 하락하는 경우에도 소비와 투자가 늘고 기업의 이익이 커지는 경향이 있어 대체로 주가지수는 상승한다.
- ㉡ 우리나라의 경우 외국인들의 국내 주식시장 투자 수준도 주가지수에 큰 영향을 미친다. 일반적으로 우리나라 주식시장에서 외국인 투자가 증가하면 주가지수가 올라가고 반대로 외국인 투자가 감소하면 주가지수도 하락한다. 또한 주가지수는 주식시장 상황은 물론 한 나라의 정치적·사회적 상황과 투자자들의 심리적 요인까지 반영하고 있다. 나아가 투자자들의 미래 경제전망까지 반영하고 있어 경제예측에 활용되기도 한다.
- ㉢ 주가지수는 주식투자성과를 평가하는 기준이 된다. 주식투자 시 상대적인 투자성과 평가도 중요한데, 만약 투자기간 동안 주식시장과 동일한 위험을 감수하면서 10%의 수익을 올렸으나 종합주가지수는 20%가 올랐다면 좋은 투자결과를 거두었다고 보기는 어려울 것이다.

(3) 우리나라의 주가지수

① **코스피지수**(KOSPI; Korea Composite Stock Price Index): 코스피지수는 유가증권시장에 상장되

어 있는 종목을 대상으로 산출되는 대표적인 종합주가지수이다. 1980년 1월 4일을 기준시점으로 이 날의 주가지수를 100으로 하고 개별종목 주가에 상장주식수를 가중한 기준시점의 시가총액과 비교시점의 시가총액을 비교하여 산출하는 시가총액방식 주가지수이다.

② **코스닥지수**(KOSDAQ Index): 코스닥지수는 코스닥시장에 상장되어 있는 종목을 대상으로 산출되는 종합지수로 코스닥시장의 대표지수이다. 1996년 7월 1일을 기준시점으로 이 날의 주가지수를 1,000포인트로 하여 산출하였으며, 코스피지수와 동일한 시가총액방식으로 산출된다.

③ **코스피200지수**(KOSPI 200; Korea Stock Price Index 200): 유가증권시장에 상장된 주식 중 시장대표성, 업종대표성, 유동성 등을 감안하여 선정되는 200개 종목을 대상으로 최대주주지분, 자기주식, 정부지분 등을 제외한 유동주식만의 시가총액을 합산하여 계산한다. 동 지수는 주가지수선물, 주가지수옵션거래뿐만 아니라 인덱스펀드, 상장지수펀드(ETF; Exchange Traded Fund) 등에도 활용되고 있다. 1990년 1월 3일을 기준시점으로 하여 작성되고 있다.

④ **KRX100지수**(Korea Exchange 100): 유가증권시장과 코스닥시장의 우량종목을 고루 편입한 통합주가지수로서 유가증권시장 90개, 코스닥시장 10개 등 총 100개 종목으로 구성된다. 동 지수 역시 최대주주지분, 자기주식, 정부지분 등을 제외한 유동주식만의 시가총액을 합산하여 계산하며, 상장지수펀드(ETF), 인덱스펀드 등 다양한 상품에 이용된다.

⑤ **코스닥150지수**(KOSDAQ 150 Index): 코스닥시장을 대표하는 지수로서 2015년 7월에 개발되었으며, 코스닥시장 특성을 잘 반영할 수 있도록 시장대표성, 유동성 및 상품성 등을 종합적으로 고려한 150개 종목으로 구성된다. 선물 및 ETF 등 금융상품의 기초지수로 활용되고 있다.

(4) 글로벌 주요 주가지수

국제금융시장의 자유화·개방화 추세에 따라 해외주식·파생상품 등 다양한 투자수단을 위한 기준지표로 다음과 같은 글로벌 주요 주가지수들이 활용되고 있다.

① **MSCI**(Morgan Stanley Capital International)**지수**: 모건스탠리의 자회사인 Barra가 제공하며, 전 세계 투자기관의 해외투자 시 기준이 되는 대표적인 지수로, 특히 미국계 펀드가 많이 사용하고 있다. 대표적으로 MSCI EAFE(유럽·아태·극동), MSCI World(선진국시장), MSCI EM(신흥시장) 등의 지수가 있는데, 이들 지수를 해외투자의 벤치마크로 삼는 뮤추얼펀드와 ETF 등의 자산규모가 3조 달러가 넘는 것으로 추산되고 있어 해당 종목이 MSCI에 편입되는 것 자체가 투자가치가 높은 우량기업이라는 의미로 해석되기도 한다. 즉, 신흥시장의 경우 MSCI지수에 편입되면 외국인 매수세가 늘어날 가능성이 높아 주가상승의 모멘텀으로 작용하기도 한다.

② **FTSE**(Financial Times Stock Exchange)**지수**: 파이낸셜타임즈와 런던증권거래소가 공동으로 설립한 FTSE그룹이 발표하는 지수로, 주식, 채권, 부동산 등 다양한 부문의 지수가 제공되고 있으며 주로 유럽에서 사용되고 있다. FTSE100은 영국의 100개 상장기업을 대상으로 하는 대표적인 영국의 주식시장지수이다.

(5) 주요 국가의 주가지수

① **미국**
  ㉠ **다우존스 산업평균지수**(DJIA; Dow Jones Industrial Average): 미국의 뉴욕증권거래소(NYSE; New York Stock Exchange)는 거래량이나 거래금액 면에서 세계에서 가장 큰 주

식시장이며, 처음과 달리 지금은 다수의 외국 기업들도 상장되어 있다. 다우존스 산업평균지수는 경제 전반에 걸쳐 대표적인 30개 대형 제조업 기업들의 주식들로 구성되어 있다. 단순가격평균방식을 사용하여 지수를 산출하고 있으며 미국의 대표적 경제신문인 월스트리트저널에서 작성·발표하고 있다. 세계에서 가장 오래된 주가지수이면서 미국의 주식시장과 경제상황을 가장 잘 반영하는 것으로 알려져 있다.

ⓒ **미국증권거래소**(AMEX; American Stock Exchange): 미국의 두 번째 주식시장으로 뉴욕에 위치하고 있다. 뉴욕증권거래소에 상장되지 않은 주식을 거래한다.

ⓒ **나스닥지수**(NASDAQ Composite Index): 미국의 세 번째 주식시장이면서 산업기술주를 주로 거래하는 나스닥(NASDAQ; National Association of Securities Dealers Automated Quotation) 시장은 1971년부터 주로 정보통신과 산업기술 관련 기업들의 주식을 매매한다. 나스닥지수는 나스닥 증권시장에 등록되어 있는 5,000여 개 주식을 가중평균하여 구한 지수이다.

ⓔ **S&P500지수**(Standard & Poor's 500 Index): 미국의 세계적인 신용평가회사인 스탠다드 앤드 푸어스사가 작성·발표하는 S&P500지수도 주식시장 상황의 지표로 널리 사용되고 있다. S&P500지수는 주로 NYSE시장의 주식이 많지만 NASDAQ과 AMEX시장의 주식도 포함하여 작성되고 있어서 증권시장 상황을 잘 반영한다는 장점이 있다.

② **아시아**: 일본의 니케이지수(Nikkei Stock Average Index), 홍콩의 항셍지수(Hang Seng Index), 중국의 상하이종합지수(Sanghai Composite Index), 대만의 자이취엔지수(Taiwan Weighted Average Index) 등이 대표적이다.

③ **유럽 등**: 유럽을 비롯한 그 외의 지역에도 비중 있는 주가지수들이 많이 존재하고 있다.

플러스이론 펼쳐보기 ▼ Bull Market과 Bear Market

Bull Market	실업률이 낮고 물가가 안정되어 경제상황이 좋을 때 주식시장이 장기적으로 호황을 보이는 시장을 Bull Market 또는 강세장이라고 함.
Bear Market	주식시장이 침체되어 주가가 하락 추세를 보이는 경우에는 Bear Market 또는 약세장이라고 함.

(6) 거래량과 거래금액

주식시장에서는 주가의 변동 상황을 보여주는 주가지수가 가장 중요한 지표이지만, 주식시장에서 거래되는 주식의 수량인 거래량과 거래금액도 중요한 지표들이다. 사람들이 기업의 실적이나 경제 전망을 낙관적으로 예상하면 주식을 사려는 사람이 늘어나서 거래량이 증가하고 주가가 상승한다. 반대로 기업의 실적이 좋지 않고 경제 상황이 나쁠 것으로 예상되면 주식을 팔려는 사람들이 늘어나고 주식을 사려는 사람은 줄어들어 거래량이 감소하고 주가는 하락할 수 있다. 주식시장에서는 주가가 변동하기 전에 거래량이 먼저 변하는 것이 일반적인데, 거래량이 증가하면 주가가 상승하는 경향이 있고 거래량이 감소하면 주가가 하락하는 경향이 있다. 즉, 주가가 상승하는 강세장에서는 주가가 지속적으로 상승할 것으로 예상하는 매수 세력이 크게 늘어나 거래량이 증가하는 반면에, 주가가 하락하는 약세장에서는 거래량이 감소하는 경향을 보이기 쉽다.

03 금융시장

1 금융시장의 의의

(1) 금융시장 및 금융자산(금융상품)

금융시장(Financial Market)이란 자금공급자와 자금수요자 간에 금융거래가 조직적으로 이루어지는 장소를 말한다. 여기서 장소는 재화시장처럼 특정한 지역이나 건물 등의 구체적 공간뿐 아니라 자금의 수요와 공급이 유기적으로 이루어지는 사이버공간 등 추상적인 공간을 포함한다. 금융시장에서 자금수요자는 주로 기업이며 자금공급자는 주로 개인들인데, 개인은 소득 중에서 쓰고 남은 돈의 가치를 증식하기 위하여 금융시장에 참여한다. 금융거래가 이루어지기 위해서는 이를 매개하는 수단이 필요한데 이러한 금융수단(Financial Instruments)을 금융자산 또는 금융상품이라고 한다. 금융자산은 현재 또는 미래의 현금흐름에 대한 청구권을 나타내는 증서로서 예금증서, 어음, 채권 등이 있다.

(2) 금융거래의 분류

금융거래는 자금공급자로부터 자금수요자로 자금이 이동하는 형태에 따라 직접금융과 간접금융으로 나뉜다.

① **직접금융(Direct Finance)**
   ㉠ 자금의 최종적 차입자가 자금의 최종적인 대출자에게 주식이나 사채 등을 직접적으로 발행함으로써 자금을 조달하는 방식을 말한다. 우리나라의 경우를 예로 든다면, 최종적인 차입자인 기업부문(적자경제주체)이 주식·사채 등을 발행하여 최종적인 대출자인 가계부문(흑자경제주체)에 매각함으로써 자금을 직접 조달하는 경우가 이에 해당한다.
   ㉡ 직접금융은 기업들이 원하는 금액의 자금을 장기로 조달할 수 있어 장기설비 투자를 위한 자금 조달에 용이하다. 그러나 주식의 발행은 기업의 지배구조에 영향을 미치고, 회사채의 발행은 신용도에 따라 높은 금리를 지불하거나 발행 자체가 어려울 수 있다는 문제점이 있다. 정부도 직접금융시장에서 국채를 발행하여 재정자금을 조달할 수 있다.
   ㉢ 경제주체 중 금융기관 이외의 최종적인 차입자가 발행하는 금융자산을 본원적 증권(Primary Security)이라고 하며, 주식·사채·어음·채무증서 등이 이에 해당한다.

② **간접금융(Indirect Finance)**
   ㉠ 차입자가 대출자의 자금을 흡수하는 방법으로서 본원적 증권만으로는 충분하지 않다. 즉, 재화교환의 경우와 마찬가지로 차입자와 대출자 간에 기간·금액·이율 등 여러 조건이 정확하게 부합되는 경우란 극히 예외적이기 때문이다. 여기에서 금융중개기관(Financial Intermediaries)이 등장하게 된다. 금융중개기관은 최종적인 차입자에게 자금을 공급하여 본원적 증권을 구입하게 하는 한편 자신에 대한 청구권(정기예금증서 등)을 발행하여 최종적인 대출자로부터 자금을 조달함으로써 최종적인 차입자와 대출자를 중개하는 것이다. 이와 같이 금융중개기관이 자신에 대해서 발행하는 청구권을 간접증권 또는 제2차 증권(Secondary Security)이라고 하며, 금융중개기관이 대출자와 차입자 간에 자금융통을 매개하는 방식을 간접금융(Indirect Finance)이라고 한다.

[단권화 MEMO]

▶ □□□□□은/는 본원적 증권을 대출자가 선호하는 형태의 간접증권으로 전환함으로써 금융자산의 형태·종류 등에 관해 최종적인 차입자와 대출자 간의 차이를 조정하는 역할을 수행한다.
(금융중개기관)

ⓒ 간접금융은 직접금융에 대비되는 것으로, 자금의 공급자와 수요자 사이에 은행 등 금융회사가 일반인으로부터 예금을 받아 필요한 사람에게 대출해주는 것이 대표적인 형태이다. 간접금융시장의 자금거래는 두 단계를 거쳐 이루어지는데, 첫 번째 단계는 자금의 공급단계로 자금공급자가 금융회사에 자금을 맡기고 금융회사는 자금공급자에게 예금증서 등을 교부하는 단계이고, 두 번째 단계는 자금의 수요단계로 금융회사가 자금을 수요자에게 제공하고 차용증서를 교부받는 단계로 구성된다.

ⓒ 금융중개기관은 본원적 증권을 대출자가 선호하는 형태의 간접증권으로 전환함으로써 금융자산의 형태·종류 등에 관해 최종적인 차입자와 대출자 간의 차이를 조정하는 역할을 수행한다. 은행이 차입자인 기업으로부터 사채를 매입하거나 기업에 대출을 행하는 것이 그러한 사례이다. 이와 같이 금융중개기관이 금융자산의 종류를 다양화함으로써 차입자의 금융자산(본원적 증권) 발행의 한계비용을 인하하고 대출자가 보유하는 금융자산의 한계효용을 높여 저축과 투자를 활발하게 하여 보다 효율적인 자금배분을 실현하게 되는 것이다.

ⓔ 다음은 직·간접금융시장을 통해 자금공급부문에서 자금수요부문으로 자금이 이전되는 모습을 보여주고 있다. 이처럼 금융시장은 국민경제 내 자금공급부문과 자금수요부문을 직·간접적으로 연결시켜줌으로써 국민경제의 생산성 향상과 후생증진에 기여한다.

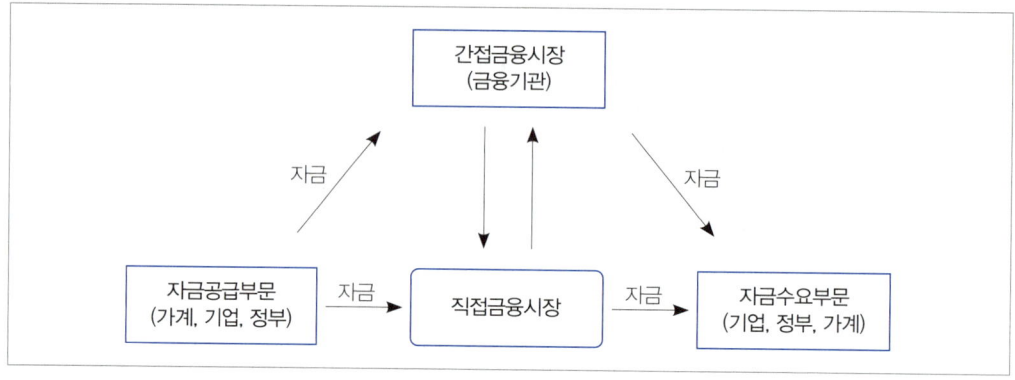

○ 금융시장과 자금흐름

2 금융시장의 기능

(1) 자원배분 기능

국민경제를 전체적으로 보면 가계부문은 소득이 지출보다 많아 흑자주체가 되는 반면, 기업부문은 소득을 상회하는 투자활동을 하므로 적자주체가 된다. 금융시장은 가계부문에 여유자금을 운용할 수 있는 수단(금융자산)을 제공하고, 흡수한 자금을 투자수익성이 높은 기업을 중심으로 기업부문에 이전시킴으로써 국민경제의 생산력을 향상시킨다. 이를 금융시장의 자원배분 기능이라고 한다.

(2) 소비자 효용의 증진 기능

금융시장은 소비주체인 가계부문에 적절한 자산운용 및 차입기회를 제공하여 가계가 자신의 시간선호(Time Preference)에 맞게 소비시기를 선택할 수 있게 함으로써 소비자 효용을 증진시키는 기능을 한다.

(3) 위험분산(Risk Sharing) 기능
금융시장은 다양한 금융상품을 제공함으로써 투자자가 분산투자를 통해 투자위험을 줄일 수 있도록 한다. 또한 파생금융상품과 같은 위험 헤지 수단을 제공하여 투자자가 투자위험을 위험선호도(Risk Preference)가 높은 다른 시장참가자에게 전가할 수 있도록 해준다. 이 결과 투자자의 시장참여가 확대되면서 금융시장의 자금중개규모가 확대된다.

(4) 유동성(Liquidity)의 제공 기능
금융시장은 금융자산을 보유한 투자자에게 높은 유동성을 제공하는데, '유동성'은 금융자산의 환금성을 말한다. 투자자는 환금성이 떨어지는 금융자산을 매입할 경우에는 동 자산을 현금으로 전환하는 데 따른 손실을 예상하여 일정한 보상, 즉 유동성 프리미엄(Liquidity Premium)을 요구하게 된다. 금융시장이 발달하면 금융자산의 환금성이 높아지고 유동성 프리미엄이 낮아짐으로써 자금수요자의 차입비용이 줄어들게 된다.

(5) 정보수집 비용과 시간의 절감 기능
금융시장은 금융거래에 필요한 정보를 수집하는 데 드는 비용과 시간을 줄여준다. 투자자가 여유자금을 운용하기 위해 차입자의 채무상환능력 등에 관한 정보를 직접 취득하려 한다면 비용과 시간이 많이 들 뿐 아니라 때로는 불가능할 수도 있다. 그러나 금융시장이 존재할 경우 차입자의 신용에 관한 정보가 차입자가 발행한 주식의 가격이나 회사채의 금리 등에 반영되어 유통되므로 투자자가 투자정보를 취득하는 데 따른 비용과 시간이 크게 절감될 수 있다. 따라서 금융시장의 정보생산 기능이 활발하면 투자자의 의사결정이 촉진될 뿐 아니라 차입자도 정당한 평가를 통해 소요자금을 원활히 조달할 수 있다. 금융시장이 발달할수록 금융자산 가격에 반영되는 정보의 범위가 확대되고 정보의 전파속도도 빨라진다.

(6) 시장규율(Markets Discipline) 기능
'시장규율'이란 차입자의 건전성을 제고하기 위해 시장참가자가 당해 차입자가 발행한 주식 또는 채권 가격 등의 시장신호(Market Signal)를 활용하여 감시 기능을 수행하는 것을 말한다. 예를 들어 어떤 기업이 신규 사업을 영위하기 위해 인수·합병계획을 발표했는데, 시장참가자들이 그러한 계획이 당해 기업의 재무건전성을 악화시킬 것으로 본다면 금융시장에서 거래되는 동 기업의 주식이나 회사채 가격이 즉각 하락하게 된다. 즉, 시장참가자들이 인수·합병계획에 대한 부정적인 시각을 가격에 반영한 것이다. 이렇게 되면 그 기업의 자금조달 비용이 높아져 인수·합병을 통한 무리한 사업 확장에 제동이 걸릴 수 있다.

3 금융시장의 유형

(1) 개요
① 금융시장은 금융회사 등을 통해 자금중개가 이루어지는 대출시장, 외환시장, 파생상품시장, 장단기 금융상품이 거래되는 전통적 의미의 금융시장 등으로 구분할 수 있다.
   ㉠ **대출시장**: 은행, 저축은행, 상호금융 등과 같은 예금취급 금융회사를 통해 다수의 예금자로부터 자금이 조달되어 최종 자금수요자에게 공급되는 시장을 말한다.
      ⓐ **차주에 따른 구분**: 대출시장은 차주에 따라 가계대출시장과 기업대출 시장으로 구분된다.
      ⓑ 신용카드회사와 같은 여신전문금융회사가 제공하는 현금서비스나 판매신용도 대출시장에 포함된다.

[단권화 MEMO]

　　ⓛ 외환시장: 외환의 수요와 공급에 따라 외화자산이 거래되는 시장으로 전형적인 점두시장의 하나로서 거래 당사자에 따라 외국환은행 간 외환매매가 이루어지는 은행 간 시장(Inter-Bank Market)과 은행과 비은행 고객 간에 거래가 이루어지는 대고객시장(Customer Market)으로 구분된다.
② 파생금융상품시장은 전통 금융상품 및 외환의 가격변동위험과 신용위험 등 위험을 관리하기 위해 고안된 파생금융상품이 거래되는 시장이다. 우리나라의 경우 외환파생상품 위주로 발전되어 왔으나 1990년대 중반 이후에는 주가지수 선물 및 옵션, 채권선물 등이 도입되면서 거래수단이 다양화되고 거래규모도 크게 확대되고 있다.
③ 전통적 의미의 금융시장
　　㉠ 금융거래의 만기에 따른 구분: 단기금융시장과 장기금융시장
　　㉡ 금융수단의 성격에 따른 구분: 채무증서시장과 주식시장
　　㉢ 금융거래의 단계에 따른 구분: 발행시장과 유통시장
　　㉣ 금융거래의 장소에 따른 구분: 거래소시장과 장외시장

(2) 단기금융시장(자금시장)과 장기금융시장(자본시장) - 금융거래의 만기에 따른 구분
① 단기금융시장(Money Market): 보통 만기 1년 이내의 금융자산이 거래되는 시장으로, 금융기관, 기업, 개인 등이 일시적인 자금수급의 불균형을 조정하는 데 활용된다. 우리나라의 경우 콜(Call)시장, 기업어음(채)시장, 양도성예금증서(CD)시장, 환매조건부채권매매시장, 표지어음시장, 통화안정증권시장 등이 단기금융시장에 해당한다.
　　㉠ 콜시장: 금융회사 상호간에 자금과부족을 일시적으로 조절하기 위한 초단기 자금거래가 이루어지는 시장이다. 콜거래는 최장 90일 이내로 만기가 제한되어 있으나 거래물량의 대부분을 익일물이 차지하고 있다.
　　㉡ 기업어음: 신용상태가 일정 수준 이상의 양호한 기업이나 금융회사가 단기자금을 조달하기 위해 발행한 증권이다. 기업어음시장은 기업 등 발행자가 자기신용을 이용하여 비교적 간단한 절차를 거쳐서 단기자금을 조달할 수 있는 수단이 되며 자금공급자에게는 단기자금의 운용수단이 된다.
　　㉢ 양도성예금증서: 정기예금에 양도성을 부여한 예금증서로, 기업어음과 마찬가지로 할인 방식으로 발행되며 발행금리는 발행금액 및 기간, 발행 금융회사의 신용도, 시장금리 등을 감안하여 결정한다.
② 장기금융시장(Capital Market): 만기 1년 이상의 채권이나 만기가 없는 주식이 거래되는 시장이다. 주로 기업, 금융기관, 정부 등이 장기자금을 조달하는 시장으로 자본시장이라고도 하며, 주식시장과 채권시장 등이 여기에 해당한다.
③ 단기금융시장(자금시장)과 자본시장에서 거래되는 금융상품의 특징: 단기금융상품은 만기가 짧아 금리변동에 따른 자본손실위험이 작은 반면, 만기가 긴 채권은 금리변동에 따른 가격 변동 위험이 크다. 또한 주식은 기업자산에 대한 청구권이 대출, 채무증서 등 일반채권에 비해 후순위일 뿐 아니라 가격 변동폭이 커서 투자위험이 더욱 크다. 따라서 장기금융상품은 주로 미래의 자금지출에 대한 불확실성이 낮은 금융기관, 연기금 및 개인 등이 장기적인 관점에서 투자하는 경우가 많으며 투자에 따른 위험을 회피하기 위해 선물, 옵션, 스왑 등 파생금융상품에 대한 투자를 병행하는 경우가 대부분이다.
④ 중앙은행 통화정책 효과의 파급통로로서의 역할: 단기금융시장과 자본시장은 중앙은행의

통화정책 효과가 파급되는 경로로서의 역할을 한다는 점에서 중요하다. 중앙은행의 통화정책은 일차적으로 단기금융시장 금리에 영향을 미치며, 장기금융시장 금리 및 주가 등에 파급되어 최종적으로 기업 투자 및 가계 소비에 영향을 미침으로써 실물경제활동과 물가의 변동을 초래한다. 한편, 자본시장은 통화정책 이외에도 기대 인플레이션, 재정수지, 수급사정 등 다양한 요인에 의해 영향을 받기 때문에 통화정책과의 관계가 단기금융시장에 비해 간접적이고 복잡하다는 점이 특징이다.

(3) 채무증서시장과 주식시장 – 금융수단의 성격에 따른 구분

① **채무증서시장(Debt Market)**: 차입자가 만기까지 일정한 이자를 정기적으로 지급할 것을 약속하고 발행한 채무증서(Debt Instrument)가 거래되는 시장이다. 채무증서의 만기는 통상 1년 이내의 단기, 1년과 10년 사이의 중기, 10년 이상의 장기로 구분된다. 우리나라의 경우 기업어음시장, 양도성예금시장, 표지어음시장, 통화안정증권시장, 국채·회사채·금융채 등의 채권시장이 채무증서시장에 해당한다.

② **주식시장(Equity Market)**: 회사의 재산에 대한 지분을 나타내는 주식(Equity)이 거래되는 시장이다. 채무증서와는 달리 주식으로 조달된 자금에 대해서는 원리금 상환의무가 없다. 그 대신 주주는 주식소유자로서 기업 순이익에 대한 배당청구권을 갖는다. 우리나라의 주식시장에는 유가증권시장, 코스닥시장, 코넥스시장, K-OTC시장 등이 있다.

③ **차이점**
  ㉠ 채무증서와 주식의 가장 큰 차이는 동 증권의 발행기업이 청산할 경우 채무증서 소유자는 우선변제권을 행사할 수 있는 반면, 주주는 채무를 변제한 잔여재산에 대하여 지분권을 행사(Residual Claim)한다는 점이다. 따라서 주식은 채권보다 기업부도 발생에 따른 위험이 더 크다.
  ㉡ 채무증서 소유자는 이자 및 원금 등 고정된 소득을 받게 되므로 미래의 현금흐름이 안정적인 데 비해, 주주는 기업의 자산가치나 손익의 변동에 따라 이익을 볼 수도 있고 손해를 입을 수도 있다. 따라서 주식은 채무증서보다 자산가치의 변동성이 크다.

(4) 발행시장과 유통시장 – 금융거래의 단계에 따른 구분

① **발행시장(Primary Market)**: 기업, 정부, 공공기관 등 자본을 수요로 하는 발행주체가 단기금융상품이나 채권, 주식 등 장기금융상품을 신규로 발행하여 일반투자자에게 매각함으로써 정기적인 자본을 조달하는 시장이다. 발행시장에서 증권의 발행은 그 방식에 따라 직접발행과 간접발행으로 구분하며, 간접발행은 인수기관(Underwriting Institution)이 중심적인 역할을 수행한다. 인수기관은 해당 증권의 발행 사무를 대행함은 물론 증권의 전부 또는 일부 인수를 통해 발행위험을 부담하는 한편 발행된 증권의 유통시장을 조성(Market-Making)한다. 우리나라에서는 회사채 또는 주식을 공모방식으로 발행할 때 주로 증권회사가 인수기능을 수행하고 있다. 정부가 국고채를 발행할 때에는 국고채 전문딜러(PD; Primary Dealer)가 경쟁 입찰에 독점적으로 참여하고 매수매도호가 공시(Bid-Ask Quotation) 등을 통해 시장조성 활동을 담당하고 있다.

② **유통시장(Secondary Market)**: 이미 발행된 채권이 거래되는 시장이다. 유통시장은 투자자가 보유 중인 회사채나 주식을 쉽게 현금화할 수 있게 함으로써 당해 금융상품의 유동성을 높여준다. 아울러 금융상품의 발행가격을 결정하는 발행시장에 영향을 미침으로써 자금수요자

의 자금조달 비용에도 영향을 준다. 투자자들은 발행시장과 유통시장의 가격을 비교하여 가격이 낮은 상품을 매입하게 되므로 유통시장의 가격이 높으면 발행시장의 가격도 높아져 증권 발행자는 낮은 비용으로 소요자금을 조달할 수 있게 된다. 즉, 유통시장에서 거래가 원활하지 않은 증권은 발행시장에서 인기가 없고, 발행시장에서 인기가 없어서 규모가 작고 가격이 낮은 증권은 유통시장에서도 인기가 없다. 이와 같이 발행시장과 유통시장은 서로 밀접한 관계를 가지고 있다.

(5) 거래소시장(장내시장)과 장외시장 - 금융거래의 장소에 따른 구분

유통시장은 거래소시장과 장외시장으로 구분된다.

① 거래소시장(Exchange)
　㉠ 시장참가자의 특정 금융상품에 대한 매수매도 주문(Bid-Ask Order)이 거래소에 집중되도록 한 다음, 이를 표준화된 거래규칙에 따라 처리하는 조직화된 시장으로 장내시장(場內市場)이라고도 한다.
　㉡ 거래소시장은 시장참가자 간의 거래관계가 다면적이고 거래소에 집중된 매수·매도 주문의 상호작용에 의하여 가격이 결정(Order-Driven)된다는 점에서 거래정보가 투명하다. 또 가격 및 거래정보가 누구에게나 잘 알려지며 거래의 익명성이 보장되어 거래상대방이 누구인지 알려지지 않는다는 특징이 있다.
　㉢ 우리나라의 경우 한국거래소가 증권과 파생상품의 원활한 거래와 가격형성을 담당하고 있으며 증권회사, 선물회사 등이 회원으로 가입해 있다. 2005년에 주식·채권 등을 거래하는 증권거래소, 선물 및 옵션을 거래하는 선물거래소, 기술주 중심의 주식을 거래하는 코스닥증권시장 등 3곳을 한국거래소로 통합하였다. 이에 따라 한국거래소에서는 주식, 채권, 상장지수펀드(ETF), 상장지수증권(ETN) 및 파생상품 등을 모두 거래하고 있다.

② 장외시장
　㉠ 특정한 규칙 없이 거래소 이외의 장소에서 당사자 간에 금융상품의 거래가 이루어지는 시장을 말한다. 한국금융투자협회가 개설·운영하는 K-OTC시장(과거 비상장주식 장외매매시장인 '프리보드 시장'을 확대·개편)과 상장증권은 물론 비상장증권에 대하여 고객과 증권회사, 증권회사 상호간 또는 고객 상호간의 개별적인 접촉에 의해 거래가 이루어지는 비조직적·추상적 시장인 점두시장(OTC; Over-the-Counter Market)으로 구분된다.
　㉡ 장외시장은 매매당사자 간의 개별적인 접촉에 의해 거래가 이루어지므로 동일 시간에 동일 상품의 가격이 다르게 결정되는 등 비효율적인 면이 있다.
　㉢ 점두시장은 다시 딜러·브로커 간 시장(Inter-Dealer Segment)과 대고객시장(Dealer-to-Customer Segment)으로 구분할 수 있는데, 이들 시장에서는 각각 딜러·브로커 상호간, 딜러·브로커와 고객 간 쌍방 거래로 이루어진다. 또한 거래 가격도 딜러·브로커가 고시한 매수매도 호가를 거래상대방이 승낙하여 결정(Quote-Driven)되기 때문에 거래정보의 투명성이나 거래상대방의 익명성이 낮다.
　㉣ 우리나라의 경우 채권은 대부분 장외시장에서 거래되고 있으며 콜, 양도성예금증서, 기업어음 등 단기금융상품은 물론 외환 및 외환파생상품, 금리 및 통화 스왑 등의 파생금융상품 등도 대부분 장외시장에서 거래된다. 장외시장은 주로 증권회사를 매개로 거래가 이루어지는데, 증권회사는 매도나 매수를 원하는 투자자와 반대거래를 원하는 상대방을 연결시켜 거래를 중개한다.

Chapter 02 금융회사와 금융상품

학습포인트
1. 금융회사와 금융상품을 구분하여 이해한다.
2. 저축상품, 투자상품, 기타상품을 구분하여 이해한다.

출제키워드
- 금융상품
- 장내파생상품

01 금융회사

금융회사는 금융시장에서 자금수요자와 공급자 사이에서 자금을 중개해주는 역할을 한다. 이러한 금융회사와의 금융거래를 통해 경제주체들은 시점 간 자원배분이 가능해진다. 여기서 출발한 금융업도 사회가 발전하면서 나타난 금융서비스 수요에 맞춰 다양한 형태로 발전하게 되었다. 금융회사는 취급하는 금융서비스의 성격에 따라 은행, 비은행예금취급기관, 금융투자회사, 보험회사, 기타금융회사, 금융유관기관 등으로 구분할 수 있다.

은행	일반은행	시중은행
		지방은행
		인터넷전문은행
		외국은행 국내지점
	특수은행	한국산업은행
		한국수출입은행
		중소기업은행
		농협은행
		수협은행
비은행예금취급기관	상호저축은행	
	상호금융	신용협동조합
		농업협동조합
		수산업협동조합
		산림조합
		새마을금고
	기타	우체국(우체국예금·보험), 종합금융회사
금융투자회사	투자매매업자	증권회사, 선물회사
	투자중개업자	
	집합투자업자	자산운용회사
	투자자문업자	

[단권화 MEMO]

		투자일임업자	
		신탁업자	신탁회사
보험회사		생명보험회사	
		손해보험회사	일반손보사, 재보험회사, 보증보험회사 등
기타 금융회사	여신전문금융회사		신용카드사
			리스사
			할부금융사
			신기술사업금융사
	금융지주회사, 대부업자, 전자금융업자, 벤처캐피탈, 증권금융회사 등		

◎ **우리나라 금융회사 현황**

1 은행

(1) 개념 및 구분

① **개념**: 은행은 예금 또는 채무증서 등을 통해 불특정 다수의 경제주체들로부터 자금을 조달하고 기업, 가계 등에 대출하는 금융회사이다.

② **구분**: 「은행법」에 의거·설립되어 운영되는 일반은행[인터넷전문은행 설립 및 운영에 관한 특례법(인터넷전문은행법)에 의해 설립된 인터넷전문은행을 포함], 개별 특수은행법에 의거·설립되어 운영되는 특수은행으로 구분된다.

(2) 은행의 구분

① **시중은행**: 영업지역을 기준으로 전국 어디에서나 영업이 가능한 은행으로, 2023년 12월 기준 국내 은행 4개사(국민·우리·신한·하나은행)와 외국계 은행 2개사(SC제일, 한국씨티)가 있다. 시중은행 중에는 은행법 특례를 통해 「인터넷전문은행법」을 근거로 2017년부터 오프라인 채널 없이 온라인으로만 영업을 개시한 인터넷전문은행도 있으며 2023년 12월 기준 케이뱅크, 카카오뱅크, 토스뱅크 3개사가 있다.

② **지방은행**: 부산, 대구, 광주, 제주 등 주로 특정 지역을 기반으로 주요 영업권을 형성한 은행으로, 2023년 12월 기준 대구은행, 부산은행, 경남은행, 광주은행, 전북은행, 제주은행 등 6개사가 있다.

③ **특수은행**

㉠ 개념: 개별법에 의하여 고유의 목적을 수행하도록 설립된 은행이다. 특수은행으로는 한국산업은행, 한국수출입은행, IBK기업은행, NH농협은행, SH수협은행 등이 있다.

㉡ 종류

ⓐ **한국산업은행**: 「한국산업은행법」에 의하여 1954년 전후 복구지원을 중점적으로 지원하기 위해 설립되었으며, 산업의 개발·육성, 중소·벤처기업의 육성, 사회기반시설의 확충 및 지역개발, 기업구조조정 등 시장경제를 보완하는 역할을 담당하고 있다.

ⓑ **한국수출입은행**: 「한국수출입은행법」에 의하여 설립되었으며, 수출 촉진 및 수출경쟁력 제고, 국민경제에 중요한 수입, 해외투자, 해외자원개발의 활성화 등에 필요한 자금을 공급하는 것을 주요 업무로 한다.

ⓒ **IBK기업은행(舊 중소기업은행)**: 「중소기업은행법」에 의하여 담보여력이 없거나 신용도가 낮은 중소기업을 중점 지원하기 위하여 설립된 은행이다.
ⓓ **NH농협은행**: 「농업협동조합법」에 의거 농업인과 농업협동조합에 필요한 금융서비스를 제공하는 역할을 담당한다.
ⓔ **SH수협은행**: 「수산업협동조합법」에 의하여 어업인과 수산업협동조합에 필요한 각종 금융서비스를 제공한다.

(3) 은행의 업무 범위

① **고유업무**: 「은행법」상 규정된 은행의 고유업무에는 예적금 수입, 유가증권 또는 채무증서 발행, 자금의 대출, 어음할인 및 내·외국환 등이 있다.
② **부수업무**: 고유업무에 부수하는 업무로서 채무보증, 어음인수, 상호부금, 보호예수 등이 있다.
③ **겸영업무**: 다른 업종의 업무 중에서 은행이 영위할 수 있는 업무로서 「자본시장법」상의 집합투자업과 집합투자증권에 대한 투자매매·중개업 및 투자자문업, 신탁업, 「여신전문금융업법」상의 신용카드업, 「근로자퇴직급여 보장법」상의 퇴직연금사업 등이 있다.

구분	근거	업무 범위
고유업무	「은행법」 제27조	• 예금·적금의 수입 또는 유가증권, 그 밖의 채무증서의 발행 • 자금의 대출 또는 어음의 할인, 내국환·외국환
부수업무	「은행법」 제27조의 2	• 채무보증 또는 어음 인수, 상호부금, 보호예수 • 팩토링(기업의 판매대금 채권의 매수·회수 및 관련 업무) • 수납 및 지급대행, 지자체 금고대행, 전자상거래와 관련한 지급대행 • 은행업과 관련된 전산시스템 및 소프트웨어의 판매·대여 • 금융 관련 연수 도서 및 간행물 출판 업무 • 금융 관련 조사 및 연구 업무
	은행법 시행령 제18조	• 부동산의 임대 • 수입인지, 복권, 상품권 또는 입장권 등의 판매 대행 • 광고 대행(은행 홈페이지, 서적, 간행물 등 물적 설비를 활용)
	은행업 감독규정 제25조	• 지급형 주화(금화, 은화, 메달)·금지금·은지금의 판매 대행 • 금지금 매매·대여, 금 관련 금융상품의 개발 및 판매 • 전자세금계산서 교부 대행 및 인증 등 관련 서비스
겸영업무	은행법 시행령 제18조의 2	• 파생상품의 매매·중개업무, 파생결합증권의 매매 업무 • 국채증권, 지방채증권 및 특수채증권의 인수·매출·모집·매출 주선 업무(사채권 매매 업무) • 집합투자업, 투자자문업, 신탁업, 집합투자증권에 대한 투자매매·중개업 • 「자본시장법」상 일반사무관리회사의 업무, 명의개서대행회사의 업무 • 환매조건부매도·매수·매매 업무, 보험대리점 업무 • 퇴직연금사업자업무, 신용카드업, ISA투자일임업 • 담보부사채에 관한 신탁업, 본인신용정보관리업
	은행업 감독규정 제25조의 2	• 신용정보서비스, 사채관리회사의 업무 • 중소기업 지원 목적 법률에 근거한 금융상품 모집·판매 대행 업무

○ **은행의 업무 범위**(2023년 12월 말 기준)

[단권화 MEMO]

2 비은행 금융회사

(1) 상호저축은행

① **개념**: 금융회사 중에서 「은행법」의 적용을 받지 않으면서도 은행과 유사하게 고객의 예금을 바탕으로 돈을 빌려주거나 투자를 하는 비은행예금취급기관이 있다. 상호저축은행은 흔히 저축은행이라고 부르는데, 지역 서민들과 중소기업을 대상으로 주로 여수신 업무를 수행하고 있다. 신용도가 다소 낮은 개인이나 기업을 대상으로 하기 때문에 대출금리가 은행보다 높은 대신 예금금리도 은행보다 높은 편이다.

> 2001년 「상호신용금고법」이 「상호저축은행법」으로 개정. 기존 '상호신용금고'라는 이름이 '상호저축은행'으로 바뀜.

② **설립**: 상호저축은행은 1972년 사금융 양성화 목적으로 「상호신용금고법」을 제정하면서 설립되었다. 당시 은행은 제한된 금융자본을 경제성장을 위한 기업부문에 주로 공급하였다. 그 결과 서민들은 사금융회사를 통하여 자금을 빌릴 수 있었다. 그러나 이들 사금융회사는 부실경영 등으로 서민들에게 막대한 피해를 주고 금융 질서를 문란하게 하는 경우가 많았다. 이에 따라 정부는 사금융회사를 양성화하여 전문적 서민 금융회사로 육성하기 위하여 「상호신용금고법」을 제정하였다.

③ **운영**: 상호저축은행은 전문적 서민 금융회사로서 서민들에 대한 금융서비스 확대를 도모한다는 설립 취지에 맞추어 총여신의 일정 비율 이상을 영업구역 내 개인 및 중소기업에 운용해야 한다. 직장·지역 단위의 신용협동조합, 지역 단위의 새마을금고, 농어민을 위한 협동조합인 농·수협 단위조합, 그리고 산림조합 등은 조합원에 대한 여수신을 통해 조합원 상호간 상호부조를 목적으로 운영되는데, 이를 '상호금융'이라고도 한다.

3 보험회사

보험회사는 다수의 계약자로부터 보험료를 받아 이 자금을 대출, 유가증권 등에 운용하여 보험계약자의 노후, 사망, 질병 또는 사고발생 시에 보험금을 지급하는 업무를 수행하는 금융회사이다. 보험회사는 업무 및 회사 특성을 함께 고려하여 생명보험회사, 손해보험회사, 우체국보험, 공제기관 등으로 구분한다.

(1) 생명보험회사

사람의 생존 또는 사망사건이 발생했을 때 약정보험금을 지급하는 보장 기능을 주된 업무로 하는 금융회사이다. 과거에는 사망보험의 비중이 높았으나 2001년 변액보험제도가 도입된 이후에는 보험상품도 자산운용수단으로 인식되면서 변액보험의 비중이 상승하는 추세이다.

(2) 손해보험회사

자동차사고, 화재, 해상사고 등 각종 사고에 대비한 보험을 취급하는 금융회사로 각종 사고로 발생하는 재산상의 손해에 대처하는 상호보장적 기능을 한다. 생명보험과 손해보험은 완전히 분리된 보험으로 서로 겸업하지 않지만 사람의 질병, 상해 또는 이로 인한 간병을 대상으로 하는 보험인 질병보험, 상해보험, 간병보험은 생명보험이나 손해보험 회사들이 자유롭게 취급할 수 있다.

(3) 보증보험

보험회사 중에 보증보험을 전담하는 회사들도 있는데, 보험계약자로부터 보험료를 받고 보험계약자가 피보험자에게 약속을 이행하지 못하거나 피해를 끼쳤을 때 대신 보험금을 지급하는 업무를 담당한다. SGI서울보증은 일반적인 보증보험을 담당하고 있으며, 기술보증기금은 기술평가시스템에 근거하여 기술혁신형기업의 보증을, 주택도시보증공사는 주택분양 보증, 임대보증금 보증, 조합주택시공 보증, 전세보증금반환 보증, 모기지 보증 등을 담당한다.

(4) 재보험

보험회사가 피보험자로부터 계약한 보험내용의 일부나 전부를 다른 보험회사에 다시 보험을 드는 보험제도이다. 재보험은 대형 사고와 같이 큰 경제적 보상이 필요하여 1개의 보험회사가 감당하기 어려운 경우에 위험을 분산하는 보험제도로서, 국내 재보험사업은 전업재보험사(코리안리 및 외국사 국내지점)와 일부 원수보험사가 영위하고 있다.

4 금융투자회사

'금융투자회사'란 투자자를 상대로 금융투자상품을 매매하거나 매매를 중개하는 등의 금융투자업을 영위하는 금융회사를 말한다. 2009년부터 시행된「자본시장과 금융투자업에 관한 법률」(자본시장법)에서는 자본시장과 관련한 금융투자업을 투자매매업, 투자중개업, 집합투자업, 투자일임업, 투자자문업, 신탁업의 6가지 업종으로 구분한다. 이 업종 중 전부 또는 일부를 담당하는 회사를 '금융투자회사'라고 부른다.「자본시장법」제6조에 따르면 금융투자업은 다음과 같다.

종류	내용	예
투자매매업	금융회사가 자기자금으로 금융투자상품을 매도·매수하거나 증권을 발행·인수 또는 권유·청약·승낙하는 것	증권회사, 선물회사
투자중개업	금융회사가 고객으로 하여금 금융투자상품을 매도·매수하거나 증권을 발행·인수 또는 권유·청약·승낙하는 것	증권회사, 선물회사
집합투자업	2인 이상에게 투자를 권유하여 모은 금전 등을 투자자 등으로부터 일상적인 운영 지시를 받지 않으면서 운용하고 그 결과를 투자자에게 배분하여 귀속시키는 것을 영업으로 하는 것	자산운용회사
투자자문업	금융투자상품의 가치 또는 투자판단에 관하여 자문을 하는 것을 영업으로 하는 것	투자자문회사, 증권회사, 자산운용회사
투자일임업	투자자로부터 금융상품에 대한 투자판단의 전부 또는 일부를 일임받아 투자자별로 구분하여 자산을 취득·처분 그 밖의 방법으로 운용하는 것을 영업으로 하는 것	투자일임회사, 증권회사, 자산운용회사
신탁업	「자본시장법」에 따라 신탁을 영업으로 수행하는 것	신탁회사, 증권회사, 보험회사

○「자본시장법」상 금융투자업의 종류

(1) 증권회사

금융투자회사 중 가장 대표적인 회사인 증권회사는 자본시장에서 주식, 채권 등 유가증권의 발행을 주선하고 발행된 유가증권의 매매를 중개하는 것이 주요 업무이다. 은행이 예금자의 예금을 받아서 기업에 대출을 해주는 것과는 달리 증권회사는 자금수요 기업과 금융투자자 사이에 직접금융을 중개한다는 점에서 은행과는 업무 성격이 다르다. 은행의 예금자는 자신의 돈을 대출받아 가는 사람이 누구인지 알 수 없지만 증권회사를 통해서 어떤 기업의 주식을 매입한 투자자는 그 기업의 주주가 되고 그 기업에 대하여 주주의 자격에 근거한 여러 권리를 행사할 수 있게 된다.

(2) 자산운용회사

2명 이상의 투자자로부터 모은 돈으로 채권, 주식 매매 등을 통해 운용한 후 그 결과를 투자자에게 배분해주는 금융투자회사로, 집합투자기구인 펀드를 관리하는 펀드매니저가 있는 회사이다. 자산운용회사는 펀드를 만들고 운용하므로 투자 수익률은 자산운용회사의 역량에 따라 편차가 크기 때문에 투자자들은 어떤 운용사의 운용실적이 좋은지 투자 전에 살펴볼 필요가 있다.

(3) 투자자문회사

투자자로부터 주식, 펀드, 채권 등 금융투자상품 등에 대한 투자일임업이나 투자자문업을 주로 하는 금융회사를 말한다.

5 기타금융회사

고객으로부터 예금을 수취하지 않고 자체적으로 자금을 조달하여 가계나 기업에 돈을 빌려주는 금융회사들도 있다. 신용카드, 시설대여(리스), 할부금융 그리고 신기술사업 금융업의 여신을 전문으로 하는 금융회사들이 여기에 해당한다.

(1) 리스회사

건물, 자동차, 기계, 사무기기 등을 구입하여 사용자에게 대여하여 사용료를 받는 일을 한다. 리스 서비스는 소비자들이 자산관리의 부담이나 한꺼번에 많은 자금을 마련할 필요가 없다는 장점이 있다.

(2) 할부금융회사

할부금융은 판매사나 제조사에서 상품을 구입할 때 할부금융회사가 미리 돈을 지불하고 소비자는 일정 기간 나누어서 갚는 것을 말한다. 따라서 할부금융회사는 상품 구매액을 초과하는 자금을 대출할 수 없다. 그리고 할부금융 자금은 상품 구입 목적 이외에 다른 목적으로 대출받는 것을 방지하기 위해 소비자에게 대출하지 않고 판매자에게 직접 지급하도록 되어 있다. 금융회사 이름에 주로 '○○캐피탈'이라는 이름이 붙은 회사들이 전형적인 할부금융회사이다.

(3) 신용카드 회사

신용카드 회사는 전형적인 여신전문 금융회사로, 소비자가 구입하는 상품의 가격을 미리 지불하고 결제일에 한꺼번에 금액을 받거나 나누어서 갚게 하고 해당 기간 동안에 발생하는 이자소득이나 사용수수료로 수입을 올린다.

(4) 금융지주회사

금융지주회사는 주식(지분)의 소유를 통해 금융기관 또는 금융업의 영위와 밀접한 관련이 있는 회사를 지배하는 것을 주된 사업으로 하여 1개 이상의 금융기관을 지배하는, 자산총액이 5천억 이상인 회사로서 금융위원회의 인가를 받은 회사를 말한다. 대부업자는 금전의 대부(어음할인·양도담보 등)을 업으로 하거나 대부계약에 따른 채권을 양도받아 이를 추심하는 것을 업으로 하는 자(대부중개업자를 포함)를 말한다.

6 금융유관기관

금융유관기관은 금융거래에 직접 참여하기보다 금융제도의 원활한 작동에 필요한 여건을 제공하는 업무를 주로 하는 기관들이다. 여기에는 금융감독원, 예금보험공사, 금융결제원 등 금융 하부구조와 관련된 업무를 영위하는 기관과 신용보증기금·기술신용보증기금 등 신용보증기관,

신용평가회사, 한국자산관리공사, 한국주택금융공사, 한국거래소, 자금중개회사 등이 포함된다. 대표적인 금융유관기관은 다음과 같다.

(1) 한국은행
① 우리나라 중앙은행인 한국은행은 화폐를 독점적으로 발행하는 발권은행이다.
② 기능
  ㉠ 물가안정: 화폐발행 외에 한국은행의 가장 중요한 역할은 물가안정을 위해 통화신용정책을 수립하고 집행하는 것이다. 한국은행이 채택하고 있는 통화정책 운영체제는 물가안정목표제이다. 물가안정목표제는 통화량 등의 중간목표를 두지 않고 정책의 최종 목표인 '물가상승률' 자체를 목표로 설정하고 중기적 시계에서 이를 달성하려는 통화정책 운영방식이다. 한국은행의 금융통화위원회(금통위)는 기준금리(정책금리)를 정하고 여타 통화신용정책에 관해 결정을 내린다. 금통위는 한국은행의 통화신용정책에 관한 주요 사항을 심의·의결하는 정책결정기구로서 한국은행 총재 및 부총재를 포함한 총 7인의 위원으로 구성된다.
  ㉡ 금융안정: 한국은행은 금융안정에도 노력하고 있다. 금융회사로부터 예금을 받아 금융회사 고객의 예금인출에 대비한 지급준비금 등으로 이용하고 금융회사에 대출을 해주며 자금부족에 직면한 금융회사가 순조롭게 영업할 수 있도록 도와주는 등 은행의 은행 역할을 수행하고 있다. 또한 국민이 정부에 내는 세금 등 정부의 수입을 국고금으로 받아 두었다가 정부가 필요로 할 때 자금을 내어주는 정부의 은행 역할도 수행하고 있다. 또한 2004년 1월에 개정된 「한국은행법」에 의거하여 지급결제시스템을 안정적이고 효율적으로 운영해야 하는 책무도 부여받았다.

(2) 금융감독원
① 목적: 금융감독원은 금융산업을 선진화하고 금융시장의 안정성을 도모하며, 건전한 신용질서, 공정한 금융거래관행 확립과 예금자 및 투자자 등 금융수요자를 보호함으로써 국민경제에 기여하는 데 그 목적이 있다. 금융감독원은 정부조직과는 독립된 특수법인으로 되어 있는데, 이는 금융감독업무와 관련하여 금융감독기구가 정치적 압력 또는 행정부의 영향력에 의해 자율성을 잃지 않고 중립적이고 전문적인 금융감독 기능을 구현하기 위함이다.
② 기능: 금융회사에 대한 감독업무, 이들 회사의 업무 및 재산상황에 대한 검사와 검사결과에 따른 제재업무, 금융분쟁의 조정 등 금융소비자 보호업무 등의 기능을 수행하고 있다. 금융감독은 크게 시스템 감독, 건전성 감독 그리고 영업행위 감독으로 구분될 수 있다.
  ㉠ 시스템 감독: 경제 전반에 걸친 금융혼란에 대비하여 금융시스템의 안정성을 확보하는 데 주력하는 것으로, 건전성 및 영업행위 감독보다 넓은 개념이다.
  ㉡ 건전성 감독: 개별 금융회사의 재무제표의 건전성, 자본적정성 및 각종 건전성 지표를 통해 금융회사의 건전성을 감독한다.
  ㉢ 영업행위 감독: 금융회사가 소비자들과의 거래에서 공시(公示), 정직, 성실 및 공정한 영업 관행을 유지하고 있는지 감독하는 것으로 소비자 보호 측면에 중점을 둔 것이다. 금융회사에 대한 검사는 금융회사의 현장에서 규제준수 여부를 점검하는 임점검사(臨店檢査)와 금융회사가 제출한 업무보고서에 근거한 상시감시를 병행한다.

[단권화 MEMO]

㉣ **기타**: 이외에도 자본시장의 공정성 확보를 위한 불공정거래나 보험사기 조사업무와 더불어 소비자가 직접 제기하는 민원의 상담, 조사 및 분쟁조정 절차를 담당하여 금융소비자를 보호하는 기능도 수행하고 있다.

(3) 예금보험공사

① **목적**: 예금보험공사는 1996년 「예금자보호법」에 의거하여 금융회사가 파산 등으로 예금을 지급할 수 없는 경우 예금지급을 보장함으로써 예금자를 보호하고 금융제도의 안정성을 유지할 목적으로 설립된 기관이다.

② **기능**: 예금보험제도를 통해 금융회사의 보험료, 정부와 금융회사의 출연금, 예금보험기금채권 등으로 예금보험기금을 조성해두었다가 금융회사가 고객들에게 예금을 지급하지 못하는 경우에 대신 지급해주는 것이 주요 업무이다. 동 기금의 손실을 최소화하기 위해 금융회사의 경영분석 등을 통해 부실 가능성을 조기에 파악하고 있으며, 부실금융회사에 대한 구조조정을 추진하여 금융시스템을 안정화하는 역할도 담당한다. 다만, 예금보험공사에서 보호하는 금융회사는 은행, 증권투자매매·중개업을 인가받은 회사(증권사, 선물사, 자산운용사 등), 보험회사, 상호저축은행, 종합금융회사 등이다.

㉠ 농협은행 및 수협은행 본·지점의 예금은 은행처럼 「예금자보호법」에 따라 예금자 원금과 소정의 이자를 포함하여 1인당 5천만원까지 보호되지만, 농·수협 지역조합의 예금은 「예금자보호법」에 따른 보호대상이 아니라 각 중앙회가 자체적으로 설치, 운영하는 상호금융예금자보호기금을 통하여 보호되고 있다.

㉡ 신용협동조합과 새마을금고도 각 신용협동조합중앙회에 설치된 예금자보호기금과 「새마을금고법」에 따라 새마을금고중앙회에 설치된 예금자보호준비금에 의해 1인당 5천만원까지 예금을 보호한다. 외화표시예금은 원화로 환산한 금액 기준으로 예금자 1인당 5천만원 범위 내에서 보호된다.

㉢ 기업 등 법인의 예금도 개인예금과 마찬가지로 법인별로 5천만원까지 보호된다. 다만, 정부·지방자치단체·한국은행·금융감독원·예금보험공사 및 부보금융회사의 예금은 보호대상에서 제외된다.

(4) 한국거래소(Korea Exchange, KRX)

① **목적**: 한국거래소는 「자본시장법」에 의하여 설립된 주식회사로서 증권 및 선물·옵션과 같은 파생상품의 공정한 가격형성과 거래의 원활화 및 안정화를 도모하기 위하여 증권거래소, 선물거래소, 코스닥 위원회, ㈜코스닥증권시장 등 4개 기관이 통합하여 2005년에 설립되었다.

② **주요 업무**
㉠ 유가증권시장과 코스닥시장, 코넥스시장 그리고 파생상품시장의 개설과 운영
㉡ 증권 및 장내파생상품의 상장
㉢ 증권 및 장내·외 파생상품의 매매체결 및 청산과 결제
㉣ 증권 및 장내파생상품의 이상거래 감시
㉤ 거래소시장 내의 매매거래와 관련하여 발생하는 분쟁조정 등

(5) 금융결제원

① **목적**: 금융결제원은 자금결제와 정보유통을 원활하게 함으로써 건전한 금융거래의 유지·발전을 도모하고 금융회사 이용자의 편의를 제고하는 등 금융산업 발전에 기여할 목적으로

설립된 지급결제전문기관이다.
② 기능: 5대 국가전산망의 하나인 금융전산망 구축을 위하여 1986년 6월, 비영리 사단법인으로 출범한 이래 CD공동망, 타행환공동망, 전자금융공동망, 어음교환, 지로 등의 지급결제시스템과 금융인증 등 금융 분야 핵심 인프라의 구축·운영을 통하여 안전하고 편리한 지급결제서비스를 제공하고 있다.

02 금융상품

1 개요

① 각 금융회사에서는 금융소비자들의 다양한 저축수요를 충족시키기 위해 여러 가지 형태의 금융상품을 취급하고 있다. 가장 대표적인 것은 저축상품인데, 취급할 수 있는 금융회사가 정해져 있다. 은행을 비롯하여 상호저축은행, 신용협동조합, 새마을금고, 농·축협, 수협, 종합금융회사, 우체국예금 등이 이에 포함된다. 저축상품을 특성에 따라 분류하면 다음과 같다.
  ㉠ 수익률은 낮지만 예금자의 지급 청구가 있으면 조건 없이 지급함으로써 고객의 지급결제 편의 도모 또는 일시적 보관을 목적으로 하는 당좌예금, 보통예금, 공공예금, 국고예금 등 요구불성 예금 상품
  ㉡ 정기적금과 같이 적은 돈을 매월(매분기) 저축하여 일정 기간 후 목돈을 마련하는 적립식 상품
  ㉢ 정기예금, 금전신탁 등과 같이 목돈을 투자해 재테크할 수 있는 거치식 상품
  ㉣ 기타 특정 저축목적 달성을 지원하기 위한 상품 등
  ㉤ 확정이자를 지급하는 상품 또는 실적에 따라 수익을 배당하는 상품 및 이자소득 등에 대해 비과세하거나 우대세율을 적용하는 상품
② 하루가 다르게 변모하고 있는 금융환경 속에서 각 금융회사들은 고객 유치를 위해 주식이나 채권은 물론 펀드 등 투자성이 있는 다양한 형태의 직·간접 투자상품들도 계속 출시·판매하고 있다. 이에 따라 금융상품을 고를 때에는 금융회사의 선택 못지않게 수익성, 환금성, 안전성 및 부대서비스 내용 등 여러 금융상품의 특성을 서로 비교해 보고 각자의 저축목적에 부합하는 대안을 선택하려는 노력이 중요하다. 따라서 이어지는 내용에서는 금융상품 비교 시 참고할 수 있도록 각 금융회사에서 취급하고 있는 개별 금융상품을 주요 특성에 따라 소개하였다.

2 저축상품

(1) **입출금이 자유로운 상품**

① 보통예금 및 저축예금: 두 상품 모두 우체국, 은행(농·수협중앙회 포함), 상호저축은행 등이 취급하며, 개인의 경우 더 높은 이자를 지급하는 저축예금에 제한 없이 가입할 수 있어 보통예금은 저축수단으로서의 활용도가 높지 않은 편이다. 금융회사에 따라서는 입출금이 자유로운 예금 중 일부상품만 취급하거나 이들을 통합하여 운영하기도 하며, 일정 기간 동안의 평균잔액이 일정액 이하인 경우 이자를 지급하지 않거나 오히려 계좌유지 수수료를 부과하는 제도를 시행하기도 한다. 상호금융, 신용협동조합, 새마을금고 등 신용협동기구들은 은행의 저축예금과 유사한 상품인 '자립예탁금'을 취급하고 있으며, 이 상품은 대월약정을

맺으면 약정한도까지 대출을 자동으로 받을 수 있다.
- ㉠ 보통예금: 거래대상, 예치금액, 예치기간, 입출금 횟수 등에 아무런 제한 없이 누구나 자유롭게 입·출금할 수 있는 반면, 이자율이 매우 낮은 예금이다. 입출금이 자유로운 예금의 기본 형태라 할 수 있으며, 예금자 입장에서는 생활자금과 수시로 사용해야 하는 일시적인 유휴자금을 예치하는 수단이 되고, 예금기관의 입장에서는 저리로 자금을 조달할 수 있는 재원이 된다.
- ㉡ 저축예금: 보통예금처럼 예치금액, 예치기간 등에 아무런 제한이 없고 입출금이 자유로우면서도 보통예금보다 높은 이자를 받을 수 있는 예금이다. 가계우대성 금융상품으로 가계의 여유자금을 초단기로 예치하거나 입출금이 빈번한 자금을 운용하기에 적합하다.

② 가계당좌예금
- ㉠ 개념: 가계수표를 발행할 수 있는 개인용 당좌예금이며, 무이자인 일반 당좌예금과는 달리 이자가 지급되는 가계우대성 요구불예금이다.
- ㉡ 특징
  - ⓐ 가입대상은 신용상태가 양호한 개인, 자영업자(신용평가 결과 평점이 일정 점수 이상인 자)로 제한된다.
  - ⓑ 모든 은행에 걸쳐 1인 1계좌만 거래할 수 있으며, 예금 잔액이 부족할 경우에는 대월한도 범위 내에서 자동대월이 가능하다. 거래실적이 양호한 경우에는 소액가계자금도 대출받을 수 있다. 가계수표는 예금잔액 및 대월한도 범위 내에서 발행하여야 하며 대월한도를 초과하여 발행하게 되면 거래정지처분을 받을 수 있다.

③ 시장금리부 수시입출금식예금(MMDA; Money Market Deposit Account)
- ㉠ 개념: 고객이 우체국이나 은행에 맡긴 자금을 단기금융상품에 투자해 얻은 이익을 이자로 지급하는 구조로 되어 있어, 시장실세금리에 의한 고금리가 적용되고 입출금이 자유로우며, 각종 이체 및 결제 기능이 가능한 단기상품이다.
- ㉡ 특징
  - ⓐ 언제 필요할지 모르는 자금이나 통상 500만원 이상의 목돈을 1개월 이내의 초단기로 운용할 때 유리하며 각종 공과금, 신용카드대금 등의 자동이체용 결제통장으로도 활용할 수 있다.
  - ⓑ 예금거래 실적에 따라 마이너스대출, 수수료 면제, 대출·예금금리 우대, 각종 공과금 및 신용카드대금 결제, 타행환 송금 등 부대서비스를 제공하고 있다. 다만, 일부 은행의 경우 이를 불허하거나 자동이체 설정 건수를 제한하고 있다.
  - ⓒ 주로 증권사, 종합금융회사의 어음관리계좌(CMA), 자산운용회사의 단기금융상품펀드(MMF) 등과 경쟁하는 상품이다.

④ 단기금융상품펀드(MMF; Money Market Fund)
- ㉠ 개념: 고객의 돈을 모아 주로 CP(기업어음), CD(양도성예금증서), RP(환매조건부채권), 콜(Call) 자금이나 잔존 만기 1년 이하의 안정적인 국·공채로 운용하는 실적배당상품이다.
- ㉡ 특징
  - ⓐ 일시 자금예치 수단으로서의 본래 기능을 수행할 수 있도록 운용가능한 채권의 신용등급을 AA등급 이상(기업어음 A2 이상)으로 제한하여 운용자산의 위험을 최소화하고 있다. 또한 유동성 위험을 최소화하기 위하여 운용자산 전체 가중평균 잔존 만기를

[단권화 MEMO]

● 시장실세금리에 의한 고금리를 적용하고 입출금이 자유로우며, 각종 이체 및 결제 기능이 가능한 단기상품은 □□□□이다.
(MMDA)

75일 이내로 제한하고 있다. MMF는 자산운용회사가 운용하며 은행, 증권사, 보험사 등에서 판매한다.

ⓑ MMF의 최대 장점은 가입 및 환매가 청구 당일에 즉시 이루어지므로 입출금이 자유로우면서 실적에 따라 수익이 발생하여 소액 투자는 물론 언제 쓸지 모르는 단기자금을 운용하는 데 유리하다는 점이다. 다만, 계좌의 이체 및 결제 기능이 없고, 예금자보호의 대상이 되지 않는다.

⑤ 어음관리계좌(CMA; Cash Management Account)
㉠ 개념: 종합금융회사나 증권회사가 고객의 예탁금을 어음 및 국공채 등 단기금융상품에 직접 투자하여 운용한 후 그 수익을 고객에게 돌려주는 단기금융상품이다.
㉡ 특징
ⓐ 자금을 단기금융상품에 투자하고 실적배당을 한다는 점에서는 MMF와 유사하지만, MMDA처럼 이체와 결제, 자동화기기(ATM)를 통한 입출금 기능을 갖고 있다는 점에서 차이가 있다.
ⓑ 종합금융회사의 CMA는 예금자보호 대상이지만, 증권회사의 CMA는 그렇지 않다.
ⓒ 예탁금에 제한이 없고 수시 입출금이 허용되면서도 실세금리 수준의 수익을 올릴 수 있다는 장점이 있다. 개인이나 기업이 1개월에서 6개월 정도의 여유자금을 운용하기에 적합한 저축수단이며, 실물이 아닌 '어음관리계좌' 통장으로만 거래된다.

[단권화 MEMO]

○ 종합금융회사가 고객의 예탁금을 어음 및 국공채 등에 운용하여 그 수익을 고객에게 돌려주는 실적배당 금융상품으로, 예탁금에 제한이 없고 수시 입출금이 가능한 상품은 □□□이다.
(CMA)

플러스이론 펼쳐보기 ▼ MMDA, MMF, CMA 비교

상품명	취급금융회사	예금자보호	이율	이체 및 결제
MMDA	은행	보호	확정금리(차등)	가능
MMF	은행, 증권사	비보호	실적배당	불가능
CMA	종금사, 증권사	종금사만 보호	실적배당	가능

(2) 목돈마련을 위한 상품(적립식 예금)
① 정기적금
㉠ 개념: 계약금액과 계약기간을 정하고 예금주가 일정 금액을 정기적으로 납입하면 만기에 계약금액을 지급하는 적립식 예금으로 푼돈을 모아 목돈을 마련하는 데 적합한 가장 보편적인 장기금융상품이다. 필요시 적금을 담보로 납입한 적금잔액의 일정 범위(통상 95%) 이내에서 대출을 받을 수 있다.
㉡ 특징
ⓐ 정기적금은 당초 서민의 저축의식을 고취하고 계(契)와 같은 사(私)금융 저축을 흡수하여 건전한 재산형성을 목적으로 도입되었다. 우체국, 은행, 상호저축은행, 상호금융, 신용협동조합, 새마을금고 등 다양한 금융회사들이 취급하고 있다.
ⓑ 정기적금이나 정기예금은 예치기간이 정해져 있어 보통예금보다 이자가 많지만 유동성은 낮다. 만기 이전에 해약을 하게 되면 약정한 이자보다 훨씬 낮은 이자를 지급받거나 경우에 따라서는 이자가 없을 수도 있다. 또한 만기 후에는 적용금리가 가입 당시 또는 만기일 당시 약정이율의 1/2 이하로 크게 낮아지는 데 유의하여야 한다. 정기적금의 계약액은 다음과 같이 산정된다.

[단권화 MEMO]

> - 계약액 = 원금 + 이자 = 월저축금 × 계약기간(월) + 세전이자
> - 세전이자 = 월저축금 × 이율 × $\dfrac{\text{계약기간} \times (\text{계약기간} + 1)}{2}$ × $\dfrac{1}{12}$

② 자유적금
  ㉠ 개념: 자유적금은 정기적금과 달리 가입자가 자금여유가 있을 때 금액이나 입금 횟수에 제한 없이 입금할 수 있는 적립식 상품이다. 우체국, 은행, 상호저축은행, 상호금융, 신용협동조합, 새마을금고 등에서 취급하고 있다.
  ㉡ 특징: 저축한도에는 원칙적으로 제한이 없으나, 자금 및 금리 리스크 때문에 입금 금액을 제한하여 운용하는 것이 일반적이다. 즉, 월별 1천만원 정도로 입금한도를 두어 운용하고, 계약기간 2/3 경과 시 기적립액의 1/2 이내의 금액만 입금할 수 있다. 이렇게 자유적금에 입금의 제한을 두는 이유는, 만약 연 6.0%로 하여 1만원으로 3년제 계약을 하고 입금을 하지 않고 있다가 2년 정도 경과한 시점에서 금리가 4.0%로 하락하였을 때 해당 계좌에 1억원을 입금하면 예금주는 금리하락에도 불구하고 높은 금리로 이자를 받아갈 것이고, 은행은 예치받은 자금을 높은 금리로 운용하지 못하기 때문에 예금주가 혜택을 본 것만큼 손실을 입게 되기 때문이다.

(3) 목돈운용을 위한 상품(거치식 예금)
① 정기예금
  ㉠ 개념: 예금자가 이자수취를 목적으로 예치기간을 사전에 약정하여 일정 금액을 예입하는 장기 저축성 기한부 예금이다. 약정기간이 길수록 높은 확정이자가 보장되므로 여유자금을 장기간 안정적으로 운용하기에 좋은 금융상품이다.
  ㉡ 특징
    ⓐ 매월 이자를 지급받을 수도 있는 금융상품으로, 목돈을 맡겨 놓고 이자로 생활하고자 하는 경우에도 적합한 상품이다. 우체국, 은행, 상호저축은행, 상호금융, 신용협동조합, 새마을금고 등에서 취급하며 우리나라 전체 예금 잔액 가운데 50% 이상을 차지하는 가장 대표적인 예금이다.
    ⓑ 만기 이전에 중도해지하면 약정금리보다 낮은 중도해지이율이 적용되므로 만기까지 예치하는 것이 바람직하며, 통상 예금 잔액의 95% 범위 내에서 담보대출을 받을 수 있다.
② 정기예탁금
  ㉠ 개념: 은행의 정기예금과 유사한 상품으로 상호금융, 새마을금고, 신용협동조합 등 신용협동기구들이 취급하고 있는 상품이다.
  ㉡ 특징: 조합원·준조합원 또는 회원 등이 가입할 수 있으며, 은행권보다 상대적으로 높은 금리를 지급하므로 일반 서민들의 목돈 운용에 적합한 저축수단이다.
③ 실세금리연동형 정기예금
  ㉠ 개념: 가입 후 일정 기간마다 시장실세금리를 반영하여 적용금리를 변경하는 정기예금이다. 금리변동기, 특히 금리상승기에 실세금리에 따라 목돈을 운용하는 데에 적합한 금융상품이다.
  ㉡ 특징: 은행에서 취급하며, 일반적으로 만기 이전에 중도해지하면 약정금리보다 낮은 이율이 적용된다.

④ 주가지수연동 정기예금(ELD; Equity Linked Deposit)
  ㉠ 개념: 원금을 안전한 자산에 운용하여 만기 시 원금은 보장되고 장래에 지급할 이자의 일부 또는 전부를 주가지수(KOSPI 200지수, 일본 닛케이 225지수 등)의 움직임에 연동한 파생상품에 투자하여 고수익을 추구하는 상품이다.
  ㉡ 특징
    ⓐ 주가지수 전망에 따라 주가지수 상승형, 하락형 또는 횡보형 등 다양한 구조의 상품구성이 가능하다.
    ⓑ 중도해지 시 중도해지이율을 적용하여 산정된 금액에서 중도해지수수료를 차감하여 지급하거나 무이자인 경우도 있다.
    ⓒ 동일 유형의 상품으로 증권회사의 ELS(주가지수연동증권)와 자산운용회사의 ELF(주가지수연계펀드)가 있다. ELD는 은행에서 취급하며, 예금자보호 대상이다.

⑤ 양도성예금증서(CD; Certificate of Deposit)
  ㉠ 개념: 정기예금에 양도성을 부여한 특수한 형태의 금융상품으로, 은행이 무기명 할인식으로 발행하여 거액의 부동자금을 운용하는 수단으로 자주 활용한다.
  ㉡ 특징
    ⓐ 예치기간 동안의 이자를 액면금액에서 차감(할인)하여 발행한 후 만기지급 시 증서 소지인에게 액면금액을 지급한다.
    ⓑ 실세금리를 반영하여 수익률이 비교적 높은 편이며, 통상 1,000만원 이상의 목돈을 3개월 내지 6개월 정도 운용하는 데 적합한 단기상품이다.
    ⓒ 은행에서 발행된 증서를 직접 살 수 있고, 증권회사에서 유통되는 양도성예금증서를 살 수도 있다.
    ⓓ 중도해지가 불가능하며 만기 전에 현금화하고자 할 경우에는 증권회사 등 유통시장에서 매각할 수 있다. 할인식으로 발행되는 특성상 만기 후에는 별도의 이자 없이 액면금액만을 지급받게 되며, 예금자보호 대상에서 제외된다.

⑥ 환매조건부채권(RP; Re-purchase Paper)
  ㉠ 개념: 금융회사가 보유하고 있는 국채, 지방채, 특수채, 상장법인 및 등록법인이 발행하는 채권 등을 고객이 매입하면 일정 기간이 지난 뒤 이자를 가산하여 고객으로부터 다시 매입하겠다는 조건으로 운용되는 단기금융상품이다.
  ㉡ 특징
    ⓐ 투자금액과 기간을 자유롭게 선택할 수 있는 시장금리연동형 확정금리상품으로서 비교적 수익률이 높은 편이며, 단기여유자금을 운용할 때 유리한 저축수단이다.
    ⓑ 우체국, 은행, 종합금융회사, 증권회사, 증권금융회사 등이 취급하며, 최소거래금액에 제한은 없으나 1,000만원 이상이 일반적이다.
    ⓒ 예금자보호 대상은 아니지만 국채, 지방채 등 우량 채권을 대상으로 투자되므로 안정성이 높은 편이다. 다만, 대부분 만기가 지난 후에는 별도의 이자를 가산해주지 않는다는 점에 유의해야 한다.
    ⓓ 주로 통장거래로 이루어지며, 30일 이내 중도 환매 시에는 당초 약정금리보다 훨씬 낮은 금리를 적용받게 된다.

○ 금융회사가 보유하고 있는 국채 등 채권을 고객이 매입하면 일정 기간이 지난 뒤 이자를 가산하여 고객으로부터 다시 매입하겠다는 조건으로 운용되는 단기금융상품을 □□□□□□□(RP)(이)라고 한다.
(환매조건부채권)

[단권화 MEMO]

(4) 특수목적부 상품 – 주택청약종합저축
① **개념**: 주택청약종합저축은 신규분양 아파트 청약에 필요한 저축으로서 기존의 청약저축, 청약부금, 청약예금의 기능을 묶어 놓은 것으로, 전체 업무취급 은행을 통해 1인 1계좌만 개설 가능하다.

② **특징**
  ㉠ **가입대상**: 주택소유·세대주 여부, 연령 등에 관계없이 누구나 가입 가능하다.
  ㉡ **순위**: 수도권의 경우 가입 후 1년이 지나면 1순위가 되며, 수도권 외의 지역은 6~12개월 범위에서 시·도지사가 정하는 기간이 지나면 1순위가 된다.
  ㉢ **납입 방식**: 일정액 적립식과 예치식을 병행하여 매월 2만원 이상 50만원 이내에서 자유롭게 불입할 수 있으며(국고금관리법에 따라 10원 단위까지 납입 가능), 잔액이 1,500만원 미만인 경우 월 50만원을 초과하여 잔액 1,500만원까지 일시 예치가 가능하고, 잔액이 1,500만원 이상인 경우는 월 50만원 이내에서 자유롭게 적립할 수 있다.
  ㉣ **청약대상**: 국민주택의 경우 해당 지역에 거주하는 무주택 세대의 구성원으로서 1세대당 1주택, 민영주택의 경우는 지역별 청약가능 예치금을 기준으로 1인당 1주택 청약이 가능하다.
  ㉤ **소득공제**: 총 급여 7천만원 이하 근로소득자로서 무주택 세대주인 경우는 최대 연 240만원의 40%인 96만원까지 소득공제 혜택이 주어진다.

희망주택(전용면적 기준)	서울·부산	기타 광역시	기타 시·군
85m² 이하	300만원	250만원	200만원
102m² 이하	600만원	400만원	300만원
102m² 초과 135m² 이하	1,000만원	700만원	400만원
135m² 초과	1,500만원	1,000만원	500만원

● 지역별 청약가능 예치금

3 투자상품

(1) 펀드
① **투자의 방식**
  ㉠ **직접투자**: 투자자가 주식, 채권, 부동산, 파생상품 등에 대한 투자정보를 스스로 수집·판단하여 투자를 하고, 또한 본인의 한정된 자금만으로 투자하기 때문에 분산투자가 어려워 투자위험이 높다.
  ㉡ **간접투자**: 자산운용전문가인 제3자에게 자금을 위탁하여 운용할 뿐만 아니라 여러 사람으로부터 모은 대규모 자금으로 분산투자하여 투자위험을 줄일 수 있다. 대표적인 간접투자상품은 펀드(Fund)이다. 펀드(집합투자증권)는 2명 이상의 불특정 다수의 투자자로부터 자금을 모아서 자산운용회사가 주식, 채권, 인프라(도로, 항만, 공항 등) 및 실물자산(금, 구리, 선박 등) 등 다양한 자산에 분산투자하여 그 결과를 각 투자자의 투자금액에 비례하여 돌려주는 간접투자상품이다.
  └ 집합투자증권은 「예금자보호법」에 따라 예금보험공사가 보호하지 않음.

② **펀드의 특징**: 펀드는 투자포트폴리오의 운용성과에 따라서 수익 또는 손실이 발생할 수 있으며, 운용결과 원금손실이 발생하는 경우 투자자 자신의 책임으로 귀속되는 실적배당상품

이다. 따라서 투자자는 펀드투자 의사결정 시 펀드의 운용특성, 투자위험 및 보수·수수료 등을 확인해야 하며, 투자 이후에도 펀드 운용성과 등을 지속적으로 모니터링하여 필요시 펀드 교체 여부 등을 판단해야 한다.

③ **펀드의 구조**: 4개의 회사가 서로 다른 역할을 하면서 유기적으로 연결되어 펀드가 운용된다.
  ㉠ **자산운용회사**: 펀드는 자산운용회사의 상품으로, 어느 주식이나 채권에 얼마만큼 투자할지 투자전문가가 운용전략을 세워 체계적으로 관리한다. 투자자 입장에서 보면 펀드투자는 해당 펀드의 수익증권을 구입하는 것과 같으며 투자한 펀드에서 발생한 수익이나 손실을 투자한 비율대로 분배받는다.
  ㉡ **펀드판매회사**: 은행, 보험사, 증권회사 등은 투자자에게 펀드투자를 권유하고 투자계약을 체결하는 펀드판매회사로서의 역할을 수행하고 있다.
  ㉢ **자산보관회사**: 투자자금, 즉 수익증권을 판매한 대금은 펀드를 설정하고 운용하는 자산운용회사로 들어가는 것이 아니라, 자산보관회사가 별도로 관리하기 때문에 자산운용회사가 파산하더라도 펀드에 투자한 자금은 보호받을 수 있다.
  ㉣ **일반사무수탁회사**: 자산의 투자과정에서 발생하는 수익증권의 발행 및 명의개서업무, 계산업무, 준법감시업무 등은 별도의 일반사무수탁회사에서 담당한다.

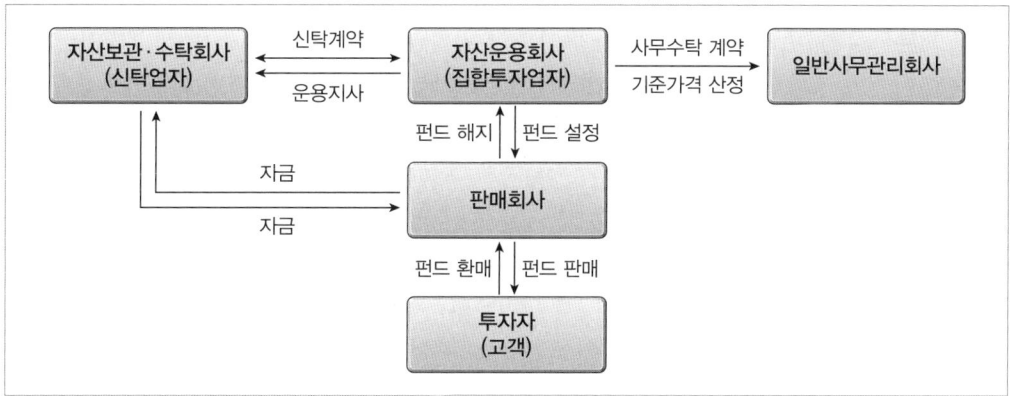

○ **계약형 펀드의 운용 구조**

④ **펀드투자 비용**: 펀드와 관련된 금융회사들은 펀드투자자로부터 각종 수수료와 보수를 받는다. 구분하자면 수수료(Commission)는 보통 한 번 지불하고 끝나는 돈이고, 보수(Fee)는 지속적·정기적으로 지급되는 돈이지만 통상 둘 모두를 수수료라고 부르기도 한다. 결국 수수료나 보수는 투자자 입장에서 보면 비용이 된다.
  ㉠ **자산운용회사 수수료**: 펀드 자금을 운용하는 대가로 자산운용회사가 받는 돈을 운용보수라고 하며, 매년 펀드 자산의 일정 비율을 보수로 수취한다.
  ㉡ **펀드판매회사 수수료**: 펀드판매회사가 판매서비스에 대해 받는 대가에는 판매수수료와 판매보수가 있다. 전자는 펀드를 추천하고 설명해주는 대가로 볼 수 있으며 선취 또는 후취로 수취한다. 또한 보수는 투자자의 펀드계좌를 지속적으로 관리해주는 비용이며, 운용보수처럼 펀드 자산의 일정 비율로 지급하게 된다.
  ㉢ **자산보관회사 및 일반사무수탁회사 수수료**: 자산보관회사가 받는 신탁보수와 일반사무수탁회사가 받는 사무수탁보수가 있으나 운용보수, 판매수수료, 판매보수 등에 비하면 비용이 적은 편이다.

[단권화 MEMO]

　　ⓔ **환매수수료**: 약정기간이 지나기 전에 투자한 돈을 되찾았을 때 부과한다. 환매수수료는 잦은 자금 유·출입을 방지하여 펀드 운용의 안정성을 부과하기 위해 만들었으며, 펀드에 따라 부과되는 펀드와 부과되지 않는 펀드가 있다. 통상 환매수수료는 가입 후 90일 또는 180일 등 일정 기간으로 제한하고 있으며, '이익금의 ○○%'라는 식으로 정의되어 있다.

⑤ **펀드투자의 장점**: 개별 증권투자 등에 비해 펀드투자에는 몇 가지 장점이 있다.
　ⓐ **소액 분산투자 가능**: 분산투자를 통해 리스크를 최소화할 수 있다. 소액으로는 대규모 자금이 소요되는 포트폴리오를 적절하게 구성하기 어렵지만 다수 투자자의 자금을 모아(Pooling) 운용되는 펀드를 통해 분산투자를 할 수 있다.
　ⓑ **투자전문가의 관리**: 펀드는 투자전문가에 의해 투자되고 관리·운영된다. 개인투자자의 경우는 전문가에 비해 정보취득이나 분석능력이 떨어지고 투자 경험도 적어 자금운용에 어려움이 많다.
　ⓒ **비용 절감 효과**: 규모의 경제로 인해 비용을 절감할 수 있다. 대규모로 투자·운용되는 펀드는 규모의 경제로 인해 거래비용과 정보취득비용이 절감될 수 있고, 명시적인 비용 외에도 각 개인이 각자의 자금을 투자하고 관리하는 데 소요되는 시간과 노력으로 인한 기회비용을 줄이는 역할도 하게 된다.

⑥ **펀드의 유형**
　ⓐ **기본적 유형**: 펀드는 중도 환매 가능 여부, 투자자금의 추가 불입 가능 여부, 투자자금의 모집 대상 등으로 구분할 수 있다. 환매가 가능한 개방형 펀드와 환매가 원칙적으로 불가능한 폐쇄형 펀드, 추가 입금이 가능한 추가형 펀드와 추가 입금이 불가능한 단위형 펀드, 불특정 다수인을 대상으로 모집하고 투자자 수에 제약이 없는 공모형 펀드(50인 이상)와 100인 이하의 투자자들로부터 자금을 모집하는 사모형 펀드 등이 대표적이다.

기준		펀드의 종류와 유형
환매 여부	개방형 펀드	환매가 가능한 펀드로, 운용 후에도 추가로 투자자금을 모집하는 것이 가능
	폐쇄형 펀드	• 환매가 원칙적으로 불가능한 펀드로, 첫 모집 당시에만 자금을 모집 • 기간이 끝나면 전 자산을 정산해서 상환이 이루어짐.
추가 불입 여부	단위형 펀드	추가 입금이 불가능하고 기간이 정해져 있음.
	추가형 펀드	수시로 추가 입금이 가능
자금모집방법	공모형 펀드	불특정 다수의 투자자로부터 자금을 모집
	사모형 펀드	100인 이하의 투자자들로부터 자금을 모집 - 일반투자자는 49인 이하, 전문투자자만으로는 100인까지 구성 가능
투자방식	거치식 펀드	일시에 거금을 투자
	적립식 펀드	정기적(매월, 매분기 등)으로 일정 금액을 투자
	임의식 펀드	투자금이 있을 때마다 투자

○ **펀드의 종류와 유형**

　ⓑ **투자대상에 따른 유형**
　　ⓐ 투자대상이 무엇인가에 따라 「자본시장법」상 다음과 같이 분류된다. 주식, 채권 등에 투자하는 증권펀드, 부동산에 투자하는 부동산펀드, 전통적인 자산인 증권 외 투자하는 특별자산펀드, MMF와 같은 단기금융펀드, 주요 투자대상을 정하지 않고 어떤 자산에나 자유롭게 투자할 수 있는 혼합자산펀드가 있다.

ⓑ 증권형 펀드 내에서도 주식투자비율에 따라 주식형, 채권형, 혼합형으로 구분할 수 있다. 자산의 60% 이상을 주식에 투자하면 주식형 펀드, 채권에 60% 이상 투자하면 채권형 펀드, 주식 및 채권 투자 비율이 각각 50% 미만이면 혼합형 펀드이다.

ⓒ **종류형 펀드**: 대체로 펀드 이름의 마지막 부분에는 알파벳이 표기되어 있다. 이는 운용방식이 같더라도 펀드투자 비용의 부과 체계가 다른 여러 펀드를 구분하기 위한 것이다. 이러한 펀드들을 '종류형 펀드' 또는 '멀티클래스 펀드'라고 부른다. 투자자는 투자기간이나 투자금액 등을 고려하여 자신에게 적합한 종류(클래스)를 선택할 수 있다. 일반적으로 펀드의 클래스는 선취형 판매수수료를 받는 A클래스, 후취형 수수료를 받는 B클래스, 판매수수료 없이 판매보수만 받는 C클래스 등으로 나뉜다. 그 밖에 온라인 가입용(E), 펀드슈퍼마켓용(S) 등 펀드 가입채널에 따른 구분도 있다.

종류	내용
A클래스	가입 시 선취판매수수료가 부과되며 환매 가능성이 있지만 장기투자에 적합함.
B클래스	일정 기간 내에 환매 시 후취수수료가 부과되며, 환매 가능성이 낮은 장기투자에 적합함.
C클래스	선취·후취 판매수수료가 없으나 연간 보수가 높은 펀드로, 단기투자에 적합함.
D클래스	선취·후취 판매수수료가 모두 부과되는 펀드
E클래스	인터넷 전용 펀드
F클래스	금융기관 등 전문투자자 펀드
H클래스	장기주택마련저축 펀드
I클래스	법인 또는 거액개인고객 전용 펀드
W클래스	WRAP 전용 펀드
S클래스	펀드슈퍼마켓에서 투자 가능한 클래스로 후취수수료가 있는 펀드
P클래스	연금저축펀드(5년 이상 유지 시 55세 이후 연금을 받을 수 있는 펀드)
T클래스	소득공제장기펀드(5년 이상 유지 시 납입금액의 40%를 소득공제해주는 펀드)

○ 종류형 펀드의 유형

ⓓ **상장지수펀드**(ETF; Exchange Traded Funds)
  ⓐ **개념**: 특정한 지수의 움직임에 연동하여 운용되는 인덱스펀드의 일종으로, 거래소에 상장되어 실시간으로 매매된다. 지수에 연동되어 수익률이 결정된다는 점에서 인덱스펀드와 유사하지만 증권시장에 상장되어 주식처럼 실시간으로 매매가 가능하다는 점에서 차이가 있다.
  ⓑ **펀드의 구성**: 해당 지수에 포함된 상품의 바스켓과 동일한 것이 일반적이지만, 해당 지수보다 변동폭을 크게 만든 레버리지 ETF나 해당 지수와 반대로 움직이면서 수익이 발생하는 인버스 ETF도 발행된다.
  ⓒ **ETF의 발행**: 국내에서는 자산운용회사가 ETF를 발행한다. 국내 시장지수뿐만 아니라 산업별 지수, 각종 테마지수 등과 해외 주요 국가의 시장지수, 섹터지수, 상품가격지수 등이 연계되어 수많은 ETF 상품이 거래소에 상장되어 실시간으로 매매되고 있다. 투자자의 입장에서는 가입 및 환매 절차와 조건이 복잡한 펀드 대신에 실시간으로 소액 매매가 가능하여 편리하다.

[단권화 MEMO]

- **ETN의 발행**: 최근에는 ETF와 유사한 형태의 금융상품인 상장지수증권(ETN; Exchange Traded Notes)이 상장되어 활발하게 거래되고 있다. ETN은 기초지수 변동과 수익률이 연동되도록 증권회사가 발행하는 파생결합증권으로서 거래소에 상장되어 거래되는 증권이다. 발행회사인 증권회사는 투자수요가 예상되는 다양한 ETN을 상장시켜 투자자가 쉽게 ETN을 사고 팔 수 있도록 실시간 매도·매수호가를 공급한다.
- **ETF와 ETN의 비교**: ETF와 ETN은 모두 인덱스 상품이면서 거래소에 상장되어 거래된다는 점에서 유사하다. 그러나 ETF의 경우는 자금이 외부 수탁기관에 맡겨지기 때문에 발행기관의 신용위험이 없는 반면, ETN은 발행기관인 증권회사의 신용위험에 노출된다. 또한 ETF는 만기가 없는 반면, ETN은 1~20년 사이에서 만기가 정해져 있다는 점에서도 차이가 있다.

구분	ETF	인덱스펀드
특징	주식시장 인덱스를 추종하여 주식처럼 유가증권시장에 상장되어 거래함.	특정 인덱스를 추종하는 펀드로 ETF처럼 상장되어 거래되지 않고 일반펀드와 가입과정이 동일함.
투자비용	액티브펀드보다 낮은 비용이 발생하며 ETF 거래를 위해 거래세 및 수수료를 지불함.	대부분 ETF보다 높은 보수를 책정하고 있으나 액티브펀드보다는 낮은 수준임.
거래	• 일반 주식처럼 장중 거래가 가능하며 환금성이 뛰어남. • 주식과 같은 거래비용이 발생함.	일반펀드와 마찬가지로 순자산에 의해 수익률이 하루에 한 번 결정되며, 일반펀드와 같은 가입·환매체계를 거침.
운용	운용자는 환매 등에 신경을 쓰지 않으며 인덱스와의 추적오차를 줄이기 위해 최선을 다함.	• 환매요청 시 포트폴리오 매각과정에서 추적오차가 발생할 수 있음. • 펀드규모가 너무 작을 경우 포트폴리오 구성에 문제가 발생할 수 있음.

◎ ETF와 인덱스펀드의 비교

ⓜ **주가지수연계펀드(ELF; Equity Linked Funds)**: ELF는 펀드형 상품으로 증권사에서 판매하는 ELS와 유사한 부분이 많다. 국내에서 판매되는 ELF는 대체로 펀드재산의 대부분을 국공채나 우량 회사채에 투자하여 만기 시 원금을 확보하고 나머지 잔여재산을 증권회사에서 발행하는 권리증서(Warrant)를 편입하여 펀드수익률이 주가에 연동되도록 한 구조화된 상품이다. ELF 개발 초기와 달리, 지금은 종합주가지수와 같은 주가지수뿐만 아니라 개별종목 주가나 특정 업종과 같이 다양한 곳에 연계되는 경향이 강하다. 일본 니케이지수, 홍콩 항생지수 등 해외증시와 연동한 상품도 있다. 예를 들어 주가상승으로 투자기간 도중에 목표수익률을 달성하면 투자원금과 수익금을 돌려주는 조기상환형 상품이 있다.

플러스이론 펼쳐보기 ▼ ELD, ELS, ELF의 비교

구분	ELD	ELS	ELF
운용회사	은행	투자매매업자	집합투자업자(자산운용사)
판매회사	은행(운용사 = 판매사)	투자매매업자 또는 투자중개업자(운용사 = 판매사)	투자매매업자, 투자중개업자
상품 성격	예금	유가증권	펀드
투자 형태	정기예금 가입	유가증권 매입	펀드 가입
만기수익	지수에 따라 사전에 정한 수익금 지급	지수에 따라 사전에 정한 수익 지급	운용성과에 따라 실적배당
중도해지 및 환매 여부	중도해지 가능 (해지 시 원금손실 발생 가능)	제한적 (거래소 상장이나 판매사를 통한 현금화가 제한적)	중도환매 가능 (환매 시 수수료 지불)
상품 다양성	100% 원금보존의 보수적인 상품만 존재함.	위험별로 다양한 상품개발 가능	ELS와 유사함.

ⓗ **부동산투자신탁(REITs; Real Estate Investment Trusts)**: 부동산펀드와 유사한 부동산투자신탁은 투자자금을 모아 부동산 개발, 매매, 임대 및 주택저당채권(MBS; Mortgage Backed Securities) 등에 투자한 후 이익을 배당하는 금융상품이다. 리츠는 설립형태에 따라 회사형과 신탁형으로 구분된다. 회사형은 주식을 발행하여 투자자를 모으는 형태로서 증권시장에 상장하여 주식을 거래하게 된다. 신탁형은 수익증권을 발행하여 투자자를 모으는 형태로 상장의무는 없다. 리츠를 이용하면 소액개인투자자라도 대규모 자금이 필요하고 거래비용 및 세금이 부담되는 부동산 투자를 전문가를 통해 간접적으로 할 수 있다. 또한 현금화가 매우 어려운 부동산 투자의 단점을 리츠 주식의 매매를 통해 해결할 수 있다.

ⓢ **재간접펀드(Fund of Funds)**
  ⓐ **개념**: 펀드의 재산을 다른 펀드가 발행한 간접투자증권에 투자하는 펀드를 말한다. 즉, 1개의 펀드에서 다른 여러 가지 펀드들에 분산투자하는 것이다.
  ⓑ **장점**: 기존에 실적이 뛰어난 펀드를 골라 투자할 수 있으며, 특히 해외의 특정 지역이나 섹터펀드, 헤지펀드 등 일반투자자가 접근하기 어려운 펀드에 대해서도 분산투자가 가능하다.
  ⓒ **한계**: 재간접펀드는 분산투자 및 다양한 투자전략의 효과가 있지만, 판매보수와 운용보수를 이중으로 지급하는 등 비용부담이 일반펀드에 비해 높을 수 있다. 또한 투자한 하위펀드가 다시 여러 섹터와 종목에 투자하는 과정에서 과도한 분산투자로 수익성이 떨어질 수 있고, 투자자 입장에서 하위펀드의 투자전략이나 운용내용을 파악하기도 쉽지 않다. 이런 이유로 투자자 보호를 위해 재간접펀드는 동일 자산운용사가 운용하는 펀드들에 대한 투자는 펀드자산 총액의 50%를 초과할 수 없고, 같은 펀드에 대해서는 자산총액의 20%를 초과할 수 없도록 규제하고 있다.

⑦ **펀드 투자 시 유의사항**
  ⓐ **투자에 대한 책임**: 펀드는 예금자보호 대상이 아니며, 투자성과에 따라 손실이 발생할 수도 있고 심지어 전액 원금 손실에까지 이를 수도 있다. 각자 자신의 투자성향과 재무상태에 맞추어 투자하고 모든 투자의 책임은 본인이 감수하여야 한다.

[단권화 MEMO]

ⓒ **분산투자**: 기본적으로 펀드는 분산투자를 원칙으로 하고 있지만, 펀드 역시 분산해서 투자하는 것이 좋다. 특정 산업이나 테마에 한정된 펀드도 많이 있고, 특정 지역에 집중된 해외펀드의 경우, 국가 리스크가 발생할 수 있다. 펀드의 경우에도 섹터, 테마, 지역, 운용회사 등에 따라 분산해서 투자하는 것이 바람직하다.

ⓒ **계약조건 확인**: 펀드에 따라 수수료 및 보수 체계가 다양하고 환매조건이 다르기 때문에 펀드에 가입하기 전에 선취 또는 후취수수료, 판매보수와 운용보수, 환매수수료 등 계약조건을 꼼꼼하게 따져봐야 한다.

ⓒ **과거 수익률에 대한 과신 금지**: 과거의 수익률을 참조는 하되 과신은 금물이다. 펀드를 선택할 때 최근 수익률이 높은 펀드를 고르는 경우가 많은데, 과거의 성과가 미래에도 계속 이어진다는 보장이 없고, 많은 실증 분석결과에서도 펀드의 과거 수익률과 미래 수익률은 별로 상관관계가 없다고 보고하고 있다.

ⓜ **고수익 고위험 원칙**: '고수익 고위험(High Risk High Return)'의 원칙이 당연히 펀드투자에도 적용된다는 사실을 명심해야 한다. 즉, 기대수익률이 높은 고수익 펀드에 투자하면 손실 가능성도 높아진다.

ⓑ **지속적 관리 필요**: 펀드 가입 후에도 지속적인 관리가 필요하다. 우선 가입한 펀드의 운용성과와 포트폴리오 현황을 확인한다. 대부분의 펀드가 정기적으로 운용성과와 포트폴리오를 공개하게 되어 있다. 만일 가입한 펀드의 수익률이 유사한 펀드의 수익률이나 시장수익률에 못미치는 경우에는 일시적인 현상인지, 지속적인 현상인지 살펴본다. 각각의 펀드별 운용성과 및 펀드 간 성과를 비교하기 위해서는 다음 정보를 활용하면 쉽게 파악할 수 있다. 다만, 구조적인 문제가 아니라면 잦은 펀드 매매 및 교체는 거래비용 면에서 바람직하지 않다.

회사명	인터넷 홈페이지
제로인	www.zeroin.co.kr
한국펀드평가	www.kfr.or.kr
모닝스타 코리아	www.morningstar.co.kr

○ 국내 대표적 펀드평가회사 및 홈페이지

플러스이론 펼쳐보기 ▼   **시간분산투자법(적립식 투자)**

- 리스크 관리 측면에서 서로 다른 성격의 자산에 나누어 포트폴리오를 구성하는 자산분산 외에 투자시점을 나누어 분산투자하는 시간분산도 중요한 방법이 된다. 주식이나 채권처럼 단기간 내에 가격이 급등락하는 금융투자상품은 적절한 투자시점을 잡기 매우 어렵다. 특히, 일반 개인투자자는 시장상황이나 기업정보에 대해 기관투자자나 전문투자자에 비해 크게 부족하다. 이러한 정보 비대칭(Information Asymmetry) 상태에서 개인투자자가 이를 극복하기 위한 방안의 하나로 투자시점 분산을 들 수 있다. 즉, 몇 개의 시점으로 나누어 금융투자상품을 매수 또는 매도를 함으로써 가격이 급등락하는 상황에서도 매수가격이나 매도가격을 평균화(Averaging)하는 것이다. 특히, 일정한 기간별로 고정된 금액을 계속 투자하는 정액분할투자법(Cost Average Method)이 널리 활용된다. 매월 일정액을 펀드에 투자하는 적립식펀드가 정액분할투자법을 활용하는 대표적인 예인데, 금액은 일정하더라도 자동적으로 주가가 높은 달에는 주식을 적게, 주가가 낮은 달에는 주식을 많이 매입하게 되어 평균 매입단가가 낮아진다.
- A주식을 매월 100만원씩 매입하는데 첫 달 주가는 2만원, 둘째 달은 1만원, 셋째 달은 3만원일 때 매입했다면 평균 매입단가는 2만원이라고 생각하기 쉽다. 그러나 2만원일 때는 50주, 1만원일 때는 100주, 3만원일 때는 33주를 사서 총 183주를 매입했으므로 총 투자금액 299만원을 183주로 나눈 16,339원이 평균 매입단가가 된다.

이러한 정액분할투자를 장기적으로 하면 매입가격 평균화(Cost Averaging) 효과에 따라 가격 변동에 비교적 적게 영향을 받고 안정적으로 투자할 수 있게 된다.

(2) 장내파생상품

① **개요**: 파생상품(Derivatives)은 기초자산의 가치 변동에 따라 가격이 결정되는 금융상품을 말한다. 그 상품의 가치가 기초자산의 가치 변동에서 파생되어 결정되기 때문에 '파생상품' 이라고 부른다.

　㉠ **구분**

　　ⓐ **선물과 옵션**: 파생상품은 다양한 형태로 존재하며, 그중에서도 대부분 주식, 채권, 외환 등의 금융상품 및 금·은 등의 물품·원자재(Commodity) 등을 기초자산으로 하는 선물(先物) 또는 옵션의 형태로 거래된다.

　　ⓑ **장내·장외파생상품**: 파생상품은 가격 외의 거래조건을 표준화하여 거래소에서 거래되는 장내파생상품(선물, 옵션)과 거래소 밖에서 비표준화되어 거래되는 장외파생상품(선도, 스왑)으로 구분할 수 있다.

　㉡ **특징**: 선물과 옵션 등 파생상품의 원래 목적은 불확실한 미래의 가격변동에서 오는 리스크를 줄이려는 헤징(Hedging)이지만, 기초자산의 미래 가격변동을 예상하거나 레버리지를 이용한 투기적 목적으로도 많이 활용된다. 특히, 기존의 금융상품과 파생상품이 결합하면서 종래의 일방향적인(Uni-Directional) 투자패턴에서 벗어나 다양한 형태의 금융상품을 개발하는 금융공학(Financial Engineering)이 가능해졌다. 다만, 금융공학이 어려운 재무와 수학적 능력을 가진 일부 전문가의 전유물이 되면서 일반인은 파악하기 어려운 복잡한 구조의 금융신상품을 양산하게 되었고, 결국 2008년 글로벌 금융위기를 초래하는 원인 중 하나가 되었다. 그러나 파생상품은 여전히 효용성이 높기 때문에 정확하게 이해하고 적절하게 활용하는 지혜가 더욱 요구된다.

② **선물계약과 옵션계약**

　㉠ **선물계약(Futures Contracts)**

　　ⓐ **개념**: 선물계약은 장래의 일정 시점을 인수·인도일로 하여 일정한 품질과 수량의 어떤 물품 또는 금융상품을 사전에 정한 가격에 사고팔기로 약속하는 계약이다. 즉, 선물계약은 현재시점에서 계약은 하되, 물품은 장래에 인수·인도한다는 점에서 계약과 동시에 정해진 가격으로 물품을 인수·인도하는 현물계약과 대비된다. 예를 들어 밀을 생산하는 농부는 자기가 가을에 수확하게 될 밀의 가격이 얼마인지 모른다. 만약 농부가 밀의 가격을 알 수만 있다면 그는 자기 수입이 얼마가 될지 알 수 있어 이를 바탕으로 보다 합리적인 지출계획을 세울 수 있을 것이다. 제빵업자의 경우에도 원료가 되는 밀의 가격을 미리 알 수만 있다면 빵의 원가를 정확히 계산할 수 있고 이를 토대로 빵의 가격을 정하고 자신의 수입을 미리 확정지을 수 있게 된다. 이처럼 불확실한 미래를 확실한 것으로 대체하고자 하는 거래당사자 간의 반대 방향 욕구가 선물계약을 맺게 하는 원동력이 되는 것이다.

　　ⓑ **선도계약과의 차이**: 흔히 선물계약은 선도계약(Forward Contracts)과 혼용되어 사용되지만 이들은 서로 다른 개념이다. 선물계약과 선도계약은 장래의 일정 시점에 일정

[단권화 MEMO]

▶ ◻◻◻◻은/는 주식과 채권 같은 전통적인 금융상품을 기초자산으로 하여 새로운 현금흐름을 만드는 증권이다.
(파생상품)

▶ ◻◻은/는 거래소에서 장래의 일정 시기에 물건을 넘겨줄 조건으로 매매계약을 하는 거래 종목을 말한다.
(선물)

품질의 물품 또는 금융상품을 일정 가격에 인수·인도하기로 계약한다는 점에서는 동일하다. 그러나 선도계약은 거래당사자들이 자유롭게 계약내용을 정하고 장소에 구애받지 않고 거래할 수 있는 데 반해 선물계약은 계약내용이 표준화되어 있고 공식적인 거래소를 통해 거래가 이루어진다는 점에 차이가 있다. 즉, 선물계약은 선도계약 중 거래가 표준화되고 거래소를 통해 이루어지는 보다 좁은 범위의 계약을 지칭한다.

ⓒ 선물거래의 기능

- 헤징(Hedging) 기능: 선물거래의 가장 기본적이고 중요한 역할은 가격변동 리스크를 줄이는 헤징(Hedging) 기능이다. 즉, 가격변동 리스크를 회피하고 싶은 투자자(Hedger)는 선물시장에서 포지션을 취함으로써 미래에 가격이 어떤 방향으로 변하더라도 수익을 일정 수준에서 확정시킬 수 있다. 예를 들어 3개월 후 수출대금으로 1,000만달러를 수취할 예정인 수출업자는 3개월 후 환율이 얼마가 되느냐에 따라 원화로 받게 될 금액이 변동하는 환리스크에 노출된다. 이때 3개월 후 달러당 1,120원에 1,000만달러를 매도할 수 있는 선물환 계약이 가능하다면 선물환 매도계약을 통해 3개월 환율 변동에 상관없이 112억원의 원화 자금을 확보할 수 있게 된다.
- 유동성 확대 기능: 선물거래는 현물시장의 유동성 확대에도 기여한다. 선물거래는 현물의 가격변동위험을 헤지할 수 있으므로 그만큼 현물의 투자위험이 감소되는 결과를 가져와 투자자들은 현물시장에서 보다 적극적으로 포지션을 취할 수 있게 된다. 이에 따라 신규투자자들이 증가하고, 특히 기관투자가의 적극적인 참여로 현물시장의 유동성이 확대될 수 있다.
- 가격정보 제공 기능: 선물거래는 장래의 가격정보를 제공하는 기능을 한다. 선물시장에서 경쟁적으로 형성되는 선물가격은 미래의 현물가격에 대한 기댓값을 의미한다. 물론 선물가격이 미래의 현물가격과 꼭 일치함을 의미하지는 않으나 미래의 현물가격을 예상할 수 있는 가격예시 기능을 갖고 있다.
- 새로운 투자수단 제공 기능: 선물거래는 비교적 적은 비용으로 큰 금액의 거래를 할 수 있어 레버리지가 높은 새로운 투자수단을 제공한다. 그리고 선물과 현물 간 또는 선물 간의 가격 차이를 이용한 차익(Arbitrage)거래나 스프레드(Spread)거래와 같은 새로운 투자기회도 제공한다.

ⓓ 선물계약의 종류: 한국거래소에 상장되어 거래되는 선물계약으로는 가장 활발하게 거래되는 KOSPI200지수선물을 비롯하여 KOSPI200선물 대비 거래단위를 1/5로 축소한 코스피200미니선물, 기술주 중심의 코스닥시장 특성을 반영한 코스닥150지수선물, 특정 산업군의 주가흐름을 반영하는 대표종목을 지수화하여 거래되는 10개 섹터지수선물 등이 다양하게 존재한다. 한편, 선물계약은 거래대상이 되는 기초자산의 종류에 따라 크게 상품선물과 금융선물로 구분된다.

- 상품선물(Commodity Futures): 기초자산이 실물상품인 선물로서 초기에는 농산물, 축산물 등에 한정되었으나 점차 확대되어 현재는 임산물, 비철금속, 귀금속, 에너지 등에 이르기까지 다양하다. 대표적인 상품선물로는 금선물, 돈육선물 등이 있다.
- 금융선물(Financial Futures): 기초자산이 되는 금융상품에 따라 3가지, 즉 금리에 의해 가격이 결정되는 장단기 채권을 기초자산으로 하는 금리선물(Interest Rate Futures), 개별주식 및 주가지수를 거래대상으로 하는 주식관련선물(Stock-Related Futures), 그리고 주요국의 통화를 대상으로 하는 통화선물(Currency Futures)이 있다.

- **금리선물**: 각각 3년, 5년, 10년 만기 국채선물이 있다.
- **통화선물**: 각각 미국 달러화, 일본 엔화, 중국 위안화, 유로화에 대한 원화 환율을 거래하는 선물계약이 있다.

ⓒ 옵션계약

ⓐ **옵션의 개념**: 선물계약이 장래의 일정 시점을 인수·인도일로 하여 일정한 품질과 수량의 어떤 물품 또는 금융상품을 정한 가격에 사고팔기로 약속하는 계약이라면, 옵션계약은 장래의 일정 시점 또는 일정 기간 내에 특정 기초자산을 정한 가격에 팔거나 살 수 있는 권리를 말한다. 두 계약 간에 유사한 부분도 있으나 선물계약이 매입 측과 매도 측 쌍방이 모두 계약이행의 의무를 지게 되는 반면, 옵션계약은 계약당사자 중 일방이 자기에게 유리하면 계약을 이행하고 그렇지 않으면 계약을 이행하지 않을 수 있는 권리를 갖고 상대방은 이러한 권리행사에 대해 계약이행의 의무만을 지게 된다는 점에서 차이가 있다. 따라서 옵션계약에서는 계약이행의 선택권을 갖는 계약자가 의무만을 지는 상대방에게 자신이 유리한 조건을 갖는 데 대한 대가를 지불하고 계약을 체결하게 된다.

> [단권화 MEMO]
>
> ○ □□은/는 선물거래에서 일정 기간 내에 특정 가격으로 상품, 주식, 채권 등을 팔거나 살 수 있는 권리를 말한다.
> (옵션)

ⓑ **옵션 관련 주요 용어**

기초자산(Underlying Asset)	옵션거래의 대상이 되는 상품 또는 자산으로 옵션의 가치를 산정하는 기초가 됨.
옵션보유자 또는 옵션매입자(Option Holder)	옵션계약에서 선택권을 갖는 측
옵션발행자 또는 옵션매도자(Option Writer)	옵션보유자의 계약상대방이 되어 계약을 이행해야 할 의무를 지는 측
행사가격 (Exercise Price 또는 Strike Price)	기초자산에 대해 사전에 정한 매수가격(콜옵션의 경우) 또는 매도가격(풋옵션의 경우)으로서 옵션보유자가 선택권을 행사하는 데 있어서 기준이 되는 가격. 콜옵션매수자는 기초자산의 가격이 행사가격 이상으로 상승할 때 권리를 행사하고 풋옵션매수자는 기초자산의 가격이 행사가격 아래로 하락할 때 권리를 행사함.
만기일(Expiration Date)	옵션보유자가 선택권을 행사할 수 있도록 정해진 미래의 특정 시점 또는 정해진 기간으로, 만기일이 지나면 해당 옵션은 그 가치를 상실하고 더 이상 권리 행사가 불가능함.
옵션프리미엄(Option Premium) 또는 옵션가격	옵션매입자가 선택권을 갖는 대가로 옵션매도자에게 지급하는 금액으로, 옵션의 가격은 바로 이 옵션의 프리미엄을 지칭함.

ⓒ **옵션의 기능**

- **다양한 투자수단의 제공**: 1980년대 이후 유용성이 널리 인식되면서 옵션거래는 선진국을 중심으로 큰 폭의 성장세를 보여 왔다. 우선 옵션은 다양한 투자수단을 제공하는 데 널리 활용되고 있다. 전통적인 금융상품인 주식, 채권 등과 결합하거나 옵션 간의 결합을 통해 다양한 형태의 수익구조를 갖는 투자수단을 만드는 데 활용되고 있다. 따라서 투자자들은 각자의 위험에 대한 선호나 향후 가격변화에 대한 예상, 자신의 자금사정, 투자목적 등에 따라 적합한 투자전략을 다양하게 구사할 수 있다.
- **헤징(Hedging)**: 선물계약의 가장 큰 기능이 헤징(Hedging)인 것처럼 옵션도 불확실한 미래 가격변동에 따른 위험을 헤지하는 수단으로 활용된다. 헤징을 위해 선물과 옵션을 이용하더라도 그 방식에는 근본적인 차이가 있다. 선물계약은 거래할 기초

자산의 가격을 고정시킴으로써 위험을 제거하는 반면, 옵션계약은 미래에 가격이 불리한 방향으로 움직이는 것에 대비한 보호수단을 제공하고 가격이 유리한 방향으로 움직일 때는 이익을 취할 수 있도록 해준다.
- **적은 투자비용을 통한 높은 투자손익 발생**: 선물시장과 마찬가지로 옵션시장에서도 투기거래가 존재하며, 옵션의 거래비용은 옵션매입자의 경우 옵션프리미엄에 한정되기 때문에 옵션투자는 적은 투자비용으로 레버리지가 매우 높은 투자손익이 발생하게 된다.

ⓓ **옵션의 분류**: 옵션계약은 권리의 유형, 권리행사 기간, 기초자산 등에 따라 구분될 수 있다.

구분		내용
권리의 유형에 따른 분류	콜옵션 (Call Option)	기초자산을 약정된 행사가격에 살 수 있는 권리를 말하며, 기초자산을 매입하기로 한 측이 옵션보유자가 되는 경우로, 콜옵션의 매입자는 장래의 일정 시점 또는 일정 기간 내에 특정 기초자산을 정해진 가격으로 매입할 수 있는 선택권을 가짐.
	풋옵션 (Put Option)	기초자산을 약정된 행사가격에 팔 수 있는 권리를 말하며, 기초자산을 매도하기로 한 측이 옵션보유자가 되는 경우로, 풋옵션의 매입자는 장래의 일정 시점 또는 일정 기간 내에 특정 기초자산을 정해진 가격으로 매도할 수 있는 권리를 가짐.
권리행사 기간(시기)에 따른 분류	유럽식 옵션 (European Option)	옵션의 만기일에만(on Expiration Date) 권리를 행사할 수 있는 형태의 옵션
	미국식 옵션 (American Option)	옵션의 만기일이 될 때까지(by Expiration Date) 언제라도 권리를 행사할 수 있는 형태의 옵션
기초자산에 따른 분류	주식옵션 (Stock Option)	옵션 중 가장 흔한 형태로, 개별 주식이 기초자산이 되는 옵션
	주가지수옵션 (Stock Index Option)	• 주가지수 자체가 기초자산이 되는 옵션 • 옵션의 대상이 되는 주가지수로는 시장 전체의 움직임을 대표하는 경우도 있고 특정 부문을 대상으로 하는 것도 있음.
	통화옵션 (Currency Option)	• 외국통화가 기초자산이 되는 옵션으로, 특정 외환을 미리 정한 환율로 사고 팔 수 있는 권리를 매매함. • 우리나라에서는 미국달러옵션이 상장되어 거래되고 있음.
	금리옵션 (Interest Rate Option)	국채, 회사채, CD 등 금리변동과 연계되는 금융상품이 기초자산이 되는 옵션으로, 기간에 따라 단기, 중기, 장기로 구분됨.
	선물옵션 (Options on Futures)	• 지금까지 살펴본 옵션계약의 기초자산이 모두 현물이었던 데 반해 선물옵션은 이들 현물을 기초자산으로 하는 선물계약 자체를 기초자산으로 하는 옵션 • 선물콜옵션을 행사하면 선물매수포지션이 생기고 선물풋옵션을 행사하면 선물매도포지션을 받게 됨.

플러스이론 펼쳐보기 ▼	선물과 옵션의 비교	

구분	주가지수선물	주가지수옵션
정의	미래 일정 시점(만기일)에 특정 주가지수를 매매하는 계약	미래 일정 시점(만기일)에 특정 주가지수를 매매할 수 있는 권리를 매매함.
가격	현물지수의 움직임에 연동함.	일정 범위에서는 현물지수의 움직임에 연동하나 그 범위 밖에서는 연동하지 않음.
증거금	매수, 매도자 모두 필요함.	매도자만 필요함.
권리 및 의무	매수, 매도자 모두 계약이행의 권리와 의무를 지님.	매수자는 권리만 가지고 매도자는 계약이행의 의무를 지님.
결제방법	반대매매, 최종결제, 현금결제	반대매매, 권리행사 또는 권리 포기, 현금결제
이익과 손실	매도자, 매수자의 이익과 손실이 무한정임.	• 매수자: 손실은 프리미엄에 한정, 이익은 무한정임. • 매도자: 이익은 프리미엄에 한정되나 손실은 무한정임.

(3) 구조화상품

① **개념**: 예금, 주식, 채권, 대출채권, 통화, 옵션 등 금융상품을 혼합하여 얼마든지 새로운 상품을 만들 수 있는데, 이와 같이 당초의 자산을 가공하거나 혼합하여 만들어진 새로운 상품을 흔히 '구조화금융상품'이라고 한다.

㉠ **등장 배경**: 2000년 이후 우리나라는 점차 저성장·저금리 기조에 들어서면서 예금을 선호하던 상당수의 사람들이 대안을 모색하게 되었고, 주식에 투자해왔던 사람들 또한 리스크에 대해 대안이 필요했다. 그런데 당시 기존 금융상품은 대체로 저위험/저수익(예금), 고위험/고수익(주식)으로 편제되어 있었기 때문에 시장수요에 부응하기 위한 중위험/중수익 금융상품이 개발되었다. 또 다양한 투자대상에 대한 개인의 관심 증가도 구조화상품의 발전에 이바지하였다. 부동산, 항공기, 미술품 등의 투자에 대한 사람들의 관심도 커졌는데, 이러한 상품들에 직접 투자하는 경우 거액의 자금이 필요하거나 매입 또는 사후관리에 필요한 전문성을 갖추어야 하는 문제가 있었다. 이에 금융시장에서는 이러한 상품을 증권으로 가공·변형하여 투자가 가능하도록 하였다.

㉡ **종류**: 주식이나 채권, 파생상품 등을 혼합하여 만든 ELS(Equity Linked Securities), DLS(Derivative Linked Securities), 예금과 주식을 혼합하여 만든 주가연계예금(ELD) 등이 구조화금융상품에 해당한다. 그 밖에도 일부 부동산펀드, ETF, ABCP 등과 같은 금융상품도 구조화증권의 범주에 포함된다.

② **특징**: 구조화증권의 리스크나 수익성은 기초자산의 수익성이나 리스크를 구조화기법을 통하여 완화하거나 증폭시킨 것으로, 상품구조나 내용이 복잡하여 정확하게 이해하기 난해하고 구조화증권의 가치평가나 관련정보 입수에도 어려움이 많다. 이런 이유로 유동성이 부족(예 ELS 해지 시 높은 환매 수수료 부담)한 경우도 많아서 구조화증권에 투자하려면 기대수익률에 앞서서 기초자산, 상품구조와 유동성 등에 대한 정확한 이해가 선행될 필요가 있다.

③ **대표적인 상품 – 주가연계증권(ELS; Equity Linked Securities)**: 흔히 ELS라고 불리는 주가연계증권은 파생결합증권의 일종으로 개별 주식의 가격이나 주가지수, 섹터지수 등의 기초자산과 연계되어 미리 정해진 방법으로 투자수익이 결정되는 증권이다. '파생결합증권'이란 기초

자산의 가격·이자율·지표·단위 또는 이를 기초로 하는 지수 등의 변동과 연계하여 미리 정해진 방법에 따라 지급금액 또는 회수금액이 결정되는 권리가 표시된 증권을 말한다. 주가연계증권은 2003년 시장에 처음 등장하였고, 초기에는 원금보장형 상품이 주류를 이루었으나 이후 점차 다양한 구조를 가진 상품들이 출시되었다. 한편, 주가연계증권과 비슷하나 기초자산이 원유, 금 등의 상품가격, 이자율, 지표 또는 이를 기초로 하는 지수 등의 변동과 연계되어 미리 정해진 방법으로 투자수익이 결정되는 파생결합증권(DLS; Derivative Linked Securities)도 발행되고 있다.

4 기타상품

(1) 신탁상품

'신탁'은 「자본시장법」에 의해 허가를 받은 신탁업자에게 재산을 맡겨서 운용하도록 하는 행위로, 위탁자가 특정한 재산권을 수탁자에게 이전하거나 기타의 처분을 하고 수탁자로 하여금 수익자의 이익 또는 특정한 목적을 위하여 그 재산권을 관리·운용·처분하게 하는 법률관계를 말한다.

① **금전신탁**: 금전으로 신탁을 설정하고 신탁 종료 시 금전 또는 운용재산을 수익자에게 그대로 교부하는 신탁이다. 위탁자가 신탁재산의 운용방법을 직접 지시하는지 여부에 따라 특정금전신탁과 불특정금전신탁으로 나뉜다. 신탁계약 또는 위탁자의 지시에 따라 신탁재산 운용방법이 특정되면 특정금전신탁, 수탁자에게 재산의 운용방법을 일임하면 불특정금전신탁이 된다. 불특정금전신탁은 집합투자기구(펀드)와 같은 성격으로 보아 「간접투자자산운용법」 시행 이후 신규수탁이 금지되었다.

② **재산신탁**: 금전 외의 재산인 금전채권, 유가증권, 부동산 등으로 신탁을 설정하고 위탁자의 지시 또는 신탁계약에서 정한 바에 따라 관리·운용·처분한 후 신탁 종료 시 운용재산을 그대로 수익자에게 교부하는 신탁이다.

③ **종합재산신탁**: 금전 및 금전 외 재산을 하나의 계약으로 포괄적으로 설정하는 신탁이다. 하나의 신탁계약에 의해 금전, 유가증권, 부동산, 동산 등의 모든 재산권을 종합적으로 관리·운용·처분하여 주는 신탁이다.

(2) 랩어카운트(Wrap Account)

주식, 채권, 금융상품 등 증권회사(투자매매업자)에 예탁한 개인투자자의 자금을 한꺼번에 싸서(Wrap) 투자자문업자(통상 자산운용회사나 증권회사가 겸업)로부터 운용서비스 및 그에 따른 부대서비스를 포괄적으로 받는 계약을 의미한다. 랩어카운트는 주식, 채권, 투자신탁 등을 거래할 때마다 수수료를 지불하지 않고 일괄해서 연간 보수로 지급한다. 즉, 보수는 실제 매매거래의 횟수 등과 무관하게 자산잔액의 일정 비율(약 1~3% 수준)로 결정되며, 여기에는 주식매매위탁 수수료, 운용보수, 계좌의 판매서비스, 컨설팅료 등이 모두 포함된다.

(3) 외화예금 관련 금융상품

외화예금은 외국 통화로 가입할 수 있는 예금으로 USD, JPY, EUR 등 10여 개 통화로 예치 가능하다.

① **외화보통예금**: 보통예금처럼 예치금액, 예치기간 등에 제한이 없고 입출금이 자유로운 외화예금이다. 외화 여유자금을 초단기로 예치하거나 입출금이 빈번한 자금을 운용하기에 적합

하며, 주로 해외송금을 자주 하는 기업이나 개인들이 이용하고 원화로 외화를 매입하여 예치할 수도 있다. 향후 예치통화의 환율이 오르내릴 경우 환차익이나 환차손이 발생할 수도 있다.

② **외화정기예금**: 외화로 예금하고 인출하는 정기예금으로, 약정기간이 길수록 확정이자가 보장되므로 여유자금을 장기간 안정적으로 운용하기에 좋다.

③ **외화적립식예금**: 외화를 매월 일정액 또는 자유롭게 적립하여 예치기간별로 금리를 적용받는 상품이다. 은행별로 차이는 있으나 계약기간을 1개월에서 24개월까지 자유롭게 선정할 수 있다. 정기적금과 비슷하나 정기적금보다는 적립일, 적립 횟수에 제한이 없는 등 자유롭게 운영된다.

Chapter 03 저축과 금융투자에 대한 이해

학습포인트
❶ 이자, 인플레이션, 세금, 수익률, 위험, 레버리지를 이해한다.
❷ 주식투자와 관계된 발행, 종류, 유통시장, 거래방법을 이해한다.
❸ 채권투자의 특징, 분류를 파악하여 주식과 구분한다.
❹ 증권분석과 재무비율 분석의 내용을 파악한다.

출제키워드
· 증권투자 및 증권분석
· 채권투자

[단권화 MEMO]

◐ 소득 중에서 소비로 지출되지 않는 부분을 □□(이)라고 한다.
(저축)

01 개요

1 저축(貯蓄)의 개념

저축은 현재의 소비를 포기하고 미래로 소득을 이연하는 것이다. '절약하여 모으다, 아껴서 쌓아두다'라는 저축 개념 속에는 투자활동도 포함되어 있다. 투자 역시 현재의 소비를 포기하고 미래에 소비를 하려는 것이기 때문이다. 그러나 현실에서는 저축을 원금 손실이 없는 '예금'과 동일하게 생각하는 경우가 많은데, 이런 관점에서 저축은 투자에 비해 불확실성이 매우 적은 자산축적 활동이다.

2 저축과 투자의 비교

저축의 목적은 예정된 날짜에 이자와 원금을 확실하게 회수하여 계획했던 미래 소비에 사용하는 것이다. 현재 소비를 미룬 대가로 지급되는 이자의 크기가 과거에 비해 줄어들었지만 미래의 현금흐름이 확실히 보장된다는 점에는 변함이 없다. 반면, 투자는 미래의 현금흐름에 불확실성이 존재한다. 저축으로 발생하는 이자보다 더 많은 수익이 발생할 수도 있으나 반대로 원금손실을 볼 수도 있으며, 수익이 발생하더라도 어느 정도 발생할지 알 수 없다. 즉, 투자에는 반드시 리스크가 따르며, 투자의 종류에 따라 리스크의 크기도 다르다. 최근 전 세계적으로 저금리가 고착화되면서 낮은 수익률을 보이는 저축보다는 어느 정도 리스크를 감당하더라도 수익률을 높일 수 있는 투자에 대한 관심이 커지고 있다.

3 금리에 따른 저축액 및 인출액의 변화

① 우리나라도 2000년대에 들어서기 전까지는 은행의 1년 만기 정기예금 금리가 평균 12% 전후였으나 그 이후 지속적으로 하락하면서 현재는 0~1%대로 떨어졌다. 이런 저금리는 저축을 통해 목돈을 모으는 것을 어렵게 하고 모은 돈으로 노후생활을 유지하기 힘들게 만든다.

② 30년 후 필요한 노후자금을 5억원이라고 보고 이를 매달 일정액의 저축을 통해 모으려고 할 경우 금리 수준에 따라 저축액이 어떻게 달라져야 하는지 살펴보면 다음과 같다. 아래의 〈표〉에서 보듯이 금리가 1%이면 매월 저축액이 1,191,531원이 되어야 하고 5%이면 600,775원이 필요하며, 과거 우리나라 평균 예금금리였던 12%를 가정하면 매월 저축액이 143,063원으로 크게 감소한다. 결국 30년 동안 동일한 5억원을 모으는 데 필요한 저축액이 금리가 하락하면 기하급수적으로 증가하는 것을 알 수 있다.

금리 수준	1%	2%	3%	5%	7%	10%	12%
월 저축액(원)	1,191,531	1,014,764	858,020	600,775	409,846	221,191	143,063

○ 금리 수준별로 30년 후 5억원을 모으기 위해 필요한 월 저축액

③ 이번에는 이렇게 모은 5억원을 은행에 맡겨두고 20년 동안 원리금을 매월 일정액씩 찾아서 노후생활자금으로 쓸 때, 금리 수준에 따라 매달 쓸 수 있는 돈이 얼마나 될지 살펴보면 다음과 같다. 아래의 〈표〉에서 보듯이 금리가 1%이면 매월 인출액이 2,299,472원, 2%이면 2,529,417원이 되고 5%이면 3,299,779원씩을 받을 수 있다. 과거 우리나라 평균 예금금리였던 12%를 가정하면 5,505,431원으로 월 인출액이 크게 증가한다. 결국 저금리 시대에는 노후대책을 위해 모아두어야 할 자금도 크게 증가하게 된다.

금리 수준	1%	2%	3%	5%	7%	10%	12%
월 저축액(원)	2,299,472	2,529,417	2,772,988	3,299,779	3,876,495	4,825,108	5,505,431

○ 원금 5억원을 20년간 매월 일정 금액 인출 시 금리 수준별 인출가능금액

02 저축의 기초

1 저축과 이자

기간이 1년인 경우 이자금액은 단순히 원금에 이자율을 곱하여 나온 값으로 계산한다. 기간이 1년 이상이면 이자율을 곱하는 원금을 어떻게 평가하느냐에 따라 단리(單利)와 복리(複利)로 구분할 수 있다.

(1) 단리

① 단리는 일정한 기간에 오직 원금에 대해서만 미리 정한 이자율을 적용하여 이자를 계산하는 방법이다. 여기서 발생하는 이자는 원금에 합산하지 않으므로 이자에 대한 이자가 발생하지 않는다. 원금에만 이자가 발생한다는 점에서 단리로 계산하는 방식은 다음과 같다.

$$FV = PV \times \{1 + (r \times n)\}$$

※ FV = 미래가치, PV = 현재가치, r = 수익률(연이율), n = 투자기간(연단위)

② 연 4%의 이자율로 100만원을 3년 동안 단리로 저축하면, 100만원에 대한 3년 후의 미래가치는 1,120,000원이 된다.

$$1,000,000원 \times \{1 + (0.04 \times 3)\} = 1,120,000원$$

(2) 복리

① 저축이나 투자를 통한 자산관리와 관련하여 빼놓을 수 없는 것이 복리의 위력이다. '복리'란 중복된다는 뜻의 한자어 복(複)과 이자를 의미하는 리(利)가 합쳐진 단어로, 이자에도 이자가 붙는다는 뜻이다. 원금뿐만 아니라 발생한 이자도 재투자된다고 가정하는 복리계산(Compounding)은 다음과 같다.

$$FV = PV \times (1 + r)^n$$
※ FV = 미래가치, PV = 현재가치, r = 수익률(연이율), n = 투자기간(연단위)

② 연 4%의 이자율로 100만원을 3년 동안 복리로 저축하면, 100만원에 대한 3년 후의 미래가치는 1,124,864원이 된다.

$$1,000,000원 \times (1 + 0.04)^3 = 1,124,864원$$

(3) 단리 vs. 복리

① 동일한 금액, 동일 수준의 이자율이라 하더라도 이자계산을 단리로 하느냐 복리로 하느냐에 따라 원리금은 크게 달라지며, 그 기간이 길어질수록 현격한 차이가 발생한다. 아래 〈표〉는 100만원을 연 4%의 이자율로 저축할 경우에 자산의 규모가 10년 단위로 어떻게 변하는지 보여주고 있다. 단리의 경우 기간에 비례하여 일정한 비율로 증가하지만 복리의 경우에는 기간이 길어질수록 기하급수적으로 그 금액이 증가하게 된다. 100만원을 연 4% 이자율로 운용할 때 단리로는 50년 후에 약 300만원이 되는 반면, 복리로는 710만원이 되어 2배 이상 차이가 난다. 이런 복리의 위력은 이자율의 차이가 적더라도 운용기간이 길어질 경우에도 발생한다.

(단위: 천원)

구분	현재	10년	20년	30년	40년	50년
단리	1,000	1,400	1,800	2,200	2,600	3,000
복리	1,000	1,480	2,191	3,243	4,801	7,107

○ 기간에 따른 단리와 복리 비교(100만원, 연 4%)

② 다음 〈표〉는 100만원을 30년 동안 운용하되 연 이자율이 각각 4%, 8%, 12%라고 가정할 때 자산규모가 어떻게 변하는지 보여준다. 복리로 운용하면 결과가 단순히 이자율에 비례하지 않는다. 예를 들어 이자율이 연 4%에서 연 8%로 두 배가 되면 초기 100만원이었던 자산은 300만원에서 1,000만원으로 약 3배 이상 증가하고, 이자율이 연 12%라면 자산은 거의 30배인 약 3,000만원이 된다. 따라서 장기적으로 자금을 운용할 경우에는 작은 이자율의 차이도 결과적으로 큰 차이를 가져온다.

(단위: 천원)

구분	4%	8%	12%
단리	2,200	3,400	4,600
복리	3,243	10,062	29,960

○ 이자율에 따른 단리와 복리 비교(운용기간 30년)

(4) 72의 법칙

① 저축기간과 금리와의 관계를 설명하는 '72의 법칙'이라는 것이 있다. 복리로 계산하여 원금이 두 배가 되는 시기를 쉽게 알아볼 수 있는데, 다음과 같은 간단한 공식으로 계산할 수 있다.

$$72 \div 금리 = 원금이 두 배가 되는 시기(년)$$

② 예를 들어 100만원을 연 5%의 복리상품에 예치할 경우 원금이 2배인 200만원으로 불어나려면 약 14.4년이 소요된다(72÷5=14.4). 물론 세금을 공제하기 전이다.

③ 이 법칙은 목표수익률을 정할 때에도 활용할 수 있다. 만일 10년 안에 원금이 두 배가 되기 위한 금리는 7.2%가 된다[72÷10(년)=7.2%]. 즉, 72의 법칙을 이용하면 원하는 목표수익률이나 자금운용기간을 정하는 데 도움이 된다.

2 저축과 인플레이션(Inflation)

① 지속적으로 물가가 상승하는 현상을 '인플레이션'이라고 한다. 인플레이션이 있으면 똑같은 돈으로 구입할 수 있는 물건이 줄어들기 때문에 화폐 가치가 하락한다. 현재의 소비를 미래로 이연하는 것이 저축이라고 했는데, 인플레이션율이 높을수록 저축한 돈의 가치를 유지하면서 소비를 미래로 늦추기는 어렵다.

② 볼리비아의 사례를 보면, 1984년에 물가가 27배 올랐는데 1월 1일에 100원짜리 연필이 12월 31일에는 2,700원이 되었다. 만약 1월 1일에 100만원을 연이율 10%로 저축했다면 12월 31일에 저축원리금은 110만원이 되어 있겠지만 그 돈의 가치는 형편없이 낮아져 있을 것이다. 1월에는 100만원으로 연필 1만 개를 살 수 있었으나 12월 31일에는 110만원으로 불어난 돈으로도 약 407개의 연필밖에 살 수 없다. 이렇듯 저축의 실제 가치는 인플레이션에 따라 달라질 수 있다.

3 저축과 세금

① 원칙적으로 금융상품에 가입하거나 금융상품을 매매할 때 세금이 부과된다. 우리나라에서는 이자소득을 포함한 금융소득에 대해서 분리과세를 통해 금융회사가 일률적으로 14%(지방소득세를 포함하면, 15.4%)를 원천징수하고 나머지를 지급한다.

② 금융상품 중에는 정책적으로 이자 또는 배당에 대해 과세하지 않는 비과세상품이나 낮은 세율을 적용하는 세금우대상품도 있다. 그러나 이러한 상품은 한시적으로 일부 계층에게만 제한적으로 허용되는 경우가 대부분이다. 대표적인 비과세상품으로는 장기저축성보험이 가장 많이 활용되고 있다. 금융상품별로 어떤 과세 기준이 적용되는지는 세후수익률에 영향을 주므로 잘 살펴보는 것이 좋다.

03 투자의 기초

1 투자 vs. 투기

(1) 투자

투자는 미래에 긍정적인 이익이 발생하기를 바라면서 불확실성을 무릅쓰고 경제적 가치가 있는 자산을 운용하는 것을 의미한다. 즉, 투자는 개인이 자산을 다양하게 운용하고 관리하기 위해 활용할 수 있는 일종의 금융적 도구이다. 개인은 자신의 상황에 맞게 적절한 상품을 합리적으로 활용하는 것이 바람직하다. 개인의 합리적인 투자 선택은 자금이 필요한 곳에 적절히 자금을 공급하는 역할을 하므로 경제 및 사회의 발전에도 큰 도움이 된다.

○ □□은/는 이익을 얻을 목적으로 자금을 대거나 정성을 쏟는 것이다.
(투자)

[단권화 MEMO]

○ □□은/는 요행을 바라고 과도한 위험을 떠안으면서 비교적 단기간에 부당한 이익을 취하려는 경우를 말한다.
(투기)

(2) 투기

종종 과도한 이익을 추구하면서 비합리적으로 자금을 운용하는 경우도 있는데 이런 행위를 '투기'라고 부르며 건전한 투자와 구분한다. 투기는 요행을 바라고 과도한 위험을 떠안으면서 비교적 단기간에 부당한 이득을 취하려는 경우를 말한다. 개인 및 가계의 재정을 큰 위험에 빠뜨릴 수 있을 뿐 아니라 우리 경제와 사회에도 큰 해를 끼칠 수 있다. 투기는 경제활동을 위한 정상적인 자금흐름을 방해하고 많은 경제 분야에 걸쳐 가격 거품을 형성함으로써 사회의 경제적 안정성을 해칠 수 있다. 올바른 투자자라면 개인의 자산 증식에만 몰두하지 않고 이 사회에도 부정적인 영향을 끼치지 않도록 투자의 결과까지 고려하는 것이 바람직할 것이다.

2 수익 vs. 투자수익률

(1) 개요

① 개념

⊙ **수익(Profit)**: 투자에서 '수익'이란 투자한 양과 회수하거나 회수할 양과의 차이를 말한다. 투자량에 비해 회수량이 많으면 양(+)의 수익이 발생하고 투자량에 비해 회수량이 적으면 음(−)의 수익이 발생한다.

⊙ **투자수익률(Rate of Return on Investment)**: 투자량과 회수량과의 비율을 나타낸다.

⊙ **투자원금**: 투자량을 금액으로 나타낸 것이며, 일정 기간 경과 후 회수되거나 회수될 가치를 기말의 투자가치로 볼 때 투자를 통해 발생하는 수익률은 아래 식을 이용하여 구할 수 있다. 여기서 기말의 투자가치는 투자기간 중 발생하는 이자금액이나 배당금, 재투자 등이 포함된 개념이다.

$$\text{투자수익률} = (\text{기말의 투자가치} - \text{투자원금}) \div \text{투자원금} \times 100$$

② 예시

⊙ 3개월 전에 10,000원에 매입한 주식을 오늘 10,900원에 매도하고, 이 주식을 보유하는 기간 동안 200원의 배당금을 받았다면 3개월 동안의 투자수익률은 11%이다.

$$\{(10,900 + 200) - 10,000\} \div 10,000 \times 100 = 11\%$$

⊙ 이것은 단순히 투자금액 규모의 차이를 감안하여 서로 비교하기 위해 산출한 것으로 '보유기간수익률'이라고 한다. 그러나 보유기간수익률은 투자기간이 서로 다른 경우에는 비교가 불가능하기 때문에 통상 1년을 기준으로 표준화하여 표시하는 것이 일반적이다(연간 보유기간수익률). 즉, 기간수익률을 연 수익률로 바꾸어주는 연율화(Annualization)를 하며 그 과정에서도 재투자를 가정한 복리를 적용하여 계산하는 것이 원칙이다. 예를 들어 3개월 동안 11%인 수익률을 연율화하면 단순히 11%의 4배인 44%가 되는 것이 아니라 매 3개월마다 11%의 복리 수익률로 계속 재투자한다고 가정하기 때문에 연간 보유기간수익률은 51.81%가 된다.

$$(1 + 0.11)^4 - 1 = 0.5181(= 51.81\%)$$

(2) 수익률 계산 시 고려사항

수익을 계산할 때에는 이를 얻기 위해 발생한 비용을 고려해야 한다.

① **거래비용의 발생**: 우선 명시적으로는 거래비용이 발생한다. 예를 들어 증권을 거래할 때 증권회사에 지급하는 거래수수료나 부동산거래에서 중개업자에게 지급하는 중개수수료 등이 거래비용에 해당한다. 결국 거래비용을 제외한 나머지가 실질적인 투자수익이 되므로 거래 횟수가 잦을수록 비용 대비 수익이 낮아지게 되어 장기투자가 유리하게 된다.

② **세금**: 저축이나 투자로 발생한 수익에 대해 과세가 된다면 세금을 제외한 나머지가 실질적인 수익이 되므로 세전(Before-Tax) 수익률과 세후(After-Tax) 수익률을 구분할 필요가 있다.

③ **기회비용(Opportunity Cost)**: 거래비용이나 세금과 같이 명시적인 비용 이외에도 암묵적으로 발생하는 비용이 있는데, 가장 대표적으로 기회비용이 있다. 기회비용은 어떤 행위를 하기 위해 포기해야 하는 다른 기회의 가치를 의미하는데, 이는 투자에도 적용할 수 있다. 예를 들어 주식투자에 많은 시간과 노력을 들였다면 계산하기는 어려워도 분명히 기회비용이 발생한 것이다. 또 투자를 위해 필요한 정보를 수집하는 데에 적지 않은 시간과 비용이 들었다면 이런 정보수집 비용도 암묵적인 비용의 일부로 볼 수 있다. 이처럼 투자에 수반되는 기회비용이나 정보비용을 줄이기 위해 직접투자 대신에 펀드, 위탁매매와 같은 간접투자를 이용하기도 한다. 물론 이 경우에도 투자결정에 전문가의 도움을 받는 대가로 판매보수나 운용보수와 같은 비용을 지불하게 된다.

3 투자의 위험(Risk)

위험의 사전적 정의는 '해로움이나 손실이 생길 우려가 있거나 또는 그런 상태'를 말한다. 그런데 우리는 영어의 'Danger, Risk, Hazard, Peril' 등을 별다른 구분 없이 위험으로 통칭하여 사용하고 있다. 사실 우리말 '위험'은 부정적인 의미를 내포하며 영어로 'Danger'에 더 가깝다. 영어로 'Risk'와 'Danger'는 서로 다른 의미인데 우리말에서는 둘 다 '위험'으로 번역하기 때문에 리스크의 정확한 의미가 다소 왜곡되고 있다. 투자에서 얘기하는 위험(Risk)은 미래에 받게 되는 수익이 불확실성에 노출(Exposure to Uncertainty)되는 정도를 의미하며 부정적 상황 외에 긍정적 가능성도 내포하게 된다. 다시 말해 위험(Risk)이 금융 분야에서 사용될 경우에는 불확실한 미래 상황에 노출된 상태로서 경우에 따라 많은 수익을 얻을 수도 있지만, 어떤 경우에는 손실을 볼 수도 있는 것을 의미한다. 따라서 Risk와 부정적인 결과만 있는 Danger는 구분해야 한다. 예를 들어 수출 주력 기업의 경우, 환율이 상승하면 유리해지고 하락하면 불리해질 수 있는데, 이러한 상황을 가리켜 환리스크(Risk)가 있다고 한다.

(1) 투자수익률과 리스크의 관계

① **고수익 고위험**: 확정된 수익률이 보장되는 저축과 달리 투자는 앞으로 어떤 결과가 발생할지 모르는 불확실성이 있기 때문에 필연적으로 리스크가 수반된다. 리스크가 크다는 것은 투자 결과의 변동 폭이 크다는 의미로 일반적으로 투자수익과 위험은 동행하는 경향이 있다. 즉, 위험이 많은 투자일수록 평균적으로 높은 수익이 난다는 것이다. 사람들은 본능적으로 가능한 한 위험을 회피하는 경향이 있기 때문에 위험이 있는 자산은 위험이 없는 자산에 비해 할인되어 거래된다. 이런 투자의 특성을 'High Risk High Return(고수익 고위험)'이라고 한다.

② **기대수익률(Expected Return)**
  ㉠ 어떤 자산을 현재 가격으로 매입할 때 평균적으로 예상되는 수익률을 의미한다. 실제 투자 결과로 발생하는 사후적인 실현수익률을 의미하지는 않는다. 즉, 리스크가 큰 투자라고 해서 높은 수익률을 보장하는 것은 결코 아니며 기대수익률이 높아야만 투자자들이 기꺼이 리스크를 감당하여 투자를 하게 된다는 의미로 이해해야 한다.
  ㉡ 예를 들어 안전한 저축 대신에 주식투자를 하는 투자자는 저축 이자율보다 높은 수익을 기대하고 선택한 것이지만 주식투자가 반드시 저축보다 더 높은 수익을 얻는다는 보장은 없다. 결과적으로 주식투자로 큰 수익을 얻을 수도 있고 큰 손실을 입을 수도 있지만 투자 시점에서는 어떤 결과가 발생할지 알 수 없다는 점이 바로 리스크인 것이다.
  ㉢ 흔히 리스크가 전혀 없는 상태에서의 수익률을 무위험수익률(Risk-Free Rate of Return)이라고 하고, 리스크에 대한 보상으로 증가하는 기대수익률을 리스크 프리미엄(Risk Premium)이라고 한다. 따라서 투자의 기대수익률은 위의 두 값을 합한 값과 같다.

> 기대수익률 = 무위험수익률 + 리스크 프리미엄

③ **투자자의 선택**: 결과적으로 투자자는 각자의 투자 목적과 리스크 선호도에 따라 높은 수익을 기대하면서 리스크를 감당할지, 리스크가 낮은 대신 안정적인 수익을 선택할지를 결정하면 된다. 안정성을 선호한다면 리스크가 낮은 저축의 비중을 높이되 높은 수익을 원한다면 리스크를 떠안고 투자의 비중을 높여야 할 것이다.

(2) 투자위험관리와 분산투자
① **투자위험관리**
  ㉠ 투자의 속성에 리스크가 포함된다고 하여 손실 위험에 아무런 대처 없이 무방비 상태로 투자를 하는 것은 아니다. 투자위험을 관리하는 방법들 중 가장 대표적인 것은 자산배분를 통한 분산투자이다.
  ㉡ 흔히 분산투자를 얘기하면서 '모든 달걀을 한 바구니에 담지 말라.'는 표현을 쓰는데, 이것은 투자할 때 여러 가지 자산, 즉 포트폴리오(Portfolio)를 구성하여 투자할 것을 권하는 말이다. 여러 가지 모음을 뜻하는 포트폴리오가 금융 분야에서는 여러 가지 자산으로 구성된 집합체를 의미한다. 한 종목에만 투자하지 않고 포트폴리오를 구성하게 되면 여러 금융상품이나 자산에 돈을 분산시키는 효과가 발생하여 리스크가 감소한다. 예를 들어 우산 가게와 아이스크림 가게는 날씨에 따라 각각의 매출액에 변동성이 크게 나타날 것이다. 그러나 동일한 가게에서 우산과 아이스크림을 함께 판매한다면 날씨에 따른 총매출액의 변동폭은 크게 감소할 것이다. 날씨 변화에 따라 각 종목의 매출액은 서로 반대로 움직이는 경향이 있어 전체적으로는 상쇄효과가 발생할 것이기 때문이다. 이처럼 개별자산별로는 리스크가 제법 크더라도 여러 가지 개별자산에 나누어 투자하게 되면 전체 포트폴리오의 리스크는 감소하게 된다.

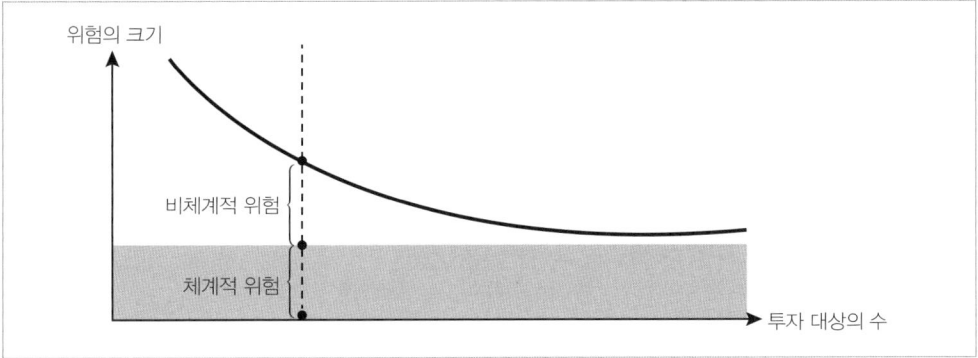

○ 분산투자와 투자위험

② **위험의 종류**: 분산투자를 한다고 해서 모든 위험의 크기가 줄어드는 것은 아니다. 투자 가치에 영향을 미치는 원인에 따라 위험의 종류는 크게 두 가지로 나눈다.
  ㉠ **비체계적 위험**: 분산투자를 통해 위험을 줄일 수 있는 부분을 분산가능 위험 또는 비체계적 위험이라고 한다. 비체계적 위험은 경영자의 횡령, 산업재해, 근로자의 파업 등 특정 기업이나 산업의 가치에만 고유하게 미치는 위험으로 자산을 분산함으로써 회피하거나 그 크기를 상쇄시킬 수 있다.
  ㉡ **체계적 위험**: 분산투자로도 그 크기를 줄일 수 없는 부분을 분산불가능 위험 또는 체계적 위험이라고 한다. 체계적 위험은 세계 경제위기나 천재지변, 전쟁 등과 같이 모든 자산이나 투자 대상의 가치에 영향을 미치는 위험을 의미한다.

(3) 레버리지 효과와 투자위험

① **레버리지 효과**
  ㉠ **의의**: 분산투자처럼 투자위험을 줄이려는 전략도 있으나 기대수익률을 더욱 높이기 위해 투자위험을 오히려 확대하는 전략도 존재한다. 대표적인 것이 지렛대를 의미하는 레버리지(Leverage) 투자인데, 지렛대를 이용하면 실제 힘보다 몇 배 무거운 물건을 움직일 수 있듯이 금융에서는 실제의 가격변동률보다 몇 배 많은 투자수익률이 발생하는 현상을 레버리지로 표현한다.
  ㉡ **레버리지 효과를 통한 투자수익률 발생**
    ⓐ 레버리지 효과를 유발하여 가격변동률보다 몇 배 많은 투자수익률이 발생하려면 투자액의 일부를 자신의 자본이 아닌 부채로 조달하여야 한다.
    ⓑ 예를 들어 자신의 자금 100만원으로 주당 10,000원인 주식을 100주 매입하고 주가가 20% 상승한 후 12,000원에 매도하였다면 거래비용을 무시할 경우 자신의 자금 100만원에 대한 투자수익률은 주가변동률과 같이 20%가 된다. 그러나 투자자금 100만원 중에서 60만원은 대출을 받아 사용하였고 나머지 40만원만 자신의 자금이라고 가정하면 투자수익률은 20%의 2.5배인 50%로 크게 높아지게 된다. 왜냐하면 발생한 총수익은 20만원으로 동일하지만 투자에 사용한 자기자금은 40만원밖에 안 되기 때문이다(50% = 20만원 ÷ 40만원 × 100%). 물론 거래비용과 대출이자 등을 감안한다면 수익률은 좀 더 줄어들게 될 것이다.

[단권화 MEMO]

ⓒ 가격이 하락하는 경우에도 마찬가지 논리가 성립한다. 앞의 예에서 만일 주가가 10,000원에서 9,000원으로 10% 하락한다면 자기자금 40만원과 대출자금 60만원 등 총 투자액 100만원에 대한 손실액은 10만원이지만, 자기자금 40만원에 대한 투자수익률은 '-10만원÷40만원×100% = -25%'가 되어 실제 가격변동률 -10%의 2.5배나 된다. 결과적으로 투자의 레버리지는 총 투자액 중 부채의 비중이 커지면(동일한 의미로, 자기자본의 비중이 작아지면) 증가하게 되며, 다음 공식에 따라 계산된다.

> 투자 레버리지 = 총 투자액 ÷ 자기자본

ⓓ 앞의 예를 공식에 대입해보면 총 투자액 100만원 중 40%만 자기자본으로 하여 투자했기 때문에 레버리지는 2.5배(= 100만원 ÷ 40만원)이며, 주가가 20% 상승하면 실제 투자수익률은 2.5배인 50%가 되고 반대로 주가가 10% 하락하면 실제 투자수익률은 그 2.5배인 -25%가 된다.

② **레버리지의 위험성**: 레버리지는 손익의 규모를 확대시켜 레버리지가 커질수록 그 방향이 양(+)이든 음(-)이든 투자수익률이 가격변동률의 몇 배로 증가함으로써 리스크가 커지게 된다. 이런 이유로 레버리지는 '양날의 칼'에 비유되기도 한다. 일반적으로 정상적인 기업이 레버리지 효과를 일으키는 부채 없이 자기자본만으로 사업을 하는 것은 불가능하고 또 재무적으로도 적절하지 못한 전략이다. 감내할 만한 범위 내에서 기업이 적절한 부채를 사용하는 것은 바람직하다. 그러나 개인이 부채를 사용하여 레버리지가 높은 투자를 하는 것은 결코 바람직하지 않다. 특히, 주식과 같이 리스크가 높은 투자에서 레버리지를 통해 리스크를 더욱 확대한다는 것은 건전한 투자를 넘어 사실상 투기라고 할 수 있다. 개인은 투자할 때 부채 없이 여유자금으로 하는 것이 원칙이다. 물론 레버리지를 높이기 위해 사용한 부채에는 이자부담이 수반된다는 점도 기억해야 한다.

4 「자본시장과 금융투자업에 관한 법률」

금융투자상품은 위험성이 있기 때문에 신중한 투자가 필요하다. 자본시장을 규제하는 기본법인 「자본시장과 금융투자업에 관한 법률」(이하 '자본시장법')은 금융투자상품의 개념에 대한 포괄적인 규정, 금융업에 관한 제도적 틀을 금융기능 중심으로 재편, 투자자보호제도 강화 등의 내용을 담고 있다. 「자본시장법」에 따르면 금융투자자는 전문투자자와 일반투자자로 구분되는데, 일반투자자는 전문적인 금융지식을 보유하지 않은 개인이나 기업으로, 일반투자자에게 금융투자상품을 판매할 경우 여러 투자 권유 준칙을 지키며 판매할 것을 규정하고 있다. 이것은 상대적으로 전문성이 부족한 금융소비자를 보호하기 위함이다. 금융투자상품은 복잡한 구조를 통해 수익의 기회를 만들기도 하지만, 해당 상품에 내재된 투자위험을 이해하는 데 어려움을 겪을 수 있으므로 판매자와 구매자 모두에게 상당한 주의가 요구된다.

(1) **금융투자상품**
① **비금융투자상품**: 처음에 투자한 원본의 손실가능성이 없는 상품으로, 은행의 예금이 대표적이다.
② **금융투자상품**
 ㉠ 개념: 원본의 손실가능성(이를 '투자성'이라 함)이 있는 금융상품을 의미한다.

- ⓒ 법적 의미: 「자본시장법」에서는 종전과 달리 대상 상품을 일일이 열거하지 않고 앞으로 탄생할 수 있는 신상품까지 포괄하여 투자성의 특징을 갖는 모든 투자상품을 규율한다. 「자본시장법」상 금융투자상품은 '이익을 얻거나 손실을 회피할 목적으로 현재 또는 장래의 특정 시점에 금전 등을 지급하기로 약정함으로써 취득하는 권리이다. 그 권리를 취득하기 위하여 지급하였거나 지급하여야 할 금전 등의 총액이 그 권리로부터 회수하였거나 회수할 수 있는 금전 등의 총액을 초과하게 될 위험이 있는 것'으로 정의된다. 즉, 권리취득에 소요되는 비용(투자금액)이 그러한 권리로부터 발생하는 금액보다 클 가능성이 있는 (원금손실의 가능성이 있는) 상품을 '금융투자상품'이라고 한다.
- ⓒ 분류: 금융투자상품은 투자금액 원본까지를 한도로 손실이 발생할 가능성이 있는 것은 증권, 원본을 초과한 손실이 발생할 가능성이 있는 것은 파생상품으로 분류된다.

(2) 표준투자권유준칙

① 의의: 표준투자권유준칙은 금융투자상품의 판매자인 금융회사와 소속 직원들의 입장에서 투자 권유를 함에 있어서 꼭 지켜야 할 기준과 절차이며, 금융투자상품의 구매자인 투자자도 숙지할 필요가 있다.

② 표준투자권유준칙에 따른 투자상품의 판매과정

- ⓒ 1단계(방문 목적 확인 및 투자자의 구분): 금융회사는 투자자의 방문 목적을 확인하고 투자를 원할 경우 일반투자자인지 전문투자자인지 구분한다. 국가, 한국은행, 은행, 증권회사 등 전문투자자는 「자본시장법」에서 구체적으로 열거하고 있는데, 여기에 해당하지 않으면 일반투자자에 해당한다.
- ⓒ 2단계(투자권유 희망 여부 파악 및 정보 파악): 투자자 정보에 근거한 투자권유를 희망하는지 확인한다. 투자권유를 하기 위해서는 투자자의 정보가 필요한데, 판매자는 투자목적, 재산상황, 투자경험 등의 투자자 정보를 파악하기 위하여 투자자 정보 확인서를 이용한다. 투자자 정보 확인서는 기초정보를 수집하는 부분과 위험선호도를 파악하는 부분 등으로 구성되어 있다.
- ⓒ 3단계(투자권유 절차, 설명 및 관련 서류의 교부 등): 금융회사는 파악한 투자자 정보에 근거하여 투자자의 유형을 분류하고 그에 적합한 금융투자상품을 선정하여 추천한다. 금융회사는 추천한 투자상품을 충분히 설명할 의무가 있으며 해당 상품의 투자설명서나 상품소개서 등을 이용하여 투자자와 중요한 내용을 공유하여야 한다. 충분한 설명을 들은 투자자는 최종적으로 구매 여부를 결정한다. 각종 필요한 서명을 하고 반드시 교부받아야 하는 투자설명서 등을 전달받게 되는데, 금융회사 직원에게 상품에 대한 설명을 들었다 하더라도 투자자는 서명하는 내용을 꼼꼼히 재확인하고 투자설명서의 내용과 직원의 설명, 서명하는 서류의 내용을 비교하여 모두 일치하는지 확인해야 한다.
- ⓔ 기타단계: 표준투자권유준칙에는 없지만 투자자는 금융투자상품을 구매한 후에도 정기적으로 상품의 성과, 현황 및 자신의 상황(자신의 가치관, 재정상황, 가족 등)을 고려하여 투자를 계속할지 여부를 판단해야 한다. 투자는 한 번의 의사결정으로 끝나는 것이 아니라 투자기간 동안 투자의 목표(목적)에 알맞은 수단인지 다른 대안은 없는지 등을 자신의 상황에 비추어 지속적으로 판단할 필요가 있다.

[단권화 MEMO]

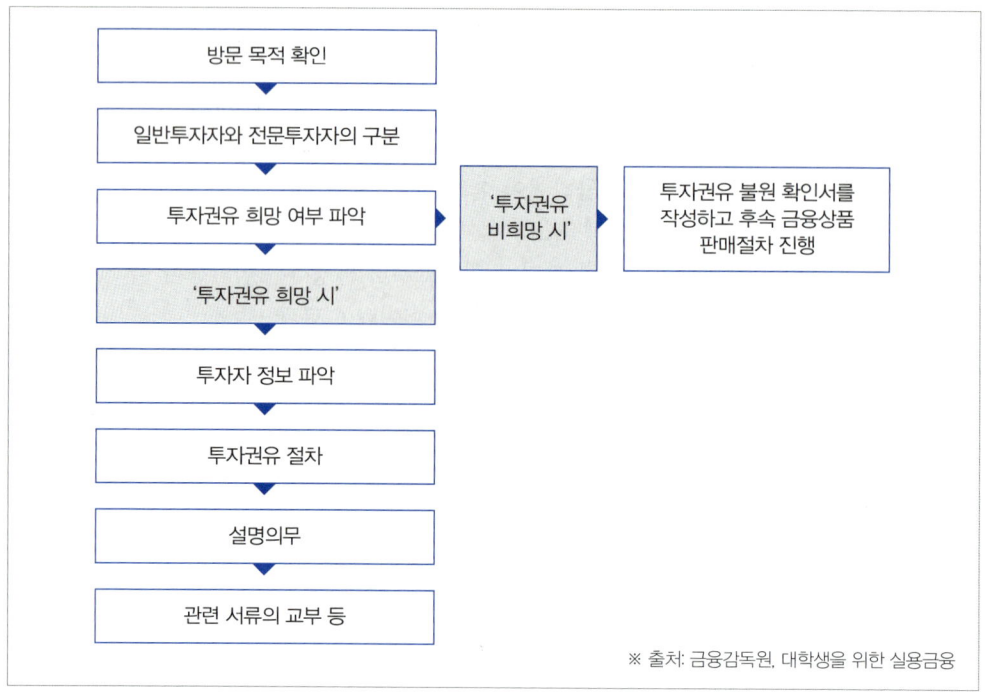

◐ 표준투자권유준칙상의 판매 프로세스

(3) 투자자보호제도

「자본시장법」은 금융규제 완화로 인한 원금손실 가능 금융투자상품의 대거 등장에 따라 투자권유제도를 도입하고 투자상품의 판매 및 영업에 관한 절차를 통일하는 등 투자자보호장치를 다음과 같이 강화하고 있다.

① **설명의무제도**: 금융투자회사가 투자자에게 금융투자상품을 권유할 경우 상품의 내용과 위험을 투자자가 이해할 수 있도록 설명의무제도를 도입하였고, 이를 이행하지 않는 불완전판매에 대해서는 금융투자회사에 손해배상책임을 부과하였다.

② **고객알기제도**: 투자권유 전에 투자목적, 재산상태, 투자경험 등 투자자의 특성을 파악해야 하는 고객알기제도(Know-Your-Customer-Rule)를 도입하였다.

③ **요청하지 않은 투자권유 금지**: 전화, 방문 등 실시간 대화를 통한 권유는 투자자가 원하는 경우에만 할 수 있도록 '요청하지 않은 투자권유 금지(Unsolicited Call)' 규정을 두었다.

④ **무분별한 투자광고 규제**: 상대적으로 위험감수능력이 약한 일반투자자에게는 적합성(Suitability)원칙에 따라 투자자의 특성에 맞는 투자를 권유하도록 하였고, TV나 홈쇼핑 등을 통한 금융투자회사의 무분별한 투자광고 규제를 도입하였다.

⑤ **금융투자회사의 배상책임 및 입증책임**: 설명의무 미이행이나 중요사항에 대한 설명의 허위·누락 등으로 발생한 손실은 금융투자회사에 배상책임이 부과된다. 투자자의 원본결손액(투자자가 금융상품투자로 지급한 또는 지급할 금전의 총액에서 투자자가 금융상품으로부터 취득한 또는 취득할 금전의 총액을 공제한 금액)을 금융투자회사의 불법행위로 인한 손해액으로 추정함으로써 손해의 인과관계가 없다는 입증책임이 금융투자업자에게 전가되게 하였다.

플러스이론 펼쳐보기 ▼ 금융투자업자의 투자자 보호장치

규제 명칭	주요내용
신의성실의무	신의성실원칙에 따라 공정하게 금융업을 수행해야 함.
투자자의 구분	투자자를 일반투자자와 전문투자자로 구분함.
고객알기제도	투자자의 특성(투자목적·재산상태 등)을 면담·질문 등을 통하여 파악한 후 서면 등으로 확인받아야 함.
적합성원칙*	투자권유는 투자자의 투자목적·재산상태·투자경험 등에 적합해야 함.
적정성원칙*	파생상품 등이 일반투자자에게 적정한지 여부를 판단함.
설명의무*	• 투자권유 시 금융상품의 내용·위험에 대하여 설명하고 이해했음을 서면 등으로 확인받도록 함. • 설명의무 미이행으로 손해발생 시 금융투자회사에 배상책임을 부과하고 원본손실액을 배상액으로 추정함.
부당권유 규제*	• 손실부담의 약속 금지 및 이익보장 약속 금지 • 투자자가 원하는 경우를 제외하고 방문·전화 등에 의한 투자권유 금지(Unsolicited Call 규제)
약관 규제	약관의 제정·변경 시 금융위원회 보고 및 공시 의무화
광고 규제*	• 금융투자회사가 아닌 자의 투자광고 금지 • 금융상품의 위험 등 투자광고 필수 포함 내용 규정

*금소법 시행에 따라 해당 투자자 보호장치는 금소법상 6대 판매원칙으로 통합

04 주식투자

주식은 주식회사의 자본을 구성하는 단위이며, 주식회사에 투자하는 재산적 가치가 있는 유가증권을 말한다. 투자대상으로서의 주식은 높은 수익률과 위험을 가지는 투자자산으로 인식되고 있다.

1 주식의 개요

(1) 개념

① **주식회사의 설립과 주식의 발행**: 주식회사는 법률상 반드시 의사결정기관인 주주총회, 업무집행의 대표기관인 이사회 및 대표이사, 감독기관인 감사를 두어야 하며 사원인 주주들의 출자로 설립된다. 주식은 주식회사가 발행한 출자증권으로서 주식회사는 주주들에게 자본금 명목으로 돈을 받고 그 대가로 주식을 발행한다.

② **주주의 권리**: 주식을 보유한 주주는 주식 보유수에 따라 회사의 순이익과 순자산에 대한 지분청구권을 갖는다. 만약 회사에 순이익이 발생하면 이익배당청구권을, 혹시 회사가 망하는 경우에는 남은 재산에 대한 잔여재산 분배청구권을 갖는다. 또한 회사가 유상 또는 무상으로 신주를 발행할 경우 우선적으로 신주를 인수할 수 있는 신주인수권 등도 갖게 된다.

③ **주주평등의 원칙**: 주주는 주주평등의 원칙에 따라 주주가 갖는 주식 수에 따라 평등하게 취급되므로 보유한 주식지분만큼의 권리와 책임을 갖게 된다. 주식회사의 주주는 유한책임을 원칙으로 하므로 출자한 자본액의 한도 내에서만 경제적 책임을 진다. 즉, 출자한 회사가 파산하여 갚아야 할 부채가 주주지분 이상이 되더라도 주주는 지분가치를 초과한 부채에 대해 책임을 지지 않는다.

[단권화 MEMO]

◐ 주주의 출자에 대해 교부하는 유가증권을 □□(이)라고 한다.
(주식)

[단권화 MEMO]

(2) 자익권 vs. 공익권

주주가 출자한 회사에 대한 권리는 크게 자신의 재산적 이익을 위해 인정되는 권리인 자익권과 회사 전체의 이익과 관련된 공익권으로 나뉜다.

① **자익권**: 앞서 설명한 이익배당청구권이나 잔여재산 분배청구권, 신주인수권, 주식매수청구권, 주식명의개서청구권 및 무기명주권의 기명주권으로의 전환청구권 등이 자익권에 속한다.

② **공익권**: 주주총회에서 이사 선임 등 주요 안건에 대한 의결에 지분 수에 비례하여 참여할 수 있는 의결권, 회계장부와 관련된 주요 정보의 열람을 청구할 수 있는 회계장부 열람청구권, 이미 선임된 이사를 임기 전이라도 일정 수 이상의 주주의 동의를 얻어 해임을 요구할 수 있는 이사해임청구권, 일정 수 이상의 주주 동의로 임시 주주총회 소집을 요구할 수 있는 주주총회 소집요구권 등이 포함된다. 이때 기업은 계속적으로 존재한다는 가정 아래 사업을 영위한다는 점에서 '계속기업(Going Concern)'이라고 말하며, 주식은 이러한 계속기업의 가정 하에서 발행회사와 존속을 같이하는 영구증권의 성격을 갖는다. 즉, 주식은 만기가 별도로 존재하지 않고 출자한 원금을 상환받지 못하는 증권이며, 채권자에게 지급할 확정금액을 넘어선 재산의 가치가 증가할수록 청구권의 가치는 증가한다.

(3) 주식투자의 특성

① **높은 수익의 기대**: 주식투자로 얻을 수 있는 수익에는 자본이득과 배당금이 있다. 자본이득은 주식의 매매차익으로 주식의 가격이 변동하여 차익이 발생하는 것을 말한다. 소위 싸게 사서 비싸게 팔면 매매차익이 발생한다. 배당금은 기업에 이익이 발생할 경우 주주에게 나누어주는 돈으로, 주식회사는 보통 사업연도가 끝나고 결산한 후에 이익이 남으면 주주들에게 배당금을 분배한다. 배당금을 받기 위해서는 사업연도가 끝나는 시점에 주식을 보유하고 있어야 하며, 주주총회가 끝나는 날까지 배당금을 지급받을 주주 변경을 금지한다. 다만, 주식은 위험자산이어서 높은 수익을 기대할 수 있는 만큼 위험 또한 크다. 주식의 가격은 매매 체결에 따라 매순간 바뀌므로 가격 변동에 의해 원금손실을 겪을 수 있다. 가격 변동에 부정적인 영향을 미치는 요인에는 경제 및 경기 침체, 해당 주식이 속한 산업의 위축, 기업의 경영 부실, 해당 기업이 취급하는 상품이나 서비스의 부실 등 매우 다양하다. 극단적으로는 주식이 상장 폐지되거나 기업이 도산하여 주식이 휴지조각이 되는 경우도 종종 발생한다.

② **뛰어난 환금성**: 부동산과 달리 주식은 증권시장을 통하여 자유롭게 사고팔아 현금화할 수 있다. 거래비용도 저렴하며 매매절차가 간단하고 배당금 수령이나 보관 등도 증권회사에서 대행해주므로 편리하다. 다만, 주식 중에는 거래 물량이 적어 주식을 사거나 파는 것이 어려운 종목도 있으므로 환금성의 위험 또한 존재할 수 있다.

③ **양도소득세 면제**: 소액주주의 상장주식 매매차익에 대해서는 양도소득세가 없으며 배당에 대해서만 배당소득세를 부과한다(다만, 최근 세법 개정을 통해 소액주주의 경우에도 2023년부터 매매차익의 5,000만원 공제 후 초과분에 대해서는 양도소득세가 부과됨). 미국 등 선진국에서 매매차익이 생기면 과세를 하는 것에 비해 주식투자자에게 유리하다고 할 수 있다.

④ **인플레이션 헤지 기능**: 주식은 부동산 및 실물자산을 보유한 기업에 대한 소유권을 나타내므로 물가가 오르면 그만큼 소유자산 가치가 올라 주식의 가격도 오르는 경향이 있다.

2 주식의 발행

창업 초기 기업은 주로 소수의 특정인에게 주식을 발행하여 자금을 조달한다. 기업이 성장하고 보다 많은 자금이 필요해지면 불특정 다수인을 대상으로 주식을 모집(또는 매출)하는 최초기업공개(IPO; Initial Public Offering)를 하게 되고 거래소에 상장하게 된다. 이때부터 누구나 거래소를 통해 이 기업의 주식을 자유롭게 매매할 수 있고 기업은 자금이 필요해지면 유상증자를 통해 추가적으로 주식을 발행할 수 있다. 새로운 주식을 발행하여 기업이 장기 자기자본을 조달할 수 있는 시장을 '주식 발행시장(Primary Market)'이라고 한다. 주식의 발행방법에는 직접발행과 간접발행이 있다. 직접발행은 발행기업이 중개기관을 거치지 않고 투자자에게 직접 주식을 팔아 자금을 조달하는 방식으로 유상증자를 통해 기존 주주 또는 제3자에게 주식을 배정하는 경우에 주로 사용된다. 간접발행은 전문성과 판매망을 갖춘 중개기관을 거쳐 주식을 발행하는 방식으로 최초기업공개 시에는 대부분 이 방식이 사용된다.

(1) 기업공개(IPO; Initial Public Offering)

'기업공개'란 주식회사가 일정한 법정절차와 방법에 따라 일반대중을 대상으로 주주를 공개모집하여 발행주식의 일부를 매각함으로써 일반대중이 유가증권을 자유로이 매매할 수 있게 하는 것을 말한다. 기업공개 시 불특정 다수에게 공모주를 판매하려면 취득자가 나중에 자유롭게 팔 수 있도록 보장해주어야 하는데, 일정한 요건을 충족시킨 기업이 발행한 주식을 증권시장에서 거래할 수 있도록 허용하는 것을 상장(Listing)이라고 한다.

(2) 유·무상증자

① **유상증자**: 이미 설립되어 있는 주식회사가 자기자본을 조달하기 위하여 새로운 주식을 발행하는 것을 말한다. 기업의 자기자본이 확대되기 때문에 기업이 재무구조를 개선하고 타인자본에 대한 의존도를 낮추는 대표적인 방법이다. 자금조달을 위해 기업이 유상증자를 할 경우 원활한 신주 매각을 위해 일반적으로 20~30% 할인하여 발행한다. 여기에는 기존주주와의 이해상충문제가 발생할 수 있으므로 신주인수권의 배정방법이 중요한 문제가 된다. 주주배정방식, 주주우선공모방식, 제3자 배정방식, 일반공모방식 등이 있다.

   ㉠ **주주배정방식**: 기존주주와 우리사주조합에게 신주를 배정하고 실권주 발생 시 이사회 결의에 따라 처리방법을 결정한다.

   ㉡ **주주우선공모방식**: 주주배정방식과 거의 동일하나 실권주 발생 시 일반투자자를 대상으로 청약을 받은 다음 청약 미달 시 이사회 결의로 그 처리방법을 결정한다.

   ㉢ **제3자 배정방식**: 기존주주 대신 관계회사나 채권은행 등 제3자가 신주인수를 하도록 하는 방식이다.

   ㉣ **일반공모방식**: 기존주주에게 신주인수권리를 주지 않고 일반투자자를 대상으로 청약을 받는 방식이다.

② **무상증자**: 기존의 주주에게 그들이 소유한 주식의 비율로 새로운 주식을 무상으로 배부하는 것을 말한다. 주금 납입 없이 이사회 결의로 준비금이나 자산재평가적립금 등을 자본에 전입하고 전입액만큼 발행한 신주를 기존주주에게 보유 주식수에 비례하여 무상으로 교부하는 것이다. 회사와 주주의 실질재산에는 변동이 없다.

③ 유·무상증자를 위해서는 주주가 확정되어야 하며, 이를 위해 유·무상증자 기준일을 정하고 기준일 현재 주주인 사람을 증자 참여 대상자로 확정하게 된다. 이때 유·무상증자 기준일 전일은 유·무상증자 권리락일(자산분배가 공표된 기업의 주식이 그 자산의 분배권이 소멸된 이후

거래되는 첫날)이 되어 그 날 이후 주식을 매수한 사람은 증자에 참여할 권리가 없다. 따라서 권리락일에는 신주인수권 가치만큼 기준주가가 하락하여 시작하게 된다.

(3) 주식배당

주식배당은 현금 대신 주식으로 배당을 실시하여 이익을 자본으로 전입하는 것을 의미한다. 주주들에게 배당하고 싶지만 기업이 재무적으로 어려움에 처해 있거나 투자계획 등으로 현금을 아껴야 할 필요가 있을 때 많이 이루어진다. 주식배당 시 신주발행가격은 액면가로 정해진다. 주식배당은 배당 가능이익의 50% 이내로 제한되는데, 주식의 시장가격이 액면가 이상인 상장법인은 배당 가능이익의 100%까지 가능하다. 주식배당 시 주주들의 보유 주식 수는 늘어나지만 실제 주주의 부(富)에는 변동이 없다. 기업의 전체 시장가치가 변하지 않은 상태에서 배당지급일에 주식의 시장가치는 낮아지고 주식의 수만 늘어났기 때문이다. 또 주주들은 보유주식의 수에 비례하여 주식배당을 받아 각 주주들의 지분율에도 변동이 없다.

(4) 주식분할(Stock Splits)과 주식병합(Reverse Stock Split)

① **주식분할(액면분할)**
   ㉠ 분할 이전에 비해 더 많은 주식을 소유하지만 현금배당 대신에 지급되는 것이 아니며, 보다 많은 투자자들에게 그 기업의 주식을 매수할 수 있게 하기 위해 주식의 시장가격을 낮추고자 할 때 발생한다. 주식분할을 액면분할이라고도 한다.
   ㉡ 주식의 시장가치는 주식 분할일에 조정되며, 1주를 2주로 분할할 경우 분할 후 주식의 시장가치는 절반으로 줄고 투자자의 전체 시장가치는 변동하지 않는다.

② **주식병합**: 주식분할과 정반대로, 주가가 아주 낮은 경우 주가를 적정수준까지 끌어올리기 위해, 예를 들어 2 : 1로 주식을 병합하여 액면 5천원짜리 주식 2주를 보유한 주주는 새로 발행된 액면 1만원짜리 주식 1주를 갖게 된다.

3 주식의 종류

주주는 원칙적으로 자신의 보유 주식 수에 따라 평등한 취급을 받는데, 이를 '주주평등의 원칙'이라고 한다. 그러나 「상법」의 기준에 따라 기업은 정관에 권리의 내용을 달리하는 주식을 발행함으로써 다른 종류의 주식을 가지는 주주와 다르게 취급할 수 있다.

(1) 보통주(Common Stocks)

자익권과 공익권 등 일반적인 성격을 갖는 주식을 보통주라고 하며, 각 주식은 평등한 권리내용을 가진다. 일반적으로 주식이라 하면 보통주를 의미한다. 기업이 단일 종류의 주식만을 발행하는 경우에는 특별히 이 명칭을 붙일 필요가 없다. 대기업의 소액주주들은 대체로 지분이 낮아 의결권 등을 행사할 기회는 거의 없고 배당금(Dividend Income)과 주식매매에 의한 자본이득(Capital Gain)에 관심이 있다. 보통주에 대한 투자는 미래의 배당금 수령이나 주가의 불확실성으로 투자위험이 높으며, 그만큼 높은 수익이 기대되는 투자대상이기도 하다.

(2) 우선주(Preferred Stocks)

우선주는 배당이나 잔여재산분배에 있어서 사채권자보다는 우선순위가 낮으나 보통주 주주보다는 우선권이 있는 주식을 말한다. 우선주는 흔히 고정적인 확정 배당률이 있지만 무배당도 가능하며 의결권이 제한되어 있어 사채와 보통주의 성격이 복합된 증권이라고 할 수 있다. 의결권 제한으로 대주주 입장에서는 경영권에 대한 위협 없이 자기자본을 조달하는 수단이 된다.

① **누적적 우선주와 비누적적 우선주**: 당해 연도에 소정 비율의 우선배당을 받지 못하면 미지급 배당금을 차 영업연도 이후에도 우선적으로 보충하여 배당받는 누적적 우선주와 차 영업연도에도 보충 배당받지 못하는 비누적적 우선주가 있다.

② **참가적 우선주와 비참가적 우선주**: 우선주 소정 비율의 우선배당을 받고도 이익이 남는 경우에 다시 보통주 주주와 함께 배당에 참가할 수 있는 참가적 우선주와 소정 비율의 우선배당을 받는 데 그치는 비참가적 우선주도 있다.

(3) 성장주(Growth Stocks)와 가치주(Value Stocks)

① **성장주**: 성장주는 기업의 영업실적이나 수익 증가율이 시장평균보다 높을 것으로 기대되는 주식으로, 주로 수익을 기업 내부에 유보(재투자)하여 높은 성장률과 기업가치 증대에 주력하고 배당금으로 분배하는 부분은 많지 않다. 즉, 배당소득보다는 자본이득에 중점을 두어야 하는 시기에 적합한 투자대상이라 할 수 있다. 반면, 기업에 이익이 발생할 때 이를 재투자하기보다는 주주에게 배당금의 형태로 배분하는 비율이 높은 주식을 '배당주'라고 한다. 배당주는 주식의 매매차익을 노리기보다는 주식을 보유하면서 정기적으로 수익을 얻으려는 투자자들이 관심을 갖는다.

② **가치주**: 가치주는 주식의 내재가치보다 현재의 주가수준이 낮게 형성되어 있으나 기업의 이익이나 자산의 구조를 볼 때 앞으로 가격이 오를 것으로 생각되는 주식이다. 저평가된 이유는 주로 향후 성장률이 낮을 것으로 예상되거나 악재로 인해 주가가 지나치게 하락하였기 때문이다.

(4) 경기순환주(Cyclical Stocks)와 경기방어주(Defensive Stocks)

① **경기순환주**: 경제의 활동수준에 따라 기업의 영업실적이나 수익의 변화가 심한 주식을 말한다. 경기가 호황이면 높은 성장률을 나타내고 높은 투자수익률이 기대되지만 경기가 침체기에 들어서면 실적이 급속히 악화하고 투자손실이 예상되는 기업의 주식이 해당한다. 주로 경기에 따라 수요변화가 심한 건설, 자동차, 도매, 철강, 조선, 반도체산업 등에 해당하는 주식들로, 경기민감주라고도 한다.

② **경기방어주**: 경기 변화에 덜 민감하며 경기침체기에도 안정적인 주가흐름을 나타낸다. 반면, 경기가 호전되어도 다른 주식에 비해 상대적으로 낮은 상승률을 보일 가능성이 높다. 일반적으로 경기침체기에도 수요가 꾸준한 음식료, 제약, 가스, 전력업종 등의 주식들이 해당된다.

(5) 대형주·중형주·소형주

대형·중형·소형주를 나누는 뚜렷한 기준은 없지만, 한국거래소는 상장법인의 시가총액에 따라 다음과 같이 구분하고 있다. 우선 '시가총액'이란 현재의 주식의 가격과 주식의 수를 곱한 값으로 현재 기업의 가치가 얼마인지를 나타낸다고 볼 수 있다. 매년 3월 선물·옵션 동시만기일에 해당 종목을 변경한다.

① **대형주**: 보통 유가증권시장에서 시가총액 순서로 1~100위의 기업의 주식을 대형주라고 한다. 대형주는 대기업의 주식일 확률이 높고 거래규모가 크므로 안정적으로 주식에 투자하고자 하는 사람들이 선호하는 주식이다.

② **중·소형주**: 중·소형주는 시가총액이 101위 이하의 기업을 말한다. 101~300위를 중형주, 301위 이하를 소형주로 나누기도 하는데, 기업규모가 작고 경제나 경기변동에 따라 가격의 등락 폭이 큰 경우가 많으므로 투자의 위험과 수익의 기회 모두 상대적으로 큰 경향이 있다.

[단권화 MEMO]

(6) 주식예탁증서(DR; Depositary Receipts)

① 개념: 자국의 주식을 외국에서 거래하는 경우 주식의 수송·법률·제도·거래관행·언어·통화·양식 등 여러 가지 문제로 원활한 유통이 어렵게 된다. 이런 문제를 해소하고자 외국의 예탁기관으로 하여금 해외 현지에서 증권을 발행·유통하게 함으로써 원래 주식과의 상호전환이 가능하도록 한 주식대체증서를 주식예탁증서(DR)라고 한다.

② 국내의 보관기관은 주식을 보관하고 해외의 예탁기관은 보관 주식을 근거로 그 금액만큼의 예탁증서를 발행한다.

③ DR에는 뉴욕·런던·도쿄·프랑크푸르트 등 전 세계 금융시장에서 동시에 발행되는 GDR(Global Depositary Receipt), 발행상의 편의와 비용을 줄이고자 세계 최대 금융시장인 미국 뉴욕시장에서만 발행되는 ADR(American Depositary Receipt), 유럽시장에서 발행되는 EDR(European Depositary Receipt) 등이 있다.

4 주식 유통시장

(1) 개념

발행된 주식의 거래가 이루어지는 시장을 주식 유통시장(Secondary Market)이라고 하며, 우리나라의 주식 유통시장은 유가증권시장, 코스닥시장, 코넥스시장, K-OTC시장 등으로 구분된다.

(2) 종류

① 유가증권시장: 한국거래소(KRX)가 개설·운영하는 시장으로, 엄격한 상장 요건을 충족하는 주식이 상장(Listing)되어 거래되는 시장이다.

② 코스닥시장(KOSDAQ; Korea Securities Dealers Automated Quotation): 코스닥시장은 원래는 미국의 나스닥(NASDAQ)과 유사하게 장외거래 대상 종목으로 등록된 주식을 전자거래시스템인 코스닥을 통해 매매하는 시장으로 출발하였지만, 2005년 1월 기존의 증권거래소와 코스닥시장, 선물거래소가 통합거래소 체제로 일원화되면서 지금은 또 다른 장내시장의 하나가 되었다. 다만, 유가증권시장보다는 상장 기준이 덜 엄격한 편이어서 중소기업이나 벤처기업이 많은 편이다.

③ 코넥스시장(KONEX; Korea New Exchange): 코스닥 전 단계의 주식시장으로 창업 초기의 중소기업을 위해 2013년 7월 개장했다. 코넥스는 기존 주식시장인 유가증권시장이나 코스닥에 비해 상장 문턱을 낮추고 공시의무를 완화하여 창업 초기 중소기업의 자금조달을 위해 설립되었다. 투자주체는 증권사·펀드·정책금융기관·은행·보험사·각종 연기금 등 「자본시장법」상의 전문투자자로 제한하며 일반투자자는 펀드가입 등을 통해 간접투자를 할 수 있다.

④ K-OTC시장: 한국장외시장(Korea Over-The-Counter)의 약칭으로, 유가증권시장·코스닥·코넥스에서 거래되지 못하는 비상장주식 가운데 일정 요건을 갖추어 지정된 주식의 매매를 위해 한국금융투자협회가 개설·운영하는 제도화·조직화된 장외시장이다.

5 주식 거래방법

한국거래소시장에서 주식을 거래할 수 있는 자는 금융투자업의 허가를 받고 거래소의 회원으로 등록된 금융투자회사로 한정되어 있다. 투자자가 주식 거래를 하기 위해서는 먼저 증권회사 등에 거래계좌를 개설하고 계좌를 개설한 증권회사 등을 통하여 주문한다. 주문은 전화, ARS, HTS(Home Trading System), MTS(Mobile Trading System) 등을 이용하여 할 수 있다.

(1) 매매체결방법
① 한국거래소 주식 매매시간: 09:00~15:30
② 매매체결방식: 가격우선원칙과 시간우선원칙을 적용하여 개별경쟁으로 매매거래가 체결된다.
  ㉠ 정규주문 거래
    ⓐ **가격우선원칙**: 매수주문의 경우 가장 높은 가격을, 매도주문의 경우 가장 낮은 가격을 우선적으로 체결한다.
    ⓑ **시간우선원칙**: 동일한 가격의 주문 간에는 시간상 먼저 접수된 주문을 체결한다.
    ⓒ **예외(동시호가제도)**: 시초가와 종가의 경우는 시간의 선후에 상관없이 일정 시간 동안 주문을 받아 제시된 가격을 모아 단일가격으로 가격이 결정되는 동시호가제도를 채택하고 있다. 이에 따라 08:30부터 동시호가에 주문을 내는 것이 가능하고 여기에서 제시된 가격과 수량을 통해 09:00에 단일가로 매매가 체결되면서 시초가가 결정된다. 폐장 10분 전인 15:20부터는 매매 없이 동시호가 주문만 받다가 15:30에 단일가로 매매가 체결되면서 종가가 결정된다.
  ㉡ **시간 외 거래**: 정규주문 거래 외에도 장이 끝난 15:30부터 18:00까지 그리고 개장 전인 08:30부터 08:40까지 시간 외 거래가 가능하다. 기관투자자 사이의 시간 외 대량매매에 주로 활용되고 있다.

체결방식	시간
장 전 종가매매	08:30 ~ 08:40
동시호가	08:30 ~ 09:00, 15:20 ~ 15:30
정규시장매매	09:00 ~ 15:30
장 후 종가매매	15:30 ~ 16:00(체결은 15:40부터, 10분간 접수)
시간 외 단일가매매	16:00 ~ 18:00(10분 단위, 총 12회 체결)

● 한국거래소 주식 매매거래 시간

(2) 주문방법
① 지정가 주문과 시장가 주문
  ㉠ **지정가 주문(Limit Order)**: 원하는 매수나 매도 가격을 지정하여 주문하는 방식으로, 대부분의 주식거래는 지정가 주문에 의해 이루어진다.
  ㉡ **시장가 주문(Market Order)**: 가격을 지정하지 않고 주문시점에서 가장 유리한 가격에 우선적으로 거래될 수 있도록 주문하는 방식이다. 거래량이 갑자기 증가하면서 주가가 급등하는 종목을 매수하고자 할 때 종종 이용된다.
② 가격변동폭
  ㉠ **최소 가격 변동폭(Minimum Tick)**: 일반적으로 유가증권시장의 주식매매 단위는 1주인데, 최소 호가 단위, 즉 최소 가격 변동폭은 주가 수준에 따라 차이가 있어 1,000원 미만 1원, 5,000원 미만 5원, 1만원 미만 10원, 5만원 미만 50원, 10만원 미만 100원, 50만원 미만 500원, 50만원 이상 1,000원이다.

ⓒ **가격제한(Price Limit)**: 우리나라 주식시장은 단기간 주가 급등락으로 인한 주식시장의 불안정을 예방하고 개인투자자 보호를 위해 일일 최대 가격 변동폭을 제한하는 가격제한제도를 두고 있다. 이에 따라 전일 종가 대비 ±30% 이내에서 가격이 변동하여 상·하한가가 결정된다.

ⓒ **결제시점**: 매매가 체결된 주식의 결제시점은 체결일로부터 3영업일로 되어 있다. 예를 들어 목요일에 매매가 체결된 주식은 토요일과 일요일 외에 다른 휴장일이 없다면 다음 주 월요일이 결제일이 되어 개장시점에 매입의 경우는 증권계좌에서 매입대금이 출금되면서 주식이 입고되고, 매도의 경우는 증권계좌에 매도대금이 입금되면서 주식이 출고된다.

(3) 거래비용

주식을 거래할 때에도 과세와 비용이 발생한다. 개인투자자의 경우 보유주식으로부터의 배당금은 금융소득으로 간주하여 소득세가 과세된다. 일반적으로 개인별로 모든 소득은 합산하여 과세하는 종합소득세가 원칙이지만, 이자나 배당 등 금융소득은 연간 총액이 2천만원 초과일 때에만 종합과세하고 2천만원 이하인 경우에는 분리과세되어 다른 소득의 규모에 관계없이 일률적으로 14%의 소득세와 1.4%의 지방소득세를 합한 15.4%의 세금이 원천징수된다.

05 채권투자

1 채권의 개념

채권은 정부, 지방자치단체, 공공기관, 특수법인 또는 주식회사가 불특정 다수의 투자자를 대상으로 비교적 장기에 걸쳐 대규모 자금을 조달할 목적으로 발행하는 일종의 차용증서인 유가증권이다. 채권의 발행자격을 갖춘 기관은 법으로 정해져 있는데, 발행자격이 있더라도 발행을 위해서는 정부로부터 별도의 승인을 얻어야 한다. 이렇게 발행된 채권은 주식처럼 유통시장에서 자유롭게 매매할 수 있으며, 주식시장과 동일하게 채권시장도 발행시장과 유통시장으로 구분할 수 있다. 발행자가 처음 채권을 발행하는 시장이 발행시장이며, 이미 발행된 채권이 거래되는 시장이 유통시장이다.

(1) 채권의 특성

① **확정이자부증권**: 채권은 발행 시에 발행자가 지급해야 할 약정이자와 만기 시 상환해야 할 금액을 사전에 확정하며, 발행자의 영업실적과 무관하게 이자와 원금을 상환해야 한다. 따라서 발행자의 원리금 지급능력이 중요하며, 지급이자는 발행자의 금융비용인 동시에 투자자에게는 안정적인 수입원이 된다.

② **기한부증권**: 주식과 달리 채권은 원금과 이자의 상환기간이 발행할 때 정해지는 기한부증권이다.

③ **장기증권**: 채권은 발행자로 하여금 장기적으로 안정적인 자금을 조달할 수 있게 한다. 회사채의 경우 대부분 기업의 설비투자 용도로 발행되는데, 투자자의 환금성 보장을 위해 반드시 유통시장이 있어야 한다.

(2) 채권의 기본용어

① **액면**: 채권 1장마다 권면 위에 표시되어 있는 1만원, 10만원, 100만원 등의 금액을 말한다.

② **매매단가**: 유통시장에서 매매할 때 적용되는 가격으로, 액면 10,000원당 적용 수익률로 계산한다.

③ **표면이자율(Coupon Rate)**: 액면금액에 대하여 1년 동안 지급하는 이자금액의 비율을 나타내며 채권을 발행할 때 결정된다. 이표채의 경우 1회마다 이자를 받을 수 있는 이표(Coupon)가 붙어 있으며, 할인채는 할인율로 표시한다. 참고로 경상수익률(Current Yield)은 이자금액을 채권의 현재 시장가격으로 나눈 비율이라는 점에서 표면이자율과 다르다.

④ **만기와 잔존기간**: 채권 발행일로부터 원금상환일까지의 기간을 만기 또는 원금상환기간이라고 하며, 이미 발행된 채권이 일정 기간 지났을 때부터 원금상환일까지 남은 기간을 잔존기간이라고 한다. 예를 들어 만기가 3년인 채권이 발행일로부터 2년이 지났다면 만기까지의 잔존기간은 1년이 된다.

⑤ **수익률**: 투자 원본금액에 대한 수익의 비율로 보통 1년을 단위로 계산된다. 표면이율, 발행수익률, 만기수익률, 실효수익률, 연평균수익률 등 다양한 개념이 있으며, 수익률은 베이시스포인트(bp; basis point)로 표시한다. 1bp는 1/100%(0.01% 또는 0.0001)에 해당한다. 즉, 이자율이 10bp 변동되었다면 0.1%(또는 0.001)만큼 변동된 것을 뜻한다.

(3) 채권투자의 특징

① **수익성**: 투자자가 채권을 보유함으로써 얻을 수 있는 수익으로서 이자소득과 자본소득이 있다. 이자소득은 발행 시에 정해진 이율에 따라 이자를 지급받는 것을 말하며, 자본소득은 채권의 유통가격이 변동하면서 발생할 수 있는 시세차익 또는 차손을 의미한다. 채권의 이자소득에 대해서는 이자소득세가 과세되지만 매매에 따른 자본이득에 대해서는 주식과 마찬가지로 과세되지 않는다.

② **안전성**: 채권은 정부, 지방자치단체, 금융회사 또는 신용도가 높은 주식회사 등이 발행하므로 채무불이행 위험이 상대적으로 낮다. 채권은 만기일에 약속된 원금과 이자를 받을 수 있고 차입자가 파산할 경우에도 주주권에 우선하여 변제받을 수 있으며, 원금의 손실 가능성이 매우 낮아 복리효과를 이용한 장기투자에 적합하다. 다만, 채권의 가격은 시장금리 및 발행기관의 신용 변화에 따라 변동한다. 따라서 시장가격이 매입가격보다 낮아질 때에는 자본손실의 가능성이 있고, 발행기관의 경영이나 재무상태가 악화될 경우에는 약정한 이자 및 원금의 지급이 지연되거나 지급불능 상태가 되는 채무불이행 위험이 발생할 수 있다.

③ **환금성(유동성)**: 채권은 주식처럼 유통(증권)시장을 통해 비교적 쉽게 현금화할 수 있다. 채권의 매매는 기관투자자 간의 거액거래가 일반적이지만 소액채권의 경우 개인투자자들도 증권회사를 통해 쉽게 참여할 수 있다. 물론 발행물량이 적고 유통시장이 발달되지 못한 채권의 경우에는 현금화하기 어려운 유동성 위험이 존재할 수도 있다.

(4) 채권의 분류   〔채권은 발행주체, 만기유형, 이자지급방법, 발행유형 등에 따라 다양하게 분류될 수 있음.〕

① **발행주체별 분류**

  ㉠ **국채**: 국회의 의결을 거쳐 국가가 재정정책의 일환으로 발행하는 채권으로, 정부가 원리금의 지급을 보증하기 때문에 국가 신용도와 동일한 신용도를 가진다. 정부의 재정적자가 클수록 발행잔액과 유통시장이 커지며, 국고채권, 국민주택채권(1종, 2종), 외국환평형기금채권, 재정증권 등이 있다.

ⓛ **지방채**: 지방정부 및 지방공공기관 등이 「지방자치법」과 「지방재정법」에 의거하여 특수목적 달성에 필요한 자금을 조달하기 위해 발행하는 채권이다. 발행잔액 및 신용도가 국채에 미치지 못하고 비교적 유동성이 낮은 편이다. 지방채의 종류에는 서울도시철도공채, 지방도시철도공채, 지역개발채권 등이 있다.

ⓒ **특수채**: 특별한 법률에 의해 설립된 기관이 특별법에 의하여 발행하는 채권으로서 공채와 사채의 성격을 모두 지니고 있다. 정부가 원리금의 지급을 보증하는 것이 일반적이어서 안전성과 수익성이 비교적 높다. 한국전력채권, 지하철공사채권, 토지주택채권, 도로공사채권, 예금보험공사채권, 증권금융채권 등이 있다.

ⓔ **금융채**: 특별법에 의하여 설립된 금융회사가 발행하는 채권으로서 금융채의 발행은 특정한 금융회사의 중요한 자금조달 수단의 하나이다. 통화조절을 위해 한국은행이 발행하는 통화안정증권, 산업자금 조달을 위한 산업금융채권, 중소기업 지원을 위한 중소기업금융채권 및 각 시중은행이 발행하는 채권과 카드회사, 캐피탈회사, 리스회사, 할부금융회사 등이 발행하는 채권들이 이에 속한다.

ⓜ **회사채**: 「상법」상의 주식회사가 발행하는 채권으로서 채권자는 주주들의 배당에 우선하여 이자를 지급받게 되며 기업이 도산하거나 청산할 경우 주주들에 우선하여 기업자산에 대한 청구권을 갖는다. 일반적으로 매 3개월 후급으로 이자를 지급받고 원금은 만기에 일시상환을 받는다.

② 만기유형별 분류
  ㉠ **단기채**: 통상적으로 상환기간이 1년 이하인 채권을 단기채권이라고 하며, 우리나라에는 통화안정증권, 양곡기금증권, 금융채 중 일부가 이에 속한다.
  ㉡ **중기채**: 상환기간이 1년 초과 5년 이하인 채권을 말한다. 우리나라에서는 대부분의 회사채 및 금융채가 만기 3년으로 발행되고 있다.
  ㉢ **장기채**: 상환기간이 5년 초과인 채권이며, 우리나라에서는 주로 국채가 만기 5년 또는 10년으로 발행되고 있다.
  ㉣ 채권은 시간이 경과하면서 장기채권에서 중기채권으로 다시 단기채권으로 바뀌게 되며, 기간이 짧아져 감에 따라 다른 요인들이 모두 동일하다면 채권가격의 변동성은 감소한다. 일반적으로 만기가 긴 채권일수록 수익률은 높으나 유동성이 떨어지고 채무불이행 확률도 증가하므로 투자자는 자신의 투자기간을 고려하여 적절한 만기를 가진 채권에 투자해야 한다.

③ 이자지급 방법별 분류
  ㉠ **이표채**: 채권의 권면에 이표(Coupon)가 붙어 있어 이자지급일에 이표를 떼어 이자를 지급받는 채권이다. 외국의 경우 6개월마다 이자를 지급하지만 우리나라는 보통 3개월 단위로 이자를 지급한다. 대부분의 회사채가 이표채로 발행되고 있으며 국고채, 회사채, 금융채 중 일부가 이표채로 발행된다.
  ㉡ **할인채**: 표면상 이자가 지급되지 않는 대신에 액면금액에서 상환일까지의 이자를 공제한 금액으로 매출되는 채권으로서 이자가 선급되는 효과가 있다. 이자를 지급하지 않기 때문에 무이표채(Zero-Coupon Bond)라고 불리기도 한다. 통화안정증권, 산금채 일부가 이에 해당하며, 대부분 1년 미만의 잔존만기를 갖는다.

ⓒ **복리채**: 정기적으로 이자가 지급되는 대신에 복리로 재투자되어 만기상환 시에 원금과 이자를 동시에 지급하는 채권을 말한다. 국민주택채권(1종, 2종), 지역개발채권, 금융채의 일부가 이런 방식으로 발행된다.

④ **발행유형별 분류**
ㄱ. **보증채**: 원리금의 상환을 발행회사 이외의 제3자가 보증하는 채권으로서 보증의 주체가 정부인 정부보증채와 신용보증기금, 보증보험회사, 시중은행 등이 지급을 보증하는 일반보증채로 구분된다.
ㄴ. **무보증채**: 제3자의 보증 없이 발행회사의 자기신용에 의해 발행·유통되는 채권이다. 우리나라에서는 과거에 보증채가 많이 발행되었으나, 외환위기 이후부터 무보증채의 발행이 급속히 증가하였다.
ㄷ. **담보부채권**: 원리금 지급불능 시 발행주체의 특정 재산에 대한 법적 청구권을 지키는 채권이다.
ㄹ. **무담보부채권**: 발행주체의 신용을 바탕으로 발행하는 채권이다.
ㅁ. **후순위채권**: 발행주체의 이익과 자산에 대한 청구권을 가지나 다른 무담보사채보다 우선권이 없는 채권이다.

2 특수한 형태의 채권

일반적인 형태의 채권과 달리 계약 조건이 변형된 특수한 형태의 채권이 등장하여 다양한 목적으로 발행되며 투자되고 있다.

(1) 전환사채(CB; Convertible Bond)

순수한 회사채의 형태로 발행되지만 일정 기간이 경과된 후 보유자의 청구에 의하여 발행회사의 주식으로 전환될 수 있는 권리가 붙어 있는 사채이다. 이에 따라 전환사채는 사실상 주식과 채권의 중간적 성격을 갖는다. 전환사채에는 전환할 때 받게 되는 주식의 수를 나타내는 전환비율이 미리 정해져 있다. 즉, 전환사채 발행기관의 주가가 어느 수준 이상으로 상승하게 되면 보유자가 전환권을 행사하여 채권을 포기하고 주식을 취득함으로써 추가적인 수익을 추구하고, 그렇지 않을 때는 전환하지 않고 계속 사채의 형태로 보유하게 된다. 전환사채는 보유자가 자신에게 유리할 때만 전환권을 행사하여 추가적인 수익을 꾀할 수 있는 선택권이 주어지기 때문에 다른 조건이 동일하다면 일반사채에 비해 낮은 금리로 발행된다.

(2) 신주인수권부사채(BW; Bond with Warrant)

'신주인수권부사채'란 채권자에게 일정 기간이 경과한 후에 일정한 가격(행사가격)으로 발행회사의 일정 수의 신주를 인수할 수 있는 권리, 즉 신주인수권이 부여된 사채이다. 전환사채와 달리 발행된 채권은 그대로 존속하는 상태에서 부가적으로 신주인수권이라는 옵션이 부여되어 있으며, 신주인수권은 정해진 기간 내에는 언제든지 행사할 수 있다. 신주인수권부사채의 발행조건에는 몇 주를 어느 가격에 인수할 수 있는지가 미리 정해져 있어 전환사채와 마찬가지로 발행기관의 주가가 상승하게 되면 신주인수권을 행사하여 당시 주가보다 낮은 가격에 주식을 보유할 수 있게 된다. 이와 같이 신주인수권부사채는 보유자에게 유리한 선택권이 주어지기 때문에 다른 조건이 같다면 일반사채에 비해 낮은 금리로 발행된다.

[단권화 MEMO]

(3) 교환사채(EB; Exchangeable Bond)

'교환사채'란 회사채의 형태로 발행되지만 일정 기간이 경과된 후 보유자의 청구에 의하여 발행회사가 보유 중인 다른 주식으로의 교환을 청구할 수 있는 권리가 부여된 사채이다. 교환사채에는 발행 당시에 추후 교환할 때 받게 되는 주식의 수를 나타내는 교환비율이 미리 정해져 있다. 이에 따라 교환권을 행사하게 되면 사채권자로서의 지위를 상실한다는 점에서는 전환사채와 동일하지만, 전환사채의 경우에는 전환을 통해 발행회사의 주식을 보유하게 되는 반면, 교환사채의 경우는 발행회사가 보유 중인 타 회사의 주식을 보유하게 된다는 점에서 차이가 있다.

(4) 옵션부사채

'옵션부사채'란 발행 당시에 제시된 일정한 조건이 성립되면 만기 전이라도 발행회사가 채권자에게 채권의 매도를 청구할 수 있는 권리, 즉 조기상환권이 있거나, 채권자가 발행회사에게 채권의 매입을 요구할 수 있는 권리, 즉 조기변제요구권이 부여되는 사채이다.

① **조기상환권부채권(Callable Bond)**: 발행 당시에 비해 금리가 하락한 경우에 발행회사가 기존의 고금리 채권을 상환하고 새로 저금리로 채권을 발행할 목적으로 주로 활용된다. 이렇게 되면 낮은 금리로 자금을 재조달할 수 있는 발행회사에게는 유리한 반면, 기존의 고금리 채권 상품을 더 이상 보유할 수 없게 된 채권투자자는 불리하게 된다. 따라서 조기상환권부채권은 그런 조건이 없는 채권에 비해 높은 금리로 발행된다.

② **조기변제요구권부채권(Puttable Bond)**: 발행 당시에 비해 금리가 상승하거나 발행회사의 재무상태 악화로 채권 회수가 힘들어질 것으로 예상되는 경우 채권투자자가 만기 전에 채권을 회수할 목적으로 주로 활용될 수 있다. 즉, 조기변제요구권은 채권투자자에게 유리한 조건이기 때문에 이러한 옵션이 부가된 조기변제요구권부채권은 그렇지 않은 채권에 비해 낮은 금리로 발행될 수 있다.

(5) 변동금리부채권(FRN; Floating Rate Note)

채권은 발행일로부터 원금상환일까지 금리변동에 관계없이 발행 당시에 정한 이자율로 이자를 지급하는 금리확정부채권이 일반적이다. 그러나 지급이자율이 대표성을 갖는 시장금리에 연동하여 매 이자지급 기간마다 재조정되는 변동금리부채권이 발행되기도 한다. 이러한 변동금리부채권은 일반적으로 채권발행 시에 지급이자율의 결정방식이 약정되며, 매번 이자지급기간 개시 전에 차기 지급이자율이 결정된다. 즉, 변동금리부채권의 지급이자율은 대표성을 갖는 시장금리에 연동되는 기준금리와 발행기업의 특수성에 따라 발행시점에 확정된 가산금리를 더하여 결정된다.

> 지급이자율 = 기준금리(Reference Rate) + 가산금리(Spread)

① **기준금리**: 시장의 실세금리를 정확히 반영하고 신용도가 우수한 금융시장의 대표적인 금리가 주로 사용된다. 우리나라에서는 CD금리, 국고채 수익률, KORIBOR(Korea Inter-Bank Offered Rate) 등이 있다.

② **가산금리**: 기준금리에 가산되어 지급이자율을 결정하는 가산금리는 발행자의 신용도와 발행시장의 상황을 반영하여 결정된다. 일반적으로 가산금리는 발행 당시에 확정되어 고정되므로 발행 이후 신용도와 시장상황의 변화에 따라 변동금리부채권의 가격을 변동시키는 주된 요인이 된다.

(6) 자산유동화증권(ABS; Asset Backed Securities)

① 금융회사가 보유 중인 자산을 표준화하고 특정 조건별로 집합(Pooling)하여 이를 바탕으로 증권을 발행한 후 유동화자산으로부터 발생하는 현금흐름으로 원리금을 상환하는 증권이다. 즉, 유동화 대상자산을 집합하여 특수목적회사(SPV; Special Purpose Vehicle)에 양도하고 그 자산을 기초로 자금을 조달하는 구조이다. 발행과정에서 증권의 신용도를 높이기 위해 후순위채권이나 보증 등의 방법을 활용하기도 한다.

② 유동화 대상자산이 회사채이면 CBO(Collateralized Bond Obligation), 대출채권이면 CLO(Collateralized Loan Obligation), 주택저당채권(Mortgage)이면 주택저당증권(MBS; Mortgage Backed Securities)이라고 한다.

③ ABS 발행회사는 재무구조를 개선할 수 있으며, 신용보강을 통해 발행사 신용등급보다 높은 신용등급의 사채 발행으로 자금조달비용을 절감할 수 있어 현금흐름 및 리스크 관리 차원에서 유용하다. 투자자 측면에서는 높은 신용도를 지닌 증권에 상대적으로 높은 수익률로 투자할 수 있다는 장점이 있다.

(7) 주가지수연계채권(ELN; Equity Linked Note)

채권의 이자나 만기상환액이 주가나 주가지수에 연동되어 있는 채권이다. 우리나라에서 주로 발행되는 원금보장형 주가지수연계채권은 투자금액의 대부분을 일반 채권에 투자하고 나머지를 파생상품(주로 옵션)에 투자하는 방식으로 운용된다. 은행이 발행하는 주가지수연동정기예금(ELD; Equity Linked Deposit)이나 증권회사가 발행하는 주가지수연계증권(ELS; Equity Linked Securities)도 ELN과 유사한 구조로 발행되고 있다.

(8) 물가연동채권(KTBi; Inflation-Linked Korean Treasury Bond)

정부가 발행하는 국채로 원금 및 이자지급액을 물가에 연동시켜 물가상승에 따른 실질구매력을 보장하는 채권이다. 투자자 입장에서 물가연동채권은 이자 및 원금이 소비자물가지수(CPI)에 연동되어 물가상승률이 높아질수록 투자수익률도 높아져 인플레이션 헤지 기능이 있으며, 정부의 원리금 지급보증으로 최고의 안전성이 보장된다는 장점이 있다. 정부의 입장에서는 물가가 안정적으로 관리되면 고정금리국채보다 싼 이자로 발행할 수 있다는 장점이 있다. 반면, 물가연동채권은 물가가 지속적으로 하락하는 디플레이션 상황에서는 원금손실 위험도 있고 발행물량과 거래량이 적어 유동성이 떨어진다는 단점이 있다.

(9) 신종자본증권

① 신종자본증권은 일정 수준 이상의 자본요건을 충족할 경우 자본으로 인정되는 채무증권이다. 초기에는 국제결제은행(BIS)의 건전성 감독지표인 자기자본비율 제고를 위해 은행의 자본 확충 목적으로 발행되었으나 점차 일반 기업의 발행도 증가하고 있다. 채권과 주식의 중간적 성격을 가지고 있어 하이브리드채권으로 불리기도 한다.

② 통상 30년 만기의 장기채로 고정금리를 제공하고 청산 시 주식보다 변제가 앞선다는 점(후순위채보다는 후순위)에서 채권의 성격을 가지고 있으나, 만기 도래 시 자동적인 만기연장을 통해 원금상환부담이 없어진다는 점에서는 영구자본인 주식과 유사하다. 변제 시 일반 후순위채권보다 늦은 후순위채라는 점에서 투자자에게 높은 금리를 제공하는 반면, 대부분의 경우 발행 후 5년이 지나면 발행기업이 채권을 회수할 수 있는 콜옵션(조기상환권)이 부여되어 있다. 최근 저금리 기조의 지속으로 콜옵션을 행사하여 상환된 신종자본증권의 사례가

증가하고 있어 투자 시 콜옵션 조항에 대한 세밀한 검토가 필요하다.

3 소액채권거래제도

(1) 첨가소화채권
① 개념: 채권은 대규모여서 소액투자자인 일반인들이 접근하기 어려우나 일반인들도 채권을 소유하는 경우가 있다. 주택이나 자동차를 구입하거나 금융회사에서 부동산을 담보로 대출을 받을 때 의무적으로 구입해야 하는 첨가소화채권이 있다.

② 특징
  ㉠ 첨가소화채권은 정부나 지방자치단체 등이 공공사업 추진을 위해 재원을 조달하고자 할 때 관련 국민들에게 법률에 의해 강제로 매입하게 하는 준조세로서의 성격을 가지고 있다.
  ㉡ 첨가소화채권은 표면이자율이 확정되어 있고 만기는 5년 이상 장기채권으로 발행된다. 대부분 매입과 동시에 현장에서 매도되는 것이 일반적이다.

(2) 소액국공채거래제도
정부는 이러한 의무매입국공채의 환금성을 높여서 채권시장의 공신력을 높이고, 첨가소화채권을 통해 채권이라는 것을 처음 가지게 된 일반 대다수 국민의 채권시장에 대한 신뢰도를 높이기 위해 소액국공채거래제도를 운영하고 있다. 소액국공채 매매거래제도를 적용받는 거래대상 채권은 제1종 국민주택채권, 서울도시철도채권 및 서울특별시 지역개발채권, 「지방공기업법」에 의하여 특별시, 광역시 및 도가 발행한 지역개발공채증권, 주요 광역시 발행 도시철도채권 등이 있다.

4 주식과 채권의 비교

(1) 전통적인 주식과 채권의 비교
주식의 소유자인 주주는 채권 소유자와 달리 주주총회에서 의사결정에 참여할 수 있다. 주식의 발행은 자기자본의 증가를 가져오지만, 채권은 타인자본인 부채의 증가를 수반한다. 회사 청산 시 채권은 주식에 우선하여 청산받을 권리가 있다. 전통적인 주식과 채권은 아래와 같이 구분되지만, 최근에는 주식과 채권의 성격이 혼합된 증권이 더욱 많이 발행되고 있다.

구분	주식	채권
발행자	주식회사	정부, 지방자치단체, 특수법인, 주식회사
자본조달 방법	자기자본	타인자본
증권소유자의 지위	주주	채권자
소유로부터의 권리	결산 시 사업이익금에 따른 배당을 받을 권리	확정이자 수령 권리
증권 존속기간	발행회사와 존속을 같이하는 영구증권	기한부증권(영구채권 제외)
원금상환	없음	만기 시 상환
가격변동위험	큼	작음

○ 주식과 채권의 비교

(2) 주식과 채권의 성격이 혼합된 증권

① **채권이 주식화된 경우**: 전환·신주인수권부·교환사채 등 각종 주식 관련 사채와 이익참가부 사채가 있으며, 투자자는 확정이자보다 주식으로의 전환을 통한 소득에 더 관심을 갖는다.

② **주식이 채권화된 경우**: 우선주(이익참가부우선주)가 있는데, 투자자는 의결권보다 배당에 더 관심을 갖는다. 우선주는 채권과 주식의 특성을 모두 가진 증권이다. 투자자에게 매년 확정 배당금을 지급함으로써 만기가 무한한 채권과 유사하다. 우선주의 시장가격 증감은 발행주체의 수익성보다 시장이자율과 더욱 밀접한 관련이 있다. 또한 우선주는 회사 경영과 관련된 의결권을 투자자에게 부여하지 않는다는 점에서는 채권과 유사하지만 투자자에게 배당금을 지급하지 못하는 경우에도 파산하지 않는다는 점에서는 주식의 특성을 갖는다. 한편, 미지급 배당금이 있다면 기업은 보통주 배당금 지급 전에 누적적 우선주 보유자에게 우선 지급해야 한다. 채권발행 주체의 이자비용은 법인세를 감소시키는 효과가 있지만, 우선주와 보통주의 배당금은 법인세를 차감한 순이익에서 지급되므로 회사의 입장에서 법인세 감면 효과가 없다. 그러나 배당금을 수령하는 기관투자가에게는 배당소득의 30%를 익금불산입 하기 때문에 우선주가 기관투자가에게는 어느 정도 매력적인 고정수익 투자대상이라고 볼 수 있다.

③ **우선주와 채권의 비교**

유사점	차이점
• 정해진 현금흐름의 정기적 지급(채권의 이자, 우선주의 배당금) • 회사경영에 대한 의결권 미부여 • 회사 순이익을 공유하지 않음. • 조기상환(채권) or 상환(우선주) 가능 • 감채기금 적립 가능 • 발행주체의 파산 시 보통주보다 우선됨.	• 우선주 배당금 지급 시 법인 비용처리 불가 • 우선주 배당금의 일부는 기관투자가에게 익금불산입 • 우선주 투자자에게 배당금 미지급 시에도 발행주체는 파산하지 않음. • 회계처리가 다름. • 우선주는 보통주로 전환 가능한 경우가 있음. • 우선주 배당금은 회계기간 종료 후 지급하고, 채권의 이자는 3개월마다 지급함.

06 증권분석

1 증권의 투자가치 분석

증권의 현재가격은 시장에서 매수자와 매도자의 거래로 결정된다. 여러 가지 자료나 정보를 토대로 그 가격의 적정성이나 미래의 가격예측을 판단하는 것을 증권분석(Securities Analysis)이라고 한다. 분석기법으로는 크게 기본적 분석과 기술적 분석이 있다.

(1) 기본적 분석

기본적 분석은 시장에서 증권에 대한 수요와 공급에 의해 결정되는 시장가격이 그 증권의 내재가치(Intrinsic Value)와 동일하지 않을 수 있다는 전제하에 증권의 내재가치를 중점적으로 분석하는 방법이다. 따라서 내재가치가 추정되면 이를 시장가격과 비교함으로써 과소 또는 과대평가된 증권을 발견하고, 이에 따라 매입 또는 매도 투자결정을 하여 초과수익을 추구한다. 기본적 분석에는 경제분석, 산업분석, 기업분석으로 이어지는 환경적 분석과 재무제표를 중심으로 기업의 재무상태와 경영성과를 평가하는 재무적 분석이 포함된다.

① **하향식(Top-Down) 분석**: 일반 경제를 검토하는 것에서 시작하여 특정 산업으로, 최종적으로는 기업 자체를 검토하는 분석방법으로, 밀물 때가 되면 모든 배가 든다는 것을 가정한다.

즉, 호황기에는 강한 기업이나 약한 기업 모두 높은 실적을 거두지만 불황기에는 강한 기업까지도 번창하기 어렵다. 호경기 때 약한 기업의 주식에 투자하는 것이 불경기 때 좋은 주식에 투자하는 것보다 성과가 좋을 수 있다.

② **상향식(Bottom-Up) 분석**: 투자 가망 회사에 초점을 두고 개별 기업의 사업, 재무, 가치 등 투자자가 선호할 만한 것들을 보유한 기업을 선택한 후 산업과 시장에 대해 그 기업을 비교한다. 내재가치보다 저평가된 주식을 찾아 장기적으로 보유하고 있으면 언젠가는 적정가치를 찾아가리라는 믿음을 갖고 투자하는 방법이다.

(2) 기술적 분석

기술적 분석은 과거의 증권가격 및 거래량의 추세와 변동패턴에 관한 역사적인 정보를 이용하여 미래 증권가격의 움직임을 예측하는 분석기법이다. 즉, 증권시장의 시황이 약세시장이나 강세시장으로 전환하는 시점과 시장동향을 미리 포착하여 초과수익을 얻는 데 분석의 초점을 두고 있다. 기술적 분석은 과거 증권가격 움직임의 모습이 미래에도 반복된다고 가정하며, 증권가격의 패턴을 결정짓는 증권의 수요와 공급이 이성적인 요인뿐만 아니라 비이성적인 요인이나 심리적 요인에 의해서도 결정된다는 것을 전제한다. 기술적 분석은 주로 과거 주가흐름을 보여주는 주가 차트(Chart)를 분석하여 단기적인 매매 타이밍을 잡는 데 이용된다.

2 기업정보

개별 증권의 가격에 영향을 미치는 가장 중요한 요인은 기업에 대한 정보라고 할 수 있다. 공시정보, 경영실적정보, 지배구조 및 경영권 등 기업정보는 결과적으로 주가 등에 반영된다. 그러나 증권의 가격은 이들뿐만 아니라 종종 시장의 수급, 경영권에 관련된 정보, 일시적인 유행 등에 따라서도 움직인다.

(1) 기업공시 정보

상장기업은 기업공시제도(Corporate Disclosure System)에 따라 자사 증권에 대한 투자판단에 중대한 영향을 미칠 수 있는 중요한 기업정보를 반드시 공시하도록 되어 있다. 이는 투자자가 기업의 실체를 정확히 파악하여 투자결정을 할 수 있도록 함으로써 증권시장 내의 정보의 불균형을 해소하고 증권거래의 공정성을 확보하여 투자자를 보호하는 기능을 한다. 투자자 입장에서는 기업공시 내용이 중요한 투자정보가 되고, 공시내용의 중요성에 따라 증권의 가격에도 적지 않은 영향을 미치게 된다. 그러나 공시정보를 사전에 유출하는 것은 불법이기 때문에 사전 정보를 이용한 투자는 사실상 어려우며, 발표된 공시정보는 비교적 효율적으로 증권가격에 반영되어 사후적으로 공시정보를 활용한 투자는 별로 도움이 되지 못한다는 견해도 있다.

플러스이론 펼쳐보기 ▼ 전자공시시스템(DART; Data Analysis, Retrieval and Transfer System)

금융감독원에서 운영(dart.fss.or.kr)하며, 상장법인 등이 공시서류를 인터넷에 제출하면 투자자 등 누구나가 인터넷을 통해 관련 정보를 조회할 수 있도록 마련된 종합적 기업공시시스템이다. 기업의 사업내용, 재무상황, 경영실적 등 전반에 대한 정보를 담고 있는 사업보고서 등을 열람할 수 있고, 증권의 공모발행을 위한 증권신고서, 투자설명서, 증권발행실적 보고서 등을 검색할 수 있어 어떤 증권들이 발행되고 있고 해당 증권의 특징은 무엇인지 파악할 수 있다.

◉ 전자공시시스템 홈페이지 화면

(2) 경영실적 정보

경쟁력 높은 제품군을 보유하고 있고 아무리 경영능력이 뛰어난 기업이라고 해도 결국은 실적이 뒷받침되어야만 주가는 상승할 수 있다. 곧 주식시장에서 가장 중요한 정보는 기업의 실적이다. 일반적으로 상장기업은 매분기마다 매출액, 영업이익, 당기순이익 등의 주요한 재무정보를 발표하도록 되어 있다. 이러한 실적 발표는 실제로 주가에 커다란 영향을 미치므로 증권회사 애널리스트를 비롯한 수많은 전문가들이 사전에 주요 기업의 실적을 예측하여 발표하게 된다. 실적 예상치가 어느 정도 주가에 미리 반영되기 때문에 실제로 발표일의 주가는 절대적인 실적의 증감보다는 예상을 상회 또는 하회하는지에 따라 변동하게 된다. 특히, 예상을 크게 상회하는 경우는 '어닝 서프라이즈(Earning Surprise)'라고 하여 주가가 크게 상승하고, 예상에 크게 못 미칠 때에는 '어닝 쇼크(Earning Shock)'라고 하여 주가가 폭락하기도 한다.

(3) 지배구조 및 경영권 정보

우리나라에서는 기업들이 복잡한 지분 관계로 묶여 재벌을 이루거나 계열회사 그룹을 형성하는 경우가 많다. 기업의 주주분포 및 경영권의 소재를 나타내는 지배구조가 기업의 가치에 미치는 영향에 관해서는 다양한 주장이 있어 일률적으로 판단하기는 어렵다. 그러나 투자자 입장에서는 자신이 투자한 기업의 가치가 해당 기업의 영업이익뿐만 아니라 같은 그룹 내 계열회사의 실적과도 밀접하게 연관되게 된다. 따라서 기업 가치를 평가할 때는 그 기업이 원래 영위하는 사업뿐만 아니라 관계회사나 자회사의 가치와 지분법 평가이익 또는 평가손실로 인해 수익에 미치는 영향을 함께 고려해 보아야 한다. 자회사에 대한 지분보유를 목적으로 설립된 지주회사(Holding Company)의 경우는 자회사의 실적이 특히 중요하다. 기업의 경영권과 관련된 정보도 주가에 상당한 영향을 미치는데, 기업 인수합병(M&A)은 인수기업 및 피인수기업의 주가를 크게 움직이는 대표적인 테마이다. 특히 적대적 M&A 시도로 인한 지분경쟁의 경우에는 피인수기업의 주가가 급등하지만 실패로 끝나면 주가가 폭락할 수도 있다. 또한 대주주 사이에 경영권 분쟁이 발생하면 지분확보를 위한 경쟁으로 주가가 급등하게 되지만 기업 가치와 무관하게 변동한 주가는 결국 제자리로 되돌아오거나 분쟁으로 인해 오히려 기업 가치가 훼손될 수 있다는 점에서 투자에 유의해야 한다.

(4) 유행성 정보

주식시장에서는 갑자기 출현한 이슈나 재료에 따라 주가가 급등락하는 경우가 있다. 특히 비슷한 이슈를 가진 여러 종목의 주가가 동반 상승하는 '테마주'를 형성하기도 하는데, 이런 유행성 정보는 일시적 현상에 그치는 경우가 대부분이며 많은 경우 실적이 뒷받침되지 않으면서 루머에 따라 급등락하기 때문에 일반투자자는 조심해야 한다. 때로는 이러한 현상이 집단적 심리현상으로 특정 업종 전반에 널리 퍼지면서 거품(Bubble)을 형성하기도 한다. 실제로 주식시장에는 다수의 버블이 있어 왔고 그때마다 오래지 않아 거품이 꺼지면서 수많은 개인투자자들이 파멸했다. 2000년도를 전후해서 전 세계 주식시장에서 발생한 '닷컴 버블'이나 첨단 기술주에 대한 'IT 버블' 등이 그 예이다.

3 재무비율 분석

기업의 재무상태와 경영성과를 객관적으로 파악할 수 있는 가장 중요한 자료는 재무상태표와 손익계산서로 대표되는 재무제표이다. 모든 상장기업은 반드시 정기적으로 재무제표를 작성하고 회계감사를 받아 공개해야 한다. 만약 고의나 실수로 잘못된 회계정보를 제공할 경우에는 법적인 책임을 지게 된다. 일반인들이 기업의 재무제표를 면밀하게 분석하는 것은 어렵기 때문에 중요한 정보만을 정리하여 간결한 수치로 나타내어 분석하는 것을 '재무비율분석'이라고 하며, 대표적인 재무비율 지표에는 레버리지비율, 유동성비율, 활동성비율, 수익성비율 등이 있다.

(1) 레버리지비율(Leverage Measures)

기업이 자산이나 자기자본에 비해 부채를 얼마나 사용하고 있는가를 보여준다. 일반적인 부채비율은 총자산 대비 총부채로 측정하지만, 종종 자기자본 대비 총부채의 비중으로 측정하기도 한다. 부채의 레버리지효과는 기업이익을 증폭시키기 때문에 주주 이익을 높이는 데 기여할 수 있으나, 이익의 변동성을 크게 하여 재무 리스크를 높인다. 특히 과도한 부채는 기업의 파산 가능성을 높이므로 부채비율이 지나치게 높은 주식은 투자를 피하는 것이 좋다. 적정한 부채비율이 어느 정도이냐에 대해서는 업종의 특성과 재무전략적 측면에서 논란의 여지가 있으나 외환위기 당시 부채비율이 높았던 기업들이 곤욕을 치른 경험에 비추어 볼 때, 제조업의 경우에는 대략 자기자본 대비 2배 이내의 부채를 가이드라인으로 삼고 있다. 한편, 부채에서 발생하는 이자비용을 같은 기간의 영업이익에 의해 얼마만큼 커버할 수 있는지를 살펴보는 지표로 이자보상배율이 있다. 이자보상배율이 높으면 이자비용을 커버하기에 충분한 영업이익이 있다는 뜻이고, 이자보상배율이 1보다 작다면 영업이익으로 이자비용도 감당하지 못한다는 의미로 기업이 심각한 재무적 곤경에 처해 있다고 볼 수 있다.

- 부채비율 = 총부채 ÷ 자기자본
- 이자보상배율 = 영업이익 ÷ 이자비용

(2) 유동성지표(Liquidity Measures)

기업이 부담하고 있는 단기부채를 충분하게 상환할 수 있는 능력을 살펴보는 지표이다. 1년 이내에 만기가 돌아오는 유동부채 대비 현금성이 있는 유동자산의 비율로 측정된다. 유동자산에 포함되는 재고자산은 기업이 정상적인 영업 활동을 하기 위해 항상 필요한 자산이므로 이를 제외한 나머지 유동자산인 당좌자산만으로 유동성을 측정하는 당좌비율을 사용하기도 한다. 유동성지표가 높을수록 단기부채를 상환하기 위한 유동자산 또는 당좌자산이 충분하다는 것을 뜻하지만, 이 비율이 지나치게 높으면 불필요하게 많은 자금을 수익성이 낮은 현금성 자산으로 운용하고 있다는 의미도 있다.

- 유동비율 = 유동자산 ÷ 유동부채
- 당좌비율 = (유동자산 − 재고자산) ÷ 유동부채

(3) 활동성지표(Activity Measures)

기업이 보유자산을 얼마나 잘 활용하고 있는가를 보여주는 지표이다. 주로 총자산 대비 매출액으로 측정한 자산회전율로 측정한다. 자산회전율이 낮다면 매출이 둔화되었거나 비효율적인 자산에 투자하여 자산의 활용도가 낮다는 의미가 된다. 다만, 철강, 자동차, 조선과 같이 자본 집약적 산업은 자산회전율이 낮은 경향이 있어 산업별 특성을 고려하여 지표를 평가할 필요가 있다. 또 매출액 대비 외상매출금의 평균회수기간이나 재고자산 대비 매출액으로 측정한 재고자산회전율도 활동성지표의 하나로 활용된다. 평균회수기간이 길면 매출이 감소했거나 느슨한 신용정책으로 대금회수가 느리다는 뜻이고, 재고자산회전율이 하락하고 있으면 매출이 둔화되고 있거나 재고가 누적되어 있다는 의미가 된다.

- 자산회전율 = 매출액 ÷ 총자산
- 평균회수기간 = (매출채권 × 365일) ÷ 매출액
- 재고자산회전율 = 매출액 ÷ 재고자산

(4) 수익성지표(Earnings Measures)

① 기업의 경영성과를 나타내며 가장 중요한 재무비율지표로 평가된다. 크게 매출액과 투자자본 대비 수익률로 측정된다.

② 매출액 대비 수익률을 각각 당기순이익과 영업이익으로 측정한 매출액순이익률(Ration of Net income to Sales)과 매출액영업이익률(Ration of Operating profit to Sales)이 있다. 당기순이익은 지분법 이익과 같이 기업 본연의 영업활동과 상관없이 발생한 영업 외 수익과 이자비용과 같은 영업 외 비용의 영향을 받기 때문에 영업이익만으로 측정한 매출액영업이익률

이 더 많이 사용된다.

③ 총자산 대비 당기순이익으로 측정한 총자산이익률(ROA; Return on Asset)은 기업이 자산을 활용하여 이익을 창출하는 능력을 나타낸다. 자기자본이익률(ROE; Return on Equity)은 주주의 몫인 자기자본을 얼마나 효율적으로 활용하여 이익을 창출하였는지를 보여주는 지표로 주주의 부를 극대화한다는 측면에서 주식시장에서 가장 중요한 재무비율지표로 인식된다.

> - 매출액순이익률 = 당기순이익 ÷ 매출액
> - 매출액영업이익률 = 영업이익 ÷ 매출액
> - 총자산이익률(ROA) = 순이익 ÷ 총자산
> - 자기자본이익률(ROE) = 순이익 ÷ 자기자본

[단권화 MEMO]

○ 매출액영업이익률은 '□□□□ ÷ 매출액'이다.
(영업이익)

(5) 재무제표 자료의 한계

① 재무제표 자료는 기업에 관한 중요 정보로 널리 활용되지만 재무제표에 나타난 장부가치(Book Value)는 미래의 경제적 이익을 반영하는 주식시장의 시장가치(Market Value)와 괴리될 수밖에 없다는 점을 인식해야 한다. 근본적으로 회계정보는 과거의 결과를 정리한 것이고 주가는 미래의 가능성을 반영하고 있기 때문이다. 또 재무제표에 표시된 값은 시가보다 보수적으로 평가되어 작성될 수밖에 없다. 특히 화폐단위로 표시할 수 없는 항목인 경영자의 능력, 기술 개발력, 브랜드 가치와 같은 질적 정보를 고려하지 못한다는 한계가 있다.

② 재무비율은 쉽게 계산하고 이해하기 쉬워 널리 사용되고 있으나 여러 가지 한계가 있으므로 결과 해석과 활용에 신중할 필요가 있다. 기업마다 회계처리방법이 달라 재무비율의 단순 비교가 부적절한 경우가 많다. 또 비율분석의 기준이 되는 표준비율 선정이 어렵다. 산업평균을 비교 기준으로 삼고 있으나 많은 기업들이 다각화된 제품구조를 가지고 있어 산업군을 분류하기 애매한 경우가 많다. 결국 수치화된 재무비율이라 하더라도 그 해석에는 분석자의 주관성이 크게 작용될 수밖에 없다.

4 주가배수 평가

주식투자를 위한 기본적 분석의 핵심은 기업의 내재가치와 현재 주가를 비교하여 기업 가치 대비 저평가된 주식은 매입하고 기업 가치 대비 고평가된 주식은 매도하는 것이라고 할 수 있다. 다만, 현재 주가는 언제든지 시장에서 알 수 있으나 기업의 실제 가치를 정확하게 측정한다는 것은 거의 불가능하다. 결국 기업의 가치를 알아내기 위한 다양한 노력이 기본적 분석에 의한 성공적인 투자의 관건이 된다. 비교적 간단한 방법으로 기업 가치와 주가를 비교해서 주식투자에 활용하는 방법으로 주가이익비율과 주가장부가치비율이 있다. 즉, 기업의 가치를 각각 수익의 수준과 장부 가치로 측정하여 현재 주가와 비교하는 방법이다.

(1) 주가이익비율(PER; Price Earning Ratio)

① 개념: 주식가격을 1주당 순이익(EPS; Earning Per Share)으로 나눈 값으로, 기업이 벌어들이는 주당이익에 대해 증권시장의 투자자들이 어느 정도의 가격을 지불하고 있는지를 뜻한다. 주식 1주당 수익에 대한 상대적 주가수준을 나타낸다고 볼 수 있다. 주가이익비율은 기업의 본질적인 가치에 비해 주가가 고평가되어 있는지 혹은 저평가되어 있는지를 판단하는 기준으로 사용된다. 주가이익비율이 상대적으로 높으면 주가가 고평가되어 있다는 것을 의미

하며, 낮으면 저평가되어 있다는 것을 의미한다. 이때 비교 기준은 주로 유사위험을 지닌 주식들의 PER를 이용하거나 동종 산업의 평균 PER를 이용하는 방법, 해당 기업의 과거 수년간의 평균 PER를 이용하는 방법 등이 있다.

> PER = 주가 ÷ 주당순이익(EPS)

② 한계
  ㉠ PER 계산에서 분모로 사용되는 주당순이익(EPS)은 해당 기업의 최근 실적을 의미하는 반면, 분자가 되는 주가는 기업의 미래가치까지 반영하여 결정되기 때문에 두 값 사이에 괴리가 발생할 수 있다. 예를 들어 최근 실적은 좋았으나 향후 기업 전망이 좋지 못하면 PER가 낮을 수도 있고, 최근 실적은 부진하지만 향후 기업의 성장 가능성이 높으면 PER가 높게 형성될 수도 있다.
  ㉡ 일반적으로 높은 성장은 기대되지 않지만 안정적인 수익을 창출하는 산업은 PER가 낮고 현재 수익은 작아도 성장성이 높은 산업은 PER가 높게 형성되기도 한다. 예를 들어 기술집약적인 산업이나 신생 벤처기업은 시장에서 PER가 높은 편이다. 따라서 PER의 절대적인 수준만을 보고 수익 대비 주가가 고평가되었다거나 저평가되었다고 판단하는 것은 바람직하지 않다. 다만, 해당 기업의 과거 수년 동안의 평균값이나 그 기업이 속한 산업의 평균값과 비교하여 수익 대비 현재 주가수준을 판단하는 기준으로는 자주 사용된다.

(2) **주가장부가치비율**(PBR; Price Book-value Ratio)
① 개념
  ㉠ PER와 함께 주식투자에서 널리 사용되는 주가장부가치비율은 시장가치(Market Value)를 나타내는 주가를 장부가치(Book Value)를 보여주는 주당순자산(BPS; Book-Value Per Share)으로 나눈 비율로, 주당 가치 평가 시 시장가격과 장부가치의 괴리 정도를 평가하는 지표이다.

> PBR = 주가 ÷ 주당순자산(BPS) = 주당시장가격 ÷ 주당장부가치

  ㉡ 주당순자산은 기업 청산 시 장부상으로 주주가 가져갈 수 있는 몫을 나타내며, PBR이 낮을수록 투자자는 낮은 가격에 주당순자산을 확보하게 된다. 만약 PBR이 1보다 작다면 해당 기업이 지금의 장부가치로 청산한다고 해도 보통주 1주에 귀속되는 몫이 현재 주가보다 많다는 의미이다.
② 한계: 회계원칙의 보수성으로 인해 장부상 자산은 시장가격보다 낮은 가격으로 작성될 수밖에 없다. 경영자의 능력, 기술개발력, 브랜드 가치와 같이 질적인 항목은 순자산에 반영되지 못하고 있어 일반적으로 주식의 PBR은 1보다 큰 값을 갖는다. 물론 PBR이 지나치게 높으면 주가가 장부상의 기업 가치에 비해 고평가되었다고 인식되지만 미래 성장성이 큰 기업의 주가는 PBR이 높은 경향이 있다. 따라서 PER와 마찬가지로 PBR 역시 해당 기업의 과거 수년 동안 평균값이나 그 기업이 속한 산업의 평균값과 비교하여 자산 가치 대비 현재 주가수준의 적정 여부를 판단하는 기준으로 사용하는 것이 좋다.

Chapter 04 우체국금융 일반현황

학습포인트
❶ 우체국금융의 연혁, 업무 범위, 역할을 이해한다.
❷ 우체국금융 관련 소관법령을 파악한다.

출제키워드
· 우체국금융 연혁
· 「우체국예금·보험에 관한 법률」

01 연혁

1 우체국금융의 시작(1905 ~ 1980년대)

우체국금융은 1905년 우편저금과 우편환, 1929년 우편보험을 실시한 이후 전국 각지에 고루 분포되어 있는 우체국을 금융창구로 활용하여 국민들에게 각종 금융서비스를 제공하고 있다. 과거 우체국금융은 우편사업의 부대업무로 운영되며 과도한 국가 재정 목적의 활용으로 인한 적자 누적과 우편사업 겸업에 따른 전문성 부재 논란이 이어지며 사업을 중단하고 1977년 농업협동조합으로 이관하였다. 이후 우편사업의 재정지원과 금융의 대중화 실현을 위하여 1982년 12월 제정된 「우체국예금·보험에 관한 법률」에 의거하여 1983년 1월부터 금융사업의 재개와 함께 현재의 국영금융기관으로서의 역할을 수행하고 있다.

2 우체국금융의 성장(1990년대 ~ 현재)

① 1990년 6월에 전국 우체국의 온라인망이 구축되었고, 1995년에는 우체국 전산망과 은행 전산망이 연결되어 전국을 하나로 연결하는 편리한 우체국금융 서비스를 제공할 수 있는 큰 틀을 갖추었다. 2000년 7월부터는 우정사업의 책임경영체제 확립을 위해 정보통신부(현 과학기술정보통신부) 산하에 우정사업본부를 설치하여 우정사업을 총괄하고 있으며, 2007년 우체국금융의 내실 있는 성장과 책임경영 강화를 위하여 우체국예금과 보험의 조직을 분리하여 운영하고 있다.

② 이러한 새로운 경영체제출범과 함께 「우정사업운영에 관한 특례법」에 의거하여 통신사업특별회계를 우편사업, 예금사업, 보험사업 특별회계로 각각 완전 분리하여 우정사업의 회계 투명성을 제고하였고 체계적인 자산운용 성과관리 체계를 구축하는 등 금융사업의 전문화를 도모하였다. 2011년부터 건전한 소비문화 조성을 위한 우체국 독자 체크카드 사업을 시작하였으며, 2012년 스마트금융 시스템 오픈 이후 2019년 우체국 스마트뱅킹 전면 개편, 2023년 차세대 금융시스템 도입 등 지속적인 디지털금융 고도화를 통해 국민들이 우체국금융창구뿐만 아니라 우체국금융 온라인을 통해 언제 어디서나 쉽고 편리하게 금융서비스를 제공받을 수 있게 하였다.

③ 2018년에는 농어촌 등 금융소외지역 서민들의 금융편익 증진 및 자산형성 지원을 위한 대국민 우체국펀드 판매를 실시하였으며, 2023년에는 국가기관 최초로 마이데이터(본인신용정보관리업) 본 허가를 획득하는 등 금융사업의 다각화와 전문화를 통해 스마트한 국민금융을 제공하는 국내 유일의 소매금융 중심의 국영금융기관으로 발돋움하고 있다.

02 업무 범위

관련 법령집 ▶ P.254, P.255

1 우체국금융 일반

우체국의 금융 업무는 「우정사업운영에 관한 특례법」에서 고시하는 우체국예금, 우체국보험, 우편환·대체, 외국환업무, 체크카드, 펀드판매, 전자금융서비스 등이 있다. 또한 우체국금융은 그 경영주체가 국가이므로 사업의 영리만을 목적으로 하지 않으며, 우체국예금의 원금과 이자 그리고 우체국보험의 보험금 등은 국가가 법으로 전액 지급을 보장한다. 하지만 우체국금융은 「은행법」에 따른 은행업 인가를 받은 일반은행이나 「보험업법」에 따른 보험업 인가를 받은 보험회사와 달리 「우체국예금·보험에 관한 법률」 등 소관 특별법에 의해 운영되는 국영금융기관으로 대출, 신탁, 신용카드 등 일부 금융 업무에 제한을 받고 있다.

> ● 우체국예금의 원금과 이자, 우체국보험의 보험금 등은 국가가 법으로 □□ 지급을 보장한다.
> (전액)

플러스이론 펼쳐보기 ▼ 국내 예금취급기관의 예금자보호 비교

구분	주요내용
우체국예금	「우체국예금·보험에 관한 법률」에 의해 국가가 전액 지급 보장
은행, 저축은행	「예금자보호법」에 따라 1인당 최고 5천만원(세전)까지 지급 보장
상호금융 (농·축협, 신협, 새마을금고 등)	소관 법률 내 예금자보호준비금을 통하여 5천만원까지 지급 보장 • 2금융권은 각각 영업점이 독립 법인체로 운영되므로 거래하는 각 사업체별로 예금자보호 적용 • 각 지역 본점은 각각 5천만원까지 보호되며, 해당 지역 본점과 지점의 예금은 합산하여 5천만원까지 보호

2 우체국예금·보험

(1) 우체국예금

① **개념**: '우체국예금'이란 「우체국예금·보험에 관한 법률」에 따라 우체국에서 취급하는 예금을 말하며, 우체국을 통해 누구나 편리하고 간편하게 저축수단을 이용하게 함으로써 국민의 저축의욕을 북돋우고 일상생활 안정을 도모한다.

② **특징**: 우체국예금 상품은 크게 요구불예금과 저축성예금으로 구분할 수 있으며, 예금상품의 구체적인 종류 및 가입대상, 금리 등은 과학기술정보통신부장관이 정하여 고시하도록 하고 있다.

③ **우체국예금과 일반은행의 차이점**: 예금 자체에 있어서는 타 금융기관 예금과 다르지 않다. 그러나 일반법인 「민법」·「상법」에 의해 취급되는 타 금융기관 예금과는 달리, 우체국예금은 소관법에 의해 취급되어 특별법 우선원칙에 따라 소멸시효 및 무능력자의 행위 등에 관하여 일반법과는 달리 특별 규정을 가진다. 금융기관의 건전성 관리를 기준으로 볼 때 우체국예금과 일반은행과의 주요 차이는 다음과 같다.

[단권화 MEMO]

　㉠ 주식 발행이 없으므로 자기자본에 자본금 및 주식발행 초과금이 없다.
　㉡ 타인자본에는 예금을 통한 예수부채만 있고, 은행채의 발행 등을 통한 차입 혹은 금융기관 등으로부터의 차입을 통한 차입부채는 없다.
　㉢ 우편대체 계좌대월 등 일부 특수한 경우를 제외하고는 여신이 없다. 단, 환매조건부채권 매도 등을 통한 차입부채는 있을 수 있다.

(2) 우체국보험

① **개념**: '우체국보험'이란 「우체국예금·보험에 관한 법률」에 따라 우체국에서 피보험자의 생명·신체의 상해(傷害)를 보험사고로 하여 취급하는 보험을 말하며, 보험의 보편화를 통해 재해의 위험에 공동으로 대처하게 함으로써 국민의 경제생활 안정과 공공복리의 증진에 이바지함을 목적으로 한다. 우체국보험은 동법에 따라 계약 보험금 한도액이 보험종류별로 피보험자 1인당 4천만원으로 제한되어 있다.

② **종류**: 우체국보험의 종류는 보장성보험, 저축성보험, 연금보험이 있으며, 각 보험의 종류에 따른 상품별 명칭, 특약, 보험기간, 보험료납입기간, 가입연령, 보장내용 등은 우정사업본부장이 정하여 고시한다.

3 기타 금융업무

우체국예금·보험 이외에 우체국에서 취급하는 금융 관련 업무로는 우편환, 우편대체, 체크카드, 집합투자증권(펀드) 판매, 외국환, 전자금융 업무가 있다. 또한 전국 우체국 금융창구를 업무 제휴를 통해 민영금융기관에 개방하여 신용카드 발급, 증권계좌 개설, 결제대금 수납, 은행 입출금서비스 제공, 노란우산 공제 판매 대행, 건설근로자퇴직공제금 접수대행 등 타 금융기관의 업무를 대리 수행하며 민영금융기관의 창구망 역할을 대행하고 있다. 비대면 금융서비스의 확대에 따라 일반 금융기관들이 영업점을 줄이고 있는 추세를 감안할 때, 우체국금융 창구망을 통한 보편적 금융서비스 제공은 농·어촌지역에도 도시지역과 동일한 수준의 금융서비스를 제공하여 도시·농어촌 간의 금융서비스 격차를 해소하는 데 크게 기여하고 있다.

03 역할

관련 법령집 ▶ P.254

우체국금융은 「우체국예금·보험에 관한 법률」을 근거로 우체국으로 하여금 간편하고 신뢰할 수 있는 예금·보험 사업을 운영하게 함으로써 금융의 대중화를 통해 국민의 저축의욕을 북돋우고, 보험의 보편화를 통해 재해의 위험에 공동으로 대처하게 함으로써 국민 경제생활의 안정과 공공복리의 증진 임무를 수행하고 있다. 이러한 우체국의 금융 사업은 다음과 같은 4가지 핵심 역할을 가지고 있다.

1 보편적 금융서비스의 제공

운영비 절감 등 수익성 악화를 이유로 지점을 통·폐합하며 지속적으로 오프라인 영업망을 줄여가고 있는 민간 금융기관의 점포 전략 추세 속에서 민간 금융기관들은 현재 운영되고 있는 지점마저도 대부분이 수도권 및 도시 지역에 분포하는 등 민간 금융기관에서 기피하는 농어촌 및 도서산간 지역과 같은 상대적 소외 지역의 국민들은 금융 접근성 부재에 직면해 있다. 따라서 우체국금융은 수익성과 관계없이 전국적으로 고르게 분포되어 있는 우체국 국사를 금융창구로 운영하며 기본적인 금융서비스를 제공할 뿐만 아니라 민간 금융기관과의 다양한 제휴를 통해 시중은행 수준의 금융상품 및 서비스를 제공함으로써 국민들에게 지역 차별 없는 금융 접근성을 제공하고 있다.

2 우편사업의 안정적 운영 지원

우체국의 우편서비스는 국가가 국민에게 제공하는 대표적인 공공서비스 중 하나로, 전국 어디에서나 저렴한 요금으로 서비스를 제공하며 국민과 함께 해왔다. 하지만 ICT 기술 발달에 따른 우편 물량 감소 등의 어려운 사업 환경 변화에 직면해 있다. 이에 우체국은 금융 사업을 함께 영위하며 금융 사업에서 발생한 수익의 일부를 지원하는 등 우편서비스의 지속적인 운영에 이바지하고 있다. 우체국의 기존 시설 및 인력을 활용하여 금융서비스를 제공함으로써 우정사업 전체의 인건비 절약 및 우체국 시설 활용도 제고 등의 시너지 확대 효과를 볼 수 있다. 또한 「우정사업운영에 관한 특례법」상 각 사업의 적자 발생 등 필요한 경우 우편사업특별회계, 우체국예금특별회계 또는 우체국보험특별회계의 세출예산 각각의 총액 범위에서 각 과목 상호간에 이용하거나 전용할 수 있어 우체국금융 사업에서 발생하는 이익금을 통해 대국민 우편서비스가 안정적으로 제공될 수 있도록 재정적으로 지원하고 있다.

3 국가 재정 및 경제 회복 지원

우체국금융에서 발생하는 이익잉여금을 통해 일반회계 전출(국가 재정으로의 이익금 귀속)과 공적 자금 상환기금 등을 지원하고 있다. 우체국은 「국가재정법」 및 「정부기업예산법」에 의거하여 IMF 외환위기인 1998년부터 현재까지 사업상 이익 발생 시 이익금 중 일부를 국가 재정으로 귀속하고 있으며, 우체국이 공적 자금을 지원받지 않음에도 불구하고 금융시장 안정과 타 금융기관 정상화 등 금융구조조정 지원을 위해 2004년부터 현재까지 매년 공적 자금 상환기금을 출연하여 지원하는 등 국가 재정 및 경제 회복 지원을 위한 국영 금융기관으로서의 역할을 충실히 수행 중에 있다. 또한 「공공자금관리기금법」에 의해 우체국금융 자금 중 일부를 공공자금관리기금에 예탁함으로써 국가의 재정 부담을 완화하고, 중소·벤처기업 지원 등 공적 목적의 투자를 수행함으로써 금융위기 등 급격한 경기 침체 시에 기업의 연쇄 도산을 막는 역할에 기여하고 있다.

4 서민경제 활성화 지원

(1) 공공적 역할의 수행

우체국금융은 금융상품과 서비스 제공에 있어서 공공적 역할을 수행한다. 서민경제 지원을 위해 기초생활보호대상자, 장애인, 소년소녀가장, 다문화가정 등 사회적 취약계층과 서민·소상공인을 대상으로 한 다양한 금융상품과 금융서비스를 출시하여 자산 형성을 지원하며, 보험료 부담을 경감하고 금융수수료 면제 혜택, 우체국 네트워크를 활용한 긴급재난지원금 등 각종 정부 지원금 사업 신청 대행접수, 사회공헌 활동을 통해 국영 금융기관의 공익적 역할을 수행한다.

[단권화 MEMO]

(2) 우체국공익재단의 설립

공익사업의 전문성과 효율성, 지속 가능성 증대를 위해 1995년부터 각 사업단에서 추진 중이던 공익사업을 이어받아 2013년 우체국공익재단을 설립하였다. 우체국공익재단에서는 전국의 우체국 네트워크를 활용한 민관 협력 활동과 아동청소년의 건강한 성장 지원을 위한 미래세대 육성, 의료 사각지대에 놓인 소외된 이웃을 위한 의료복지 인프라 기반 조성, 자연 생태계 조성과 같은 지속 가능한 친환경 활동을 수행 중에 있다.

04 소관 법률

우체국금융 관련 소관 법령은 다음과 같다.

법률	대통령령	부령
「우정사업 운영에 관한 특례법」	「우정사업 운영에 관한 특례법 시행령」	-
「우체국예금·보험에 관한 법률」	「우체국예금·보험에 관한 법률 시행령」	「우체국예금·보험에 관한 법률 시행규칙」, 「체신관서의 국채·공채 매도 등에 관한 규칙」
「우체국보험특별회계법」	「우체국보험특별회계법 시행령」	「우체국보험특별회계법 시행규칙」
「우체국창구업무의 위탁에 관한 법률」	「우체국창구업무의 위탁에 관한 법률 시행령」	「우체국창구업무의 위탁에 관한 법률 시행규칙」
「우편환법」	「우체국어음교환소 참가규정」	「우편환법 시행규칙」, 「국제환 규칙」
「우편대체법」	-	「우편대체법 시행규칙」
-	「체신관서 현금출납 규정」	「체신관서의 국채·공채매도 등에 관한 규칙」

개념확인 핵심지문 O/X — PART I. 금융 개론

01 명목금리는 실질금리에서 물가상승률을 뺀 금리이다. (○ | ×)

02 채권가격이 내려가면 채권수익률은 올라가고, 채권가격이 올라가면 채권수익률은 내려간다. (○ | ×)

03 표면금리는 겉으로 나타난 금리를 말하며, 실효금리는 실제로 지급받거나 부담하게 되는 금리를 뜻한다. (○ | ×)

04 단리는 원금에 대한 이자만 계산하는 방식이고, 복리는 원금에 대한 이자뿐만 아니라 이자에 대한 이자도 함께 계산하는 방식이다. (○ | ×)

05 양도성예금증서(CD)는 중도해지가 불가능하며, 만기 전에 현금화하고자 할 경우에는 유통시장(종합금융시장, 증권회사)에서 매각할 수 있고, 예금자보호가 되지 않는다. (○ | ×)

06 지속적으로 물가가 상승하는 것을 '인플레이션'이라고 하는데, 인플레이션이 있으면 똑같은 돈으로 구입할 수 있는 물건이 줄어들기 때문에 화폐 가치가 하락한다. (○ | ×)

07 리스크에 대한 보상으로 증가하는 기대수익률을 '리스크 프리미엄(Risk Premium)'이라고 하는데, 투자의 기대수익률은 무위험수익률에 리스크 프리미엄을 뺀 값과 같다. (○ | ×)

08 채권은 발행유형에 따라 국채, 지방채, 특수채, 금융채, 회사채로 분류한다. (○ | ×)

09 채권은 만기유형에 따라 단기채, 중기채, 장기채로 분류한다. (○ | ×)

10 자기자본이익률(ROE)은 '순이익 ÷ 자기자본'이다. (○ | ×)

정답 & X해설

01	02	03	04	05	06	07	08	09	10
×	○	○	○	○	○	×	×	○	○

01 명목금리는 물가상승에 따른 구매력의 변화를 감안하지 않은 금리이고, 실질금리가 명목금리에서 물가상승률을 뺀 금리이다.

07 리스크에 대한 보상으로 증가하는 기대수익률을 '리스크 프리미엄(Risk Premium)'이라고 하는데, 투자의 기대수익률은 무위험수익률에 리스크 프리미엄을 합한 값과 같다(기대수익률 = 무위험수익률 + 리스크 프리미엄).

08 채권은 발행주체에 따라 국채, 지방채, 특수채, 금융채, 회사채로 분류할 수 있다. 발행유형에 따라서는 보증채, 무보증채, 담보부채권, 무담보부채권, 후순위채권으로 분류한다.

11 주가이익비율(PER)은 '주가 ÷ 주당순이익(EPS)'이다. (○ | ×)

12 자산을 주식에 60% 이상 투자하면 주식형 펀드, 채권에 60% 이상 투자하면 채권형 펀드, 주식 및 채권 (○ | ×)
    투자비율이 각각 50% 미만이면 혼합형 펀드이다.

13 화폐의 가치는 물가 변동에 의해 영향을 받으며, 물가가 상승하면 화폐의 실질 구매력은 떨어진다. (○ | ×)

14 예금가입자가 받는 실질 이자소득은 같은 금리 수준에서 물가상승률이 낮을수록 늘어나게 된다. (○ | ×)

15 「은행법」상 규정된 은행의 고유업무에는 예적금 수입, 유가증권 또는 채무증서 발행, 채무보증, 어음인 (○ | ×)
    수, 자금의 대출, 어음할인 및 내·외국환 등이 있다.

16 신종자본증권은 대부분 발행 후 5년이 지나면 투자자가 채권에 대해 상환을 요구할 수 있는 풋옵션이 (○ | ×)
    부여되어 있다.

17 채권의 가격은 시장금리 및 발행기관의 신용 변화에 영향을 받아 변동하게 되며, 다른 요인들이 모두 (○ | ×)
    동일하다면 채권은 잔존기간이 짧아질수록 가격의 변동성이 증가한다.

18 유상증자는 기업의 재무구조를 개선하고 타인자본에 대한 의존도를 낮출 수 있는 반면, 무상증자는 회 (○ | ×)
    사와 주주의 실질 재산에는 변동이 없다. 유·무상증자 권리락일에는 신주인수권 가치만큼 기준주가가
    하락한 상태에서 시작하게 된다.

19 주가지수옵션 매수자의 이익은 옵션 프리미엄에 한정되고 손실은 무한정인 반면, 매도자의 손실은 옵 (○ | ×)
    션 프리미엄에 한정되고 이익은 무한정이다.

20 풋옵션의 매도자는 장래의 일정 시점 또는 일정 기간 내에 특정 기초자산을 정해진 가격으로 매도할 수 (○ | ×)
    있는 권리를 가진다.

21 옵션부사채란 발행 당시에 제시된 일정한 조건이 성립되면 만기 전이라도 발행회사가 채권자에게 채권 (○ | ×)
    의 매도를 청구할 수 있는 권리, 즉 조기상환권이 있거나, 채권자가 발행회사에 채권의 매입을 요구할
    수 있는 권리, 즉 조기변제요구권이 부여되는 사채이다.

22 무상증자와 주식배당은 주주들의 보유 주식 수가 늘어나고, 주주의 실질 재산에는 변동이 없다는 점에 (○ | ×)
    서 유사하다.

23 전환사채(CB)나 신주인수권부사채(BW)는 보유자에게 유리한 선택권이 주어지기 때문에 다른 조건이 (○ | ×)
    동일하다면 일반사채에 비해 높은 금리로 발행된다.

24 우선주는 회사 경영과 관련된 의결권을 투자자에게 부여하지 않는다는 점과 배당금을 지급하지 못하는 경우에 파산한다는 점에서 채권과 유사하다. (○ | ×)

25 이자보상배율이 높으면 이자비용을 충당하기에 충분한 영업이익이 있다는 뜻이고 이자보상배율이 1보다 작다면 기업이 심각한 재무적 곤경에 처해 있다고 볼 수 있다. (○ | ×)

정답 & X해설

| 11 | ○ | 12 | ○ | 13 | ○ | 14 | ○ | 15 | × | 16 | × | 17 | × | 18 | ○ | 19 | × | 20 | × | 21 | ○ | 22 | ○ | 23 | × | 24 | × |
| 25 | ○ |

15 「은행법」상 규정된 은행의 고유업무에는 예적금 수입, 유가증권 또는 채무증서 발행, 자금의 대출, 어음할인 및 내·외국환 등이 있다. 부수업무는 고유업무에 부수하는 업무로서 채무보증, 어음인수, 상호부금, 보호예수 등이 있다. 겸영업무는 다른 업종의 업무 중에서 은행이 영위할 수 있는 업무로서 「자본시장법」상의 집합투자업과 집합투자증권에 대한 투자매매·중개업 및 투자자문업, 신탁업, 「여신전문금융업법」상의 신용카드업, 「근로자퇴직급여 보장법」상의 퇴직연금사업 등이 있다.

16 신종자본증권(채권과 주식의 중간적 성격을 가지고 있어 하이브리드채권으로 불리기도 한다)은 대부분의 경우 발행 후 5년이 지나면 발행기업이 채권을 회수할 수 있는 콜옵션(조기상환권)이 부여되어 있다.

17 채권의 가격은 시장금리 및 발행기관의 신용 변화에 영향을 받아 변동하게 되며, 다른 요인들이 모두 동일하다면 채권은 잔존기간이 짧아질수록 가격의 변동성은 감소한다.

19 주가지수옵션 매도자의 이익은 옵션 프리미엄에 한정되고 손실은 무한정인 반면, 매수자의 손실은 옵션 프리미엄에 한정되고 이익은 무한정이다.

20 풋옵션의 매수(매입)자 장래의 일정 시점 또는 일정 기간 내에 특정 기초자산을 정해진 가격으로 매도할 수 있는 권리를 가진다.

23 전환사채(CB)나 신주인수권부사채(BW)는 보유자에게 유리한 선택권이 주어지기 때문에 다른 조건이 동일하다면 일반사채에 비해 낮은 금리로 발행된다.

24 우선주는 회사 경영과 관련된 의결권을 투자자에게 부여하지 않는다는 점에서는 채권과 유사하지만 투자자에게 배당금을 지급하지 못하는 경우에도 파산하지 않는다는 점에서는 주식의 특성을 갖는다.

실전적용 기출&예상문제 — PART I. 금융 개론

01 채권에 대한 설명으로 옳지 <u>않은</u> 것은?

2023 계리직 9급

① 채권은 정부, 지방자치단체, 금융회사 또는 신용도가 높은 주식회사 등이 발행하므로 채무 불이행 위험이 상대적으로 낮다.
② 전환사채는 발행회사가 보유 중인 타 회사의 주식을 보유하게 되는 반면 교환사채는 발행회사의 주식을 보유하게 된다는 점에서 차이가 있다.
③ 우리나라에서 주로 발행되는 주가지수연계채권(원금보장형)은 투자금액의 대부분을 일반 채권에 투자하고 나머지를 파생상품(주로 옵션)에 투자하는 방식으로 운용된다.
④ 첨가소화채권은 주택 또는 자동차를 구입하거나 부동산을 담보로 대출을 받을 때 의무적으로 매수해야 하는 채권으로 정부나 지방자치단체 등이 공공사업추진을 위한 재원을 조달하려는 목적으로 발행하는 채권이다.

02 금융시장의 기능에 대한 설명으로 옳지 <u>않은</u> 것은?

2022 계리직 9급

① 소비 주체인 가계 부문에 적절한 자산운용 및 차입기회를 제공하여 자신의 시간선호에 맞게 소비 시기를 선택할 수 있게 함으로써 소비자 효용을 증진시킨다.
② 유동성이 높은 금융자산일수록 현금 전환 과정에서의 예상 손실보상액에 해당하는 유동성 프리미엄도 높다.
③ 차입자의 재무 건전성을 제고하기 위해 시장참가자는 당해 차입자가 발행한 주식 또는 채권 가격 등의 시장선호를 활용하여 감시 기능을 수행한다.
④ 금융시장이 발달할수록 금융자산 가격에 반영되는 정보의 범위가 확대되고, 정보의 전파속도도 빨라지는 것이 일반적이다.

정답&해설

01 전환사채는 <u>전환을 통해 발행회사의 주식을 보유하게 되는 반면, 교환사채는 발행회사가 보유 중인 타 회사의 주식을 보유하게 된다는 점에서 차이</u>가 있다.

02 유동성은 금융자산의 환금성을 말한다. 투자자는 환금성이 떨어지는 금융자산을 매입할 경우에는 동 자산을 현금으로 전환하는 데 따른 손실을 예상하여 일정한 보상, 즉 유동성 프리미엄(Liquidity Premium)을 요구하게 된다. 금융시장이 발달하면 <u>금융자산의 환금성(유동성)이 높아지고 유동성 프리미엄이 낮아짐으로써</u> 자금수요자의 차입비용이 줄어들게 된다.

01 ② 02 ②

03 〈보기〉에서 장내파생상품에 대한 설명으로 옳은 것을 모두 고른 것은?

2022 계리직 9급

보기

ㄱ. 주가지수옵션 매수자의 이익은 옵션 프리미엄에 한정되고 손실은 무한정인 반면, 매도자의 손실은 옵션 프리미엄에 한정되고 이익은 무한정이다.
ㄴ. 풋옵션의 매도자는 장래의 일정 시점 또는 일정 기간 내에 특정 기초자산을 정해진 가격으로 매도할 수 있는 권리를 가진다.
ㄷ. 옵션계약에서는 계약이행의 선택권을 갖는 계약자가 의무만을 지는 상대방에게 자신이 유리한 조건을 갖는 데 대한 대가를 지불하고 계약을 체결하게 된다.
ㄹ. 계약 내용이 표준화되어 있고 공식적인 거래소를 통해 매매되는 선물거래에는 헤징(Hedging) 기능, 현물시장의 유동성 확대 기여, 장래의 가격정보 제공 기능 등이 있다.

① ㄱ, ㄴ   ② ㄱ, ㄷ
③ ㄴ, ㄹ   ④ ㄷ, ㄹ

04 〈보기〉에서 증권투자 또는 증권분석에 대한 설명으로 옳은 것을 모두 고른 것은?

2022 계리직 9급

보기

ㄱ. 무상증자와 주식배당은 주주들의 보유 주식 수가 늘어나고, 주주의 실질 재산에는 변동이 없다는 점에서 유사하다.
ㄴ. 전환사채(CB)나 신주인수권부사채(BW)는 보유자에게 유리한 선택권이 주어지기 때문에 다른 조건이 동일하다면 일반사채에 비해 높은 금리로 발행된다.
ㄷ. 우선주와 채권은 회사경영에 대한 의결권이 없고, 법인이 우선주 배당금 또는 채권 이자 지급 시 비용처리를 할 수 없다는 공통점이 있다.
ㄹ. 이자보상배율이 높으면 이자 비용을 충당하기에 충분한 영업이익이 있다는 뜻이고 이자보상배율이 1보다 작다면 기업이 심각한 재무적 곤경에 처해 있다고 볼 수 있다.

① ㄱ, ㄷ   ② ㄱ, ㄹ
③ ㄴ, ㄷ   ④ ㄴ, ㄹ

정답&해설

03 〈오답 확인〉 ㄱ. 주가지수옵션 매수자의 이익은 <u>무한정</u>이고 손실은 옵션 프리미엄에 <u>한정</u>된 반면, 매도자의 이익은 옵션 프리미엄에 한정되나 손실은 <u>무한정</u>이다.
ㄴ. 풋옵션의 매입자는 장래의 일정 시점 또는 일정 기간 내에 특정 기초자산을 정해진 가격으로 매도할 수 있는 권리를 가진다.

04 〈오답 확인〉 ㄴ. 전환사채(CB)와 신주인수권부사채(BW)는 보유자에게 유리한 선택권이 주어지기 때문에 다른 조건이 동일하다면 일반사채에 비해 <u>낮은 금리</u>로 발행된다.
ㄷ. 우선주와 채권은 회사경영에 대한 의결권이 없고, 채권발행 주체의 이자비용은 법인세를 감소시키는 효과가 있지만, 우선주와 보통주의 배당금은 법인세를 차감한 순이익에서 지급되므로 회사의 입장에서 법인세 감면효과가 없다. 우선주 배당금 지급 시 법인 비용처리는 불가하나 <u>채권 이자 지급 시에는 가능하다.</u>

■ 우선주와 채권의 비교

유사점	차이점
• 정해진 현금흐름의 정기적 지급 (채권의 이자, 우선주의 배당금)	• 우선주 배당금 지급 시 법인 비용 처리 불가
• 회사경영에 대한 의결권 미부여	• 우선주 배당금의 일부는 기관투자가에게 익금불산입
• 회사 순이익을 공유하지 않음.	• 우선주 투자자에게 배당금 미지급 시에도 발행주체는 파산하지 않음.
• 조기상환(채권) or 상환(우선주) 가능	• 회계처리가 다름.
• 감채기금 적립 가능	• 우선주는 보통주로 전환 가능한 경우가 있음.
• 발행주체의 파산 시 보통주보다 우선됨.	• 우선주 배당금은 회계기간 종료 후 지급하고, 채권의 이자는 3개월마다 지급함.

03 ④   04 ②

05 우체국금융에 대한 설명으로 옳은 것은?

2022 계리직 9급

① 1905년부터 우편저금, 우편환과 우편보험을 실시하였다.
② 1982년 12월 제정된 「우체국예금·보험에 관한 법률」에 의거하여 1983년 1월부터 금융사업이 재개되었다.
③ 우체국의 금융업무에는 우체국예금, 우체국보험, 주택청약저축, 신탁, 펀드판매 등이 있다.
④ 우체국예금의 타인자본에는 예금을 통한 예수부채와 채권의 발행 등을 통한 차입부채가 있다.

06 주식투자 및 채권투자의 주요 내용에 대한 설명으로 옳은 것을 모두 고른 것은?

2021 계리직 9급

> ㄱ. 신종자본증권은 대부분 발행 후 5년이 지나면 투자자가 채권에 대해 상환을 요구할 수 있는 풋옵션이 부여되어 있다.
> ㄴ. 채권의 가격은 시장금리 및 발행기관의 신용 변화에 영향을 받아 변동하게 되며, 다른 요인들이 모두 동일하다면 채권은 잔존기간이 짧아질수록 가격의 변동성이 증가한다.
> ㄷ. 유상증자는 기업의 재무구조를 개선하고 타인자본에 대한 의존도를 낮출 수 있는 반면, 무상증자는 회사와 주주의 실질 재산에는 변동이 없다. 유·무상증자 권리락일에는 신주인수권 가치만큼 기준 주가가 하락한 상태에서 시작하게 된다.
> ㄹ. 2021. 3. 9.(화)에 유가증권시장에서 매입한 주식(전일종가 75,000원)의 당일 중 최소 호가 단위는 100원이며, 주중에 다른 휴장일이 없다면 2021. 3. 11.(목) 개장 시점에 증권계좌에서 매입대금은 출금되고 주식은 입고된다.

① ㄱ, ㄴ   ② ㄱ, ㄹ
③ ㄴ, ㄷ   ④ ㄷ, ㄹ

정답&해설

05 〈오답 확인〉 ① 우체국금융은 1905년 우편저금과 우편환, 1929년 우편보험을 실시한 이후 전국 각지에 고루 분포되어 있는 우체국을 금융창구로 활용하여 국민들에게 각종 금융서비스를 제공하고 있다.
③ 우체국의 금융업무는 「우정사업 운영에 관한 특례법」에서 고시하는 우체국예금, 우체국보험, 우편환·대체, 외국환업무, 체크카드, 펀드판매, 전자금융서비스 등이 있으며, 우체국금융은 「우체국예금·보험에 관한 법률」 등 소관 특별법에 의해 운영되는 국영금융기관으로 대출, 신탁, 신용카드 등 일부 금융업무에 제한을 받고 있다.
④ 우체국예금의 타인자본에는 예금을 통한 예수부채만 있고, 은행채의 발행 등을 통한 차입 혹은 금융기관 등으로부터의 차입을 통한 차입부채는 없다.

06 〈오답 확인〉 ㄱ. 신종자본증권(채권과 주식의 중간적 성격을 가지고 있어 하이브리드채권으로 불리기도 함)은 대부분 발행 후 5년이 지나면 발행기업이 채권을 회수할 수 있는 콜옵션(조기상환권)이 부여되어 있다.
ㄴ. 채권의 가격은 시장금리 및 발행기관의 신용 변화에 영향을 받아 변동하게 되며, 다른 요인들이 모두 동일하다면 채권은 잔존기간이 짧아질수록 가격의 변동성이 감소한다.

05 ②   06 ④

07 금융 투자상품에 대한 설명으로 옳지 않은 것은?

2019 계리직 9급

① 수입업자는 선물환 매입계약을 통해 환율 변동에 따른 환리스크를 헤지(Hedge)할 수 있다.
② 투자자의 원본 결손액에 대해 불법행위로 인한 손해 여부를 입증해야 하는 책임은 금융투자업자에게 있다.
③ 풋옵션의 경우, 기초자산 가격이 행사가격 이하로 하락함에 따라 매수자의 이익과 매도자의 손실이 무한정으로 커질 수 있다.
④ 상장지수증권(ETN)은 외부 수탁기관에 위탁되기 때문에 발행기관의 신용위험이 없고 거래소에 상장되어 실시간으로 매매가 이루어진다.

08 금리에 대한 설명으로 옳지 않은 것은?

2018 계리직 9급

① 명목금리는 실질금리에서 물가상승률을 뺀 금리이다.
② 채권가격이 내려가면 채권수익률은 올라가고, 채권가격이 올라가면 채권수익률은 내려간다.
③ 표면금리는 겉으로 나타난 금리를 말하며, 실효금리는 실제로 지급받거나 부담하게 되는 금리를 뜻한다.
④ 단리는 원금에 대한 이자만 계산하는 방식이고, 복리는 원금에 대한 이자뿐만 아니라 이자에 대한 이자도 함께 계산하는 방식이다.

정답&해설

07 상장지수펀드(ETF; Exchange Traded Funds)와 상장지수증권(ETN; Exchange Traded Notes)은 모두 인덱스 상품이면서 거래소에 상장되어 거래된다는 점에서는 유사하나, ETF의 경우는 자금이 외부 수탁기관에 맡겨지기 때문에 발행기관의 신용위험이 없는 반면, ETN은 발행기관인 증권회사의 신용위험에 노출된다(증권사가 자사의 신용에 기반하여 수익지급을 약속하고 발행). 또한 ETF는 만기가 없는 반면, ETN은 1~20년 사이에서 만기가 정해져 있다는 점에서도 차이가 있다.
〈오답 확인〉 ② 투자자 보호를 위해 설명의무 미이행이나 중요사항에 대한 설명의 허위·누락 등으로 발생한 손실은 금융투자회사에 배상책임이 부과되고, 투자자의 원본결손액(투자자가 금융상품투자로 지급한 또는 지급할 금전의 총액에서 투자자가 금융상품으로부터 취득한 또는 취득할 금전의 총액을 공제한 금액)을 금융투자회사의 불법행위로 인한 손해액으로 추정함으로써 손해의 인과관계가 없다는 입증책임이 '금융투자업자'에게 전가되게 하였다. '헤지(Hedge)'란 가격변동이나 환위험을 피하기 위해 행하는 거래로, 위험회피 또는 위험분산이라고도 한다.

08 명목금리는 물가상승에 따른 구매력의 변화를 감안하지 않은 금리이며, 실질금리는 명목금리에서 물가상승률을 뺀 금리이다.

07 ④ 08 ①

09 〈보기〉와 같이 조건이 주어진 각 상품에 대한 설명으로 옳은 것은? 2016 계리직 9급

> **보기**
> 액면가와 가입금액은 1억원, 만기는 1년으로 동일하며, 금리는 세전이율 기준이다(단, 물가상승률은 1.60%).
> ㉠ ○○전자회사채: 수익률 1.75%
> ㉡ ○○유통회사채: 할인율 1.75%
> ㉢ ○○은행정기예금: 이자율 1.75%

① ㉠은 ㉡보다 표면금리가 높다.
② ㉠은 ㉢보다 실질금리가 높다.
③ ㉡은 ㉠보다 이자금액이 많다.
④ ㉡은 ㉢보다 수익률이 높다.

10 다음 재무비율에 대한 설명으로 옳지 않은 것은?

① 총 자산이익률(ROA) = 순이익 ÷ 총 자산
② 자기자본이익률(ROE) = 순이익 ÷ 자기자본
③ 매출액순이익률 = 주가 ÷ 주당순이익(EPS)
④ 주가장부가치비율(PBR) = 주가 ÷ 주당순자산(BPS)

정답&해설

09 ㉡의 수익률은 $\frac{10만원}{90만원} \times 100 = 11.1\%$이고, ㉢의 수익률은 $\frac{10만원}{100만원} \times 100 = 10\%$이므로, ㉡은 ㉢보다 수익률이 높다.

〈오답 확인〉 ① 표면금리는 겉으로 나타난 금리를 말한다. ㉠과 ㉡의 수익률과 할인율은 각각 1.75%이므로, 표면금리는 동일하다.
② 실질금리는 명목금리에서 물가상승률을 뺀 것을 의미한다. ㉠의 수익률과 ㉢의 이자율 1.75%에서 물가상승률 1.60%를 빼면 0.15%로, 실질금리는 동일하다.
③ 이자금액은 '수익률 = 이자금액 / 채권가격'의 공식을 이용하여 파악할 수 있다. 계산하기 쉽게 수익률, 할인율, 이자율을 10%로 가정하고 액면가와 가입금액을 100만원으로 가정하면, ㉠은 100만원짜리 채권을 지금 산 뒤 1년 후 원금 100만원과 이자금액 10만원을 받게 된다. ㉡은 100만원짜리 채권을 지금 10만원 할인된 90만원에 사고 1년 후 원금 90만원과 이자금액 10만원을 받는 것과 같다. 즉, ㉠과 ㉡의 이자금액은 10만원으로 동일하다.

10 '주가이익비율(PER) = 주가 ÷ 주당순이익(EPS)'이다.

09 ④ 10 ③

11 펀드투자에 대한 설명으로 옳지 않은 것은?

① 투자대상이 무엇인가에 따라 펀드는 주식, 채권에 투자하는 증권펀드, 부동산에 투자하는 부동산펀드, 전통적인 자산인 증권 외 투자하는 특별자산펀드, MMF와 같은 단기금융펀드, 주요 투자대상을 정하지 않고 어떤 자산에나 자유롭게 투자할 수 있는 혼합자산펀드가 있다.

② 자산의 60% 이상을 주식에 투자하면 주식형 펀드, 채권에 60% 이상 투자하면 채권형 펀드, 주식 및 채권 투자 비율이 각각 50% 미만이면 혼합형 펀드이다.

③ 대규모로 투자·운용되는 펀드는 규모의 경제로 인해 거래비용과 정보취득비용이 절감될 수 있다는 장점이 있다.

④ 펀드의 종류와 유형에는 환매가 가능한 개방형 펀드와 환매가 원칙적으로 불가능한 폐쇄형 펀드, 추가입금이 가능한 추가형 펀드와 추가입금이 불가능한 단위형 펀드, 불특정 다수인을 대상으로 모집하고 투자자 수에 제약이 없는 사모형 펀드와 100인 이하의 투자자들로부터 자금을 모집하는 공모형 펀드가 있다.

12 파생상품에 대한 설명으로 옳지 않은 것은?

① 파생상품은 기초자산의 가치 변동에 따라 가격이 결정되는 금융상품으로, 그 상품의 가치가 기초자산의 가치 변동으로부터 파생되어 결정되기 때문에 '파생상품'이라고 부른다.

② 파생상품은 가격 외 거래조건을 표준화하여 거래소에서 거래되는 장내파생상품과 거래소 밖에서 비표준화되어 거래되는 장외파생상품으로 구분된다.

③ 선물과 옵션 등의 파생상품은 기초자산의 미래 가격 변동을 예상하고 레버리지를 이용한 투기적 목적으로도 활용된다.

④ 옵션계약이 장래의 일정 시점을 인수·인도일로 하여 일정한 품질과 수량의 어떤 물품 또는 금융상품을 정한 가격에 사고팔기로 약속하는 계약이라면, 선물계약은 장래의 일정 시점 또는 일정 기간 내에 특정 기초자산을 정한 가격에 팔거나 살 수 있는 권리를 말한다.

정답&해설

11 불특정 다수인을 대상으로 모집하고 투자자 수에 제약이 없는 공모형 펀드(50인 이상)와 100인 이하의 투자자들로부터 자금을 모집하는 사모형 펀드(일반투자자는 49인 이하, 전문투자자만으로는 100인 이하까지 구성 가능) 등이 대표적이다.

12 선물계약이 장래의 일정 시점을 인수·인도일로 하여 일정한 품질과 수량의 어떤 물품 또는 금융상품을 정한 가격에 사고팔기로 약속하는 계약이라면, 옵션계약은 장래의 일정 시점 또는 일정 기간 내에 특정 기초자산을 정한 가격에 사고팔 수 있는 권리를 말한다.

11 ④　12 ④

PART II

우체국금융 제도

Chapter 01 예금업무 개론
Chapter 02 내부통제 및 준법감시
Chapter 03 예금 관련 법

출제비중

28%

※전 10회(2008~2023) 시험을 기준으로 출제비중을 산출하였습니다.

출제문항 수 & 키워드		
Chapter 01 예금업무 개론	8문항	입금과 지급, 예금, 예금거래업무, 예금거래약관, 상속제도
Chapter 02 내부통제 및 준법감시	4문항	금융실명확인 방법, 금융거래의 비밀보장, 자금세탁방지제도, 금융거래정보
Chapter 03 예금 관련 법	4문항	예금자 보호대상 금융상품, 금융소득 종합과세, 산출세액의 계산

＊출제키워드는 전 10회(2008~2023) 시험에서 출제된 문항을 기준으로 분석하였습니다.

Chapter 01 예금업무 개론

학습포인트
❶ 예금계약의 성질과 성립, 거래약관을 정리해야 한다.
❷ 예금의 입금과 지급업무에 관한 내용을 파악해야 한다.
❸ 예금주 사망, 예금채권의 양도와 질권설정, 압류에 대한 내용을 파악해야 한다.

출제키워드
- 입금과 지급
- 예금거래업무
- 상속제도
- 예금
- 예금거래약관

[단권화 MEMO]

01 예금계약

1 예금거래의 성질

(1) 예금계약의 법적 성질

① **소비임치계약**: 수취인이 보관을 위탁받은 목적물의 소유권을 취득하여 이를 소비한 후, 그와 같은 종류·품질 및 수량으로 반환할 수 있는 특약이 붙어 있는 것을 내용으로 하는 계약이다. 따라서 예금계약은 예금자가 금전의 보관을 위탁하고 금융회사가 이를 승낙하여 자유롭게 운용하다가 같은 금액의 금전을 반환하면 되는 소비임치계약이다. 그러나 당좌예금은 위임계약과 소비임치계약이 혼합된 계약이다.

> 「민법」
> 제702조(소비임치) 수치인이 계약에 의하여 임치물을 소비할 수 있는 경우에는 소비대차에 관한 규정을 준용한다. 그러나 반환시기의 약정이 없는 때에는 임치인은 언제든지 그 반환을 청구할 수 있다.

② **상사계약**: 금융회사는 상인이므로 금융회사와 체결한 예금계약은 상사임치계약이다. 따라서 예금채권은 「상법」에 의해 5년의 소멸시효에 걸린다. 한편, 민사임치의 경우와는 달리 금융회사는 임치물에 대하여 주의의무가 가중되어 선량한 관리자의 주의의무를 부담한다. '선량한 관리자의 주의의무'란 그 사람이 종사하는 직업 및 그가 속하는 사회적인 지위 등에 따라 일반적으로 요구되는 주의의무를 말한다. 따라서 예금업무를 처리함에 있어서 금융회사 종사자에게 일반적으로 요구되는 정도의 상당한 주의를 다해야만 면책된다.

③ **부합계약**: '부합계약'이란 계약당사자의 일방이 미리 작성하여 정형화해 둔 일반거래약관에 따라 체결되는 계약을 말한다. 예금계약은 금융회사가 예금거래기본약관 등을 제정하고, 이를 예금계약의 내용으로 삼는다는 점에서 부합계약이다. 따라서 예금거래기본약관은 그 내용이 공정해야 하며, 거래처와 계약을 체결함에 있어 금융회사는 약관의 내용을 명시하고 중요 내용을 설명해야만 예금계약이 성립한다.

④ **쌍무계약·편무계약**: 계약의 각 당사자가 서로 대가적 의미를 가지는 채무를 부담하는 계약을 쌍무계약이라고 하고, 당사자의 일방만이 채무를 부담하거나 또는 쌍방이 채무를 부담하더라도 그 채무가 서로 대가적 의미를 갖지 않는 계약을 편무계약이라고 한다.

⑤ **낙성계약·요물계약**: 낙성계약은 계약당사자 간의 합의만으로도 성립하는 계약을 말하며,

- ☐☐은/는 돈이나 물건을 남에게 맡겨두는 것을 말한다.
(임치)

- ☐☐은/는 상업에 관한 일을 의미한다.
(상사)

- ☐☐(이)란 서로 맞대어 붙이거나 합하는 것을 말한다.
(부합)

합의 이외에 물건의 인도 기타의 급부를 하여야만 성립하는 계약을 요물계약이라고 한다. 오늘날에는 금융회사의 예금계약 체결 시에 그러한 금전의 인도를 요하지 않은 예금(0원으로 통장개설)이 늘어가고 있는 실정을 감안하면 낙성계약이 대두되고 있다.

(2) 각종 예금계약의 법적 구조

① **보통예금·저축예금**: 보통예금·저축예금은 반환기간이 정해져 있지 않아 언제든지 입·출금이 자유롭고, 질권설정이 금지되어 있다는 특징이 있다. 다만, 금융회사가 승낙하면 양도는 가능하다. 한편, 최종 입금 또는 출금이 있으면 그 잔액에 대하여 하나의 새로운 예금채권이 성립한다. 따라서 그 예금채권의 소멸시효는 입금 또는 출금이 있는 때로부터 새로이 진행된다.

> **우체국 예금거래 기본약관**
> **제11조(지급시기)** 입출금이 자유로운 예금은 예금주가 찾을 때에 지급한다.
> **제12조(양도 및 질권설정)** ① 예금주가 예금을 양도하거나 질권설정 하려면 사전에 우체국에 통지하고 동의를 받아야 한다. 다만, 법령으로 금지되는 경우에는 양도나 질권설정을 할 수 없다.
> ② 입출금이 자유로운 예금은 질권설정 할 수 없다.

② **정기예금**: 정기예금은 예치기간이 약정된 금전소비임치계약이다. 기한이 도래하지 않음으로써 그 기간 동안 당사자가 받는 이익을 '기한의 이익'이라고 하는데, '거치식예금약관' 제2조는 이 예금을 약정한 만기일 이후 거래처가 청구한 때에 지급한다고 규정하여 기한의 이익이 금융회사에 있음을 명확히 하고 있다. 따라서 예금주는 원칙적으로 만기일 전에 예금의 반환을 청구할 수 없다. 다만, 거래처에 부득이한 사유가 있는 때에는 만기 전이라도 지급할 수 있다.

> **거치식예금 약관**
> **제2조(지급시기)** 이 예금은 약정한 만기일 이후 예금주가 청구할 때 지급한다. 다만, 예금주가 부득이한 사정으로 청구할 때에는 만기 전이라도 지급할 수 있다.

③ **정기적금**: 정기적금은 월부금을 정해진 회차에 따라 납입하면 만기일에 금융회사가 계약액을 지급하겠다는 계약이다. 또한 계약의 당사자 일방만이 채무를 부담하거나 또는 쌍방이 채무를 부담하더라도 그 채무가 서로 대가적 의무를 갖지 않는 편무계약으로 가입자는 월부금을 납입할 의무가 없다.

④ **별단예금**: 별단예금은 각종 금융거래에 수반하여 발생하는 미정리예금·미결제예금·기타 다른 예금종목으로 처리가 곤란한 일시적인 보관금 등을 처리하는 예금계정으로, 각각의 대전별로 그 법적 성격이 다르다.

⑤ **상호부금**: 상호부금은 일정한 기간을 정하여 부금을 납입하게 하고 기간의 중도 또는 만료 시에 부금자에게 일정한 금전을 급부할 것을 내용으로 하는 약정이다. 종래 실무계에서는 거래처가 부금을 납입할 의무를 부담하고 금융회사는 중도 또는 만기 시에 일정한 급부를 하여야 하는 쌍무계약의 성질을 지닌 것으로 보아왔다. 그러나 상호부금의 예금적 성격을 강조하여 정기적금과 동일하게 편무계약으로 보아야 한다는 견해도 현재 유력하게 주장되고 있다.

⑥ **당좌예금**: 어음·수표의 지급 사무처리의 위임을 목적으로 하는 위임계약과 금전소비임치계약이 혼합된 계약이다. 따라서 당좌거래계약에 있어서 무엇보다 중요한 것은 지급사무에

[단권화 MEMO]

○ 각종 금융거래에서 발생하는 여러 처리가 곤란한 일시적인 보관금 등을 처리하는 예금계정을 ☐☐예금이라고 한다.
(별단)

[단권화 MEMO]

관하여 위임을 받은 금융회사는 당좌수표나 어음금의 지급 시 선량한 관리자의 주의의무를 다하여야 한다는 데 있다.

2 예금계약의 성립

(1) 현금에 의한 입금

① **창구입금의 경우**: 예금계약을 요물소비임치계약으로 보는 견해에 의하면, 예금의사의 합치와 요물성의 충족이 있으면 예금계약이 성립한다고 한다. 예금의사의 합치란 막연히 예금을 한다는 합의와 금전의 인도가 있었던 것으로는 부족하고, 어떤 종류·어떤 이율·어떤 기간으로 예금을 하겠다는 의사의 합치가 있는 경우를 말한다. 예금자가 예금계약의 의사를 표시하면 금융회사에 금전을 제공하고, 금융회사가 그 의사에 따라 그 금전을 받아 확인하면 요물성이 충족된 것으로 본다. 예금거래기본약관도 현금입금의 경우, 예금계약은 금융회사가 금원을 받아 확인한 때에 성립하는 것으로 규정하고 있다. 다만, 예금계약은 금융회사와 거래처와의 예금을 하기로 하는 합의에 의해 성립하며, 반드시 입금자원의 입금이 있어야 하는 것이 아니라는 낙성계약설에 의하면 위와 같은 예금의 성립시기 문제를 예금반환청구권의 성립시기 문제로 다루게 된다는 점에 유의하여야 한다.

② **점외수금의 경우**: 금융회사 간에 예금유치경쟁이 격화됨에 따라 점외수금도 왕성해지고 있다. 원칙적으로 예금수령의 권한을 갖고 있는 금융회사 종사자라 할지라도 그 권한은 영업장 내에서의 권한이지, 영업점 외에까지 그 권한이 미치는 것은 아니다. 왜냐하면 예금수령의 권한을 가진다고 하는 것은 예금장부, 증서·통장 등의 용지, 직인, 회계기 등을 갖춘 점포 내에서의 권한을 의미하는 것이기 때문이다. 따라서 점외수금의 경우에는 그 수금직원이 영업점으로 돌아와 수납직원에게 금전을 넘겨주고 그 수납직원이 이를 확인한 때에 예금계약이 성립하는 것으로 보아야 한다. 그러나 영업점 이외에서 예금을 수령할 수 있는 대리권을 가진 자, 예를 들어 지점장(우체국장) 또는 대리권을 수여받은 자 등이 금전을 수령하고 이를 확인한 때에는 즉시 예금 계약이 성립하는 것으로 보아야 한다.

③ **ATM에 의한 입금의 경우**: 'ATM(Automated Teller Machine)'이란 현금자동입출금기를 말한다. 고객이 ATM의 예입버튼을 누르면 예금신청이 있다고 보고, 예금자가 ATM의 현금투입박스에 현금을 투입한 때에 현금의 점유이전이 있다고 보아야 하며, ATM이 현금계산을 종료하여 그 금액이 표시된 때에 예금계약이 성립한다고 보아야 할 것이다. 그러나 ATM의 조작은 예금주 자신에 의하여 이루어지고 최종적으로 그 현금이 금융회사에 인도되는 것은 예금주가 확인버튼을 누른 때이므로, 예금계약이 성립하는 시기는 고객이 확인버튼을 누른 때라고 보는 것이 통설이다.

(2) 증권류에 의한 입금

① **타점권 입금의 경우**: 타점권 입금에 의한 예금계약의 성립시기에 관하여는 추심위임설과 양도설이 대립하고 있다. 예금거래기본약관은 추심위임설의 입장을 취하여 증권으로 입금했을 때 금융회사가 그 증권을 교환에 돌려 부도반환시한이 지나고 결제를 확인했을 때 예금계약이 성립한다고 규정하고 있다. 다만, 타점발행의 자기앞수표로 입금할 경우에는 발행금융회사가 사고신고된 사실이 없고, 결제될 것이 틀림없음을 확인하여 예금원장에 입금기장을 마친 때에도 예금계약은 성립한다.

㉠ **추심위임설**: 종래 타점권의 입금과 동시에 그 타점권이 미결제 통보와 부도실물이 반환되지 않는 것을 정지조건으로 하여 예금계약이 성립한다고 보는 견해이다.
㉡ **양도설**: 타점권의 입금과 동시에 예금계약이 성립하고, 다만 그 타점권이 부도반환되는 경우에는 소급하여 예금계약이 해제되는 것으로 보는 견해이다.

② **자점권 입금의 경우**: 자점권으로 당해 점포가 지급인이 된 증권의 경우에는 발행인이 당좌예금잔고를 확인하여 당좌예금계좌에서 액면금 상당을 인출한 다음 예입자의 계좌에 입금처리하면 예금계약이 성립한다. 또한 실무상 잔액을 확인하지 않고 일단 입금기장하고 잔고를 나중에 처리할 경우에도 발행인의 잔액에서 수표액면 금액이 현실로 인출되어 예입자의 계좌에 입금되지 않으면 예금계약이 성립하지 않는다. 예금거래기본약관도 개설점에서 지급하여야 할 증권은 그날 안에 결제를 확인했을 경우에 예금이 된다고 규정하고 있다. 다만, 자점 발행 자기앞수표의 경우에는 입금 즉시 예금계약이 성립한다.

(3) 계좌송금

① **계좌송금의 업무처리과정**: '계좌송금신청인의 수탁영업점에 대한 송금신청 → 수탁영업점의 수취인의 예금거래영업점에 대한 입금의뢰 → 수취인의 예금거래영업점의 입금처리' 순으로 이루어진다.
② **현금에 의한 계좌송금의 경우**: 예금원장에 입금기장을 마친 때에 예금계약이 성립하며, 증권류에 의한 계좌송금의 경우에는 증권류의 입금과 같은 시기에 예금계약이 성립한다.

3 예금거래약관

(1) 약관 일반

약관이 계약당사자에게 구속력을 갖게 되는 근거는 계약당사자가 이를 계약의 내용으로 하기로 하는 명시적 또는 묵시적 합의가 있기 때문이다. 한편, 약관은 기업에게는 계약체결에 소요되는 시간·노력·비용을 절약할 수 있고, 그 내용을 완벽하게 구성할 수 있다는 장점이 있는 반면, 고객에게는 일방적으로 불리한 경우가 많다는 단점을 가지고 있다. 이러한 일반거래약관의 양면성을 고려하여 기업거래의 효율화 및 소비자의 권익을 보호한다는 차원에서 우리나라는 「독점규제 및 공정거래에 관한 법률」을 제정(1984. 10. 20.)하고, 「약관의 규제에 관한 법률」을 제정(1986. 12. 31.)하여 약관의 공정성을 기하도록 제도화하였다.

① **약관의 계약편입 요건**: 약관은 계약이므로 약관에 의한 계약이 성립되기 위해서는 다음 요건을 충족하여야 한다.
  ㉠ 약관을 계약의 내용으로 하기로 하는 합의가 있어야 한다.
  ㉡ 약관의 내용을 명시하여야 한다. 명시의 정도는 고객이 인지할 가능성을 부여하면 족하다. 따라서 사업자의 영업소에서 계약을 체결하는 경우, 사업자는 약관을 쉽게 보이는 장소에 게시하고, 고객에게 약관을 교부하거나 고객이 원할 경우 가져갈 수 있어야 한다.
  ㉢ 중요한 내용을 고객에게 설명하여야 한다. 중요한 내용이란 계약의 해지·기업의 면책사항·고객의 계약위반 시의 책임가중 등 계약체결 여부에 영향을 미치는 사항을 말한다. 약관 외에 설명문, 예를 들어 통장에 인쇄된 예금거래 유의사항에 의해 성실하게 설명한 경우에는 중요 내용의 설명의무를 다한 것으로 본다. 다만, 계약의 성질상 대량·신속하게 업무를 처리하여야 하는 경우 등 설명이 현저히 곤란한 때에는 설명의무를 생략할 수 있다.

ⓔ 계약 시 약관을 고객이 원하는 수단(영업점 직접 수령, 이메일·문자 등 비대면 수령 등) 중 하나로 선택 후 교부하여야 한다.

ⓜ 계약내용이 공정하여야 한다. 「약관의 규제에 관한 법률」은 불공정약관조항 여부를 판단하는 일반원칙으로서 신의성실의 원칙에 반하여 공정을 잃은 약관조항은 무효라고 선언한다. 공정을 잃은 약관조항의 판단기준으로는 고객에 대하여 부당하게 불리한 조항, 고객이 계약의 거래형태 등 제반사정에 비추어 예상하기 어려운 조항, 계약의 목적을 달성할 수 없을 정도로 계약에 따르는 본질적 권리를 제한하는 조항을 구체적으로 규정하여 이에 해당하는 약관조항을 불공정한 약관으로 추정하고 있다.

② **약관의 해석원칙**: 약관은 기업 측에는 유리하고 고객의 입장에서는 내용의 변경을 요구할 수 없는 등 불리한 경향이 있으므로 일반적인 계약의 해석과는 다르게 적용되고 있다.

　㉠ **객관적·통일적 해석의 원칙**: 약관은 해석자의 주관이 아니라 객관적 합리성에 입각하여 해석되어야 하며, 시간, 장소, 거래상대방에 따라 달리 해석되어서는 안 된다는 원칙이다.

　㉡ **작성자불이익의 원칙**: 약관의 의미가 불명확한 때에는 작성자인 기업 측에 불이익이 되고 고객에게는 유리하게 해석되어야 한다는 원칙이다.

　㉢ **개별약정우선의 원칙**: 기업과 고객이 약관에서 정하고 있는 사항에 대하여 명시적 또는 묵시적으로 약관의 내용과 다르게 합의한 사항이 있는 경우에는 당해 합의사항을 약관에 우선하여 적용하여야 한다는 원칙이다.

(2) 예금거래약관

예금거래도 금융회사와 고객 간의 계약이므로 계약자유의 원칙이 지배한다. 그러나 계속·반복적이며 대량적인 거래가 수반되는 예금거래를 개시할 때마다, 금융회사와 고객 간에 개별적으로 예금계약의 내용과 방식을 결정하도록 하는 것은 불가능하고 매우 비능률적이다. 오히려 일정하게 정형화된 계약서를 미리 준비해 놓고 예금을 하려는 자에게 이를 제시하여 예금계약을 체결하도록 하는 것이 합리적이다. 이와 같이 계약 당사자의 일방이 미리 작성하여 정형화한 계약조항을 '일반거래약관'이라고 부르고, 이러한 일반거래약관에 따라 체결되는 계약을 '부합계약'이라고 부른다. 이러한 점에서 금융회사의 예금계약은 대부분 부합계약의 형식을 가지며, 금융회사와 거래처 사이에 법률 분쟁이 발생한 경우에, 그 해결은 예금거래약관의 해석에서 비롯된다. 우리나라 예금거래약관의 체계는 다음과 같다.

① **모든 금융회사의 통일적인 약관체계**: 각 금융회사가 독자적인 약관을 운영함으로써 거래처가 혼란에 빠지는 것을 방지하기 위하여 대한민국 내의 모든 금융회사는 동일한 약관체계를 가지고 있다(단, 우체국의 경우 시중은행과의 근거법 및 제도운영상 차이로 인하여 일부분에 있어 차이가 존재함). 즉, 우리나라는 금융회사 공동으로 예금거래에 관한 표준약관을 제정하고 그 채택과 시행은 각 금융회사가 자율적으로 하도록 하고 있다. 다만, 금융자율화의 진전으로 각 금융회사가 독립적인 상품을 개발함으로써 그 상품에 특유한 독자적인 약관을 보유하고 있다.

② **단계별 약관체계**: 현행 예금거래약관은 모든 예금에 공통적으로 적용될 기본적인 사항을 통합 정리하여 규정한 예금거래기본약관과 각 예금종류별로 약관체계를 이원화하였다는 점에서 단계별 약관체계를 구성하고 있다고 볼 수 있다.

③ **약관의 이원적 체계**: 현행 예금거래약관은 예금거래의 공통적 사항을 정하고 있는 예금거래기본약관과 예금의 법적 성질에 따라 입출금이 자유로운 예금약관과 거치식 예금약관·적립

식 예금약관의 이원적 체계로 구성되어 있다. 더 나아가 개별적인 예금상품의 특성에 따라 세부적인 내용을 약관이나 특약의 형식으로 정하고 있다. 따라서 예금계약에 대해서는 당해 예금상품의 약관이 우선적으로 적용되고, 그 약관에 규정이 없는 경우에는 예금별 약관, 예금거래기본약관의 내용이 차례로 적용된다.

[단권화 MEMO]

02 예금거래의 상대방

1 자연인과의 거래

(1) 권리·의무 주체로서의 자연인

사람은 살아있는 동안 권리·의무의 주체가 된다. 따라서 자연인인 개인과 예금거래를 함에 있어서 특별한 제한이 없는 것이 원칙이고, 단지 예금의 종류에 따라 그 가입자격에 제한이 있는 경우가 있다.

(2) 제한능력자와의 거래

① 제한능력자: 단독으로 유효한 법률행위를 하는 것이 제한되는 자로서 이에는 미성년자·피성년후견인·피한정후견인이 있다.

㉠ 미성년자: 19세 미만의 자로서, 원칙적으로 행위능력이 없다. 따라서 법정대리인의 동의를 얻어 직접 법률행위를 하거나 법정대리인이 미성년자를 대리하여 그 행위를 할 수 있다. 미성년자가 법정대리인의 동의 없이 법률행위를 한 때에는 법정대리인은 미성년자의 법률행위를 취소할 수 있다(민법 제5조).

> 「민법」
> **제4조(성년)** 사람은 19세로 성년에 이르게 된다.
> **제5조(미성년자의 능력)** ① 미성년자가 법률행위를 함에는 법정대리인의 동의를 얻어야 한다. 그러나 권리만을 얻거나 의무만을 면하는 행위는 그러하지 아니하다.

㉡ 피성년후견인: 질병, 장애, 노령 등의 사유로 인한 정신적 제약으로 사무를 처리할 능력이 지속적으로 결여되어 성년후견개시의 심판을 받은 자로서, 원칙적으로 행위능력이 없다. 따라서 법정대리인인 후견인은 피성년후견인을 대리하여 법률행위를 할 수 있고, 피성년후견인이 직접 한 법률행위를 취소할 수 있다. 다만, 가정법원이 정한 범위 또는 일상생활에 필요하고 대가가 과도하지 않은 법률행위는 취소할 수 없다(일용품 구입 등 일상행위 가능, 민법 제10조).

> 「민법」
> **제10조(피성년후견인의 행위와 취소)** ① 피성년후견인의 법률행위는 취소할 수 있다.
> ② 제1항에도 불구하고 가정법원은 취소할 수 없는 피성년후견인의 법률행위의 범위를 정할 수 있다.
> ③ 가정법원은 본인, 배우자, 4촌 이내의 친족, 성년후견인, 성년후견감독인, 검사 또는 지방자치단체의 장의 청구에 의하여 제2항의 범위를 변경할 수 있다.
> ④ 제1항에도 불구하고 일용품의 구입 등 일상생활에 필요하고 그 대가가 과도하지 아니한 법률행위는 성년후견인이 취소할 수 없다.

㉢ 피한정후견인: 질병, 장애, 노령 등의 사유로 인한 정신적 제약으로 사무를 처리할 능력이 부족하여 한정후견개시의 심판을 받은 자로서, 원칙적으로 행위능력이 있다. 다만, 가정

법원이 범위를 정하여 동의를 유보할 수 있는바(가정법원이 정한 행위에만 후견인의 동의가 필요), 이 경우에 후견인의 동의 없이 한 법률행위는 취소할 수 있다(민법 제13조).

> 「민법」
> **제13조(피한정후견인의 행위와 동의)** ① 가정법원은 피한정후견인이 한정후견인의 동의를 받아야 하는 행위의 범위를 정할 수 있다.
> ② 가정법원은 본인, 배우자, 4촌 이내의 친족, 한정후견인, 한정후견감독인, 검사 또는 지방자치단체의 장의 청구에 의하여 제1항에 따른 한정후견인의 동의를 받아야만 할 수 있는 행위의 범위를 변경할 수 있다.
> ③ 한정후견인의 동의를 필요로 하는 행위에 대하여 한정후견인이 피한정후견인의 이익이 침해될 염려가 있음에도 그 동의를 하지 아니하는 때에는 가정법원은 피한정후견인의 청구에 의하여 한정후견인의 동의를 갈음하는 허가를 할 수 있다.
> ④ 한정후견인의 동의가 필요한 법률행위를 피한정후견인이 한정후견인의 동의 없이 하였을 때에는 그 법률행위를 취소할 수 있다. 다만, 일용품의 구입 등 일상생활에 필요하고 그 대가가 과도하지 아니한 법률행위에 대하여는 그러하지 아니하다.

　ⓔ **후견인의 대리권 행사**: 법정대리인인 후견인이 대리권을 행사하려면 법원의 대리권 수여가 필요하다.

② **제한능력자와의 거래**: 금융회사가 피성년후견인과 예금계약을 체결하거나, 법정대리인의 동의 없이 미성년자 또는 피한정후견인과 예금계약을 맺은 경우 법정대리인이 예금계약을 취소한다 할지라도 원금을 반환하면 되고, 금융회사가 예금을 지급한 후에는 법정대리인이 예금계약을 취소하려 하여도 취소의 대상이 없으므로 금융회사가 손해를 입을 염려는 없다. 더구나 미성년자의 경우 그 법정대리인이 범위를 정하여 처분을 허락한 재산, 피성년후견인의 경우 일상생활에 필요하고 대가가 과도하지 않은 범위 내에서의 재산, 피한정후견인의 경우 가정법원이 결정한 동의유보의 범위에 포함되지 않은 재산은 자유로이 처분할 수 있다. 따라서 이들이 용돈·학비 등을 가지고 예금을 하는 경우에는 전혀 문제가 없다. 그러나 당좌예금거래는 어음·수표의 지급사무를 위임하는 계약이므로 제한능력자의 단독거래는 허용하지 않는 것이 원칙이다.

(3) 대리인과의 거래

① **대리제도**: 모든 예금거래를 예금주 본인과 할 수는 없다. 따라서 예금주의 대리인 또는 예금주의 심부름을 하는 자와 예금거래를 하는 것은 불가피하다. '대리'란 타인이 본인의 이름으로 법률행위를 하거나 의사표시를 수령함으로써 그 법률효과가 직접 본인에 관하여 생기는 제도이다(민법 제114조). 대리권의 발생 원인으로는 본인의 수권행위에 의하여 생기는 임의대리와 법률의 규정에 의하여 생기는 법정대리가 있다.

> 「민법」
> **제114조(대리행위의 효력)** ① 대리인이 그 권한 내에서 본인을 위한 것임을 표시한 의사표시는 직접 본인에게 대하여 효력이 생긴다.

[단권화 MEMO]

● 타인이 본인의 이름으로 법률행위를 하거나 의사표시를 수령함으로써 그 법률효과가 직접 본인에 관하여 생기는 제도를 ▢▢(이)라고 한다.

(대리)

② 대리인과의 거래 시 유의사항: 금융회사가 대리인과 예금거래계약을 체결함에 있어서 대리인이라고 칭하는 자가 진정한 대리인인지 여부 및 그 대리행위가 대리권의 범위에 속하는지 여부를 확인하여야 한다. 예금을 수입하는 경우에는 금융회사가 대리인의 권한 등을 확인하지 않았다 하더라도 금융회사가 손해를 볼 염려가 없으므로 대리권의 존부 등을 확인할 필요는 거의 없다. 그러나 예금을 지급할 경우에는 이중지급의 위험이 있으므로 정당한 대리권자인지 여부를 확인하여야 한다.

㉠ 임의대리의 경우: 통장상의 인감이 날인되거나 인감증명서 또는 본인서명사실확인서가 붙어 있는 본인의 위임장 및 대리인의 주민등록증에 의하여 진정한 대리인인지 여부 및 대리권의 범위를 확인하여야 한다. 대리권의 범위 등을 확인하지 않아 발생하는 손해는 금융회사가 부담할 수밖에 없기 때문이다.

구분	대리인	확인서류
미성년자	친권자, 후견인	가족관계등록부, 기본증명서
피성년후견인 및 피한정후견인	후견인	후견등기부
부재자	부재자 재산관리인	법원의 선임심판서
사망	유언집행자, 상속재산관리인	사망자의 유언, 법원의 선임심판서

○ 법정대리의 경우 대리관계의 확인

㉡ 예금의 중도해지와 예금담보대출의 경우: 예금거래기본약관상의 면책약관에 따라 통장 등을 제출받고 인감과 비밀번호가 일치하여 지급하였다는 사유만으로 항상 금융회사가 면책되는 것은 아니다. 이러한 면책규정은 금융회사가 주의의무를 다한 경우에만 면책된다. 따라서 예금의 중도해지나 예금담보대출의 경우에는 예금약관상의 면책규정이나 채권의 준점유자에 대한 변제규정이 적용되지 않거나, 혹은 적용된다 하더라도 주의의무가 가중된다 할 것이므로 위임장 이외에도 예금주 본인의 의사를 반드시 확인하여야 한다.

(4) 외국인과의 거래

외국인과의 예금거래의 성립과 효력은 당사자 간에 준거법에 관한 합의가 없으면 행위지의 법률에 따른다(국제사법 제22조). 그러나 예금거래에 관하여 외국법에 따르기로 합의하는 일은 거의 없으므로 결국 우리나라 법이 적용된다. 따라서 원칙적으로 내국인과의 예금거래와 다른 점이 없다. 다만, 「외국환거래법」상의 외국인은 거주자와 비거주자를 구분하여 제한하고 있으나, 외국인이라도 거주자이면 금융회사와의 원화예금거래는 자유이다. 또한 비거주자라도 외국환은행과 일부 예금거래는 가능하다.

「국제사법」
제22조(외국법에 따른 대한민국 법의 적용) ① 이 법에 따라 외국법이 준거법으로 지정된 경우에 그 국가의 법에 따라 대한민국 법이 적용되어야 할 때에는 대한민국의 법(준거법의 지정에 관한 법규는 제외한다)에 따른다.
② 다음 각 호의 어느 하나에 해당하는 경우에는 제1항을 적용하지 아니한다.
　1. 당사자가 합의로 준거법을 선택하는 경우
　2. 이 법에 따라 계약의 준거법이 지정되는 경우 등

[단권화 MEMO]

◐ □□은/는 자연인이 아니면서 법에 의하여 권리능력이 부여되어 있는 사단 또는 재단을 말한다.

(법인)

2 법인과의 거래

(1) 법인의 개념

① **개념**: '법인'이란 자연인이 아니면서 법에 의하여 권리능력이 부여되어 있는 사단 또는 재단을 말한다. 자연인은 출생과 동시에 당연히 권리의무의 주체가 되는 데 반해, 법인은 법률의 규정에 의함이 아니면 성립하지 못한다(민법 제31조).

> 「민법」
> 제31조(법인성립의 준칙) 법인은 법률의 규정에 의함이 아니면 성립하지 못한다.
> 제33조(법인설립의 등기) 법인은 그 주된 사무소의 소재지에서 설립등기를 함으로써 성립한다.

② **법인의 한계**: 우리의 법제 아래에서는 자유설립주의가 배제되고 있다. 따라서 법인은 그 설립의 근거가 되는 법률에 따라 권리능력이 제한되는 경우가 많다(예를 들어 학교법인의 경우에 정기예금이 기본재산이라면 이를 담보로 제공하는 것이 원칙적으로 금지됨). 또한 법인은 관념적인 존재에 불과한 것이므로 현실적인 법률 행위는 그 대표기관에 의해 이루어진다. 따라서 법인과의 예금거래는 그 대표자 또는 그로부터 대리권을 수여받은 대리인과 하여야 한다.

③ **법인과의 예금거래**: 법 이론적으로 법인과 예금거래를 하려면 진정한 대표자인지 여부와 대리인의 대리권의 존부나 대리권의 범위 등을 확인하여야 한다. 그러나 실무상 당좌거래의 경우를 제외하고, 이러한 확인을 하고 예금거래를 개시하는 경우는 거의 없다. 그 이유는 예금의 경우에 금융회사가 채무자로서 예금계약이 취소되더라도 금전을 반환하면 될 뿐이기 때문이다. 그리고 선의로 지급한 이상 약관상의 면책규정이나「민법」상의 채권의 준점유자에 대한 변제에 의하여 구제받을 수 있기 때문이다. 그러나 이러한 면책규정만으로는 구제될 수 없는 경우가 있어 이때에는 그 대표권 또는 대리권의 존부와 범위가 문제될 수 있다.

(2) 회사와의 거래

회사의 대표권은 각종 회사마다 각기 다르다. 주식회사와 유한회사의 경우에는 대표이사, 합명회사와 합자회사의 경우에는 업무집행사원이 회사를 대표하고 업무집행권을 가진다. 따라서 당좌거래와 같이 회사의 신용상태와 행위능력 등이 특히 문제되는 경우에는 등기사항전부증명서와 인감증명 등을 징구하며 법인의 존재 여부와 대표자를 엄격하게 확인할 필요가 있다.

① **공동대표이사제도를 채택하고 있는 경우의 거래**: 공동대표이사제도는 회사의 대표자가 독단 또는 전횡으로 권한을 남용하는 것을 방지하기 위하여 여러 사람의 대표자가 공동으로서만 대표권을 행사할 수 있도록 하는 제도이다. 따라서 예금거래도 공동으로 하는 것이 원칙이다.

② **외국회사와의 거래**: 외국회사란 외국법에 의하여 설립된 법인을 말한다. 다만, 외국법에 의하여 설립된 회사라 할지라도 국내에 본점을 두거나 대한민국 내에서 영업을 하는 것을 주목적으로 하는 회사는 내국회사와 동일한 규제에 따라야 한다. 또한 외국회사가 국내에서 영업을 하고자 하는 경우에는 한국에서의 대표자를 정하고 영업소를 설치하여야 하며, 회사설립의 준거법·한국에서의 대표자·회사명 등을 등기하여야 한다. 외국회사의 대표자로 등기된 자는 회사의 영업에 관하여 재판상·재판 외의 권한을 행사할 수 있다. 따라서 법인등기사항전부증명서를 징구하여 한국 내의 예금자와 예금거래를 하면 된다. 다만, 등기가 이루어지지 않은 외국회사는 계속적 거래를 할 수 없으므로(상법 제616조), 계속적 거래를 전제로 하는 당좌계좌개설은 허용되지 않는다.

「상법」
제614조(대표자, 영업소의 설정과 등기) ① 외국회사가 대한민국에서 영업을 하려면 대한민국에서의 대표자를 정하고 대한민국 내에 영업소를 설치하거나 대표자 중 1명 이상이 대한민국에 그 주소를 두어야 한다.
제616조(등기 전의 계속거래의 금지) ① 외국회사는 그 영업소의 소재지에서 제614조의 규정에 의한 등기를 하기 전에는 계속하여 거래를 하지 못한다.

(3) 국가·자치단체와의 거래

① **국가·지방자치단체의 법적 성질**: '국가나 지방자치단체가 공법인(公法人)인가'에 관하여는 학설의 대립이 있다. 공법인의 개념을 가장 넓게 해석할 경우에는 국가까지 포함하는 것으로 보며, 가장 좁은 의미로 볼 경우에는 국가나 지방자치단체를 제외한 공공단체만을 의미하기도 한다.

② **국가·지방자치단체와의 거래**: 국가나 지방자치단체와의 예금 거래행위의 법적 성질이 공법관계인가 사법관계인가에 관하여 이론이 있을 수 있다. 그러나 통설은 이를 사법관계로 본다. 국고금은 법령 규정이 인정하는 예외적인 경우를 제외하고는 한국은행에 예탁하여야 한다. 다만, 국고대리점 또는 국고수납대리점 업무를 취급하는 일반은행에서도 이를 수납할 수 있다. 지방자치단체는 그 재정을 「지방재정법」이 정하는 바에 따라 규율하며, 그 재정의 출납사무는 지방자치단체의 장 또는 그의 위임을 받은 공무원이 임명한 출납원이 담당한다. 따라서 국가·지방자치단체 등과 예금거래를 할 때 예금주명의는 공공단체로 하되, 예금거래 입출금과 관련해서는 출납원을 거래상대방으로 거래하는 것이 타당하다.

3 법인격 없는 단체와의 거래

(1) 법인격 없는 사단

'법인격 없는 사단'이란 아파트입주자대표회의·아파트부녀회·학회·교회·종중·동문회·노동조합 등 법인으로서의 실체를 가지고 있으면서도 주무관청의 허가를 받지 않아 법인격을 취득하지 않은 단체를 말한다. 「민법」은 법인격 없는 사단의 소유관계를 총유로 본다(민법 제275조). 법인격 없는 사단과 거래 시 「부가가치세법」에 의한 고유번호를 부여받은 경우에는 그 대표자와 예금거래를 하면 되고, 위와 같이 개설된 예금은 대표자 개인의 예금이 아니라 법인격 없는 사단에 총유적으로 귀속된다. 그러나 고유번호를 부여받지 못한 경우에는 개인예금으로 처리되므로 사전에 고객에게 이를 고지·설명해주는 것이 바람직하다.

「민법」
제275조(물건의 총유) ① 법인이 아닌 사단의 사원이 집합체로서 물건을 소유할 때에는 총유로 한다.

(2) 법인격 없는 재단

'법인격 없는 재단'이란 장학재단이나 종교재단 등과 같이 「민법」상 재단법인의 실체, 즉 일정한 목적을 위해 출연된 재산의 집단인 동시에, 「민법」상 절차에 따라 법인격을 취득하지 아니한 것을 말한다. 법인격 없는 재단은 권리능력이 없고, 법인격 없는 사단과 같은 구성원도 없으므로 그 예금의 귀속관계는 준총유나 준합유의 관계가 될 수 없다. 이론상 법인격 없는 재단에 대해서도 등기에 관한 사항을 빼고는 재단법인에 관한 규정을 유추 적용할 수 있어 대표자나 관리자와 예금거래를 할 수 있다. 하지만 법인격 없는 재단은 그 실체파악이 어려운 점, 「금융실명거래 및 비밀보장에 관한 법률」상 실명확인방법을 구체적으로 정하지 않은 점 등을 고려하면 대표자 개인명의로 거래할 수밖에는 없을 것이다.

(3) 조합

'조합'이란 2인 이상의 특정인이 서로 출자하여 공동의 사업을 영위함을 목적으로 결합된 단체를 말한다. 그런데 민법은 조합에 대하여는 법인격을 인정하지 않고 구성원 사이의 계약관계로 보고 있다(민법 제703조). 따라서 금융회사가 이러한 조합과 예금거래를 하기 위해서는 조합원 전원의 이름으로 하는 것이 원칙이나 각 조합원의 위임을 받은 조합대표자와 거래할 수 있고 그 예금의 귀속관계는 조합원 전원의 준합유에 속하게 된다.

> 「민법」
> **제703조(조합의 의의)** ① 조합은 2인 이상이 상호출자하여 공동사업을 경영할 것을 약정함으로써 그 효력이 생긴다.
> **제704조(조합재산의 합유)** 조합원의 출자 기타 조합재산은 조합원의 합유로 한다.

03 예금의 입금과 지급

1 예금의 입금업무

(1) 현금입금

① **금액의 확인**: 입금인의 면전에서 입금액을 확인한 경우에는 문제될 것이 없으나, 입금인이 입회하지 않은 상태에서 입금 의뢰액과 확인액 사이에 차이가 발생한 경우에는 문제가 된다. 예를 들어 입금 의뢰액보다 실제 확인된 금액이 적은 경우에 입금 의뢰액대로 예금계약이 성립함을 주장하기 위해서는 입금자가 그 입금 의뢰액을 입증할 책임을 부담한다. 왜냐하면 예금계약은 금융회사가 거래처로부터 교부받은 금전을 확인한 때 성립하기 때문이다. 그러나 현금의 확인을 유보하는 의사 없이 예금통장 등을 발행하였는데 부족액이 발생한 경우에는 금융회사가 입증책임을 부담한다. 따라서 금융회사가 현금을 수납함에 있어서 입금자의 면전에서 확인하되, 그렇지 못한 경우에는 입금자에게 나중에 확인절차를 거쳐 확인된 금액으로 수납 처리하겠다는 것을 분명히 밝혀둘 필요가 있다.

② **과다입금**: 금융회사가 실제로 받은 금액보다 과다한 금액으로 통장 등을 발행한 경우, 실제로 입금한 금액에 한하여 예금계약이 성립하고 초과된 부분에 대하여는 예금계약이 성립하지 않는다. 따라서 예금주의 계좌에서 초과입금액을 인출하면 된다. 만약 예금주가 오류입금인 사실을 알면서 예금을 인출하였다면 부당이득으로 반환하여야 한다. 그러나 제3자가 그러한 사실을 모르고 그 예금에 대하여 질권을 취득하고 금전을 대부해주었다거나, 압류·전부명령을 받은 경우에는 그로 인한 손해를 금융회사가 배상하여야 한다. 다만, 그 배상의 범위는 예금액이 아니라 전부명령신청 등 그 절차를 취하는 과정에서 발생한 비용에 상응한다.

③ **계좌상위 입금**: 직원이 입금조작을 잘못하여 착오계좌에 입금하고 정당계좌에 자금부족이 발생한 경우에는 금융회사의 과실에 의한 채무불이행으로 되어 그 손해를 배상하여야 한다(민법 제390조). 한편, 잘못된 입금은 착오에 기인한 것이므로 착오계좌 예금주의 동의 없이 취소하여(민법 제109조) 정당계좌에 입금할 수 있다. 잘못된 입금을 취소하기 전에 예금주가 동 예금을 인출하였다면, 이는 원인 없이 타인의 재산으로부터 부당하게 이득을 취한 것이므로 반환하여야 한다.

> 「민법」
> **제109조(착오로 인한 의사표시)** ① 의사표시는 법률행위의 내용의 중요부분에 착오가 있는 때에는 취소할 수 있다. 그러나 그 착오가 표의자의 중대한 과실로 인한 때에는 취소하지 못한다.
> **제390조(채무불이행과 손해배상)** 채무자가 채무의 내용에 좇은 이행을 하지 아니한 때에는 채권자는 손해배상을 청구할 수 있다. 그러나 채무자의 고의나 과실 없이 이행할 수 없게 된 때에는 그러하지 아니하다.

(2) 증권류의 입금

① **타점권 입금의 법적 성격**: 타점권을 입금시키는 행위는 금융회사에 대하여 그 추심을 의뢰하고 그 추심이 완료되면 추심대전을 예금계좌에 입금시키도록 하는 위임계약이므로, 금융회사는 선량한 관리자로서의 주의를 가지고 타점권 입금업무를 처리하여야 한다(민법 제681조). 따라서 금융회사가 타점권을 입금받는 경우에는 다음과 같은 사항을 확인할 필요가 있다.

> 「민법」
> **제680조(위임의 의의)** 위임은 당사자 일방이 상대방에 대하여 사무의 처리를 위탁하고 상대방이 이를 승낙함으로써 그 효력이 생긴다.
> **제681조(수임인의 선관의무)** 수임인은 위임의 본지에 따라 선량한 관리자의 주의로써 위임사무를 처리하여야 한다.

㉠ 어음의 경우
ⓐ 입금받은 어음을 지급제시기간 내에 제시할 수 있는지 확인한다. 지급제시기간 내에 제시하지 못할 경우, 입금인은 배서인에 대하여 상환청구권을 상실하며 금융회사는 제시기일 경과로 인한 어음교환업무규약상의 과태료를 부담하기 때문이다.
ⓑ 어음요건을 완전히 충족하고 있는지를 확인한다. 백지를 보충하지 않은 상태에서의 제시는 지급제시로서의 효력이 없으므로 입금인이 상환청구권을 상실하게 되기 때문이다.

㉡ 수표의 경우
ⓐ 지급제시기간 내에 수표가 제시될 수 있는지 확인하여야 한다. 지급제시기간 내에 수표가 제시되지 않을 경우에 입금인은 상환청구권을 상실하며 금융회사는 어음교환업무규약상의 과태료 제재를 받기 때문이다.
ⓑ 선일자 수표인지 여부도 확인하여야 한다. 「수표법」상 수표는 일람출급증권이므로 제시기일 미도래로 부도되는 경우란 있을 수 없다. 그러나 당사자 간에는 발행일자 이전에는 제시하지 않겠다는 명시적·묵시적인 합의가 있는 것이 통상적이므로, 이에 반하여 교환에 회부함으로써 발행인이 손해를 보았다면 입금인은 채무불이행으로 인한 손해를 배상하여야 하기 때문이다.

> 「수표법」
> **제28조(수표의 일람출급성)** ① 수표는 일람출급(一覽出給)으로 한다. 이에 위반되는 모든 문구는 적지 아니한 것으로 본다.
> ② 기재된 발행일이 도래하기 전에 지급을 받기 위하여 제시된 수표는 그 제시된 날에 이를 지급하여야 한다.

ⓒ 수표요건을 구비하였는지 여부를 확인한다.
ⓓ 일반횡선수표인 경우에는 입금인이 우체국과 계속적인 거래가 있는 거래처인지 여부를 확인하고, 특정횡선수표인 경우에는 그 특정된 금융회사가 우체국인지 여부를 확인한다. 금융회사가 이러한 확인을 소홀히 하여 제3자에게 손해가 발생하였다면, 그로 인한 손해를 배상하여야 하기 때문이다. 횡선위배로 부도반환되면 어음교환업무규약상의 과태료 제재를 받는다.

② **선관주의의무를 위반한 경우 금융회사의 책임**: 예를 들어 금융회사가 과실로 지급제시기일에 제시하지 못하였거나 교환 회부할 수 없는 증권을 입금받아 입금인이 소구권을 상실한 경우, 파출수납 시 증권류의 교환 회부를 부탁받고 당일에 교환에 회부하지 않아 입금인에게 손해가 발생한 경우, 부도사실을 추심의뢰인에게 상당한 기일이 지나도록 통지하지 않은 경우에 금융회사는 선량한 관리자로서의 주의의무를 다한 것으로 볼 수 없으므로 입금인에게 그 손해를 배상하여야 한다. 그러나 입금인은 증권을 입금시키고자 하는 경우 백지를 보충하여야 하며 금융회사는 백지보충의무를 부담하지 않는다(예금거래기본약관 제6조 제3항).

(3) 계좌송금

① **의의**: '계좌송금'이란 예금주가 개설점 이외에서 자기의 계좌에 입금하거나 제3자가 개설점·다른 영업점 또는 다른 금융회사에서 예금주의 계좌에 입금하는 것을 말한다. 따라서 계좌송금은 입금의뢰인이 수납 금융회사에 대하여 송금할 금액을 입금하면서 예금주에게 입금해줄 것을 위탁하고, 수납 금융회사가 이를 승낙함으로써 성립하는 위임계약이다. 「금융실명거래 및 비밀보장에 관한 법률」에 의거하여 일정한 계좌송금의 경우에는 실명확인을 하여야 함은 물론이다. 그 외에 계좌송금은 법적 성질이 위임이므로 위임사무가 종료한 때에 금융회사는 위임인에게 위임사무 처리결과를 통지해야 하므로(민법 제683조) 입금의뢰인의 주소·전화번호 등을 반드시 기재해 놓아야 한다.

> 「민법」
> **제683조(수임인의 보고의무)** 수임인은 위임인의 청구가 있는 때에는 위임사무의 처리상황을 보고하고 위임이 종료한 때에는 지체없이 그 전말을 보고하여야 한다.

② **계좌송금의 철회·취소**
㉠ 계좌송금은 위임계약이므로 입금의뢰인은 수임인인 수납 금융회사 및 수납 금융회사의 위임을 받은 예금 금융회사가 위임사무를 종료하기 전에는 언제든지 위임계약을 해지하고 계좌송금 철회를 할 수 있다(민법 제689조).
㉡ 현금 계좌송금의 경우에는 입금기장을 마친 시점에서, 타점권 계좌송금의 경우에는 부도반환시한이 지나고 결제를 확인한 시점에서 예금계약은 성립하고(예금거래기본약관 제7조 제1항), 위임계약은 종료되므로 그 이후 입금의뢰인은 그 입금의 취소를 주장할 수 없게 된다. 예를 들어 타행환입금 의뢰인 갑(甲)이 지정한 병(丙)의 예금계좌에 입금을 마쳤으나 실제로는 을(乙)에게 입금할 예금임을 주장하여 취소를 요청하더라도 병(丙)과의 예금계약은 이미 성립한 것이므로 병(丙)의 동의 없이 취소할 수 없다. 다만, 금융회사가 실수로 지정계좌 이외의 예금계좌에 입금하였다면, 금융회사는 위임사무를 종료한 것으로 볼 수 없고 착오임이 명백하므로 그 입금을 취소할 수 있다.

[단권화 MEMO]

▶ □□□□□□은/는 어떤 사람이 직업 및 사회적 지위에 따라 일반적으로 요구되는 정도의 주의를 기울여야 하는 의무이다.
(선관주의의무)

> 「민법」
> **제689조(위임의 상호해지의 자유)** ① 위임계약은 각 당사자가 언제든지 해지할 수 있다.
> ② 당사자 일방이 부득이한 사유 없이 상대방의 불리한 시기에 계약을 해지한 때에는 그 손해를 배상하여야 한다.

③ 착오송금 시 법률관계
　㉠ '착오송금'이란 송금인의 착오로 인해 송금금액, 수취금융회사, 수취인 계좌번호 등이 잘못 입력되어 이체된 거래로서, 착오송금액은 법적으로 수취인의 예금이기 때문에 송금인은 수취인의 동의 없이는 자금을 돌려받을 수 없다. 계좌이체 시 금융회사는 자금이동의 원인에 관여함이 없이 중개 기능을 수행할 뿐이므로 잘못 입금된 돈이라도 수취인이 계좌에 들어온 금원 상당의 예금채권을 취득하게 되고, 금융회사는 수취인의 동의 없이 송금인에게 임의로 돈을 돌려줄 수 없기 때문이다.
　㉡ 수취인이 예금채권을 취득하였더라도 법적으로는 자금이체의 원인인 법률관계가 존재하지 않으므로 수취인은 금전을 돌려줄 민사상 반환의무가 발생하고, 송금인은 수취인에 대하여 착오이체 금액 상당의 부당이득반환청구권을 가지게 된다. 따라서 송금인은 수취인에게 부당이득반환청구가 가능하고, 수취인이 반환을 거부할 경우 송금인은 부당이득반환청구의 소를 제기할 수 있으며, 그 소송의 상대방은 송금오류로 예금채권을 취득한 수취인이 된다(수취 금융회사는 자금중개 기능을 담당할 뿐 이득을 얻은바 없으므로 부당이득반환의 상대방이 되지 않음).
　㉢ 수취인은 잘못 입금된 금원을 송금인에게 돌려줄 때까지 보관할 의무가 있으므로, 수취인이 착오입금된 돈을 임의로 인출하여 사용하는 경우 형사상 횡령죄에 해당될 수 있다.
　㉣ **착오송금 반환지원제도**: 2021년 7월 「예금자보호법」 개정에 따라 계좌번호 착오 등의 사유로 송금인 실수로 잘못 송금한 건에 대해 금융기관을 통해 반환 신청하였으나, 반환받지 못하는 경우 착오 송금액을 예금보험공사가 대신 찾아주는 '착오송금 반환지원제도'가 신설되었다.

구분	주요내용
신청대상	• 2021. 7. 6. 이후 발생한 5만원 이상 1천만원 이하의 착오송금 • 2023. 12. 31. 이후 발생한 5만원 이상 5천만원 이하 착오송금
대상조건	착오송금 시 먼저 금융회사를 통해 수취인에게 반환을 요청하여야 하며, 미반환된 경우(금융회사의 반환청구절차 결과 '반환거절' 또는 '일부반환' 종결)에만 예금보험공사에 반환지원 신청 가능
신청가능기간	착오송금일로부터 1년 이내 신청(통상 접수일로부터 약 2개월 내외 반환 예상)
반환지원 신청절차	예금보험공사 홈페이지 내 착오송금 반환지원 사이트 접속 온라인 신청 또는 예금보험공사 본사 상담센터 방문 신청

(4) 통장·증서의 교부

일반적으로 예금의 경우 거래처로부터 금전을 입금받아 금액을 확인하고 입금기장을 마치면 금융회사는 거래처에게 예금통장이나 예금증서를 기장하여 교부한다. 예금통장이나 예금증서는 단순한 증거증권이라는 점에 이론이 없다. 따라서 예금통장이나 증서를 소지하고 있다는 사실만으로 소지인이 금융회사에 예금의 반환을 청구할 수는 없다. 다만, 금융회사가 과실 없이 예금통장이나 증서 소지자에게 예금을 지급한 경우에는 채권의 준점유자에 대한 변제에 해당

[단권화 MEMO]

되어 면책이 될 뿐이다. 반면, 예금통장이나 증서를 소지하고 있지 않다 하더라도 그 실질적 권리자임을 입증한 경우에는 예금의 반환을 청구할 수 있다. 그러나 양도성예금증서나 표지어음 등은 그 성격이 유가증권이므로 원칙적으로 그 증서 소지자에게만 발행대전을 지급할 수 있다.

2 예금의 지급업무

(1) 예금지급의 법적 성질

예금주의 청구에 의하여 금융회사가 예금을 지급함으로써 예금계약이 소멸한다. 예금주가 금융회사에 대하여 예금의 지급을 청구하는 행위는 의사의 통지라는 것이 통설이고, 이에 따라 금융회사가 예금을 지급하는 행위는 채무의 변제인 것이므로 변제에 의하여 예금채무는 소멸한다. 기타 예금의 소멸원인으로는 변제공탁·상계·소멸시효의 완성 등이 있다.

(2) 예금의 지급장소

지명채권은 원칙적으로 채무자가 채권자의 주소지에서 변제하는 지참채무가 원칙이다. 그러나 예금채권은 예금주가 금융회사에 나와서 이를 수령한다는 점에서 추심채무이다. '예금거래기본약관' 제3조도 거래처는 예금계좌를 개설한 영업점에서 모든 예금거래를 한다고 규정하여 예금채무가 추심채무임을 규정하고 있다. 또한 무기명채권은 변제 장소의 정함이 없으면 채무자의 현 영업소를 지급장소로 하며, 영업장소가 여러 곳인 때에는 거래를 한 영업소가 지급장소이다. 따라서 무기명예금을 지급하여야 할 장소는 원칙적으로 계좌개설 영업점이다.

(3) 예금의 지급시기

보통예금이나 당좌예금과 같이 기한의 정함이 없는 예금에 대하여는 예금주는 금융회사 영업시간 내에는 언제라도 예금을 청구할 수 있고 금융회사가 이에 응하지 않을 경우에는 채무불이행이 된다. 또한 금전채권의 성질상 채무자인 금융회사는 원칙적으로 불가항력을 주장할 수도 없다. 정기예금 등과 같이 기한의 정함이 있는 예금은 약정한 지급기일에 지급을 해야 하지만, 기한의 정함이 있는 예금도 추심채무이므로 예금의 기일이 도래하고 예금주의 청구가 있는 때에만 채무불이행으로 인한 책임을 부담한다.

(4) 예금의 지급과 면책

① 면책의 근거
  ㉠ 진정한 예금주에게 변제한 경우: 예금채권은 원칙적으로 지명채권이다. 따라서 진정한 예금주에게 변제한 때에 한하여 금융회사는 예금채무를 면하게 되는 것이 원칙이다. 이러한 원칙에 따른다면 금융회사는 예금을 지급할 때마다 그 청구자가 진정한 예금주인지 또는 예금을 청구할 정당한 권리나 권한을 가지고 있는지를 면밀히 조사하여야 한다. 예금계약은 소비임치계약이므로 수취인인 금융회사는 예금의 선량한 관리자로서의 주의의무를 다하여 임치물을 보관하였다가 이를 반환하여야 하기 때문이다. 만약 금융회사가 이러한 선관주의의무를 다하지 못함으로써 무권리자에게 지급한 때에는 예금주에 대하여 그 지급의 유효를 주장할 수 없게 된다. 물론 양도성예금증서(CD)와 같은 유가증권은 그 증권의 점유자에게 지급하면 그 소지인이 정당한 권리자인지 여부에 관계없이 금융회사는 면책된다.
  ㉡ 예외적인 면책 규정: 예금거래는 대량적이고 반복적이므로 금융회사가 일일이 그 청구자가 진정한 예금주인지 여부를 조사하여야 한다면 신속한 예금업무처리가 불가능하다.

따라서 금융회사가 채권의 준점유자에 대한 변제, 영수증 소지자에 대한 변제, 상관습, '예금거래기본약관'의 면책의 요건을 구비한 자에게 예금을 지급한 경우에는 이를 수령한 자가 진정한 권리자인지 여부에 관계없이 그 지급이 유효하고 금융회사는 면책되는 것으로 규정하고 있다.

ⓐ **「민법」상 채권의 준점유자에 대한 변제**: 채권의 준점유자에 대한 변제는 변제자가 선의이며 과실이 없는 때 효력이 있다. '채권의 준점유자'란 거래의 관념상 진정한 채권자라고 믿게 할 만한 외관을 갖춘 자이며, 예금거래에서는 예금통장을 소지하고 그에 찍힌 인영과 같은 인장 및 신고된 비밀번호에 의하여 예금을 청구하는 자를 말한다. 금융회사가 이러한 예금채권의 준점유자에 대하여 선의·무과실로 예금을 지급한 경우에는 그 청구자가 무권리자라 하더라도 그 지급은 유효한 것으로 된다.

> 「민법」
> **제470조(채권의 준점유자에 대한 변제)** 채권의 준점유자에 대한 변제는 변제자가 선의이며 과실 없는 때에 한하여 효력이 있다.

ⓑ **약관상의 면책규정**: '예금거래기본약관' 제16조는 채권의 준점유자에 대한 변제에 관한 「민법」의 이론을 구체화하여 예금통장·증서를 소지하고 인감 또는 서명이 일치하며 비밀번호까지 일치하면, 금융회사가 선의·무과실인 한 책임을 면하는 것으로 규정하고 있다.

② **면책요건**: 「민법」과 약관상의 면책규정을 하나의 면책규정으로 본다면 금융회사가 예금지급에 관하여 면책을 주장하기 위해서는 다음과 같은 요건을 모두 갖추어야 한다.

㉠ **채권의 준점유자에 대한 변제일 것**: 일반적으로 채권의 준점유자가 되기 위해서는 예금통장이나 증서 등을 소지하고 있어야 한다. 그러나 표현상속인이나 전부채권자 또는 추심채권자는 예금통장·증서를 소지하고 있지 않더라도 금융회사가 선의·무과실이면 면책된다. 예금통장·증서를 소지하고 신고인감 등을 절취하여 예금주의 대리인임을 주장하며 예금을 지급받은 자도 채권의 준점유자에 대한 변제규정의 취지가 선의의 변제자를 보호하기 위한 규정이므로 채권의 준점유자로 볼 수 있다.

㉡ **인감 또는 서명이 일치할 것**: 인감 또는 서명은 육안으로 상당한 주의를 하여 일치한다고 인정되면 된다.

ⓐ **상당한 주의로 인감을 대조할 의무**: 인감대조에 숙련된 금융회사 종사자로 하여금 그 직무수행상 필요로 하는 충분한 대조를 다하여 인감을 대조하여야 할 의무를 말한다. 즉, 인감대조의 정도는 필적감정가 수준보다는 낮고 일반인보다는 높은 수준을 말한다고 볼 수 있다.

ⓑ **서명 대조 시 요구되는 주의의무**: 실무경험이 없는 금융회사 종사자가 육안으로 외형상 전체적으로 유사 여부를 평면대조하면 된다. 서명이란 동일인이라 하더라도 경우에 따라서는 상당한 차이가 있기 때문이다. 이처럼 서명대조의 정도는 인감대조의 정도보다는 약간 낮은 주의의무를 요구하고 있는 것으로 보이나, 실거래상으로는 본임임을 확인하고 거래하는 것이 통상적인 예이다.

㉢ **비밀번호의 일치**: 비밀번호가 일치해야 한다.

㉣ **금융기관이 선의·무과실일 것**: 선의란 채권의 준점유자에게 변제수령의 권한이 없음을

알지 못한다는 것만으로는 부족하며, 적극적으로 채권의 준점유자에게 수령권한이 있다고 믿었어야 한다. 한편, 무과실이란 그렇게 믿는 데 즉, 선의인 데 과실이 없음을 뜻한다. 예금의 준점유자로서 청구서상의 인감 또는 서명이 일치한다 하더라도, 금융회사가 예금에 관하여 분쟁이 발생한 사실을 알고 있거나 예금주 회사에 경영권분쟁이 있음을 알면서 예금을 지급한 때에는 주의의무를 다한 것으로 볼 수 없다.

③ 유의사항

㉠ **정당한 예금주에 의한 청구인지 여부**: 예금의 귀속에 관하여 다툼이 있는 경우에는 진정한 예금주가 누구인지에 관하여 소송의 결과 등을 통하여 확인한 후 지급하여야 한다. 예금주 본인에게만 지급하겠다는 특약이 있는 예금을 제3자에게 지급할 경우, 인감이나 비밀번호가 일치한다 할지라도 금융기관이 면책될 수 없으므로 주의를 요한다.

㉡ **예금청구서가 정정된 경우**: 예금청구서는 영수증의 역할을 하는 것이므로 예금청구서의 금액·비밀번호·청구일자 등이 정정된 경우에는 반드시 정정인을 받거나 또는 새로운 전표를 작성하도록 하여야 한다. 그렇지 않으면 그 진정성이 의심될 뿐만 아니라 주의의무가 가중되어 선의·무과실로 면책될 가능성이 감소되기 때문이다.

㉢ **기한부예금의 중도해지의 경우**: 기한부예금이나 적금을 중도해지하는 경우 이는 금융회사가 이익을 포기하여 중도해지청구에 응하는 것이고, 예금주로서는 만기까지 통장이나 인감보관, 그 상실의 경우 금융회사에 대한 신고에 있어 보통예금이나 기한도래 후의 정기예금에 비해 소홀히 할 가능성이 있으므로 금융회사의 예금주 본인, 사자 또는 대리인에 대한 확인의 주의의무가 가중된다. 따라서 반드시 본인의 의사를 확인하는 것이 필요하다.

㉣ **사고신고 여부 등의 확인**: 전산등록이 되므로 별 문제가 없다. 다만, 사고신고를 지연하여 예금주에게 손해를 입혔다면 그 손해를 배상하여야 한다.

㉤ **폰뱅킹에 의한 자금이체신청의 경우**: 판례는 자금이체가 기계에 의하여 순간적으로 이루어지는 폰뱅킹에 의한 자금이체신청이 채권의 준점유자에 대한 변제로서 금융회사의 주의의무를 다하였는지를 판단함에 있어서는 자금이체 시의 사정만을 고려할 것이 아니라, 그 이전의 폰뱅킹 등록을 할 당시에 예금주의 주민등록증의 진정 여부, 부착된 사진과 실물을 대조하고 본인이 폰뱅킹의 비밀번호를 직접 등록하였는지 여부의 확인과 같은 폰뱅킹 등록 당시의 제반사정을 고려하여야 한다고 판시한다. 따라서 금융회사가 폰뱅킹신청 등록 시 거래상대방의 본인 여부를 확인하는 때 그 상대방이 거래명의인의 주민등록증을 소지하고 있는지 여부를 확인하는 것만으로는 부족하고, 그 직무수행상 필요로 하는 충분한 주의를 다하여 주민등록증의 진정 여부 등을 확인함과 아울러 그에 부착된 사진과 실물을 대조하여야 한다.

④ **편의지급**: '편의지급'이란 무통장지급·무인감지급 등과 같이 약관이 정하는 예금지급절차를 따르지 않은 지급을 말한다. 예금주에게 지급한 경우에는 변제의 효과가 발생하나, 종업원 등과 같은 예금주가 아닌 제3자에게 지급한 경우에는 면책될 수 없다. 따라서 실무상 부득이하게 편의취급할 경우에는 예금주에 한해 취급하고, 평소 예금거래를 대신하는 종업원 등이 편의취급을 요구할 경우에도 본인의 의사를 확인하여야 한다.

⑤ **과다지급**: 금융회사 직원의 착오 또는 실수로 예금주가 청구한 것보다 많은 금액을 지급하게 되면 금융회사는 부당이득의 법리에 따라 과다 지급된 금액에 대하여 예금주에게 부당이득

반환청구권을 행사하여 잘못 지급된 금액의 반환을 청구할 수 있다. 이때 거래처가 과다 지급된 사실을 부인하면서 지급에 응하지 않는 경우에는 금융회사는 부당이득반환청구소송을 통해 동 금원은 물론 지연배상금까지 회수할 수 있음을 고지시켜야 한다. 또한 형사적으로도 과다지급된 금원을 부당수령하게 되는 경우 '점유이탈물횡령죄'에 해당할 수 있어 형사상 문제로 비화될 수 있음을 주지시키면서 즉시 반환하도록 설득시켜야 한다.

04 예금의 관리

1 예금주의 사망

관련 법령집 ▶ P.242

(1) 상속

'상속'이란 사망한 사람의 재산이 생존하고 있는 사람에게 승계되는 것을 말한다. 이때 사망한 자를 피상속인이라고 하고, 승계하는 자를 상속인이라고 한다. 상속은 사망한 시점에서 개시되며 사망한 사실이 가족관계등록부에 기재된 시점에서 개시되는 것은 아니다(민법 제997조). 예금상속은 재산권의 일종인 예금채권이 그 귀속주체인 예금주가 사망함에 따라 상속인에게 승계되는 것을 말한다. 상속이 개시되면 피상속인의 권리·의무가 포괄적으로 상속인에게 상속된다. 상속인은 사망한 자의 유언에 따라 결정되며(유언상속), 유언이 없을 경우 법률에 정해진 바에 따라 상속인이 결정된다(법정상속). 「민법」은 법정상속을 원칙으로 하고 유언상속은 유증의 형태로 인정하고 있다.

> 「민법」
> **제997조(상속개시의 원인)** 상속은 사망으로 인하여 개시된다.
> **제1005조(상속과 포괄적 권리의무의 승계)** 상속인은 상속개시된 때로부터 피상속인의 재산에 관한 포괄적 권리의무를 승계한다. 그러나 피상속인의 일신에 전속한 것은 그러하지 아니하다.

(2) 법정상속

① **혈족상속인**: 예금주가 사망한 경우 혈족상속의 순위는 혈연상의 근친에 따라 그 순위가 정하여진다. 혈족이란 자연혈족뿐만 아니라 법정혈족도 포함하며, 만약 선순위 상속권자가 1인이라도 있으면 후순위권자는 전혀 상속권을 가지지 못한다. 혈족 상속인의 상속순위는 다음과 같다.

　㉠ 제1순위: 피상속인의 직계비속 및 피상속인의 배우자
　　ⓐ 양자는 법정혈족이므로 친생부모 및 양부모의 예금도 상속한다(다만, 2008. 1. 1.부터 시행된 친양자입양제도에 따라 입양된 친양자는 친생부모와의 친족관계 및 상속관계가 모두 종료되므로 생가부모의 예금을 상속하지는 못함).
　　ⓑ 서자와 적모 사이·적자와 계모 사이·부와 가봉자(의붓아들) 사이에는 혈연도 없고 법정혈족도 아니므로 상속인이 아니다.
　　ⓒ 태아는 상속순위에 있어 출생한 것으로 간주되므로 상속인이 된다.
　㉡ 제2순위: 피상속인의 직계존속 및 피상속인의 배우자
　㉢ 제3순위: 피상속인의 형제자매
　㉣ 제4순위: 피상속인의 4촌 이내의 방계혈족

[단권화 MEMO]

[단권화 MEMO]

② **대습상속**: 상속인이 될 직계비속 또는 형제자매가 상속개시 전에 사망하거나 결격자가 된 경우에 그 직계비속이 있는 때에는, 그 직계비속이 사망하거나 결격된 자의 지위를 순위에 갈음하여 상속권자가 된다(민법 제1001조). 배우자 상호 간에도 대습상속이 인정된다. 예를 들어 남편이 사망한 후 남편의 부모가 사망한 경우에 처는 남편의 상속인의 지위를 상속한다. 그러나 배우자가 타인과 재혼한 경우에는 인척관계가 소멸되므로 상속인이 될 수 없다.

> 「민법」
> **제1001조(대습상속)** 상속인이 될 직계비속 또는 형제자매가 상속개시 전에 사망하거나 결격자가 된 경우에 그 직계비속이 있는 때에는 그 직계비속이 사망하거나 결격된 자의 순위에 갈음하여 상속인이 된다.
> **제1010조(대습상속분)** ① 제1001조의 규정에 의하여 사망 또는 결격된 자에 갈음하여 상속인이 된 자의 상속분은 사망 또는 결격된 자의 상속분에 의한다.

③ **공동상속과 상속분**: 같은 순위의 상속인이 여러 사람인 경우에는 최근친을 선순위로 본다. 예를 들어 같은 직계비속이라도 아들이 손자보다 선순위로 상속받게 된다. 그리고 같은 순위의 상속인이 두 사람 이상인 경우에는 공동상속을 한다. 공동상속인 간의 상속분은 배우자에게는 1.5, 그 밖의 자녀에게는 1의 비율이다.

④ **상속재산 공유의 성질**: 공동상속인은 각자의 상속분에 응하여 피상속인의 권리의무를 승계하나, 분할을 할 때까지는 상속재산을 공유로 한다.

> 「민법」
> **제1006조(공동상속과 재산의 공유)** 상속인이 수인인 때에는 상속재산은 그 공유로 한다.

㉠ 상속재산의 공유의 성질에는 공유설과 합유설의 대립이 있다.
  ⓐ **공유설**: 공동상속인이 상속분에 따라 각자의 지분을 가지며, 그 지분을 자유로이 처분할 수 있다는 견해이다.
  ⓑ **합유설**: 공동상속인이 상속분에 따른 지분은 가지나, 상속재산을 분할하기까지는 그 공동상속재산의 지분에 대한 처분은 공동상속인 전원의 동의를 얻어야 한다는 견해이다.
㉡ 공유설과 합유설의 채택 여부
  ⓐ **통설**: 이에 대한 대법원의 판례는 없으나 공유설이 통설이며 법원의 실무처리도 공유설에 따르고 있다. 은행(우체국)의 입장에서는 상속인 중 일부가 법정상속분을 청구하는 경우 상속결격사유의 발생, 유언 등이 있는지 여부를 확인할 방법이 없으므로 합유설에 따라 공동상속인 전원의 동의를 받아 지급하는 것이 합리적이다.
  ⓑ **예외**: 만약 상속인 중 일부가 다른 상속인의 동의 없이 자기의 지분을 청구하는 경우 은행(우체국)은 법원의 실무처리인 공유설에 따라 가족관계등록사항별 증명서 등을 징구하여 상속인의 범위와 자격을 확인한 다음 그에 따라 예금을 지급하였다면 문제가 없을 것으로 본다. 왜냐하면 이와 같이 지급하더라도 채권의 준점유자에 대한 면책규정에 의하여 면책될 수 있고, 오히려 지급에 응하지 아니하여 소송이 제기되는 경우에는 패소에 따른 소송비용 및 지연이자까지도 부담할 수 있기 때문이다.

(3) 유언상속(유증)
① **유증의 의의**: '유증'이란 유언에 따른 재산의 증여행위를 말한다. 유증의 형태로는 상속재산의 전부 또는 일정 비율로 자산과 부채를 함께 유증하는 포괄유증과 상속재산 가운데 특정

한 재산을 지정하여 유증하는 특정(지정)유증이 있다.
② **유언의 확인**: 수증자가 유언에 의하여 예금지급을 청구할 경우에는 유언의 형식 및 내용을 확인하여야 한다. 유언의 방식 중 공정증서 또는 법원의 검인을 받은 구수증서에 의한 것이 아닌 경우에는 가정법원의 유언검인심판서를 징구하여 유언의 적법성 여부를 확인하여야 한다.
③ **유언집행자의 확인**: 유언집행자가 선임되어 있는 경우에는 상속재산에 대한 관리권이 유언집행자에게 있으므로 그 유무를 확인하여야 한다. 유언집행자를 확인하기 위하여는 유언서·법원의 선임공고 또는 상속인에 대한 조회로 할 수 있다. 유언집행자는 유언의 내용대로 재산을 관리하고 기타 유언의 집행에 필요한 행위를 할 권리와 의무가 있으며, 그러한 권한에 따른 유언집행자의 행위의 효과가 상속인에게 귀속된다. 유언집행자는 법정유언집행자, 지정유언집행자, 선임유언집행자로 구분할 수 있다.
④ **수증자의 예금청구가 있는 경우**
    ㉠ **포괄유증과 특정유증**: 포괄유증을 받은 자는 재산상속인과 동일한 권리의무가 있으므로 적극재산뿐만 아니라 소극재산인 채무까지도 승계한다. 한편, 특정유증의 경우에는 수증자가 상속인 또는 유언집행자에 대하여 채권적 청구권만 가지므로 은행(우체국)은 예금을 상속인이나 유언집행자에게 지급함이 원칙이다. 그러나 실무상으로는 수증자가 직접 지급해 줄 것을 요구하는 경우가 많다. 이 경우에는 유언집행자 또는 법정상속인으로부터 유증을 원인으로 하는 명의변경신청서를 징구하여 예금주의 명의를 수증자로 변경한 후에 예금을 지급하면 될 것이다. 다만, 상속인으로부터 유류분반환청구가 있는지 확인하여야 한다.
    ㉡ **유류분반환청구 여부의 확인**: '유류분'이란 유증에 의한 경우에 법정상속인 중 직계비속과 배우자는 법정상속의 2분의 1까지, 직계존속과 형제자매는 3분의 1까지 수증자에게 반환을 청구할 수 있는 권리를 말한다. 따라서 수증자의 예금청구에 대하여 상속인이 그 유류분을 주장하여 예금인출의 중지를 요청하는 경우에는 은행은 상속인으로부터 수증자에 대하여 유류분 침해분에 대한 반환을 청구하였음을 증명하는 서면을 징구하고, 수증자에 대하여는 유류분 침해분에 해당하는 금액의 예금반환을 거절하여야 한다.

(4) 상속인의 확인방법
예금주가 유언 없이 사망한 경우에는 법정상속이 이루어지게 되는 바, 가족관계등록사항별 증명서를 징구하여(필요시 제적등본 징구) 상속인을 확인하면 된다. 유언상속의 경우에는 유언서의 내용을 확인하되 자필증서·녹음·비밀증서에 의한 경우에는 법원의 유언검인심판을 받은 유언검인심판서를 징구하여야 한다. 또한 유류분에 대한 상속인의 청구가 있을 수 있으므로 가족관계등록사항별 증명서를 징구하여 유류분권리자를 확인하여야 한다.

(5) 상속과 관련된 특수문제
① **상속인이 행방불명인 경우**: 상속재산이 공동상속인에게 합유적으로 귀속된다는 합유설에 따르면, 행방불명인 자의 지분을 제외한 나머지 부분도 지급할 수 없다. 그러나 공유설을 취할 경우에는 행방불명인 자의 상속분을 제외한 나머지 부분은 각 상속인에게 지급할 수 있다.

[단권화 MEMO]

② **상속인이 부존재하는 경우**: 상속권자나 수증인이 없는 경우에는 이해관계인 및 검사의 청구에 의하여 상속재산관리인을 선임하고, 재산관리인은 채권신고기간을 정하여 공고하고 상속재산을 청산하는 절차를 밟는다. 그리고 채권신고기간 종료 시까지 상속인이 나타나지 않으면 2년간의 상속인 수색절차를 거쳐 상속인이 없으면 특별연고권자에게 재산을 분여한다. 특별연고자도 없으면 국고에 귀속된다.

③ **피상속인이 외국인인 경우**: 「국제사법」상 상속은 피상속인의 본국법에 의하므로 외국인의 경우에는 예금주의 본국법에 의하여 상속절차를 밟는 것이 원칙이다. 그러나 실무상 은행(우체국)으로서는 이러한 외국의 상속법에 정통할 수는 없다. 따라서 만기가 도래한 예금은 채권자의 지급청구가 있으면 변제자가 과실 없이 채권자를 알 수 없는 경우를 사유로 변제공탁하는 것이 최선의 방법이다. 만기가 도래하지 않은 예금의 경우에는 변제공탁이 불가능하므로 주한해당국 공관의 확인을 받고 필요한 경우에는 내국인으로 하여금 보증을 하도록 한 후에 지급하여야 할 것이다.

④ **상속재산의 분할방법**: '상속재산의 분할'이란 상속개시로 생긴 공동상속인 사이의 상속재산의 공유관계를 끝내고 상속분 또는 상속인의 협의내용대로 그 배분관계를 확정시키는 것을 말한다. 상속재산분할의 방법으로는 다음의 세 가지가 있다.

㉠ **유언에 의한 분할**: 피상속인은 유언으로 상속재산의 분할방법을 정하거나 이를 정할 것을 제3자에게 위탁할 수 있다.

㉡ **협의분할**: '협의분할'이란 공동상속인 간의 협의에 의한 분할로, 유언에 의한 분할방법의 지정이 없거나, 피상속인이 5년을 넘지 않는 범위 내에서 상속재산의 분할을 금지하지 않는 한 공동상속인들은 언제든지 협의로 상속재산을 분할할 수 있다. 협의분할에 따른 예금지급을 위해서는 상속인의 범위를 확정하고 상속재산분할협의서·공동상속인의 인감증명서·손해담보각서 등을 징구한 후 지급하면 된다. 다만, 공동상속인 중 친권자와 미성년자가 있는 경우에 친권자가 미성년자를 대리하여 협의분할하는 것은 이해상반행위에 해당하므로 특별대리인의 선임증명을 첨부하여 특별대리인이 동의권 또는 대리권을 행사하도록 하여야 한다.

㉢ **심판분할**: '심판분할'이란 공동상속인들 간에 상속재산의 분할협의가 이루어지지 않아 가정법원의 심판에 의하여 상속재산을 분할하는 방법이다. 상속재산을 분할한 경우에는 상속이 개시된 때에 그 효력이 생긴다.

⑤ **단순승인·한정승인·상속포기**: 상속인은 상속의 개시가 있음을 안 날로부터 3개월 내에 단순승인이나 한정승인 또는 상속포기를 할 수 있다. 상속의 포기는 엄격한 요식행위이므로 법원의 상속포기심판서를 징구하여 확인하여야 한다. '한정승인'이란 상속으로 인하여 취득할 재산의 범위 내에서 채무를 변제할 것을 조건으로 상속을 승인하는 것을 말하며, 한정승인도 법원의 한정승인 심판서를 징구하여 확인해야 한다.

> 「민법」
> **제1019조(승인, 포기의 기간)** ① 상속인은 상속 개시 있음을 안 날로부터 3월 내에 단순승인이나 한정승인 또는 포기를 할 수 있다. 그러나 그 기간은 이해관계인 또는 검사의 청구에 의하여 가정법원이 이를 연장할 수 있다.
> **제1026조(법정단순승인)** 다음 각 호의 사유가 있는 경우에는 상속인이 단순승인을 한 것으로 본다.
> 1. 상속인이 상속재산에 대한 처분행위를 한 때
> 2. 상속인이 제1019조 제1항의 기간 내에 한정승인 또는 포기를 하지 아니한 때

3. 상속인이 한정승인 또는 포기를 한 후에 상속재산을 은닉하거나 부정소비하거나 고의로 재산목록에 기입하지 아니한 때

⑥ **은행(우체국)이 예금주의 사망사실을 모르고 예금을 지급한 경우**: 은행(우체국)이 예금주의 사망사실을 모르는 상태에서 선의로 예금통장이나 증서를 소지한 자에게 신고된 인감과 비밀번호에 의하여 예금을 지급한 경우에는 채권의 준점유자에 대한 변제로서 면책된다. 다만, 예금주가 사망한 사실을 모르고 지급한 것에 대하여 은행(우체국)의 과실이 없어야 한다. 은행(우체국)이 그 예금약관으로 지급의 면책에 관하여 규정하고 있다 하더라도 은행(우체국)의 주의의무를 경감시키거나 과실이 있는 경우까지 면책되는 것은 아니다.

(6) 상속예금의 지급

① 상속예금의 지급절차

순서	지급절차
1	상속인들로부터 가족관계등록사항별 증명서(필요시 제적등본)·유언장 등을 징구하여 상속인을 확인한다.
2	상속인의 지분에 영향을 미치는 상속의 포기·한정승인·유류분의 청구 등이 있는지 확인한다.
3	각종 증빙서류가 적법한 것인지를 확인한다(유언검인심판서·한정승인심판서 등).
4	상속재산관리인 선임 여부를 확인한다.
5	상속재산의 분할 여부를 확인한다.
6	상속예금지급 시 상속인 전원의 동의서 및 손해담보약정을 받는 것이 바람직하다. 그러나 위 동의서 및 손해담보약정의 징구와 관련해서는 분쟁의 소지가 많고, 이를 징구하지 않더라도 정당한 절차에 따라 상속예금을 지급하였다면 상속채권의 준점유자에 대한 변제로서 유효할 수 있으므로 반드시 징구하여야 하는 것은 아니다.

② **당좌계정의 처리**: 당좌거래는 그 법적 성질이 위임계약이고 당사자 일방의 사망으로 계약관계가 종료되므로 당좌거래계약을 해지하고 상속인으로부터 미사용 어음·수표를 회수하여야 한다.

③ **정기적금의 처리**: 예금주가 사망한 경우에는 상속인이 포괄적으로 예금주의 지위를 승계하므로, 일반 상속재산의 지급절차에 의하면 된다. 다만, 적금 적립기간 중 예금주가 사망하고 공동상속인 중 1인이 적금계약을 승계하기 위해서는 상속인 전원의 동의가 필요하다.

2 예금채권의 양도와 질권설정

(1) 예금채권의 양도

① **예금채권의 양도성**: '예금채권의 양도'란 예금주가 그 예금채권을 다른 사람에게 양도하는 것이다. 기명식예금은 지명채권이므로 원칙적으로 그 양도성이 인정된다. 다만, 당사자 사이의 특약으로 그 양도성을 배제할 수 있는데, 예금거래의 실무상으로는 증권적 예금을 제외하고는 대부분의 예금에 대해 양도금지특약을 하고 있다.

② **양도금지특약**: '예금거래기본약관'은 "거래처가 예금을 양도하려면 사전에 은행(우체국)에 통지하고 동의를 받아야 한다. 다만, 법령으로 금지된 경우에는 양도할 수 없다."고 규정하여 양도를 제한하고 있다. 위 특약을 규정한 이유는 대량적·반복적 지급거래를 수반하는 예금거래에 있어서 은행(우체국)이 일일이 정당하게 양도된 것인지 여부를 확인하여야 하는 번거로움과 이중지급의 위험성을 배제하고 채권보전의 확실성을 도모하기 위함이다.

③ **양도금지특약의 효력**: 예금주가 양도금지특약을 위반하여 예금을 다른 사람에게 양도한 경우, 그 양도는 무효이고 은행(우체국)에 대하여 대항할 수 없다. 비록「민법」이 선의의 양수인에 대하여는 양도제한의 특약을 가지고 대항할 수 없다고 규정하고 있으나, 예금에 양도금지특약이 있다는 것은 공지의 사실이므로 양수인은 선의를 주장하기 어렵다. 다만, 주의할 점은 양도금지의 특약에도 불구하고 전부채권자가 그 특약을 알고 있든 모르고 있든 관계없이 전부명령은 유효하다는 것이다.

④ **예금의 양도방법**

㉠ **예금양도계약 및 은행(우체국)의 승낙**: 예금을 양도하기 위해서는 양도인과 양수인 사이에 예금양도계약 및 은행(우체국)의 승낙이 있어야 한다. 실무상 양도인인 예금주가 예금양도 통지만을 하는 경우가 있으나 이는 양도금지특약을 위반한 것이므로, 당사자 사이에는 유효하나 그 양도로 은행(우체국)에 대항할 수 없다.

㉡ **은행(우체국)의 확정일자 확인**: 제3자에게 예금양도로써 대항하기 위해서는 은행(우체국)의 승낙서에 확정일자를 받아두어야 한다. 이는 예금채권에 대해 권리가 경합할 때 누가 우선하는가를 결정하는 기준이 되는 것으로 제3자와의 관계에서 확정일자를 받지 않았으면 채권의 양수로 대항할 수 없으며, 확정일자를 받았으면 대항요건을 갖춘 시기의 앞뒤에 따라 그 우열관계가 결정된다.

㉢ **예금주의 명의 변경**: 예금의 양도가 유효하면 그 예금은 동일성을 유지한 채로 양수인에게로 이전되므로 예금주의 명의를 양수인으로 변경하여야 한다.

㉣ **예금이자 귀속에 관한 합의**: 예금이자의 귀속에 관하여 합의가 있는 경우에는 그 합의에 따르면 되며, 합의가 없는 경우에는 이자채권은 원본채권에 부종하므로 예금양도의 효력을 발생일을 기준으로 하여 그 이후 발생 이자분은 양수인에게 귀속하고, 그 이전 발생분은 양도인에게 귀속하는 것으로 해석하는 것이 통설이다.

⑤ **은행(우체국) 실무처리 시 유의사항**: 은행(우체국)이 양도승낙의 신청을 받은 경우 다음과 같이 처리한다.

순서	유의사항
1	양도인인 예금주의 양도의사를 확인한다. 이때 예금 중에는 그 성질상 예금양도가 금지되는 경우와 근로자장기저축 등 법령상 양도가 금지되는 예금이 있음에 유의하여야 한다.
2	예금양도승낙신청서를 징구한다. 이때 예금양도승낙신청서에는 양도인과 양수인 연서로 하며 제3자에게 대항하기 위해서는 확정일자를 득한 것을 징구하는 것이 바람직하다. 또한 승낙서는 2부를 작성하여 1부는 교부하고 1부는 은행(우체국)이 보관하여 향후 분쟁에 대비하여야 한다. 구두에 의한 승낙도 유효하나 분쟁의 소지가 있으므로 서면에 의하도록 한다.
3	당해 예금에 가압류·압류 등이 있는지 확인한다.
4	예금주에 대하여 대출금채권 등을 가지고 있는 경우에는 상계권행사를 유보하고 승낙할지 여부를 결정한다. 예금채권양도에 대한 승낙의 방법에는 이의를 유보한 승낙과 이의를 유보하지 않은 승낙이 있고, 이의를 유보하지 않고 승낙한 때에는 설사 은행(우체국)이 양도인에게 대항할 수 있는 사유가 있더라도 이로써 양수인에게 대항할 수 없다. 따라서 은행(우체국)이 예금채권양도 승낙요청을 받은 경우에는 우선 양도인에게 대항할 수 있는 항변사유가 있는가를 검토할 필요가 있다. 이러한 항변사유 가운데 특히 뒷날 상계할 가능성이나 필요성 등 채권보전에 지장은 없겠는지를 검토하는 것이 중요하다.
5	명의변경과 개인(改印)절차를 밟는다. 물론 이때에도 실명확인절차를 거쳐야 한다.

(2) 예금채권의 질권설정

① **예금의 질권설정**: 예금은 그 예금을 받은 은행 또는 다른 금융회사나 일반인 등 제3자가 자기

의 채권을 담보하기 위하여 질권설정을 하는 예가 적지 않다. 이 가운데 그 예금을 받은 은행(우체국)이 질권설정하는 경우에는 자기가 받은 예금에 질권설정하는 것이므로 승낙이라는 특별한 절차를 거치지 않아도 된다. 그러나 제3자가 질권설정하는 경우에는 예금양도의 경우와 마찬가지 이유에서 질권설정금지특약을 두고 있어 은행(우체국)의 승낙을 필요로 한다. 그 밖에도 기본적으로는 양도의 경우와 다를 바 없다.

② 예금에 대한 질권의 효력
  ㉠ 채권의 직접 청구: 질권자는 질권의 목적이 된 채권을 직접 청구할 수 있고, 채권의 목적이 금전인 때에는 자기의 채권액에 해당하는 부분을 직접 청구해서 자기 채권의 우선변제에 충당할 수 있다. 다만, 질권자에게 직접청구권과 변제충당권이 인정되려면 피담보채권과 질권설정된 채권(예금채권)이 모두 변제기에 있어야 한다. 따라서 질권설정된 예금채권의 변제기는 이르렀으나 피담보채권의 변제기가 도래하지 않은 경우 질권자는 제3채무자에게 그 변제금액의 공탁을 청구할 수 있고, 이 경우 질권은 그 공탁금 위에 계속 존속한다. 반대로 피담보채권의 변제기는 도래했으나 질권설정된 예금채권의 변제기는 도래하지 않은 경우, 질권자는 질권설정된 예금채권의 변제기까지 기다려야 한다.
  ㉡ 이자에 대한 효력: 예금채권에 대한 질권의 효력은 그 예금의 이자에도 미친다.
  ㉢ 질권설정된 예금을 기한 갱신하는 경우: 질권설정을 했는데 이자 등의 문제로 기한에 이른 정기예금의 원금과 이자를 그대로 종목을 동일하게 하는 새로운 정기예금으로 하는 경우 특별한 사정이 없는 한 두 예금채권 사이에는 동일성이 인정되므로 종전 예금채권에 설정한 담보권은 당연히 새로 성립하는 예금채권에도 미친다.
  ㉣ 질권설정된 예금을 다른 종목의 예금으로 바꾼 경우: 다른 종목의 예금으로 바꾼 경우 특정한 사정이 없는 한 원칙적으로 두 예금채권 사이에는 동일성이 인정되지 않으므로 종전 예금채권에 설정된 담보권은 새로이 성립하는 예금채권에 미치지 않는다. 따라서 은행(우체국)은 그 예금종목을 바꾼 것으로 질권자에게는 대항할 수 없고, 질권의 지급금지 효력에 위반한 것이므로 손해배상책임을 질 수도 있다.

③ 질권설정된 예금의 지급
  ㉠ 예금주에 대한 지급: 질권은 지급금지의 효력이 있으므로 피담보채권이 변제 등의 사유로 소멸하여 질권자로부터 질권해지의 통지를 받은 경우에는 그 예금을 예금주에게 지급할 수 있다. 또한 질권의 효력은 그 원금뿐만 아니라 이자에도 미치므로 예금주가 이자의 지급을 요청하는 경우에도 질권자의 동의하에서만 지급 가능할 것이다.
  ㉡ 질권자에 대한 지급: 질권설정된 예금과 피담보채권의 변제기가 도래하여 질권자의 직접 청구가 있는 경우 제3채무자인 은행(우체국)은 예금주에게 질권자에 대한 지급에 이의가 있는지의 여부를 조회하고, 승낙문언을 기재한 질권설정승낙의뢰서, 피담보채권에 관한 입증서류(대출계약서, 어음 등), 피담보채권액에 관한 입증서류(원장, 대출원리금계산서 등), 예금증서 및 질권자의 지급청구서 등을 징구한 후 지급하면 된다.

④ 실무상 유의사항
  ㉠ 피담보채권의 변제기보다 예금의 변제기가 먼저 도래한 경우: 피담보채권의 변제기보다 예금의 변제기가 먼저 도래한 경우, 은행(우체국)이 예금주를 위해 그 예금을 새로이 갱신하는 경우가 있다. 이때 주의할 점은 같은 종류의 예금으로 갱신하여야 하며, 다른 종목

[단권화 MEMO]

○ □□은/는 채권자가 채권에 대한 담보로 받은 물건을 채무자가 돈을 갚을 때까지 간직하거나, 돈을 갚지 않을 때에는 그 물건으로 우선적으로 변제받을 수 있는 권리이다.
(질권)

의 예금으로 바꾸지 않도록 해야 한다. 실무상 다툼의 염려가 있거나 혹은 이중지급의 우려도 있기 때문이다. 기한갱신을 한 경우 새로운 통장이나 증서에도 질권설정의 뜻을 표시하고 예금거래신청서 및 전산원장에도 역시 같은 뜻의 표시를 하여 종전 예금과의 관계를 명백히 표시해 두어야 할 것이다.

ⓒ 예금의 변제기보다 피담보채권의 변제기가 먼저 도래한 경우: 예금의 변제기보다 피담보채권의 변제기가 먼저 도래한 경우 질권자가 피담보채권의 변제기가 이르렀음을 이유로 그 예금을 중도해지하여 지급청구하는 경우가 있다. 이러한 경우 질권자는 그 예금에 대한 계약당사자가 아니므로 중도해지권이 없다. 따라서 이 예금을 중도해지하여 질권자에게 지급하려면 예금주의 동의가 있어야 한다. 실무상으로는 질권자가 질권해지·중도해지 및 대리수령에 관한 위임장을 가지고 와서 중도해지하여 지급해 줄 것을 요청하는 경우 질권자에게 지급할 수 있을 것이다.

3 예금에 대한 압류

(1) 예금에 대한 (가)압류 명령이 송달된 경우의 실무처리절차

순서	실무처리절차
1	압류명령의 송달연월일 및 접수시각을 명확히 기록하고, 송달보고서에 기재된 시각을 확인하여야 한다.
2	어떠한 종류의 명령인가를 명백히 파악한다. 압류에는 강제집행절차상의 압류와 「국세징수법」상의 체납처분에 의한 압류가 있다. 그리고 강제집행개시에 앞선 보전처분으로서의 가압류가 있고, 압류 이후의 환가처분으로서의 전부명령과 추심명령이 있다. 따라서 명령서의 내용을 조사하여 어떤 종류의 압류인지를 명백히 파악해 둔다.
3	피압류채권에 해당되는 예금의 유무를 조사하고 피압류채권의 표시가 예금을 특정할 정도로 유효하게 기재되어 있는지를 확인한다.
4	압류명령상의 표시에 하자가 있는 경우에는 경정결정을 받아오도록 한다.
5	압류된 예금에 대하여는 즉시 ON-LINE에 주의사고 등록을 하고 원장 등에 압류사실을 기재하여 지급금지조치를 취한다.
6	해당 예금에 대한 질권설정의 유무 및 예금주에 대한 대출금의 유무를 조사하고 대출채권이 있는 경우 상계권 행사 여부를 검토한다.
7	해당 예금에 대한 압류경합 여부를 확인하고, 공탁의 여부를 검토한다.
8	예금주, 질권자 등에게 압류사실을 통지한다.
9	압류명령에 진술최고서가 첨부된 경우에는 송달일로부터 1주일 이내에 진술서를 작성하여 법원에 제출한다.

(2) 압류명령의 접수

① 압류의 효력발생시기

ⓐ 압류결정문이 은행(우체국)에 송달된 때: 압류명령은 채무자와 제3채무자에게 송달된다. 그러나 예금에 대한 압류명령의 효력이 발생하는 시기는 그 결정문이 제3채무자인 은행(우체국)에 송달된 때이다. 이와 같이 은행(우체국)에 압류결정문이 송달된 때를 그 효력발생시기로 한 것은 제3채무자인 은행(우체국)이 그러한 결정이 있음을 안 때에 집행채무자인 예금주에 대하여 현실로 예금의 지급을 금지할 수 있기 때문이다.

ⓑ 압류명령의 송달장소에 따른 효력발생시점: 압류명령은 본점에 송달되는 경우도 있고 해당 지점에 송달되는 경우도 있다. 본점에 송달되는 경우 압류명령의 효력이 발생하는 시점은 그 결정문이 본점에 접수된 때이며 해당 지점에 이첩된 때가 아니다. 송달장소는

송달을 받을 자의 주소·거소·영업소 또는 사무소 어느 곳이라도 무방하기 때문이다. 따라서 압류명령을 접수한 본점은 이를 신속하게 소관 영업점에 통지하여 예금이 지급되지 않도록 하여야 한다.

② **접수시각의 기록 및 송달보고서에 기재된 시각의 확인**: 압류의 효력발생시기는 그 결정문이 은행(우체국)에 송달된 때이므로 은행(우체국)은 압류결정문의 송달연월일·접수시각을 정확히 기록하고, 송달보고서에 기재된 시각을 확인하여야 한다. 왜냐하면 은행(우체국)이 예금주에게 예금을 지급한 시각과 압류의 효력발생의 선후가 문제될 수 있기 때문이다. 혹은 압류의 경합에 따른 예금의 공탁 여부를 결정하여야 할 때 또는 전부명령과 다른 압류명령이 있는 경우 전부명령의 유효성 여부가 문제되는 경우에는 그 판단의 기준은 압류명령의 효력발생시기가 언제이냐에 따라 달라지기 때문이다.

③ **예금주 등에 대한 통지의 필요**: 예금에 대한 압류가 있는 경우에 은행(우체국)이 그 압류의 사실을 예금주에게 통지해줄 법적인 의무는 없다. 왜냐하면 압류결정문은 이들에게도 송달되기 때문이다. 그러나 예금주에 대한 송달이 주소불명 등으로 송달되지 않는 경우도 있을 수 있으며, 보통예금이나 당좌예금과 같이 운전자금이 필요한 경우에는 미리 예금주가 자금계획을 세울 수 있도록 알려줄 필요가 있다. 또한 예금에 대하여 질권이 설정되어 있는 경우에 은행(우체국)은 질권자에게도 통지할 필요가 있다.

(3) 피압류예금의 특정

집행채권자는 압류를 신청할 때 압류할 채권이 다른 채권과 구별하여 특정할 수 있도록 그 종류와 액수, 즉 예금종류와 피압류예금액을 명시하지 않으면 안 된다. 만일 피압류예금을 특정할 수 없으면 압류의 효력이 없다. 그러나 피압류예금을 반드시 기재할 필요는 없다. 다만, 이를 기재한 경우 실제의 예금액이 기재된 예금액보다 적을 때에는 실제의 예금액 전액에 압류의 효력이 미치고, 그 반대이면 기재된 예금액에 한하여 압류의 효력이 미친다. 판례는 압류 및 전부명령의 목적인 채권의 표시는 이해관계인, 특히 제3채무자로 하여금 다른 채권과 구별할 수 있을 정도로 기재되어 그 동일성의 인식을 저해할 정도에 이르지 않은 이상 그 압류 및 전부명령은 유효하다고 한다. 이러한 기준에도 불구하고 실무상으로는 특정성에 의문이 가는 경우가 많다.

① **예금장소의 특정**: 예금에 대한 압류결정문에는 제3채무자가 통상 '소관 ○○지점'이라고 표시되며 이 경우에 특정성이 인정됨은 물론이다. 그러나 소관 예금개설점이 표시되지 않은 경우에도 모든 영업점에 대한 조사를 실시하여 피압류채권의 존재를 알아낼 수 있는 이상 조사에 상당한 시간이 소요되어 그 사이에 예금이 지급된다 하더라도, 이는 은행(우체국)의 과실 없는 지급이 되어 면책이 되는 것은 별론으로 하고 본점 또는 다른 지점으로 송달된 압류명령도 유효하다고 본다.

② **예금계좌의 특정**: 예금주에게 한 종류의 예금 1개 계좌만 있을 때에는 반드시 예금의 종류와 계좌를 명시하지 않더라도 특정된다고 볼 수 있다. 여러 종류의 예금이 여러 계좌로 있는 경우에도 집행채권의 총액이 예금총액을 상회할 때에는 압류명령이 유효하다고 본다. 그러나 집행채권의 총액이 예금채권을 하회할 때에는 그 압류명령이 어느 것을 목적으로 하는 것인지 특정할 수 없으므로 압류의 효력이 없다고 본다. 다만, 압류명령이 채무자가 제3채무자에 대하여 가지는 동종의 예금에 관하여 계약일이 오래된 순서로 청구채권에 달하기까지의 금액을 압류한다고 표시되어 있을 때에는 특정성이 인정되므로 그 압류명령은 유효하다.

[단권화 MEMO]

③ **특정성에 관하여 의문이 있는 경우의 실무상 처리방법**: 압류명령이 유효함에도 불구하고 무효로 보아 예금주에게 지급하거나, 압류명령이 무효임에도 불구하고 유효한 것으로 보아 압류채권자에게 지급한 경우에 채권의 준점유자에 대한 변제에 관한 규정이 적용될 수 없는 것은 아니다. 그러나 일반적으로 은행(우체국)의 과실이 인정되어 은행(우체국)이 이중지급을 하는 경우가 있을 수 있다. 따라서 실무상으로는 예금의 특정성에 다소의 의문이 있는 경우에는 그 압류가 유효한 것으로 취급하여 지급정지 조치를 취한 후 예금주가 그 특정성을 인정하거나 또는 경정결정에 의하여 예금채권이 특정된 경우에 한하여 압류채권자에게 지급한다. 다만, 그렇지 않은 경우에는 소송의 결과에 따라 지급 여부를 결정하는 것이 안전하다.

(4) 압류된 예금의 지급

예금채권의 압류만으로는 압류채권자의 집행채권에 만족을 줄 수 없다. 따라서 압류채권자는 자기 채권의 만족을 위하여 압류한 예금채권을 환가할 필요가 있다. 예금채권의 환가방법으로 추심명령과 전부명령이 이용된다. 실무상 압류와 환가처분으로서의 전부명령이나 추심명령을 따로 내리는 경우는 거의 없으며, 대체로 압류 및 전부명령이나 압류 및 추심명령의 형식으로 행해짐이 일반적이다. 집행권원이 있으므로 특별히 이를 구분해서 신청할 필요가 없기 때문이다.

① **추심명령의 경우**: '추심명령'이란 집행채무자(예금주)가 제3채무자(우체국)에 대하여 가지는 예금채권의 추심권을 압류채권자에게 부여하여 그가 직접 제3채무자에게 이행의 청구를 할 수 있도록 하는 집행법원의 명령을 말한다. 추심명령은 전부명령의 경우와는 달리 제3채무자에 대한 송달로서 그 효력이 생긴다. 전부명령처럼 채권의 이전이 없으므로 그 확정으로 효력이 생기게 할 필요가 없기 때문이다. 따라서 추심채권자에게 지급함에 있어서는 그 확정 여부의 확인이 필요 없다.

② **전부명령의 경우**: '전부명령'이란 집행채무자(예금주)가 제3채무자(우체국)에 대하여 가지는 예금채권을 집행채권과 집행비용청구권에 갈음하여 압류채권자에게 이전시키는 법원의 명령을 말한다. 전부명령은 즉시항고가 허용되므로 확정되어야 그 효력이 생긴다. 즉, 즉시항고 없이 법정기간이 지나거나 즉시항고가 각하 또는 기각되어야 즉시항고는 확정되고 전부명령은 그 효력이 생긴다. 다만, 전부명령의 실체적 효력인 전부채권자에 대한 채권이전 및 채무자의 채무변제효력은 그 전부명령이 확정되면 전부명령이 제3채무자에게 송달된 때 소급해서 생긴다. 따라서 전부채권자에게 지급하려면 우선 그 전부명령이 확정되었음을 확인하여야 한다. 이때 확인은 법원에서 발급한 확정증명원으로 한다.

③ **전부채권자·추심채권자의 본인확인**: 전부명령이 있는 때 전부채권자는 종전채권자(집행채무자)에 갈음해서 새로운 채권자가 되고, 추심채권자는 집행법원에 갈음해서 추심권을 가지므로 은행(우체국)이 그 지급조건이 충족되었을 때 전부명령 또는 추심명령서로써 권리자를 확인한다. 또한 주민등록증 등으로 수령권한을 확인한 후 영수증을 징구하고 전부채권자나 추심채권자에게 지급하여야 한다.

(5) 예금에 대한 체납처분압류

① **체납처분에 의한 압류의 의의**: '체납처분에 의한 압류'란 세금 체납처분의 제1단계로서 세금 체납자가 독촉을 받고서도 기한까지 세금을 완납하지 않을 경우에 체납자의 재산처분을 금하고 체납자를 대위하여 추심할 수 있는 행정기관의 명령을 말하는 것으로, 세금의 강제징수방법이다.

② **체납처분압류의 절차와 효력**: 세무서장이 체납자가 은행(우체국)에 대하여 가지고 있는 예금채권을 압류할 때에는 제3채무자인 은행(우체국)에 압류통지서를 우편 또는 세무공무원편으로 송달한다. 압류의 효력발생시기는 압류통지서가 은행(우체국)에 송달된 때이다. 체납처분압류는 압류목적채권의 지급금지·처분금지 및 추심권의 효력까지 있으므로 마치 「민사집행법」상의 압류명령과 추심명령을 합한 것과 같다.

③ **체납처분압류와 「민사집행법」상 강제집행의 경합**

> **플러스이론 펼쳐보기 ▼** 판례 변경에 따른 압류 경합 기준 변경
>
> 대법원 판례 변경*에 따라 법원 압류(민사집행법)와 체납처분 압류(국세징수법) 경합 시 업무처리 기준 개선(2016. 4.)
> * 판결요지: 「국세징수법」상 체납처분절차와 「민사집행법」의 압류가 경합한 경우 체납처분절차가 우선할 수 없음.
> (대법원 2015.7.9. 선고 2013다60982 판결)

㉠ 「민사집행법」에 의한 압류(가압류)가 경합된 경우: 우선권이 없으므로 채권자의 추심요청 시 경합사실을 안내하고 지급을 거절한다.

㉡ 「국세징수법」에 의한 압류(체납처분절차)가 경합된 경우(압류선착주의)
  ⓐ 「국세징수법」에 의한 압류(체납처분절차)는 압류선착주의에 의해 먼저 송달된 기관에 우선권이 있다.
  ⓑ 후순위 압류기관에서 추심요청 시 지급이 불가하다.

㉢ 「민사집행법」에 의한 압류와 「국세징수법」에 의한 압류(체납처분절차)가 경합된 경우: 우선권이 없으므로 채권자의 추심요청 시 경합사실을 안내하고 지급을 거절한다.

㉣ 「민사집행법」에 의한 압류와 「국세징수법」 준용기관의 압류가 경합된 경우: 우선권이 없으므로 채권자의 추심요청 시 경합사실을 안내하고 지급을 거절한다.

㉤ 「국세징수법」에 의한 압류(체납처분절차)와 「국세징수법」 준용기관의 압류가 경합된 경우: 「국세징수법」에 의한 압류(체납처분절차)와 「국세징수법」 준용기관의 압류가 경합된 경우, 국세우선원칙에 따라 송달시점에 관계없이 체납처분압류가 우선한다.

㉥ 「국세징수법」 준용기관의 압류가 경합된 경우: 준용기관은 압류선착주의가 적용되지 않으므로 압류가 경합된 경우 기관 간 협의하여 처리한다.

구분	공탁 가능 여부	업무기준
「민사집행법」 압류 vs. 「국세징수법」 압류	집행공탁 가능	집행공탁(우선권 없음)
「민사집행법」 압류 vs. 준용기관 압류	집행공탁 가능	집행공탁(우선권 없음)
「국세징수법」 압류 vs. 「국세징수법」 압류	집행공탁 불가	압류선착주의
「국세징수법」 압류 vs. 준용기관 압류	집행공탁 불가	국세청 지급(국세우선원칙)
준용기관 압류 vs. 준용기관 압류	집행공탁 불가	기관 간 협의 처리

④ **체납처분에 의한 압류예금의 지급절차**
  ㉠ 징수직원의 금전 수령: 체납처분에 의하여 압류된 예금을 지급할 때에는 은행(우체국)이 그 처분청에 스스로 납부하여야 하는 것은 아니며, 징수직원이 은행(우체국)에 나와 금전을 수령해 가도록 하면 된다. 이때 신분증명서에 의해 수령인의 권한을 확인하고 처분청장의 위임장·현금영수증 등을 받고 지급에 응하면 된다.

[단권화 MEMO]

ⓛ **지정된 계좌로의 입금 요청**: 최근 처분청은 압류통지서에 처분청의 예금계좌를 지정하고 그 지정된 계좌로 입금을 요청하는 경우가 많으며, 이러한 경우에는 처분청의 계좌번호 여부를 확인한 후 그 지시에 따라 입금하면 된다.

ⓒ **공단의 체납자 재산 압류**: 연금·건강보험료 등을 체납하면 연금관리공단이나 국민건강보험공단 등은 자신의 권한으로 체납자의 재산을 압류할 수 있다. 이러한 채권들은 그 특수성이 인정되므로 납부의 지체가 있는 경우 조세체납처분절차를 준용하는 것이 통상적인 예이다. 따라서 실거래의 처리는 조세의 체납처분압류에 준하여 하면 된다.

Chapter 02 내부통제 및 준법감시

학습포인트
1. 내부통제 및 준법감시를 이해한다.
2. 금융실명거래 원칙 및 방법, 금융거래 비밀보장제도를 정리한다.
3. 자금세탁방지 관련 STR, CTR, CDD, EDD를 구분한다.
4. 금융소비자보호 및 우체국금융 소비자보호를 정리한다.

출제키워드
- 금융실명확인 방법
- 금융거래의 비밀보장
- 자금세탁방지제도
- 금융거래정보

회독 체크표
- 1회독 월 일
- 2회독 월 일
- 3회독 월 일

01 내부통제·준법감시 개요

1 의의

(1) 일련의 통제과정

'내부통제(Internal Control)'란 조직이 효율적인 업무운영, 정확하고 신뢰성 있는 재무보고 체제의 유지, 관련 법규 및 내부정책·절차의 준수 등과 같은 목표를 달성하려는 합리적인 확신(Reasonable Assurance)을 주기 위하여 조직 내부에서 자체적으로 마련하여 이사회, 경영진 및 직원 등 조직의 모든 구성원들이 지속적으로 실행·준수하도록 하는 일련의 통제과정이다.

(2) 사전 또는 상시적으로 통제·감독

내부통제는 일반적으로 임직원 모두가 고객재산의 선량한 관리자로서 제반 법규뿐만 아니라 내규까지 철저하게 준수하도록 사전 또는 상시적으로 통제·감독하는 것을 의미한다.

(3) 목표를 달성하기 위한 과정 또는 수단

조직의 자산 보호, 회계자료의 정확성 및 신뢰성 체크, 조직운영의 효율적 증진, 경영방침의 준수를 위해 채택한 조정수단 및 조치 등을 의미한다. 내부통제제도는 조직이 추구하는 최종목표를 달성하기 위한 과정 또는 수단이고, 금융회사 내 모든 구성원에 의해 수행되는 일련의 통제활동이며, 특정한 목표를 달성하는 데 합리적인 확신을 주는 것이다.

2 법적 근거 및 필요성

(1) 법적 근거

「금융회사의 지배구조에 관한 법률」에는 금융회사가 효과적인 내부통제제도를 구축·운영해야 하는 법적인 근거를 제시하고 있다. 동법 제24조에서는 "금융회사는 법령을 준수하고 경영을 건전하게 하며 주주 및 이해관계자 등을 보호하기 위하여 금융회사의 임직원이 직무를 수행할 때 준수하여야 할 기준 및 절차(내부통제기준)를 마련하여야 한다."고 되어 있다.

(2) 내부통제의 필요성

① **도입 배경**: 1997년 국내기업들의 경영투명성 결여, 회계정보의 신뢰성 부족, 경영감시기능 미흡으로 인한 독단적 경영 등이 IMF 경제위기의 주요한 원인으로 주목되면서 내부통제의 중요성이 강조되기 시작했다. 1999년에는 정부와 금융당국에서도 내부통제수단으로 사외이사와 감사위원회, 준법감시인 및 선진화된 리스크관리제도 등을 도입하게 되었다.

[단권화 MEMO]

○ □□□□은/는 조직의 투명성과 책임성을 제고하고 경영활동을 효과적으로 통제하기 위한 조직적·계통적 통제방법이다.
(내부통제)

② **효과**: 내부통제제도의 운영을 통해 금융회사는 자산을 보전하고 신뢰성 있는 재무보고체계의 유지, 법규 준수 등을 효과적으로 하면서 회사의 목표를 달성할 수 있다. 또한 영업활동 시 중요한 오류 및 일탈행위 가능성을 감소시키고 오류 등이 실제 발생하는 경우를 시의 적절하게 감지하여 시정조치를 할 수 있다.

3 내부통제의 구성요소 및 수단

(1) 내부통제의 구성요소

① **통제환경**: 내부통제에 적합한 조직구조, 효과적인 내부통제가 이루어지도록 유인하는 보상체계, 적절한 인사 및 연수정책, 이사회의 내부통제에 대한 관심 방향, 임직원의 성실성과 자질 등 환경적 요인이다. 무엇보다 조직 내 모든 구성원이 내부통제시스템의 중요성을 인식하고, 내부통제기준 및 절차를 준수하겠다는 통제문화의 형성이 중요하다.

② **리스크평가**: 조직이 직면하고 있는 리스크를 종류별·업무별로 인식하고 측정·분석하는 것이다. 효과적인 내부통제시스템을 구축하기 위해 조직의 목표달성에 부정적인 영향을 미칠 수 있는 리스크를 정확히 인식하고 평가한다.

③ **통제활동**: 목표달성에 부정적인 영향을 미치는 리스크를 통제하기 위한 정책 및 절차 수립 등 제도의 구축과 운영을 의미한다. 적절한 직무분리, 각종 한도 설정, 예외 적용 시 특별승인절차 등의 방법이 있다.

④ **정보와 의사소통**: 구성원이 본연의 책임과 역할을 적절하게 수행하기 위해서는 적절한 정보가 수집·관리되고, 필요한 사람에게 신속하게 제공될 수 있는 시스템을 갖추어야 한다.

⑤ **모니터링**: 내부통제의 모든 과정은 모니터링되고 지속적으로 수정 및 보완되어야 한다. 내부통제시스템을 상시 모니터링해야 하며, 중요한 리스크에 대한 모니터링은 내부감시기능에 의해 정기적으로 평가되고 일상적인 영업활동의 일부가 되어야 한다.

(2) 내부통제의 수단

내부통제의 주요 수단은 조직의 경영목표, 규모 및 영업활동의 특성 등에 따라 형태 및 강도의 차이가 있겠지만, 일반적으로 내부통제수단은 권한의 적절한 배분 및 제한, 회사 자산 및 각종 기록에의 접근 제한, 직무분리 및 직무순환, 정기적인 점검 및 테스트, 불시 점검 및 테스트 등이 있다.

4 내부통제기준

금융회사는 법령을 준수하고 경영을 건전하게 하며 주주 및 이해관계자 등을 보호하기 위해 금융회사의 임직원이 직무를 수행할 때 준수해야 할 기준 및 절차(내부통제기준)를 마련하여야 하며, 내부통제기준에는 아래의 내용을 포함해야 한다.

① 업무의 분장 및 조직구조
② 임직원이 업무를 수행할 때 준수하여야 하는 절차
③ 내부통제와 관련하여 이사회, 임원 및 준법감시인이 수행하여야 하는 역할
④ 내부통제와 관련하여 이를 수행하는 전문성을 갖춘 인력과 지원조직
⑤ 경영의사결정에 필요한 정보가 효율적으로 전달될 수 있는 체제의 구축
⑥ 임직원의 내부통제기준 준수 여부를 확인하는 절차·방법과 내부통제기준을 위한 임직원의 처리

⑦ 임직원의 금융관계법령 위반행위 등을 방지하기 위한 절차나 기준
⑧ 내부통제기준의 제정 또는 변경 절차
⑨ 준법감시인의 임면 절차
⑩ 이해상충을 관리하는 방법 및 절차 등
⑪ 상품 또는 서비스에 대한 광고의 제작 및 내용과 관련한 준수사항
⑫ 「금융회사의 지배구조에 관한 법률」 제11조 제1항에 따른 임직원 겸직이 연대 손해배상 면제요건(제11조 제4항)을 충족하는지에 대한 평가·관리
⑬ 그 밖에 내부통제기준에서 정하여야 할 세부적인 사항으로서 금융위원회가 정하여 고시하는 사항

5 준법감시인제도

(1) 준법감시와 준법감시인

① **준법감시**(Compliance): 법령, 기업윤리, 사내규범 등의 법규범을 철저히 준수하여 사업운영을 완전하게 하기 위한 것으로, 법규범 위반을 조직적으로 사전에 방지하는 것이다.
② **준법감시인**(Compliance Officer): 내부통제기준의 준수 여부를 점검하고 내부통제기준을 위반하는 경우 이를 조사하는 등 내부통제 관련 업무를 총괄하는 자를 말한다.

(2) 준법감시제도의 도입

외환위기 이후 금융권 전 부문에 대한 규제완화, 구조조정 및 개방화가 진전되면서 금융회사의 내부통제 강화를 위한 선진국의 준법감시제도가 국내에 도입되는 분위기가 조성되었다.

(3) 규정

① 「금융회사의 지배구조에 관한 법률」 제25조에서는 "금융회사는 내부통제기준의 준수 여부를 점검하고 내부통제기준을 위반하는 경우 이를 조사하는 등 내부통제 관련 업무를 총괄하는 사람(준법감시인)을 1명 이상 두어야 하며, 준법감시인이 필요하다고 판단되는 경우 조사결과를 감사위원회 또는 감사에게 보고할 수 있다."고 규정하고 있다.
② 우정사업본부는 직제에 의거하여 준법감시담당관을 준법감시인으로 정하고 있다.

02 금융실명거래 원칙 및 방법

1 의의

① 1993년 실지명의(實地名義)(이하 '실명')에 의한 금융거래를 실시하고 그 비밀을 보장하여 금융거래의 정상화를 꾀함으로써 경제정의를 실현하고 국민경제의 건전한 발전을 도모할 목적으로 금융실명제가 실시되었다. 그리고 1997년 동 제도를 구체적으로 법규화한 「금융실명거래 및 비밀보장에 관한 법률」(금융실명법)이 제정되었다.
② '금융실명제'란 금융회사 등이 실명에 의해 고객과 금융거래를 하도록 실명확인의무를 부여하는 제도를 말한다. '실명'이란 주민등록표상의 성명 및 주민등록번호, 사업자등록증에 기재된 법인명 및 등록번호 등을 의미한다.

[단권화 MEMO]

2 실명확인방법

(1) 실명확인자
실명확인자는 실제로 고객의 실명을 확인한 금융회사의 직원이다. 실명확인자는 실명확인업무에 대한 권한·의무가 주어진 영업점(본부의 영업부서 포함) 직원(계약직, 시간제 근무자, 도급직 포함)이며, 후선 부서 직원(본부직원, 서무원, 청원경찰 등)은 실명확인을 할 수 없다. 하지만 본부 부서 근무직원이 실명확인 관련 업무를 처리하도록 지시 또는 명령받은 경우에는 실명확인을 할 수 있다. 금융회사 등의 임원 및 직원이 아닌 업무수탁자(대출모집인, 카드모집인, 보험모집인, 공제모집인 등) 등은 실명확인을 할 수 없다.

(2) 실명확인증표
① 개념: 실명확인은 고객의 성명과 주민등록번호의 확인뿐만 아니라 실명확인증표에 첨부된 사진 등에 의해 명의인 본인 여부를 확인하는 것이다. 제시된 실명확인증표의 사진에 의해 본인 여부의 식별이 곤란한 경우에는 다른 실명확인증표를 보완적으로 사용할 수 있다.

② 구분
  ㉠ 개인의 실명확인증표: 개인의 경우에는 주민등록증이 원칙이다. 다만, 국가기관, 지방자치단체, 「유아교육법」·「초·중등교육법」·「고등교육법」에 의한 학교의 장이 발급한 것으로 성명, 주민등록번호가 기재되어 있고 부착된 사진에 의해 본인임을 확인할 수 있는 유효한 증표(운전면허증, 여권, 청소년증, 경로우대증, 노인복지카드, 장애인복지카드, 학생증 등)도 실명확인증표가 될 수 있다.
  ㉡ 법인의 실명확인증표: 법인의 경우에는 사업자등록증, 고유번호증, 사업자등록증명원이 실명확인증표가 된다. 사업자등록증 사본은 동일 금융회사 내부에서 원본을 대조·확인한 경우에 사용 가능하다.
  ㉢ 임의단체의 실명확인증표: 임의단체의 경우 납세번호 또는 고유번호가 있는 경우에는 납세번호증 또는 고유번호증이 실명확인증표가 된다. 다만, 납세번호 또는 고유번호가 없는 경우에는 대표자 개인의 실명확인증표가 된다.
  ㉣ 외국인의 실명확인증표: 외국인의 경우에는 외국인등록증, 여권 등이 실명확인증표가 된다.

③ 계좌에 의한 실명확인 원칙
  ㉠ 실명확인 날인 또는 서명: 계좌개설 시(신규 및 재예치)마다 실명확인증표 원본으로 실명을 확인한다. 이때 거래원장, 거래신청서, 계약서 등에 '실명확인필'을 표시하고 확인자가 날인 또는 서명(동시에 다수의 계좌를 개설하는 경우 기 실명확인된 실명확인증표 재사용 가능)한다.
  ㉡ 필요서류 첨부·보관: 계좌개설 시에는 실명확인증표 사본 등 실명확인에 필요한 관련 서류를 첨부·보관한다. 실명확인을 할 의무가 있는 금융회사 직원이 금융회사가 통제·관리할 수 있는 스캐너 또는 디지털카메라를 이용하여 스캔(촬영) 후 파일을 별도 보관하거나 사본 출력 후 거래신청서 등에 첨부·보관할 수도 있다(기 징구된 실명확인증표 사본 등 관련 서류 재사용 금지).
  ㉢ 인감증명서 징구: 대리인을 통해 계좌개설을 할 경우 인감증명서가 첨부된 위임장을 징구하고, 본인 및 대리인 모두의 실명확인증표와 첨부된 위임장의 진위 여부 확인을 위한 인감증명서 및 본인서명사실확인서를 제시받아 실명을 확인한다(이 경우 본인의 실명확인증표는 사본으로도 가능).

ⓐ **인감증명서, 위임장 유효기간**: 발행일로부터 3개월 이내로 제한
ⓑ **위임장**: 인감 날인 시 인감증명서, 서명 날인 시 본인서명사실확인서 징구
ⓒ 인감증명서상 인감과 거래인감이 상이할 경우에는 계좌개설신청서에 거래인감을 별도 날인한다.
㉣ **가족관계확인서류 징구**: 가족대리 시 가족관계확인서류(주민등록등본, 가족관계증명서, 가족관계등록부 등)를 징구한다.
  ※ 인감증명서, 위임장, 가족관계확인서류 등 징구서류는 사유 발생일 이후 발급분을 징구하고, 해당 서류의 유효기간은 발행일로부터 3개월 이내로 제한한다.

(3) 비대면 실명확인

① **개념**: '비대면 실명확인'은 거래자 본인 여부를 확인할 때 온라인 채널 등 대면 이외의 방식으로 실명을 확인하는 것을 의미한다. 비대면 실명확인 대상 금융거래는 계좌개설에 한정되는 것은 아니며 「금융실명법」상 실명확인의무가 적용되는 모든 거래에 적용된다.

② **비대면 실명확인 적용 대상자**
  ㉠ 명의자 본인에 한정하고 대리인은 제외되며, 인정 대상 실명확인증표는 주민등록증, 운전면허증 및 여권이다.
  ㉡ 비대면 실명확인의 적용 대상으로 개인뿐만 아니라 법인도 가능하지만, 법인의 경우 금융회사가 위임·대리 관계를 확인할 수 있는 각종 서류(위임장 및 인감증명서 등)의 검증을 위해 대면 확인을 하는 것이 바람직하다.

③ **비대면 실명확인 방식**: 비대면 실명확인은 아래의 두 가지 이상의 방식을 활용하여 가능하다.
  ㉠ 거래자의 실명확인증표 사본을 제출받아 확인한다.
  ㉡ 거래자와의 영상통화를 통해 확인한다.
  ㉢ 「전자금융거래법」 제2조 제10호에 따른 접근매체 전달업무 위탁기관 등을 통하여 실명확인증표를 확인한다.
  ㉣ 「금융실명법」상 실명확인을 거쳐 거래자 명의로 금융회사에 이미 개설된 계좌와의 거래를 통해 확인한다.
  ㉤ **기타**: ㉠~㉣에 준하는 새로운 방식을 통해 확인(금융회사가 금융실명법상 실명확인을 거쳐 거래자의 동의를 받아 전자금융거래법 제2조 제10호 라목에 따른 생체정보를 직접 등록받은 후 이와 대조하여 확인하는 방식도 ㉤에 해당)한다.

3 실명확인 생략이 가능한 거래

「금융실명거래 및 비밀보장에 관한 법률 시행령」에서는 금융거래 중 실명확인의 생략이 가능한 거래를 규정하고 있다.

(1) 실명이 확인된 계좌에 의한 계속거래

실명이 확인된 계좌에 의한 계속거래라고 하는 것은 이미 실명확인된 계좌의 입출금, 해지 및 이체 등을 말한다. 재예치 등 계좌가 새로 개설되는 경우는 계속거래가 아니다.

> 통장, 거래카드(현금, 직불카드 포함) 등으로 입출금하는 경우를 의미하며 무통장입금(송금)은 해당하지 않음.

(2) 각종 공과금 등의 수납

[단권화 MEMO]

● 금융기관은 거래자의 실명에 의해 금융거래를 해야 하되, 실명이 확인된 계좌에 의한 거래와 공과금 수납 및 □만원 이하의 송금 등은 실명을 확인하지 않을 수 있다.
(100)

(3) 100만원 이하의 원화 송금(무통장입금 포함) 또는 그에 상당하는 외국통화 매입·매각

① 수표 및 어음 입금 시 금액에 상관없이 실명확인 대상에 해당하며, 이때 수표·어음 뒷면에 입금계좌번호를 기재하는 것으로 실명확인에 갈음한다. 또한 무통장입금 의뢰서에 실명확인을 날인한다.

② 동일 금융회사 등에서 본인 또는 그 대리인이 동일자 동일인에게 100만원을 초과하는 금액을 분할 입금하는 것을 금융회사가 인지한 경우에는 그 초과금액에 대하여 실명확인을 진행한다.

③ 실명확인 대상 외국환거래의 종류: 외화예금, 환전(100만원 초과), 해외로 외화송금, 해외로부터 외화송금, 외화수표 추심 등

(4) 보험 공제거래 및 여신거래는 실명거래 대상에서 제외

4 불법·탈법 차명거래 금지

「금융실명거래 및 비밀보장에 관한 법률」은 불법재산의 은닉, 자금세탁행위(조세포탈 등), 공중협박자금 조달행위, 강제집행의 면탈 또는 그 밖의 탈법행위를 목적으로 하는 차명거래를 금지하고 있다. 금융회사 종사자는 불법 차명거래를 알선·중개하는 행위를 금지하고, 금융회사 종사자에게 거래자를 대상으로 불법 차명거래가 금지된다는 사실을 설명해야 하며, 설명한 내용을 거래자가 이해하였음을 서명, 기명날인, 녹취 등의 방법으로 확인받아야 한다.

03 금융거래에 대한 비밀보장

관련 법령집 ▶ P.249

1 비밀보장제도

(1) 개념

① 「금융실명거래 및 비밀보장에 관한 법률」은 금융회사 종사자에게 명의인의 서면상 요구나 동의 없이는 금융거래정보 또는 자료를 타인에게 제공하거나 누설할 수 없도록 비밀보장의무를 규정하고 있다(법 제4조 제1항).

② 금융회사 업무에 종사하면서 금융거래정보를 알게 된 자는 본인이 취급하는 업무에 의하여 직접적으로 알게 된 경우뿐만 아니라 간접적으로 알게 된 경우에도 비밀보장의 의무를 지게 된다.

(2) 비밀보장 대상

① **비밀보장의 대상이 되는 금융거래정보 또는 자료**: 특정인의 금융거래사실(누가 어느 금융회사 등, 어느 점포와 금융거래를 하고 있다는 사실)과 금융회사가 보유하고 있는 금융거래 내용을 기록·관리하고 있는 모든 장표·전산기록 등의 원본·사본(금융거래자료) 및 그 기록으로부터 알게 된 것(금융거래정보), 당해 정보만으로 명의인의 정보 등을 직접 알 수 없으나 다른 정보와 용이하게 결합하여 식별할 수 있는 것을 말한다.

② **비밀보장의 의무**: 비밀보장 의무가 있는 '금융회사 등에 종사하는 자'는 금융회사 등의 임·직원, 대리인, 사용인 및 기타 종업원으로서, 금융거래 내용에 대한 정보 또는 자료를 취급·처리하는 업무에 사실상 종사하는 자는 모두 포함된다. 이는 용역직, 계약직, 아르바이트, 파트타임 등 고용형식이나 직위 등에 관계없이 금융회사 등의 업무에 종사하면서 금융거래

정보를 알게 된 자는 자기가 취급하는 업무에 의해서 직접적으로 알게 된 경우뿐만 아니라 간접적으로 알게 된 경우에도 비밀보장의 의무를 지게 된다는 의미이다(시행령 제5조).

③ 비밀보장의 대상이 되는 예
  ㉠ 특정 명의인의 전화번호, 주소, 근무처 등이 포함된 금융거래 자료 또는 정보
  ㉡ 정보 요구자가 특정인의 성명, 주민등록번호, 계좌번호 등을 삭제하는 조건으로 요구한 당해 특정인의 식별 가능한 금융거래 자료 또는 정보

④ 비밀보장의 대상에서 제외되는 예: 특정명의인의 금융거래 사실 또는 금융거래에 대한 정보를 알 수 없는 것은 비밀보장의 대상에서 제외된다.
  ㉠ 금융거래에 관한 단순통계자료
  ㉡ 성명, 주민등록번호, 계좌번호, 증서번호 등이 삭제된 다수 거래자의 금융거래 자료로서 특정인에 대한 금융거래정보를 식별할 수 없는 자료
  ㉢ 1993년 8월 12일 이전에 거래된 무기명, 가명의 금융거래
  ㉣ 순수한 대출거래·보증·담보내역 등에 관한 정보 및 자료
  ㉤ 신용카드 발급, 가맹점 가입, 카드를 이용한 매출, 현금서비스, 기타 회원, 가맹점 및 채무관리 등에 관한 정보 및 자료
  ㉥ 대여금고 이용에 관한 정보
  ㉦ CCTV 화면 관련 정보
    └ CCTV 관련 정보는 「개인정보 보호법」 등 타 법률에 따라 제한사항 여부를 확인해야 함.

2 금융거래 정보제공

사용 목적에 필요한 최소한의 범위 내에서 인적사항을 명시하는 등 법령이 정하는 방법 및 절차에 따라 금융거래 정보제공이 가능하다.

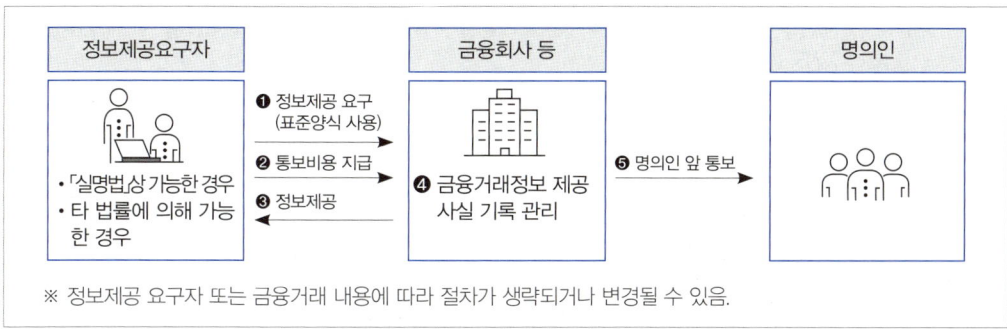

※ 정보제공 요구자 또는 금융거래 내용에 따라 절차가 생략되거나 변경될 수 있음.

◉ 금융거래 정보제공의 흐름

(1) 금융거래 정보제공의 법률적 근거

① 「금융실명거래 및 비밀보장에 관한 법률」은 금융회사 종사자로 하여금 명의인의 서면상 요구나 동의 등 법률상 일정한 사유가 있는 경우에만 금융거래정보를 제3자에게 제공할 수 있게 한다. 또한 제공하는 경우에도 사용 목적에 필요한 최소한의 범위 내에서 인적사항을 명시하는 등 법령이 정하는 방법 및 절차에 의하여 정보를 제공하도록 하고 있다.

② 정보제공이 가능한 경우(금융실명법 제4조 제1항)
  ㉠ 명의인의 서면상의 요구나 동의를 받은 경우
  ㉡ 법원의 제출명령 또는 법관이 발부한 영장에 의한 경우

[단권화 MEMO]

ⓒ 「조세에 관한 법률」의 규정에 의하여 소관관서장의 요구(상속·증여재산의 확인, 체납자의 재산조회 등)에 의한 거래정보 등을 제공하는 경우
ⓓ 동일 금융회사의 내부 또는 금융회사 상호 간에 업무상 필요한 정보 등을 제공하는 경우
ⓔ 그 외에도 타 법률의 규정에 의하여 정보제공 가능

(2) 정보제공 요구방법

① **정보제공 요구 및 응답**: 법률의 규정에 따라 금융거래 정보제공을 요구하는 자는 금융위원회가 정하는 표준양식에 의하여 금융회사의 특정 점포에 요구해야 한다. 또한 금융회사는 정보제공 시 표준양식(금융거래의 정보제공 요구서)에 따라 다음과 같은 정보를 확인한 후 제공한다.
　ⓐ 명의인의 인적 사항(성명, 주민등록번호, 계좌번호, 수표·어음 등 유가증권의 증서번호 등 중 하나)
　ⓑ 요구 대상 거래기간
　ⓒ 요구의 법적 근거
　ⓓ 사용 목적
　ⓔ 요구하는 거래정보의 내용
　ⓕ 요구하는 기관의 담당자 및 책임자의 성명과 직책 등의 인적사항

② **예외**: 정보제공 요구는 특정 점포에 요구하여야 하나, 다음의 경우에는 거래정보 등을 보관 또는 관리하는 부서에 일괄 조회요구를 할 수 있다.
　ⓐ 명의인의 서면상 요구나 동의에 의한 정보제공
　ⓑ 법원의 제출명령 또는 법관이 발부한 영장에 의하여 거래정보를 요구하는 경우
　ⓒ 부동산거래와 관련한 소득세 또는 법인세의 탈루혐의가 인정되는 자의 필요한 거래정보를 세무관서의 장이 요구하는 경우
　ⓓ 체납액 1천만원 이상인 체납자의 재산조회를 위하여 필요한 거래정보를 국세청장 등이 요구하는 경우
　ⓔ 금융회사 내부 또는 금융회사 상호 간에 업무상 필요한 정보를 요구하는 경우 등

(3) 정보제공 사실의 기록·관리의무

① **기록·관리 의무**: 금융회사가 명의인 이외의 자로부터 정보의 제공을 요구받았거나 명의인 이외의 자에게 정보 등을 제공하는 경우, 그 내용을 기록·관리하여야 한다. 이는 정보 등의 제공에 대한 책임관계를 명확히 하고 금융거래 정보관리를 강화함으로써 부당한 정보 등의 제공이나 유출을 방지하기 위함이다. 다만, 과세자료의 제공, 금융회사 내부 또는 금융회사 상호 간의 정보제공의 경우에는 기록·관리의무가 면제된다.

② **보관기간 및 대상**: 관련 서류의 보관기간은 정보제공일로부터 5년간이며, 금융회사 등이 기록·관리하여야 하는 사항은 아래와 같다.
　ⓐ 요구자의 인적사항, 요구하는 내용 및 요구일자
　ⓑ 제공자의 인적사항 및 제공일자
　ⓒ 제공된 거래정보 등의 내용
　ⓓ 제공의 법적근거
　ⓔ 명의인에게 통보된 날

[단권화 MEMO]

● 금융기관에 금융거래 정보제공을 요구하는 경우에는 법적 근거, 사용 목적, 요구하는 거래정보 등의 내용이 포함된 □□□□에 따라야 한다.
(표준양식)

(4) 명의인에 대한 정보 등의 제공사실 통보

금융회사가 금융거래정보 등을 제공한 경우에는 정보 등을 제공한 날로부터 10일 이내에 제공한 거래정보 등의 주요 내용, 사용 목적, 제공받은 자 및 제공일자 등을 명의인에게 서면으로 통보하여야 한다. 다만, 정보 등의 요구자가 통보유예를 요청하는 경우에는 통보를 유예할 수 있으며 통보유예 요청 가능 사유는 다음과 같다. 통보유예기간이 종료되면 종료일로부터 10일 이내에 명의인에게 정보제공사실과 통보유예 사유 등을 통보해야 한다.

① 사람의 생명이나 신체의 안전을 위협할 우려가 있는 경우
② 증거인멸·증인위협 등 공정한 사법절차의 진행을 방해할 우려가 명백한 경우
③ 질문·조사 등의 행정절차의 진행을 방해하거나 과도하게 지연시킬 우려가 있는 경우

3 금융실명거래 위반에 대한 처벌 및 제재

「금융실명거래 및 비밀보장에 관한 법률」은 실명거래의무 위반행위, 불법 차명거래 알선·중개행위, 설명의무 위반행위, 금융거래 비밀보장의무 위반행위, 금융거래정보의 제공사실 통보의무 위반행위, 금융거래 정보제공 내용 기록·관리의무 위반행위에 대한 처벌로서 벌칙과 과태료에 대한 규정을 두고 있다.

① 금융회사의 직원이 불법 차명거래 알선·중개행위를 하거나 금융거래 비밀보장의무 위반행위를 한 경우에는 5년 이하의 징역 또는 5천만원 이하의 벌금에 처한다.
② 금융회사의 직원이 실명거래의무 위반행위를 하거나 설명의무 위반행위, 금융거래정보의 제공사실 통보의무 위반행위, 금융거래 정보제공 내용 기록·관리의무 위반행위를 한 경우에는 3천만원 이하의 과태료를 부과한다.

04 자금세탁방지제도

1 개요

'자금세탁방지제도'란 국내·국제적으로 이루어지는 불법자금의 세탁을 적발·예방하기 위한 법적·제도적 장치로서 사법제도, 금융제도, 국제협력을 연계하는 종합 관리시스템을 의미한다. 자금세탁(Money Laundering)의 개념은 일반적으로 '자금의 위법한 출처를 숨겨 적법한 것처럼 위장하는 과정'을 의미하며, 각국의 법령이나 학자들의 연구목적에 따라 구체적인 개념은 다양하게 정의되고 있다. 우리나라의 경우 '불법재산의 취득·처분사실을 가장하거나 그 재산을 은닉하는 행위 및 탈세 목적으로 재산의 취득·처분사실을 가장하거나 그 재산을 은닉하는 행위'로 규정하고 있다(특정 금융거래정보의 보고 및 이용 등에 관한 법률 제2조 제4호 및 제5호, 범죄수익은닉의 규제 및 처벌 등에 관한 법률 제3조 참조).

[단권화 MEMO]

● 금융회사가 금융거래 정보 등을 제공한 경우에는 정보 등을 제공한 날로부터 □일 이내에 제공한 거래정보 등의 주요 내용, 사용 목적, 제공받은 자 및 제공일자 등을 명의인에게 서면으로 통보하여야 한다.
(10)

[단권화 MEMO]

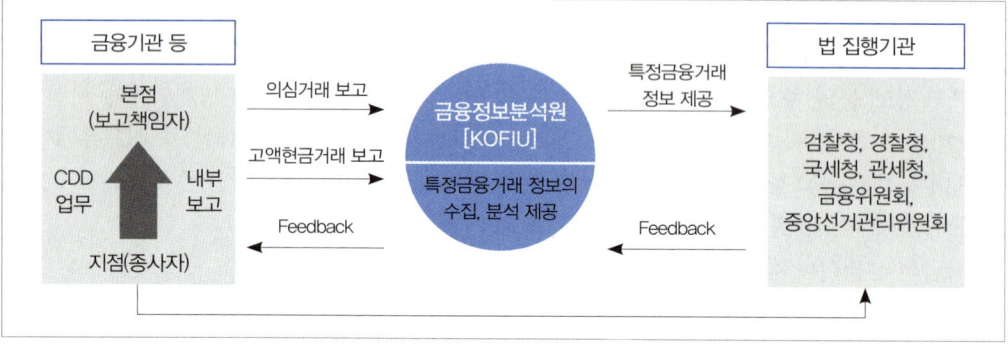

○ 자금세탁방지제도 체계

2 금융정보분석기구(FIU; Financial Intelligence Unit)

① 금융정보분석기구는 금융기관으로부터 자금세탁 관련 의심거래 보고 등 금융정보를 수집·분석하여, 이를 법 집행기관에 제공하는 중앙 국가기관으로 각 국가별로 FIU를 두고 있다.

② 우리나라의 자금세탁방지기구는 「특정 금융거래정보의 보고 및 이용에 관한 법률」(이하 특정금융정보법)에 따라 설립된 금융정보분석원(KoFIU; Korea Financial Intelligence Unit)으로, 법무부·금융위원회·국세청·관세청·경찰청·한국은행·금융감독원 등 관계기관의 전문 인력으로 구성되어 있다. 금융기관 등으로부터 자금세탁 관련 의심거래를 수집·분석하여 불법거래, 자금세탁행위 또는 공중협박자금조달행위와 관련된다고 판단되는 금융거래 자료를 법 집행기관(검찰청·경찰청·국세청·관세청·금융위원회·중앙선거관리위원회 등)에 제공하는 업무를 주 업무로 하고, 금융기관 등의 의심거래 보고업무에 대한 감독 및 검사, 외국의 FIU와의 협조 및 정보교류 등을 담당하고 있다.

3 의심거래보고제도(STR; Suspicious Transaction Report)

(1) 정의

① 금융거래(카지노에서의 칩 교환 포함)와 관련하여 수수한 재산이 불법재산이라고 의심되는 합당한 근거가 있거나 금융거래의 상대방이 자금세탁 행위를 하고 있다고 의심되는 합당한 근거가 있는 경우, 이를 금융정보분석원장에게 보고하도록 한 제도이다.

② 불법재산 또는 자금세탁행위를 하고 있다고 의심되는 합당한 근거의 판단주체는 금융회사 종사자이며, 그들의 주관적 판단에 의존하는 제도라는 특성이 있다.

● 의심거래를 금융정보분석기구에 보고하는 제도로서 자금세탁방지를 위한 금융거래보고제도 중 주관적 기준에 의한 보고제도를 □□□(이)라고 한다.

(STR)

(2) 보고 대상

① 금융회사 등(우체국도 포함, 이하 동일)은 금융거래와 관련하여 수수한 재산이 불법재산으로 의심되는 합당한 근거가 있거나, 금융거래의 상대방이 자금세탁행위나 공중협박자금조달행위를 하고 있다고 의심되는 합당한 근거가 있는 경우 및 「범죄수익은닉의 규제 및 처벌 등에 관한 법률」 제5조 제1항 및 「공중 등 협박목적 및 대량살상무기확산을 위한 자금조달행위의 금지에 관한 법률」 제5조 제2항에 따라 관할 수사기관에 신고한 경우 지체 없이 의무적으로 금융정보분석원에 의심거래보고를 해야 한다.

② 의심거래보고를 하지 않는 경우에는 관련 임직원에 대한 징계 및 기관에 대한 시정명령과 과태료 부과 등 제재처분이 가능하다. 특히, 금융회사가 금융거래 상대방과 공모하여 의심거래

보고를 하지 않거나 허위보고를 하는 경우에는 6개월의 범위 내에서 영업정지 처분도 가능하다. 또한 의심거래보고를 허위보고하는 경우 1년 이하의 징역 또는 1천만원 이하의 벌금, 미보고하는 경우 3천만원 이하의 과태료 부과도 가능하다.

(3) 보고 방법 및 절차

금융회사 등의 영업점 직원은 업무지식과 전문성, 경험을 바탕으로 고객의 평소 거래상황, 직업, 사업내용 등을 고려하여 취급한 금융거래가 의심거래로 판단되면 그 내용을 보고책임자에게 보고한다. 또한 고객확인의무 이행을 위해 요청하는 정보에 대해 고객이 제공을 거부하거나 수집한 정보의 검토 결과 고객의 금융거래가 정상적이지 못하다고 판단하는 경우 의심스러운 거래로 보고한다. 보고책임자는 '특정 금융거래정보 보고 및 감독규정'의 별지 서식에 의한 의심스러운 거래보고서에 보고기관, 의심스러운 거래자, 의심스러운 거래내역, 의심스러운 거래 관련 계좌, 송금인/수취인 정보, 의심스러운 거래 유형, 의심스러운 거래에 대한 서술부분(의심스러운 거래의 개요 및 보고 이유를 설명) 등을 기재하여 온라인으로 보고하거나 문서 또는 저장 매체로 제출하되, 긴급한 경우에는 우선 전화나 FAX로 보고하고 추후 보완할 수 있다.

(4) 의심거래보고 정보의 법 집행기관에 대한 제공

금융기관 등 보고기관이 의심스러운 거래의 내용에 대해 금융정보분석원(KoFIU)에 보고하면, KoFIU는 ① 보고된 의심거래내용과 ② 외환전산망 자료, 신용정보, 외국 FIU의 정보 등 자체적으로 수집한 관련 자료를 종합·분석한다. 이후 불법거래 또는 자금세탁행위와 관련된 거래라고 판단되는 때에는 해당 금융거래자료를 검찰청·경찰청·해양경찰청·국세청·관세청·금융위원회·선거관리위원회 등 법 집행기관에 제공하고, 법 집행기관은 거래내용을 조사·수사하여 기소 등의 법 조치를 하게 된다.

4 고액현금거래보고(CTR; Currency Transaction Report)

(1) 개념

① 일정 금액 이상의 현금거래를 KoFIU에 보고하도록 한 제도이다. 1일 거래일 동안 1천만원 이상의 현금을 입금하거나 출금한 경우 거래자의 신원과 거래일시, 거래금액 등 객관적 사실을 전산으로 자동보고하도록 하고 있다. 따라서 금융기관이 자금세탁의 의심이 있다고 주관적으로 판단하여 의심되는 합당한 사유를 적어 보고하는 의심거래보고제도(STR; Suspicious Transaction Report)와는 구별된다.

② 우리나라는 2006년에 이 제도를 처음 도입하였다(특정금융정보법 제4조의2, 시행일자: 2006. 1. 18.). 도입 당시는 보고 기준금액을 5천만원으로 하였으나, 2008년부터는 3천만원, 2010년부터는 2천만원, 2019년 7월부터는 1천만원으로 단계적으로 인하하여 운영하고 있다.

(2) 도입 목적

① 고액현금거래보고제도의 목적은 객관적 기준에 의해 일정 금액 이상의 현금거래를 보고하도록 하여 불법자금의 유·출입 또는 자금세탁혐의가 있는 비정상적 금융거래를 효율적으로 차단하려는 데 있다. 현금거래를 보고하도록 한 것은 1차적으로는 출처를 은닉·위장하려는 대부분의 자금세탁거래가 고액의 현금거래를 수반하기 때문이며, 또한 금융기관 직원의 주관적 판단에 의존하는 의심거래보고제도만으로는 금융기관의 보고가 없는 경우 불법자금을 적발하기가 사실상 불가능하다는 문제점을 해결하기 위한 것이다.

○ 일정 금액 이상의 현금거래를 KoFIU에 보고하도록 하는 제도를 □□□□(이)라고 한다.
(CTR)

② 국제적으로는 모든 국가가 이 제도를 도입하고 있는 것은 아니며, 각국이 사정에 맞게 도입·운영하고 있다. 우리나라는 금융거래에서 현금거래 비중이 높은 점 때문에 자금세탁방지의 중요한 장치로서 도입 필요성이 강하게 제기되어 왔다.

③ 이 제도가 자금세탁거래를 차단하는 데 효율적이라는 점이 인정됨에 따라 FATF(Financial Action Task Force on Money Laundering) 등 자금세탁방지 관련 국제기구는 각국이 이러한 제도를 도입할 것을 적극 권고하고 있다.

(3) 보고 기준 및 보고 기한

고액현금거래보고의 보고 기준금액은 「특정금융정보법」 제4조2에서 정한 금액으로 동일인* 기준 1거래일 동안 지급받거나 영수한 현금액을 각각 합산하여 산정한다. 한편, 고객이 고액현금거래보고를 회피할 목적으로 금액을 분할하여 금융거래를 하고 있다고 의심되는 합당한 근거가 있는 경우에는 의심스러운 거래(STR)로 보고해야 한다.

*「금융실명법」제2조 제4호의 실지명의가 동일한 경우(주민등록표상의 명의 등)를 의미함.

① 기준 금액: 1천만원 원화
② 기준금액 산정 시 제외거래
    ㉠ 1백만원 이하의 원화송금(무통장입금 포함) 금액
    ㉡ 1백만원 이하에 해당하는 외국통화 매입·매각 금액
    ㉢ 「금융실명법」상 실명확인 생략 가능한 각종 공과금 등을 수납한 금액
    ㉣ 법원공탁금, 정부·법원보관금, 송달료를 지출한 금액
    ㉤ 은행지로장표에 의하여 수납한 금액
    ㉥ 1백만원 이하의 선불카드 거래 금액
③ 보고 기한: 금융회사 등은 금융거래 등의 상대방에게 보고 기준금액 이상의 현금을 지급하거나 영수한 날로부터 30일 이내에 금융정보분석원장에게 보고해야 한다.

(4) 외국 사례

① 도입 확대: 미국을 시작으로 호주, 캐나다 등 주로 선진국 FIU에서 도입하여 운영하여 왔으나, 최근 들어 대만, 과테말라, 슬로베니아, 파나마, 콜롬비아, 베네수엘라 등으로 도입 국가가 점차 확대되어 가고 있다.
    ㉠ 보고대상기관: 대부분의 국가에서 은행, 증권회사, 보험회사 등 모든 업종의 금융기관으로 하고 있다.
    ㉡ 보고기준금액: 자금세탁 등 불법자금 유통을 효과적으로 차단할 수 있는 범위 내에서 현금거래성향, 수준 등을 고려하여 각국이 결정하므로 국가에 따라 다르나, 미국, 호주, 캐나다 등 주요국에서는 1만 달러(자국화폐 기준)를 기준금액으로 하고 있다.
    ㉢ 각국은 분할거래를 통해 고액현금거래보고제도를 회피하는 것을 방지하기 위해 일정 기간 동안의 다중거래는 단일거래로 판단하여 그 합이 보고기준금액을 넘을 경우에도 보고하도록 하는 장치를 두고 있다.
② 보고면제제도의 운영: 미국, 캐나다 등에서는 보고와 관련된 비용부담을 줄이고 자료의 실효성을 제고하기 위해 자금세탁 위험성이 상대적으로 낮은 정부기관 또는 금융기관 등과의 거래는 금융회사가 스스로 판단하여 보고대상에서 제외할 수 있도록 하는 보고면제제도를 운영하고 있다. 우리나라도 「특정금융정보법」에 따라 다른 금융회사 등과의 현금의 지급 또는 영수, 국가, 지방자치단체와의 현금의 지급 또는 영수에 해당하는 경우 보고를 제외하고 있다.

5 고객확인제도(CDD; Customer Due Diligence)

(1) 개념

① 금융회사가 고객과 거래 시 고객의 실지명의(성명, 실명번호) 이외에 주소, 연락처, 실제 소유자 등을 확인하고, 자금세탁행위 등의 우려가 있는 경우 금융거래의 목적 및 자금의 원천 등을 추가로 확인하는 제도이다. 금융회사가 고객에 대해 이렇게 적절한 주의를 기울이도록 한 것은 금융상품 또는 서비스가 자금세탁행위 등 불법행위에 이용되는 것을 방지하기 위한 것이다. 우리나라 법률에서는 이를 '합당한 주의'로서 행하여야 하는 의무사항으로 규정하고 있다.

② 고객확인 과정에서 정보의 제공 및 관련 서류의 제출을 거부하는 경우 금융거래를 거절할 수 있다. 고객확인제도는 금융회사 입장에서는 금융회사가 고객의 수요에 맞는 금융서비스를 제공하면서도 정확한 고객확인을 통해 자금세탁의 위험성을 최소화하고 금융회사의 평판 위험을 줄일 수 있는 장치로서 인식되고 있다. 또한 고객확인제도는 자금세탁방지 측면에서는 금융회사가 평소 고객에 대한 정보를 파악·축적함으로써 고객의 의심거래 여부를 파악하는 토대를 제공한다고 할 것이다.

③ **금융실명제와 고객확인제도**: 우리나라가 1993년부터 시행하고 있는 금융실명제는 고객확인제도의 기초에 해당한다. 국제적으로 고객확인제도는 2003년부터 본격적으로 도입되었다. 우리나라는 금융실명제를 토대로 하되, 금융실명제가 포함하지 않고 있는 사항을 보완하는 차원에서 「특정금융정보법」에 근거를 두고 2006년 1월 18일부터 이 제도를 도입하였다.

④ **고객알기정책과 고객확인제도**
  ㉠ 2010년 7월 새롭게 제정·시행된 '자금세탁방지 및 공중협박자금조달금지에 대한 업무규정(금융정보분석원 고시)'에서는 고객확인제도의 이행사항을 상세하게 규정하고 있다. 고객확인제도는 금융회사 입장에서 자신의 고객이 누구인지 정확하게 알고 범죄자에게는 금융서비스를 제공하지 않도록 하는 정책이라 하여 고객알기정책(Know Your Customer Policy)이라고도 한다.
  ㉡ 2014년 5월 「특정금융정보법」 개정을 통해 국제기준에 따른 실제 소유자의 정의와 고객확인업무 수행 시 실제 소유자를 확인하도록 의무사항이 추가되었다(2016. 1. 1. 시행).

⑤ 실명확인제도와 고객확인제도 비교

「금융실명법」	「특정금융정보법」상 고객확인제도(CDD)	
	2006. 1. 도입	고위험고객: 강화된 고객확인(EDD)
성명, 주민번호	성명, 주민번호 + 주소, 연락처 + 실제 소유자에 관한 사항 (2016. 1. 1.부터 시행)	성명, 주민번호, 주소, 연락처 실제 소유자에 관한 사항 + 거래목적, 거래자금의 원천

Enhanced Due Diligence

(2) 고객확인 대상

금융기관은 계좌의 신규개설이나 1천만원(미화 1만불) 이상의 일회성 금융거래 시 고객의 신원을 확인해야 하며, 그 구체적인 내용은 다음과 같다.

[단권화 MEMO]

● 금융회사가 고객과 거래 시 고객의 성명과 실지명의 이외에 주소, 연락처 등을 추가로 확인하고, 자금세탁행위 등의 우려가 있는 경우 실제 당사자 여부 및 금융거래 목적을 확인하는 제도를 □□□(이)라고 한다.

(CDD)

① **계좌의 신규 개설** —[거래금액에 상관없이 고객확인의무를 수행해야 함.]

　㉠ 고객이 금융기관에서 예금계좌, 위탁매매계좌 등을 개설하는 경우뿐만 아니라, 일반적으로 금융기관과 계속적인 금융거래를 개시할 목적으로 계약을 체결하는 것을 말한다. 예를 들어 보험·공제계약, 대출·보증·팩토링 계약의 체결, 양도성예금증서, 표지어음의 발행, 펀드 신규 가입, 대여금고 약정, 보관어음 수탁을 위한 계약 등도 '계좌의 신규개설'에 포함된다.

　㉡ 계좌 신규개설의 경우는 거래금액에 상관없이 고객확인의무를 수행하여야 한다.

② **1천만원(미화 1만불 상당액) 이상의 일회성 금융거래**: 금융기관 등과 계속하여 거래할 목적으로 계약을 체결하지 않은 고객에 의한 금융거래를 말한다. 예를 들어 무통장입금(송금), 외화송금·환전, 자기앞수표 발행 및 지급, 우편환 발행 및 지급, 보호예수, 선불카드 매매 등이 이에 해당한다.

③ **1백만원을 초과하는 전신송금**: 전신송금은 송금인의 계좌 보유 여부를 불문하고, 금융회사 등을 이용하여 국내외의 다른 금융회사 등으로 자금을 이체하는 서비스를 말하며, 흔히 타행 송금, 해외송금 등이 이에 해당된다.

④ 금융거래의 실제 당사자 여부가 의심되는 등 자금세탁행위나 공중협박자금조달행위를 할 우려가 있는 경우에도 고객의 신원을 확인해야 한다.

(3) 고객확인의무 면제 대상

① 「금융실명법」상 실명확인 생략 가능한 각종 공과금의 수납, 100만원 이하의 원화 송금(무통장입금 포함), 100만원 이하에 상당하는 외국통화의 매입·매각

② 「금융실명법」 제3조 제2항 제3호에서 정한 특정채권의 거래

③ 법원공탁금, 정부·법원 보관금, 송달료를 지출한 금액

④ 보험기간의 만료 시 보험계약자, 피보험자 또는 보험수익자에 대하여 만기환급금이 발생하지 아니하는 보험계약 등

(4) 고객확인 내용

① **고객별 신원확인**

구분	신원확인사항(특정금융정보법 시행령 제10조의4)
개인	실지명의(금융실명법 제2조 제4호의 실지명의), 주소, 연락처
영리법인	실지명의, 업종, 본점 및 사업장 소재지, 연락처, 대표자 성명, 생년월일 및 국적
비영리법인 및 기타 단체	실지명의, 설립목적, 주된 사무소 소재지, 연락처, 대표자 성명, 생년월일 및 국적
외국인 및 외국 단체	위의 분류에 의한 각각의 해당 사항, 국적, 국내 거소 또는 사무소 소재지

② **실제 소유자 확인** —[실제 소유자(Beneficial Owner)란 '고객을 최종적으로 지배하거나 통제하는 자연인'으로서 해당 금융거래를 통해 궁극적으로 혜택을 보는 개인을 의미함. [국제자금세탁방지기구(FATF; Financial Action Task Force) 정의]]

　㉠ 개인 고객

　　ⓐ 타인을 위한 거래를 하고 있다고 의심되거나 고객이 실제 소유자가 따로 존재한다고 밝힌 경우에만 실제 소유자를 새로 파악한다.

　　　※ 이 경우 외에는 '계좌 명의인 = 실제 소유자'로 간주한다.

　　ⓑ 파악된 실제 소유자의 실지명의(성명, 주민등록번호)를 확인하고 기재한다.

ⓒ 법인 또는 단체 고객

ⓐ 다음과 같이 3단계로 실제 소유자를 파악한다.

| 1단계 | 100분의 25 이상의 지분증권을 소유한 사람 |

↓ (1단계에서 확인할 수 없는 경우)

| 2단계 | 아래 ⅰ, ⅱ, ⅲ 중 택일
ⅰ 대표자 또는 임원·업무집행사원의 과반수를 선임한 주주(자연인)
ⅱ 최대 지분증권을 소유한 사람
ⅲ ⅰ·ⅱ 외에 법인·단체를 사실상 지배하는 사람
※ 단, 최대 지분증권 소유자가 법인 또는 단체인 경우, 금융회사는 3단계로 바로 가지 않고 최종적으로 지배하는 사람을 추적하는 것을 선택할 수 있다. |

↓ (2단계에서 확인할 수 없는 경우)

| 3단계 | 법인 또는 단체의 대표자 |

※ 금융회사는 주주, 대표자, 임원 등을 법인등기사항전부증명서, 주주명부 등을 통해 확인할 수 있다.

ⓑ 파악된 실제 소유자의 성명, 생년월일을 확인하고 기재한다.

ⓒ 투명성이 보장되거나 정보가 공개된 국가·지방자치단체·공공단체·금융회사 및 사업 보고서 제출대상 법인의 경우 확인의무에 대한 면제가 가능하다.

(5) 강화된 고객확인의무(EDD; Enhanced Due Diligence)

① **강화된 고객확인제도**: 고객별·상품별 자금세탁 위험도를 분류하고 자금세탁위험이 큰 경우에는 더욱 엄격한 고객확인, 즉 실제 당사자 여부 및 금융거래 목적과 거래자금의 원천 등을 확인하도록 하는 제도이다(2008. 12. 22. 시행). 금융회사는 고객과 거래유형에 따른 자금세탁 위험도를 평가하고, 위험도에 따라 차등화된 고객확인을 실시함으로써 자금세탁위험을 보다 효과적으로 관리할 수 있다.

위험기반 접근법(Risk-based Approach)에 기초하여 위험이 낮은 고객에 대해서는 간소화된 고객확인으로 고객확인에 수반되는 비용과 시간을 절약하는 반면, 고위험 고객(또는 거래)에 대하여는 강화된 고객확인을 실시함.

② **실제 소유자 확인사항**: 2016년부터 강화된 FATF 국제기준을 반영하여 금융회사는 고객확인 시 실제 소유자 여부를 확인하는 사항이 추가되었고, 고객확인을 거부하는 고객에 대해 신규거래 거절 및 기존거래 종료가 의무화되도록 하였다.

05 금융소비자보호

1 「금융소비자보호법」

(1) 개요

2020년 3월 금융소비자의 권익 증진과 금융소비자 보호의 실효성을 높이고 금융상품판매업 및 금융상품자문업의 건전한 시장질서 구축을 위해 금융상품판매업자 및 금융상품자문업자의 영업에 관한 준수사항과 금융소비자 권익 보호를 위한 금융소비자정책 및 금융분쟁조정절차 등에 관한 사항을 규정하는 「금융소비자 보호에 관한 법률」(이하 금융소비자보호법)이 제정(2021년 3월 시행)되었다. 「금융소비자보호법」은 동일기능 동일규제 원칙 아래 금융상품의 유형과 금융회사 등의 업종 구분 등을 정의하고 금융소비자의 권리와 책무, 국가와 금융상품판매업자 등의 책무, 금융상품판매업자 등의 영업행위 준수사항, 금융소비자보호 감독 및 처분 등에 대해 규정하고 있다.

[단권화 MEMO]

(2) 「금융소비자보호법」 관련 개념

① **금융상품의 유형**: 금융상품을 크게 예금성, 대출성, 투자성, 보장성 상품 4가지 유형으로 분류할 수 있다.

구분	개념	대상(예시)
예금성	「은행법」상 예금 및 이와 유사한 것으로서 대통령령으로 정하는 것	예·적금
대출성	「은행법」상 대출 및 이와 유사한 것으로서 대통령령으로 정하는 것	주택대출, 신용대출 등
투자성	「자본시장법」상 금융투자상품 및 이와 유사한 것으로서 대통령령으로 정하는 것	펀드, 신탁 등
보장성	「보험업법」상 보험상품 및 이와 유사한 것으로서 대통령령으로 정하는 것	생명보험, 손해보험 등

② **금융회사 등의 업종 구분**: 금융상품직접판매업자, 금융상품판매대리·중개업자 또는 금융상품자문업자로 분류할 수 있다.

구분	개념	대상(예시)
직접 판매업자	자신이 직접 계약의 상대방으로서 금융상품에 관한 계약체결을 영업으로 하는 자(투자중개업자 포함)	은행, 보험사, 증권사, 여신사, 저축은행 등
판매대리 중개업자	금융회사와 금융소비자의 중간에서 금융상품 판매를 중개하거나 금융회사의 위탁을 받아 판매를 대리하는 자	투자권유대행인, 보험설계·중개사, 보험대리점, 카드·대출모집인 등
자문업자	금융소비자가 본인에게 적합한 상품을 구매할 수 있도록 자문을 제공하는 자	투자자문업자

2 금융상품판매업자 등의 영업행위 준수사항

「금융소비자보호법」은 개별업법에서 일부 금융상품에 한정하여 적용하고 있는 금융상품 6대 판매원칙을 모든 금융상품에 확대 적용하여 업권에 따른 금융소비자보호 공백을 해소하기 위한 법적 근거를 마련하였다. 금융상품 6대 판매원칙은 다음과 같다.

① **적합성의 원칙**: 소비자의 재산상황, 금융상품 취득·처분 경험 등의 정보를 파악하고 이에 비추어 부적합한 금융상품 계약 체결의 권유를 금지한다.
　㉠ 금융투자상품, 변액보험 등 일부 상품에 도입되어 있던 해당 원칙을 모든 금융상품으로 확대하였다.
　㉡ 예금성 상품의 경우 수익률 등 변동 가능성이 있는 상품에 한정한다.

② **적정성의 원칙**: 소비자가 자발적으로 구매하려는 금융상품이 소비자의 재산상황, 투자경험, 신용 및 변제계획 등에 비추어 부적정할 경우 이를 고지하고 확인한다. 이 원칙은 예금성 상품에는 적용하지 않는다.

③ **설명의무**: 계약 체결을 권유하거나 소비자가 설명을 요청하는 경우 상품의 중요사항을 설명한다.

④ **불공정영업행위 금지**: 판매업자 등이 금융상품 판매 시 우월적 지위를 이용하여 소비자의 권익을 침해하는 행위를 금지한다.

⑤ **부당권유행위 금지**: 금융상품 계약 체결을 권유하는 경우 소비자가 오인할 우려가 있는 허위 사실 등을 알리는 행위를 금지한다.

⑥ **허위·과장광고 금지**: 금융상품 또는 판매업자 등의 업무에 관한 광고 시 필수 포함사항 및 금지행위 등을 준수한다.

3 금융소비자보호를 위한 장치

① 「금융소비자보호법」은 금융상품 판매원칙 위반과 관련 위법계약해지권, 징벌적 과징금 도입, 과태료 부과, 판매제한명령, 손해배상 입증책임 전환 등 금융상품판매업자 등의 판매원칙 준수를 위한 다양한 실효성 확보수단을 명시하고 위반 시 제재를 강화하였다. 특히, 설명의무 위반에 따른 손해배상청구소송 시 고의·과실에 대한 입증책임을 소비자가 아닌 금융회사가 입증하도록 하였다.

② 「금융소비자보호법」을 제정함으로써 소비자의 선택권 확대, 피해 방지, 사후구제 강화 등을 위한 제도 또한 새롭게 도입하였다. 청약철회권을 도입하여 일정 기간 내 소비자가 금융상품 계약을 철회하는 경우 금융상품 판매자는 이미 받은 금전·재화 등을 소비자에게 반환하여야 한다.

상품 구분	상품 유형별 숙려 기간
보장성	보험증권 수령일로부터 15일과 청약일로부터 30일 중 먼저 도래하는 기간 이내
투자성·금융상품 자문	계약서류 제공일 또는 계약체결일로부터 7일 이내
대출성	계약서류 제공일, 계약체결일 또는 계약에 따른 금전·재화 등 제공일로부터 14일 이내

◎ 금융상품 유형별 청약철회 숙려 기간

③ 금융회사와 소비자 간 분쟁조정 과정 중 금융회사의 소 제기 시 조정절차가 중지되는 점을 들어 금융회사가 불리한 결정이 예상되면 소송을 제기하는 사례가 다수 발생함에 따라, 금융회사의 분쟁조정제도 무력화 방지 및 분쟁조정·소송 시 소비자의 정보접근 권한을 법으로 강화하였다.

㉠ 분쟁조정이 신청된 사건에 대하여 소송이 진행 중일 경우 법원이 그 소송을 중지할 수 있도록 소송중지제도를 도입하였다.

㉡ 소비자가 신청한 소액분쟁(권리·이익의 가액이 2천만원 이내)은 분쟁조정 완료 시까지 금융회사의 제소를 금지하는 조정이탈금지제도를 마련하였다.

㉢ 소비자가 분쟁조정·소송 등 대응 목적으로 금융회사 등이 유지·관리하는 자료 열람을 요구하는 경우 금융회사 등은 영업비밀의 현저한 침해 등의 경우가 아니라면 이를 수용할 의무를 법에서 명시하고 있다.

4 우체국금융 소비자보호

우체국금융은 특별법인 「우체국예금·보험에 관한 법률」에 따라 과학기술정보통신부장관의 관장하에 운영되는 정부기관으로서, 민간은행과는 다른 조직특성을 가진다. 이로 인해 우체국은 금융소비자를 보호하기 위한 자체 법체계와 제도를 가지고 있다.

(1) 예금자보호

우체국금융은 예금을 모집하고 관리하는 역할을 수행한다. 예금자의 금융 자산을 안전하게 보호하기 위해 특별법인 「우체국예금·보험에 관한 법률」에 따라 예금자보호 제도를 운영한다. 우체국예금의 경우 시중은행(금융상품의 원금과 이자를 합한 5천만원까지)과는 달리, 예금자보호 한도에 제한이 없다.

(2) 금융소비자보호 법체계

① 동일기능–동일규제 원칙 아래 「금융소비자보호법」(이하 금소법)에서 적용되는 우체국 예

[단권화 MEMO]

금·보험법의 동일 상품에 대해서는 「금소법」을 최대한 준용하되, 민간과는 다른 우체국금융의 조직특성(정부조직·감독제도)과 일부 영업행위에 관한 사항은 소비자 권익에 영향이 없는 범위 내에서 반영하고 있다.

소비자보호 관련 규정	금융소비자보호법	우체국금융 소비자보호	비고
상품 관련 법률	「은행법」, 「보험법」, 「자본시장법」, 「여신법」 등	「우체국예금·보험법」	
예금성 상품	○	○	우체국 판매 상품 중 펀드, 하이브리드 체크카드는 「금소법」 준용
대출성 상품	○	×	
투자성 상품	○	×	
보장성 상품	○	○	

○ 「금소법」 대비 우체국금융 소비자보호 적용상품 비교

② 「우체국예금·보험에 관한 법률(2023.3.21. 개정 2023.9.22. 시행)」 개정 및 자체 규정(고시 제정/훈령 개정) 마련을 통해 우체국금융 소비자의 사전정보제공 및 사후구제 강화 등을 위한 제도 또한 새롭게 도입하였다. 이를 통해 청약철회권, 위법계약해지권, 자료열람요구권 등을 도입하고, 민간은행에 준하는 고객보호 및 서비스 품질을 제공함으로써 시장경쟁력을 확보하는 것과 동시에 국가금융 정책 목표 달성을 위해 노력하고 있다.

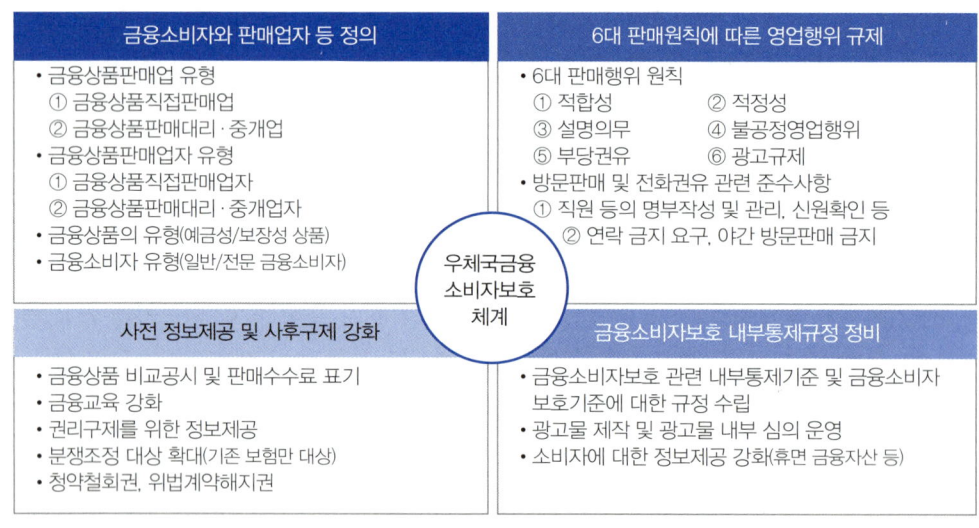

○ 우체국금융 소비자보호 체계

(3) 민원처리제도

우체국금융은 다양한 제도 및 자체 민원 프로세스를 통해 고객의 권리를 보호하고 있다. 금융당국의 분쟁조정제도(금융감독원 금융분쟁조정위원회)를 준용한 우체국예금·보험분쟁조정위원회는 법적 절차(소송) 없이 고객과 우체국 간의 분쟁을 공정하고 신속하게 해결하여 소비자의 권익을 보호한다. 이러한 우체국금융 소비자보호제도는 안정적이고 신뢰성 있는 금융 활동을 지원하며, 우체국금융 소비자의 권리 제고 및 이익을 보호함에 있어 중요한 역할을 한다.

Chapter 03 예금 관련 법

학습포인트
1. 예금자보호와 금융소득 종합과세를 이해한다.
2. 금융정보 자동교환협정을 정리한다.

출제키워드
- 예금자 보호대상 금융상품
- 금융소득 종합과세
- 산출세액의 계산

· 회독 체크표 ·
1회독 월 일
2회독 월 일
3회독 월 일

01 예금자보호

1 예금보험의 구조

(1) 예금 지급불능 사태 방지
금융회사가 영업정지나 파산 등으로 고객의 예금을 지급하지 못하게 될 경우 해당 예금자는 물론 전체 금융제도의 안정성도 큰 타격을 입게 된다. 이러한 사태를 방지하기 위해 우리나라에서는 「예금자보호법」을 제정하여 고객들의 예금을 보호하는 제도를 갖추어 놓고 있는데, 이를 '예금보험제도'라고 한다.

(2) 보험의 원리를 이용하여 예금자보호
예금보험은 '동일한 종류의 위험을 가진 사람들이 평소에 기금을 적립하여 만약의 사고에 대비한다.'는 보험의 원리를 이용하여 예금자를 보호하는 제도이다. 즉,「예금자보호법」에 의해 설립된 예금보험공사가 평소에 금융회사로부터 보험료(예금보험료)를 받아 기금(예금보험기금)을 적립한 후, 금융회사가 예금을 지급할 수 없게 되면 금융회사를 대신하여 예금(예금보험금)을 지급하게 된다.

(3) 법에 의해 운영되는 공적 보험
예금보험은 예금자를 보호하기 위한 목적으로 법에 의해 운영되는 공적 보험이기 때문에 예금을 대신 지급할 재원이 금융회사가 납부한 예금보험료만으로는 부족할 경우에는 예금보험공사가 직접 채권(예금보험기금채권)을 발행하는 등의 방법을 통해 재원을 조성하게 된다.

2 보호대상 금융회사
보호대상 금융회사는 은행, 보험회사(생명보험·손해보험회사), 투자매매업자·투자중개업자, 종합금융회사, 상호저축은행이다.
① 농협은행, 수협은행 및 외국은행 국내지점은 보호대상 금융회사이지만, 농·수협 지역조합, 신용협동조합, 새마을금고는 현재 예금보험공사의 보호대상 금융회사는 아니며, 관련 법률에 따른 자체 기금에 의해 보호된다.
② 우체국의 경우 예금보험공사의 보호대상 금융회사는 아니지만, 「우체국예금·보험에 관한 법률」제4조(국가의 지급 책임)에 의거하여 우체국예금(이자 포함)과 우체국보험 계약에 따른

[단권화 MEMO]

[단권화 MEMO]

보험금 등 전액에 대해 국가에서 지급을 책임지고 있다.

3 보호대상 금융상품

예금보험공사는 예금보험 가입 금융회사가 취급하는 '예금 등'만을 보호한다. 여기서 꼭 알아두어야 할 점은 모든 금융상품이 '보호대상 예금 등'에 해당하지는 않는다는 것이다. 예를 들어 실적 배당형 상품인 투자신탁상품은 보호대상 금융상품이 아니다. 운용실적이 좋은 경우에는 큰 수익을 올릴 수 있지만, 운영 실적이 나쁜 경우에는 원금 손실도 발생할 수 있다. 또한 정부, 지방자치단체(국·공립학교 포함), 한국은행, 금융감독원, 예금보험공사, 부보금융회사의 예금은 보호대상에서 제외한다.

구분	보호금융상품	비보호금융상품
은행	• 요구불예금(보통예금, 기업자유예금, 당좌예금 등) • 저축성예금(정기예금, 주택청약예금, 표지어음 등) • 적립식예금(정기적금, 주택청약부금, 상호부금 등) • 외화예금 • 예금보호대상 금융상품으로 운용되는 확정기여형 퇴직연금제도 및 개인형 퇴직연금제도의 적립금 • 개인종합자산관리계좌(ISA)에 편입된 금융상품 중 예금보호대상으로 운용되는 금융상품 • 원본이 보전되는 금전신탁 등	• 양도성예금증서(CD), 환매조건부채권(RP) • 금융투자상품(수익증권, 뮤추얼펀드, MMF 등) • 은행 발행채권 • 주택청약저축, 주택청약종합저축 등 • 확정급여형 퇴직연금제도의 적립금 • 특정금전신탁 등 실적배당형 신탁 • 개발신탁
보험회사	• 개인이 가입한 보험계약 • 퇴직보험 • 변액보험계약 특약 • 변액보험계약 최저사망보험금·최저연금적립금·최저중도인출금 등 최저보증 • 예금보호대상 금융상품으로 운용되는 확정기여형 퇴직연금제도 및 개인형 퇴직연금제도의 적립금 • 개인종합자산관리계좌(ISA)에 편입된 금융상품 중 예금보호대상으로 운용되는 금융상품 • 원본이 보전되는 금전신탁 등	• 보험계약자 및 보험료납부자가 법인인 보험계약 • 보증보험계약 • 재보험계약 • 변액보험계약 주계약(최저사망보험금·최저연금적립금·최저중도인출금 등 최저보증 제외) 등 • 확정급여형 퇴직연금제도의 적립금
종합금융회사	발행어음, 표지어음, 어음관리계좌(CMA) 등	• 금융투자상품(수익증권, 뮤추얼펀드, MMF 등) • 환매조건부채권(RP), 양도성예금증서(CD), 기업어음(CP), 종금사 발행채권 등
상호저축은행 및 상호저축은행중앙회	• 보통예금, 저축예금, 정기예금, 정기적금, 신용부금, 표지어음 • 예금보호대상 금융상품으로 운용되는 확정기여형 퇴직연금제도 및 개인형 퇴직연금제도의 적립금 • 개인종합자산관리계좌(ISA)에 편입된 금융상품 중 예금보호 대상으로 운용되는 금융상품 • 상호저축은행중앙회 발행 자기앞수표 등	• 저축은행 발행채권(후순위채권 등) 등 • 확정급여형 퇴직연금제도의 적립금

◎ 보호금융상품 vs. 비보호금융상품

4 보호한도

예금자보호제도는 다수의 소액예금자를 우선 보호하고 부실 금융회사를 선택한 예금자도 일정 부분 책임을 분담한다는 차원에서 예금의 전액을 보호하지 않고 일정액만을 보호하고 있다. 원금과 소정이자를 합하여 1인당 5천만원까지만 보호되며 초과금액은 보호되지 않는다.

(1) 보호한도의 연혁

① 1997년 말 IMF 사태 이후 금융산업 구조조정에 따른 사회적 충격을 최소화하고 금융거래의 안정성 유지를 위해 2000년 말까지 한시적으로 예금전액을 보장하였다.
② 2001년부터는 예금부분보호제도로 전환되어, 2001년 1월 1일 이후 부보금융회사에 보험사고(영업 정지, 인가취소 등)가 발생하여 파산할 경우, 보험금지급공고일 기준의 원금과 소정의 이자를 합하여 1인당 최고 5천만원(세전)까지 예금을 보호하고 있다.
③ 2015년 2월 26일부터는 예금보호대상 금융상품으로 운용되는 확정기여형 퇴직연금제도 또는 개인퇴직연금제도의 적립금을 합하여 가입자 1인당 최고 5천만원(세전)까지 다른 예금과 별도로 보호하고 있다.

(2) 보호받지 못한 예금의 경우

① 예금보험공사로부터 보호받지 못한 나머지 예금은 파산한 금융회사가 선순위채권을 변제하고 남는 재산이 있는 경우, 이를 다른 채권자들과 함께 채권액에 비례하여 분배받음으로써 그 전부 또는 일부를 돌려받을 수 있다.
② 보호금액 5천만원은 예금의 종류별 또는 지점별 보호금액이 아니라 동일한 금융회사 내에서 예금자 1인이 보호받을 수 있는 총 금액이다. 이때 예금자 1인이라 함은 개인뿐만 아니라 법인도 대상이 되며, 예금의 지급이 정지되거나 파산한 금융회사의 예금자가 해당 금융회사에 대출이 있는 경우에는 예금에서 대출금을 먼저 상환(상계)시키고 남은 예금을 기준으로 보호한다.

〈예시 ①〉 예금자 X씨가 아래와 같이 예금을 보유하고 있었을 때 보호 한도

A은행 1지점 ○○적금	원금 3,000만원, 이자 30만원	
A은행 1지점 YY정기예금	원금 1,000만원, 이자 20만원	5,000만원만 보호
A은행 2지점 CC정기예금	원금 5,000만원, 이자 50만원	
A은행 2지점 개인형퇴직연금	예금자보호형 적립금 5,000만원	5,000만원 보호

〈예시 ②〉 예금자 Y씨가 아래와 같이 예금을 보유하고 있었을 때 보호 한도

A은행 1지점 XX적금	원금 3,000만원, 이자 50만원	3,050만원 보호
B은행 1지점 DD예금	원금 1,000만원, 이자 20만원	1,020만원 보호
C은행 2지점 CC정기예금	원금 5,000만원, 이자 50만원	5,000만원만 보호

※ 출처: 은행연합회, '은행산업 관련 기본지식'

02 금융소득 종합과세

1 개요

금융소득 종합과세제도는 '금융실명제' 실시에 따른 후속조치로 1996년부터 실시되었으며, 1998년부터 일시 유보되었다가 2001년부터 다시 실시되고 있다. 금융소득 종합과세제도는 개인별 연간 금융소득(이자·배당 소득)에 따라 다음과 같이 실시되고 있다.
① 2천만원 이하: 원천징수한다.

○ 금융소득(이자·배당소득)이 □천만원 이하일 경우에는 원천징수한다.
(2)

② **2천만원 초과**: 2천만원에 대하여는 원천징수세율을 적용하고, 2천만원을 초과하는 금액은 다른 종합소득(근로소득·사업소득·연금소득 등)과 합산하여 누진세율을 적용하여 종합과세한다.

2 소득의 종류와 과세방법

여러 가지 경제활동을 통해 얻은 과세소득이 있는 개인은 본인에게 귀속되었거나 귀속될 것이 확정된 소득에 대해 소득세 납세의무가 있다. 이때 '소득(소득금액)'이란 연간 총 수입금액에서 필요경비를 공제한 금액을 말한다.

(1) 「소득세법」상 소득의 종류

「소득세법」은 개인의 소득을 다음과 같이 구분하고 소득종류별로 과세방법을 다르게 규정하고 있다(분류과세).

① **종합소득**: 해당 과세기간에 발생하는 이자소득, 배당소득, 사업소득, 근로소득, 연금소득, 기타소득으로, 개인별로 합산하여 종합소득세율에 의해 신고·납부하는 것이 원칙이다.

② **퇴직소득**: 근로자가 퇴직함으로 인해 지급받는 퇴직금이다.

③ **양도소득**: 자산을 양도함으로 인해 발생하는 소득이다(2010년부터 부동산 임대소득은 종합소득 중 사업소득에 포함하여 과세).

[단권화 MEMO]

○ 이자소득, 배당소득, 사업소득, 근로소득, 연금소득 및 기타소득을 □□□□(이)라고 한다.
(종합소득)

(2) 과세방법

① **종합과세**: 이자소득 등 종합소득 중 비과세소득과 분리과세소득을 제외한 소득을 합산하여 누진세율을 적용하는 방법을 말한다.

② **분리과세**: 타 소득과 합산되지 않고 분리과세 대상 소득이 발생할 때 건별로 단일세율에 의해 원천징수의무자가 원천징수함으로써 당해 소득자의 납세의무가 종결되는 과세방식을 말한다.

3 금융소득에 대한 이해

(1) 개념

'금융소득'이란 금융자산의 저축이나 투자에 대한 대가를 말하며, 이자소득과 배당소득을 합한 것을 의미한다. 이때 '이자'란 금전을 대여하고 받은 대가를 말하며, '배당'이란 영리법인 등이 영업활동에서 얻은 이익을 주주 등에게 분배하는 것을 말한다.

(2) 분리과세제도

현행 「소득세법」 체계에서는 종합소득에 대해 종합과세하는 것이 원칙이다. 그러나 조세정책적 목적으로 금융소득에 대해서는 다양한 분리과세제도를 운용하고 있다. 「소득세법」에서는 이자소득과 배당소득 둘 다 유형별 포괄주의에 의하여 과세범위를 규정하고 있다.

① **이자소득**: 이자소득은 총 수입금액이 되며 비과세되는 이자소득은 포함하지 않는다.

② **배당소득**: 배당소득도 마찬가지로 총 수입금액이 되며 비과세되는 배당소득은 포함하지 않는다. 그러나 배당소득이 종합소득에 합산되는 경우 법인단계에서 부담한 것으로 간주되는 귀속법인세를 배당소득 총 수입금액에 가산하는 'Gross-up제도'를 적용한다.

- 이자소득금액 = 이자소득 총 수입금액
- 배당소득금액 = 배당소득 총 수입금액 + 귀속법인세(Gross-up 금액)

4 금융소득 종합과세 체계

① 금융소득	이자소득 + 배당소득
(−) ② 비과세 금융소득	• 공익신탁의 이익, 장기저축성 보험차익 • 장기주택마련저축 이자·배당, 개인연금저축 이자·배당, 비과세종합저축 이자·배당(1인당 5천만원 이하), 농·어민 조합 예탁금 이자, 농·어가목돈마련저축 이자, 녹색예금·채권 이자, 재형저축에 대한 이자·배당, 경과규정에 따른 국민주택채권 이자 • 우리사주조합원이 지급받는 배당, 조합 등 예탁금의 이자 및 출자금에 대한 배당, 영농·영어조합법인 배당, 재외동포 전용 투자신탁(1억원 이하) 등으로부터 받는 배당, 녹색투자신탁 등 배당, 저축 지원을 위한 「조세특례제한법」에 따른 저축에서 발생하는 배당, 개인종합자산관리계좌(ISA)에서 발생하는 금융소득의 합계액 중 200만원 또는 400만원까지
(−) ③ 분리과세 금융소득	• 장기채권이자 분리과세 신청(30%), 비실명금융소득(42.90%), 직장공제회 초과반환금(기본세율) • 7년(15년) 이상 사회기반시설채권이자(14%), 영농·영어 조합법인(1천 2백만원 초과분)으로부터 받는 배당(5%), 농업회사법인 출자 거주자의 식량작물재배업소득 외의 소득에서 발생한 배당(14%), 사회기반시설투융자집합투자기구의 배당(5%, 14%), 세금우대종합저축 이자·배당(9%), 개인종합자산관리계좌(ISA)에서 발생하는 금융소득의 비과세 한도(200만원, 400만원)를 초과하는 금액 등

(=)
④ 종합과세 금융소득
	• ①−(②+③)의 금액 중 2천만원을 초과하는 금액이 종합과세됨.
	• ①−(②+③)의 금액이 2천만원 이하인 경우에는 다음과 같이 과세됨.
	  − 국내·외 금융소득으로서 국내에서 원천징수되지 않은 소득에 대해서는 종합과세
	  − 그 외 금융소득은 원천징수로 분리과세

5 종합과세되는 금융소득

• 금융소득 = 이자소득 + 배당소득
• 종합과세 제외 금융소득 = 비과세되는 금융소득 + 분리과세되는 금융소득
• 종합과세 대상 금융소득 = 금융소득 − 종합과세 제외 금융소득

(1) 종합과세 제외 금융소득

비과세되는 금융소득은 과세대상이 아니고, 분리과세되는 금융소득은 원천징수로 납세의무가 종결되므로 금융소득 종합과세 대상에서 제외된다.

① 비과세 금융소득
  ㉠ 「소득세법」에 의한 비과세 금융소득
    ⓐ 「공익신탁법」에 의한 공익신탁의 이익
    ⓑ 장기저축성보험의 보험차익
  ㉡ 「조세특례제한법」에 의한 비과세 금융소득
    ⓐ 개인연금저축의 이자·배당
    ⓑ 장기주택마련저축의 이자·배당
    ⓒ 비과세종합저축의 이자·배당(1명당 저축원금 5천만원 이하)
    ⓓ 조합 등 예탁금의 이자 및 출자금에 대한 배당
    ⓔ 재형저축에 대한 이자·배당
    ⓕ 농·어가목돈마련저축의 이자
    ⓖ 우리사주조합원이 지급받는 배당

[단권화 MEMO]

  ⓗ 농업협동조합근로자의 자사출자지분 배당
  ⓘ 영농·영어조합법인의 배당
  ⓙ 농업회사법인 출자금의 배당
  ⓚ 재외동포전용 투자신탁 등의 배당(1억원 이하)
  ⓛ 녹색예금, 녹색채권의 이자와 녹색투자신탁 등의 배당
  ⓜ 경과규정에 의한 국민주택채권 등 이자
  ⓝ 개인종합자산관리계좌(ISA)에서 발생하는 금융소득(이자소득과 배당소득)의 합계액 중 200만원 또는 400만원까지의 금액

② 분리과세 금융소득
 ㉠ 「소득세법」에 의한 분리과세 금융소득
  ⓐ 부동산 경매입찰을 위해 법원에 납부한 보증금 및 경락대금에서 발생하는 이자(14%)
  ⓑ 실지명의가 확인되지 아니하는 이자(42%)
  ⓒ 2017. 12. 31. 이전에 가입한 10년 이상 장기채권(3년 이상 계속하여 보유)으로 분리과세를 신청한 이자와 할인액(30%)
  ⓓ 직장공제회 초과반환금(기본세율)
  ⓔ 수익을 구성원에게 배분하지 않는 개인으로 보는 법인격 없는 단체로서 단체명을 표기하여 금융거래를 하는 단체가 금융회사 등으로부터 받는 이자·배당(14%)
  ⓕ 금융소득(비과세 또는 분리과세분 제외)이 개인별로 연간 2천만원(종합과세기준 금액) 이하인 경우(14% 또는 25%)

 ㉡ 「조세특례제한법」에 의한 분리과세 금융소득
  ⓐ 발행일부터 최종 상환일까지의 기간이 7년 이상인 사회기반시설에 대한 「민간투자법」 제58조 제1항의 규정에 의해 사회기반시설채권으로서 2014년 말까지 발행된 채권의 이자(14%)
    — 2010. 1. 1. 이후 발행하는 사회기반시설채권은 최종 상환일까지의 기간이 7년 이상(15년 → 7년)으로 변경되었으며, 2010년부터 수해방지채권은 분리과세 대상에서 제외되었음.
  ⓑ 영농·영어조합법인의 배당(5%)
  ⓒ 세금우대종합저축의 이자·배당(9%)
  ⓓ 재외동포전용투자신탁 등의 배당(5%)
  ⓔ 집합투자증권의 배당소득에 대한 과세특례(5%, 14%)
  ⓕ 고위험고수익투자신탁 등에 대한 이자·배당(14%)
  ⓖ 개인종합자산관리계좌(ISA)에서 발생하는 금융소득(이자소득과 배당소득)의 비과세 한도(200만원, 400만원)를 초과하는 금액(9%)
  ⓗ 특정사회기반시설(뉴딜 인프라) 집합투자기구 투자자 배당소득(9%)
  ⓘ 투융자집합투자기구 투자자 배당소득(14%)
  ※ 조건부 과세대상
   – 2016. 1. 1. 이후 선박투자회사로부터 받은 배당소득
   – 2017. 1. 1. 이후 해외자원개발투자회사·해외자원개발투자전문회사로부터 받은 배당소득

 ㉢ 「금융실명거래 및 비밀보장에 관한 법률」에 의한 분리과세
  ⓐ 비실명금융자산으로서 금융회사 등을 통해 지급되는 이자·배당(90%)
  ⓑ 「금융실명거래 및 비밀보장에 관한 법률」에 의해 발행된 비실명채권에서 발생된 이자(2000. 12. 31.까지 20%, 2001. 1. 1. 이후 15%)

(2) 종합과세되는 금융소득

① 금융소득이 2천만원(종합과세기준금액)을 초과하는 경우: 금융소득 중 비과세 및 분리과세 소득을 제외한 금융소득이 2천만원을 초과하는 경우 금융소득 전체를 종합과세한다.
  ㉠ 예외: 종합과세 기준금액을 기점으로 한 급격한 세부담 증가 문제를 보완하고, 금융소득 종합과세 시 최소한 원천징수세율(14%) 이상의 세부담이 되도록 하기 위해 2천만원을 초과하는 금융소득만 다른 종합소득과 합산하여 산출세액을 계산한다. 2천만원 이하 금액은 원천징수세율(14%)을 적용하여 산출세액을 계산한다.
  ㉡ 산출세액 계산:「소득세법」제62조의 규정에 따라 종합과세방식(기준금액을 초과하는 금융소득을 다른 종합소득과 합산하여 계산하는 방식)과 분리과세방식(금융소득과 다른 종합소득을 구분하여 계산하는 방식)에 의해 계산된 금액 중 큰 금액을 산출세액으로 한다.
  ㉢ 배당가산 여부
    ⓐ 종합과세기준금액(2천만원)의 초과 여부를 계산할 때에는 배당소득에 대해 배당가산(Gross-up)하지 않은 금액으로 한다. 금융소득이 2천만원을 초과하는 경우로서 기준금액 이하 금액은 형식적으로 종합과세되나, 원천징수세율에 의해 산출세액을 계산하므로 실질적으로는 분리과세되는 것과 동일하다.
    ⓑ 금융소득이 2천만원을 초과하는 경우에는 배당가산(Gross-up)한 금액을 종합과세 금융소득으로 한다. 예외적으로 출자공동사업자로부터 받은 배당(원천징수세율 25%)의 경우 종합과세기준금액(2천만원)을 초과하지 않더라도 종합과세한다.

② 국내에서 원천징수되지 않은 금융소득
  ㉠ 국내에서 원천징수되지 않은 국외에서 받는 금융소득
  ㉡ 국내에서 받는 2천만원 이하의 금융소득으로서「소득세법」제127조에 따라 원천징수되지 않은 금융소득
  ㉢ 2천만원(종합과세기준금액) 초과 여부 판단 시 국내에서 원천징수되지 않은 금융소득도 합산한다.

6 종합소득산출세액 계산방법

종합소득에 합산되는 금융소득이 있는 경우 다음과 같이 종합소득산출세액을 계산한다.
① 금융소득 중 2천만원까지는 원천징수세율(14%)을 적용하여 계산한 세액과 2천만원을 초과하는 금융소득에는 기본세율(6~42%)을 적용하여 계산한 세액을 합계하여 이를 산출세액으로 한다.

> 산출세액 = (금융소득 2천만원 × 14%) + (종합소득 과세표준 × 기본세율)

② 금융소득 전체 금액에 대해 원천징수된 세액 전부를 기납부세액(2천만원에 대한 원천징수세액 포함)으로 공제하여 납부할 세액을 계산한다. 따라서 전체 금융소득 중 2천만원까지는 원천징수세율로 납세의무가 종결되는 분리과세와 같은 결과가 된다.

[단권화 MEMO]

과세표준(2021년 이후)	세율	누진공제액
1,200만원 이하	6%	–
1,200만원 초과 ~ 4,600만원 이하	15%	108만원
4,600만원 초과 ~ 8,800만원 이하	24%	522만원
8,800만원 초과 ~ 1억 5천만원 이하	35%	1,490만원
1억 5천만원 초과 ~ 3억원 이하	38%	1,940만원
3억원 초과 ~ 5억원 이하	40%	2,540만원
5억원 초과 ~ 10억원 이하	42%	3,540만원
10억원 초과	45%	6,540만원

🔾 **종합소득세 기본세율**
- 2022. 12. 31일자로 1,200만원에서 1,400만원으로 일부 개정(소득세법 제55조)
- 본 교재에서는 공시된 학습자료 기준에 의해 개정 전(1,200만원) 내용으로 수록

7 신고와 납부

(1) 종합과세대상

종합과세대상 금융소득이 발생한 경우(1년간 금융소득이 2천만원을 초과한 경우 또는 국내에서 원천징수되지 않는 금융소득이 있는 경우) 발생연도 다음해 5월 1일부터 5월 31일까지 주소지 관할 세무서에 종합소득세 확정신고·납부하여야 한다. 만약 5월 31일까지 신고하지 않거나 불성실하게 신고하는 경우에는 신고불성실 가산세 또는 납부불성실 가산세를 부담하게 된다.

(2) 금융소득종합과세 비교과세 사례

① 2천만원을 초과하는 이자소득이 있는 경우(14% 이자소득만 있음)

구분	2023년도 종합소득 현황
은행예금 이자	50,000,000원
회사채 이자	50,000,000원
세금우대종합저축의 이자	5,000,000원
종합소득공제	5,100,000원으로 가정

1. 종합과세되는 금융소득금액: 1억원(은행예금 이자 + 회사채 이자)
   ① 세금우대종합저축의 이자는 분리과세되는 금융소득으로, 종합과세되는 금융소득금액에서 제외된다.
   ② 기준금액초과 금융소득: 100,000,000원 − 20,000,000원 = 80,000,000원
2. 종합소득산출세액의 계산
   ① 금융소득을 기본세율로 과세 시 산출세액

   (2천만원 초과금액 − 종합소득공제) × 기본세율 + 2천만원 × 14%

   = (80,000,000원 − 5,100,000원) × 기본세율 − 누진공제 + (20,000,000원 × 14%)
   = (74,900,000원 × 24% − 5,220,000원) + 2,800,000원
   = 12,756,000원 + 2,800,000원 = 15,556,000원
   ② 금융소득을 원천징수세율로 과세 시 산출세액

   금융소득 × 14%

   = 100,000,000원 × 14% = 14,000,000원
   ③ 종합소득산출세액은 ①과 ② 중 큰 금액인 15,556,000원이 된다.

② 이자소득과 사업소득이 함께 있는 경우

구분	2023년도 종합소득 현황
은행예금 이자	60,000,000원
사업소득 금액	30,000,000원
종합소득공제	5,100,000원으로 가정

1. 종합과세되는 금융소득금액: 60,000,000원
2. 종합소득산출세액의 계산
   ① 금융소득을 기본세율로 과세 시 산출세액

   (2천만원 초과금액 + 사업소득금액 − 종합소득공제) × 기본세율 + 2천만원 × 14%

   = (40,000,000원 + 30,000,000원 − 5,100,000원) × 기본세율 + 20,000,000원 × 14%
   = (64,900,000원 × 24% − 5,220,000원) + 2,800,000원 = 13,156,000원

   ② 금융소득을 원천징수세율로 과세 시 산출세액

   금융소득금액 × 14% + (사업소득금액 − 종합소득공제) × 기본세율

   = (60,000,000원 × 14%) + (30,000,000원 − 5,100,000원) × 기본세율
   = 8,400,000원 + (24,900,000원 × 15% − 1,080,000원) = 11,055,000원
   ③ 종합소득산출세액은 ①과 ② 중 큰 금액인 13,156,000원이 된다.

③ 금융소득종합과세 계산 종합

다음 자료에 의하여 종합소득산출세액과 배당세액공제액을 계산하시오.

(1) 2023년도 종합소득 현황
 ① 은행예금 이자: 20,000,000원
 ② 비영업대금이익: 10,000,000원
 ③ 비상장법인배당: 30,000,000원
 ④ 사업소득금액: 50,000,000원
(2) 종합소득공제는 5,100,000원으로 가정

1. 금융소득 = ① + ② + ③ = 60,000,000원
2. 종합과세기준금액 초과금액: 60,000,000원 − 20,000,000원 = 40,000,000원
   * 기준금액 초과금액은 이자, G-up 제외 배당, G-up 대상 배당 순으로 적용한다.
3. 배당가산(Gross-up) 대상 금액: 30,000,000원
4. 배당가산액: 30,000,000원 × 11% = 3,300,000원
5. 종합소득산출세액 계산(㉠, ㉡ 중 큰 금액): 18,770,000원
   ㉠ 종합과세방식
     {(종합과세기준금액 초과금액 + 배당가산액 + 다른 종합소득금액) − 종합소득공제} × 기본세율 − 누진공제액 + (종합과세기준금액 × 원천징수세율) = 산출세액
     {(40,000,000원 + 3,300,000원 + 50,000,000원) − 5,100,000원)} × 35% − 14,900,000원 + (20,000,000원 × 14%) = 18,770,000원
   ㉡ 분리과세방식
     {(50,000,000원 − 5,100,000원) × 15% − 1,080,000원} + {10,000,000원 × 25% + 50,000,000원 × 14%}
     = 15,155,000원
6. 배당세액공제(㉮, ㉯ 중 적은 금액): 3,300,000원
   ㉮ 배당가산액: 30,000,000원 × 11% = 3,300,000원
   ㉯ 위 종합소득산출세액(18,770,000원) − 위 분리과세방식 산출세액(15,155,000원) = 3,615,000원

[단권화 MEMO]

03 금융정보 자동교환 협정

1 금융정보 자동교환을 위한 국제 협정

조세조약에 따른 국가 간 금융정보 자동교환을 위해 국내 금융회사들은 매년 정기적으로 상대국 거주자 보유 계좌정보를 국세청에 제출하고 있다.

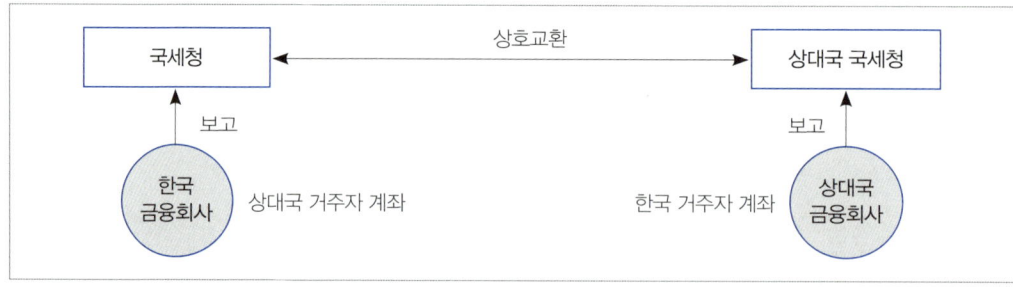

● 국가 간 자동 정보교환 방식

(1) 한 - 미 간 국제 납세의무 준수 촉진을 위한 협정(FATCA; Foreign Account Tax Compliance Act)

2010년 3월 미국은 해외금융회사에 대해 자국 납세자의 금융정보 보고를 의무화하는 조항을 신설하고, 동 정보교환을 위해 2012년부터 다른 나라들과 정부 간 협정 체결을 추진하였다. 우리나라는 2012년 4월 한·미 재무장관 회의에서 상호교환 방식으로 '금융정보 자동교환 협정'을 체결하기로 하고 협상을 진행하여 2014년 3월 협정문에 합의하였으며, 2015년 6월 양국 간 정식 서명하였다. 해당 협정은 2016년 9월 국회 비준에 따라 발효되었으며, 국세청은 2016년 11월 국내 금융회사로부터 미국 거주자 등 미국 납세의무자에 대한 금융정보를 수집하여 미국 과세당국과 금융정보를 상호교환하고 있다.

(2) 다자 간 금융정보 자동교환 협정(MCAA; Multilateral Competent Authority Agreement on Automatic Exchange of Financial Account Information)

미국이 양자 간 금융정보 자동교환을 추진한 이후, OECD 및 G20을 중심으로 각국에 납세의무가 있는 고객의 금융정보를 교환하기 위한 '다자 간 금융정보 자동교환 협정'이 추진되었다. 이에 따라 2014년 10월 독일 베를린에서 우리나라를 포함한 총 51개국이 해당 협정에 서명했고 현재 100개국 이상이 참여하고 있다. 각국은 OECD가 마련한 공통보고기준(CRS; Common Reporting Standard)을 기반으로 금융정보 자동교환 관련 의무를 이행하고 있다.

● OECD 및 G20 등 국제기구를 중심으로 각국에 납세의무가 있는 고객의 정보를 교환하기 위한 협정을 □□□□(이)라고 한다.
(MCAA)

2 금융정보 자동교환을 위한 국내 규정

금융정보 자동교환을 위한 국내 규정에서는 「국제조세조정에 관한 법률」에서 위임받아 금융회사가 금융거래 상대방의 인적사항 등을 확인하기 위한 실사절차, 자료제출방법, 비보고 금융회사와 제외계좌 등을 규정하고 있다.

(1) 「국제조세조정에 관한 법률」 제36조·제37조·제61조

정기적인 금융정보 교환을 위한 금융회사의 금융정보 제출 의무, 정보보안의무, 금융거래 상대방에게 자료 제출 요구 근거, 세무 당국의 질문·확인권, 과태료 규정 등 규정

(2) 「국제조세조정에 관한 법률 시행령」 제75조

금융정보 제출방법, 금융거래 상대방에게 요청할 수 있는 인적사항의 종류, 제출된 정보의 시정

요구 및 오류시정 절차 등 규정

(3) 정보교환협정에 따른 금융정보 자동교환 이행규정(기획재정부 고시)

「국제조세조정에 관한 법률」에서 위임을 받아 금융회사가 금융거래 상대방의 인적사항 등을 확인하기 위한 실사절차, 자료제출방법, 비보고 금융회사와 제외계좌 등 세부사항을 규정

3 금융회사의 의무

(1) 실사의 의무

금융정보 자동교환을 위한 국제 협정을 이행하기 위해 국내 금융회사는 관리하고 있는 금융계좌 중 계좌보유자가 보고대상 '해외 납세의무자'에 해당하는지 여부를 확인하는 실사절차를 수행해야 한다.

구분			주요내용
개인	기존계좌	소액	• 거주지 주소 확인(미국 제외) • 전산기록 검토를 통해 추정정보 확인
		고액	• 전산·문서기록 검토를 통해 추정정보 확인 • 고객담당자 확인 ※ 고액계좌: 미화 100만달러 초과 계좌
	신규계좌		본인확인서
단체	기존계좌		규제 목적상 또는 고객관리 목적상 관리되는 정보 확인
	신규계좌		본인확인서

◎ 실사 일반사항

(2) 정보수집 및 보고의 의무

① 금융회사는 보고대상 금융계좌에 대한 정보를 수집하여 해당 정보를 국세청에 보고하여야 한다.

② **보고대상 금융계좌의 종류('이행규정' 제11조~제18조)**

구분	개요
예금계좌	금융기관이 은행업에 따른 은행업무 또는 이와 유사한 업무를 운영하는 과정에서 관리하는 예금·적금·부금 등 계좌, 예금증서 또는 이와 유사한 증서로 증명되는 계좌(보험회사가 보유하는 투자보증계약 또는 보유금액에 대해 이자를 지급하거나 적립하는 유사 계약 포함)
수탁계좌	타인의 이익을 위해 투자 목적으로 금융상품을 보유하거나 금융계약을 체결하기 위해 개설된 계좌 • 「자본시장법」에 따른 신탁업자가 금융상품 또는 금융계약을 수탁하기 위해 체결한 신탁계약 포함 • 보험계약 또는 연금계약인 경우에는 수탁계좌로 보지 않음
자본지분 채무지분	금융회사에 의해 보유되는 금융회사 소유의 자본 및 채무 지분 그리고 그와 동등한 조합 및 신탁의 지분
현금가치 보험계약	사망, 질병, 사고, 법적 책임, 현금성 자산위험에 대한 보험계약 및 기대수명에 의해 전적 또는 부분적으로 결정되는 기간 동안 보험료를 납부해야 하는 계약
연금계약	발행인이 1인 이상인 개인의 기대수명 전부 또는 일부에 기초하여 일정 기간 동안 금전 또는 그 밖의 급여를 지급할 것을 약정하는 계약

* 현금가치보험계약에서 제외되는 보험계약('이행규정' 제17조): ① '보험업감독규정' 제1-2조 제11호에 따른 일반손해보험계약, ② 제1호에 해당하지 않는 보험계약 중 순보험료가 위험보험료만으로 구성되는 보험계약, ③ 두 보험회사 간의 보장성 재보험계약

[단권화 MEMO]

③ **제외계좌**: 개인퇴직계좌, 생명보험계약, 연금계좌 등과 같이 해당 계좌가 세제혜택 대상이고 계좌에 관한 정보가 과세당국에 보고되는 등 '이행규정'(제30조 제외계좌)에서 제시한 특정 조건을 모두 충족하며 조세회피 등에 사용될 위험이 낮은 것으로 판단되는 특정 금융계좌를 '제외계좌'라고 한다. 금융계좌라 하더라도 제외계좌에 해당하는 계좌들은 보고뿐만 아니라 실사절차, 계좌잔액 합산 대상 금융계좌에서도 제외된다.

개념확인 핵심지문 O/X — PART II. 우체국금융 제도

01 약관의 의미가 불명확할 때에는 작성자인 기업 측에 불이익이 되고 고객에게는 유리하게 해석되어야 한다. (○ | ×)

02 약관의 조항은 우체국과 예금주 사이에 개별적으로 합의한 사항에 우선한다. (○ | ×)

03 기한부 예금을 중도해지하는 경우 반드시 예금주 본인의 의사를 확인하는 것이 필요하다. (○ | ×)

04 세금우대종합저축의 이자·배당, 집합투자증권의 배당소득에 대한 과세특례는 「조세특례제한법」에 의한 분리과세 금융소득에 해당한다. (○ | ×)

05 송금인의 단순착오로 인해 수취인의 계좌번호가 잘못 입력되어 이체가 완료된 경우, 언제든지 수취인의 동의 없이도 송금액을 돌려받을 수 있다. (○ | ×)

06 종합금융회사의 발행어음, 표지어음, 어음관리계좌(CMA) 등은 보호금융상품이다. (○ | ×)

07 「금융실명거래 및 비밀보장에 관한 법률」에 의거하여 금융거래정보 등을 제공한 경우에는 그 내용을 표준양식에 따라 기록·관리하여 3년 동안 보관해야 한다. (○ | ×)

08 금융거래정보 등을 제공한 경우에는 제공한 날로부터 10일 이내에 그 사실을 명의인에게 서면으로 통보하여야 한다. (○ | ×)

09 임의대리인 경우에는 통장상의 인감이 날인되거나 인감증명서가 붙어 있는 본인의 위임장 및 대리인의 주민등록증에 의하여 진정한 대리인인지 여부 및 대리권의 범위를 확인하여야 한다. (○ | ×)

10 우체국예금은 「예금자보호법」에 의해 원리금 전액이 지급 보장된다. (○ | ×)

정답 & X해설

01	02	03	04	05	06	07	08	09	10
○	×	○	○	×	○	×	○	○	×

02 우체국과 예금주 사이에 개별적으로 합의한 사항이 약관의 조항과 다를 때는 그 합의사항을 약관에 우선하여 적용한다(개별약정우선의 원칙).

05 송금인의 단순착오로 인해 수취인의 계좌번호가 잘못 입력되어 이체가 완료된 경우 수취인의 동의 없이는 송금액을 돌려받을 수 없다.

07 5년 동안 보관해야 한다.

10 국가는 우체국예금(이자를 포함한다)과 우체국보험계약에 따른 보험금 등의 지급을 책임진다(우체국예금·보험에 관한 법률 제4조).

11 우체국예금은 「한국은행법」 제28조 제13호에 따라 금융통화위원회가 정하는 기준의 범위 내 이자율을 (○ | ×)
금융위원회와 협의하여야 한다.

12 '고객확인제도(Customer Due Diligence)'란 금융회사가 고객과 거래 시 고객의 성명과 실지명의 이외의 (○ | ×)
주소, 연락처 등을 추가로 확인하고, 자금세탁행위 등의 우려가 있는 경우 실제 당사자 여부 및 금융거
래 목적을 확인하는 제도이다.

13 상속인은 상속의 개시 있음을 안 날로부터 3개월 내에 상속을 포기할 수 있다. (○ | ×)

14 상속은 사망한 시점이 아니라 사망한 사실이 가족관계등록부에 기재된 시점에서 개시된다. (○ | ×)

15 예금채권에 대한 질권의 효력은 그 예금의 이자에는 영향을 주지 않는다. (○ | ×)

16 '내부통제'란 조직이 효율적인 업무 운영, 정확하고 신뢰성 있는 재무보고 체계의 유지, 관련 법규 및 내 (○ | ×)
부정책·절차의 준수 등과 같은 목표를 달성하려는 합리적인 확신을 주기 위해 조직 내부에서 자체적으
로 마련하여 이사회, 경영진 및 직원 등 조직의 모든 구성원들이 지속적으로 실행·준수하도록 하는 일
련의 통제과정이다.

17 '준법감시인'이란 내부통제기준의 준수 여부를 점검하고 내부통제기준을 위반하는 경우 이를 조사하는 (○ | ×)
등 내부통제 관련 업무를 총괄하는 자를 말한다.

18 「금융소비자 보호에 관한 법률」은 동일기능 동일규제 원칙 아래 금융상품의 유형과 금융회사 등의 업종 (○ | ×)
구분 등을 정의하고 금융소비자의 권리와 책무, 국가와 금융상품판매업자 등의 책무, 금융상품판매업자
등의 영업행위 준수사항, 금융소비자보호 감독 및 처분 등에 대해 규정하고 있다.

19 금융회사 본부의 비영업부서 근무직원이라도 실명확인 관련 업무를 처리하도록 지시받은 경우에는 실 (○ | ×)
명확인을 할 수 있다.

20 금융회사의 임·직원이 아닌 대출모집인이나 보험모집인 등 업무수탁자는 실명확인을 할 수 없다. (○ | ×)

21 재예치 계좌를 개설할 때에는 기존 계좌 개설 당시에 고객으로부터 징구하여 보관 중인 실명확인증표 (○ | ×)
사본을 재사용할 수 있다.

22 금융감독원은 금융기관 등으로부터 자금세탁 관련 의심거래를 수집·분석하여 불법거래, 자금세탁행위 (○ | ×)
또는 공중협박자금조달행위와 관련된다고 판단되는 금융거래 자료를 법 집행기관에 제공한다.

23 고객확인제도는 금융회사가 고객과 거래 시 자금세탁행위 등의 우려가 있는 경우 실제 당사자 여부 및 금융거래 목적을 확인하는 제도로, 금융실명제가 포함하지 않고 있는 사항을 보완하는 차원에서 「금융실명거래 및 비밀보장에 관한 법률」을 개정하고 이 제도를 도입하였다. (○ | ×)

24 상속인은 상속의 개시가 있음을 안 날로부터 3개월 내에 단순승인이나 한정승인 또는 상속포기를 할 수 있다. (○ | ×)

정답 & X해설

11	12	13	14	15	16	17	18	19	20	21	22	23	24
×	○	○	×	×	○	○	○	○	○	×	×	×	○

11 과학기술정보통신부장관은 제14조 제2항에 따라 예금의 종류별 이자율을 정하려면 금융위원회와 협의하여야 한다. 다만, 「한국은행법」 제28조 제15호에 따라 금융통화위원회가 정하는 기준의 범위에서 이자율을 정하려는 경우에는 그러하지 아니하다(우체국예금·보험에 관한 법률 제10조 제1항).

14 상속은 사망한 시점에서 개시되며 사망한 사실이 가족관계등록부에 기재된 시점에서 개시되는 것은 아니다(민법 제997조).

15 예금채권에 대한 질권의 효력은 그 예금의 이자에도 미친다.

21 계좌개설 시(신규 및 재예치)마다 실명확인증표 원본에 의하여 실명을 확인하여 거래원장, 거래신청서, 계약서 등에 '실명확인필'을 표시하고 확인자가 날인 또는 서명(동시에 다수의 계좌를 개설하는 경우 기 실명확인된 실명확인증표 재사용 가능)한다. 계좌개설 시(신규 및 재예치)에는 기 징구된 실명확인증표 사본 등 관련 서류 재사용은 금지된다.

22 금융정보분석기구(FIU)은 금융기관 등으로부터 자금세탁 관련 의심거래를 수집·분석하여 불법거래, 자금세탁행위 또는 공중협박자금조달행위와 관련된다고 판단되는 금융거래 자료를 법 집행기관에 제공한다.

23 고객확인제도는 금융회사가 고객과 거래 시 자금세탁행위 등의 우려가 있는 경우 실제 당사자 여부 및 금융거래 목적을 확인하는 제도로, 금융실명제를 토대로 하되 금융실명제가 포함하지 않고 있는 사항을 보완하는 차원에서 「특정 금융거래정보의 보고 및 이용 등에 관한 법률」에 근거를 두고 2006년 1월 18일부터 이 제도를 도입하였다. 2010년 7월 새롭게 제정·시행된 「자금세탁방지 및 공중협박자금조달금지 업무규정(FIU고시)」에서는 고객확인제도의 이행사항을 상세하게 규정하고 있다.

실전적용 기출&예상문제 — PART Ⅱ. 우체국금융 제도

01 예금의 입금과 지급에 대한 설명으로 옳지 않은 것은?

2023 계리직 9급

① 금융회사는 예금청구서의 금액·비밀번호·청구일자 등이 정정된 경우, 반드시 정정인을 받거나 새로운 전표를 작성하도록 하여야 한다.
② 직원이 입금조작을 잘못하여 착오계좌에 입금한 경우, 금융회사는 착오계좌 예금주의 동의와 관계없이 취소 처리하고 정당계좌에 입금할 수 있다.
③ 금융회사는 실제로 받은 금액보다 과다한 금액으로 통장 등을 발행한 경우, 실제로 입금한 금액에 한하여 예금계약이 성립하므로 예금주의 계좌에서 초과입금액을 인출하면 된다.
④ 송금인이 착오송금한 경우, 송금인은 금융회사를 통해 수취인에게 반환요청할 수 있고, 반환이 거절된 경우에는 반환거절일로부터 1년 이내 예금보험공사에 반환지원 신청을 할 수 있다.

02 〈보기〉에서 금융거래 비밀보장에 대한 설명으로 옳은 것을 모두 고른 것은?

2023 계리직 9급

보기
ㄱ. 금융거래정보제공 관련 서류의 보관기간은 정보제공일로부터 5년간이다.
ㄴ. 통보유예기간이 종료되면 즉시 명의인에게 정보제공사실과 통보유예 사유 등을 통보하여야 한다.
ㄷ. 과세자료의 제공, 금융회사 내부 또는 금융회사 상호 간에 정보를 제공한 경우에는 그 내용을 기록·관리하여야 한다.
ㄹ. 금융회사가 금융거래정보 등을 제공한 경우에는 정보 등을 제공한 날로부터 10일 이내에 명의인에게 서면으로 제공사실을 통보하여야 한다.

① ㄱ, ㄴ
② ㄱ, ㄹ
③ ㄴ, ㄷ
④ ㄷ, ㄹ

정답&해설

01 송금인이 착오송금한 경우 송금인은 금융회사를 통해 수취인에게 반환요청할 수 있고, 반환이 거절된 경우에는 착오송금일로부터 1년 이내 예금보험공사에 반환지원 신청을 할 수 있다.

■ 착오송금 반환지원제도

구분	주요내용
신청대상	• 2021. 7. 6. 이후 발생한 5만원 이상 1천만원 이하 착오송금 • 2023. 12. 31. 이후 발생한 5만원 이상 5천만원 이하 착오송금
대상조건	착오송금 시 먼저 금융회사를 통해 수취인에게 반환을 요청하여야 하며, 미반환된 경우(금융회사의 반환청구절차 결과 '반환거절' 또는 '일부반환' 종결)에만 예금보험공사에 반환지원 신청 가능
신청가능 기간	착오송금일로부터 1년 이내 신청(통상 접수일로부터 약 2개월 내외 반환 예상)
반환지원 신청절차	예금보험공사 홈페이지 내 착오송금 반환지원 사이트 접속 온라인 신청 또는 예금보험공사 본사 상담센터 방문신청

02 〈오답 확인〉 ㄴ. 통보유예기간이 종료되면 종료일로부터 10일 이내에 명의인에게 정보제공사실과 통보유예 사유 등을 통보하여야 한다.
ㄷ. 과세자료의 제공, 금융회사 내부 또는 금융회사 상호 간의 정보제공의 경우에는 기록·관리의무가 면제된다.

03 예금자보호에 대한 설명으로 옳지 않은 것은?

2023 계리직 9급

① 정부, 지방자치단체(국·공립학교 포함), 한국은행, 금융감독원, 예금보험공사, 부보금융회사의 예금은 보호대상에서 제외한다.
② 주택청약저축, 주택청약종합저축 상품은 보호금융상품이며, 주택청약예금, 주택청약부금은 비보호금융상품이다.
③ 보호금액 5천만원은 예금의 종류별 또는 지점별 보호금액이 아니라 동일한 금융회사 내에서 예금자 1인이 보호받을 수 있는 총 금액이다.
④ 예금보험공사로부터 보호받지 못한 나머지 예금은 파산한 금융회사가 선순위채권을 변제하고 남는 재산이 있는 경우 이를 다른 채권자들과 함께 채권액에 비례하여 분배받는다.

04 현행 상속제도에 대한 설명으로 옳은 것은?

2022 계리직 9급

① 상속은 사망한 시점이 아니라 사망한 사실이 가족관계등록부에 기재된 시점에서 개시된다.
② 피상속인에게 어머니, 배우자, 2명의 자녀, 2명의 손자녀가 있을 경우 배우자의 상속분은 1.5/3.5이다.
③ 친양자 입양제도에 따라 2008년 1월 1일 이후에 입양된 친양자는 친생부모 및 양부모의 재산을 모두 상속받을 수 있다.
④ 유언의 방식 중 공정증서 또는 자필증서에 의한 경우에는 가정법원의 유언검인심판서를 징구하여 유언의 적법성 여부를 확인하여야 한다.

정답&해설

03 주택청약저축, 주택청약종합저축 상품은 비보호금융상품이며, 주택청약예금, 주택청약부금은 보호금융상품이다.

■ 보호금융상품 vs. 비보호금융상품

보호금융상품	비보호금융상품
• 요구불예금(보통예금, 기업자유예금, 당좌예금 등)	• 양도성예금증서(CD), 환매조건부채권(RP)
• 저축성예금(정기예금, 주택청약예금, 표지어음 등)	• 금융투자상품(수익증권, 뮤추얼펀드, MMF 등)
• 적립식예금(정기적금, 주택청약부금, 상호부금 등)	• 은행 발행채권
• 외화예금	• 주택청약저축, 주택청약종합저축 등
• 예금보호대상 금융상품으로 운용되는 확정기여형 퇴직연금제도 및 개인형 퇴직연금제도의 적립금	• 확정급여형 퇴직연금제도의 적립금
• 개인종합자산관리계좌(ISA)에 편입된 금융상품 중 예금보호대상으로 운용되는 금융상품	• 특정금전신탁 등 실적배당형 신탁
• 원본이 보전되는 금전신탁 등	• 개발신탁

04 배우자의 상속분은 1.5, 2명의 자녀의 상속분은 각각 1이다. 따라서 배우자의 상속분은 3.5 중 1.5이다.

〈오답 확인〉 ① 상속은 사망한 시점에서 개시되기 때문에 사망한 사실이 가족관계등록부에 기재된 시점에서 개시되는 것은 아니다.
③ 2008년 1월 1일부터 시행된 친양자 입양제도에 따라 입양된 친양자는 친생부모와의 친족관계 및 상속관계가 모두 종료되므로 생가부모의 예금을 상속하지는 못한다.
④ 유언의 방식 중 공정증서 또는 법원의 검인을 받은 구수증서에 의한 것이 아닌 경우에는 가정법원의 유언검인심판서를 징구하여 유언의 적법성 여부를 확인하여야 한다.

03 ② 04 ②

05 금융실명거래 시 실명확인 방법에 대한 설명으로 옳지 않은 것은? *2022 계리직 9급*

① 금융회사 본부의 비영업부서 근무직원이라도 실명확인 관련 업무를 처리하도록 지시받은 경우에는 실명확인을 할 수 있다.
② 금융회사의 임·직원이 아닌 대출모집인이나 보험모집인 등 업무수탁자는 실명확인을 할 수 없다.
③ 대리인을 통하여 계좌개설을 할 경우 본인 및 대리인 모두의 실명확인증표와 본인의 인감증명서가 첨부된 위임장을 제시받아 실명확인을 하되 본인의 실명확인증표는 사본으로도 가능하다.
④ 재예치 계좌를 개설할 때에는 기존 계좌개설 당시에 고객으로부터 징구하여 보관 중인 실명확인증표 사본을 재사용할 수 있다.

06 〈보기〉에서 자금세탁방지제도에 대한 설명으로 옳은 것을 모두 고른 것은? *2022 계리직 9급 변형*

보기

ㄱ. 금융감독원은 금융기관 등으로부터 자금세탁 관련 의심거래를 수집·분석하여 불법거래, 자금세탁행위 또는 공중협박자금조달행위와 관련된다고 판단되는 금융거래 자료를 법 집행기관에 제공한다.
ㄴ. 고객확인제도는 금융회사가 고객과 거래 시 자금세탁행위 등의 우려가 있는 경우 실제 당사자 여부 및 금융거래 목적을 확인하는 제도로, 금융실명제가 포함하지 않고 있는 사항을 보완하는 차원에서 「금융실명거래 및 비밀보장에 관한 법률」을 개정하고 이 제도를 도입하였다.
ㄷ. 고액현금거래보고제도는 1일 거래일 동안 1천만원 이상의 현금을 입금하거나 출금한 경우 거래자의 신원과 거래일시, 거래금액 등 객관적 사실을 전산으로 자동 보고하는 것이다.
ㄹ. 의심거래보고를 허위보고하는 경우 1년 이하의 징역 또는 1천만원 이하의 벌금에 처하며, 미보고하는 경우 3천만원 이하의 과태료 부과도 가능하다.

① ㄱ, ㄴ ② ㄱ, ㄹ
③ ㄴ, ㄷ ④ ㄷ, ㄹ

정답&해설

05 계좌개설(신규 및 재예치) 시마다 실명확인증표 <u>원본</u>으로 실명을 확인한다. 계좌개설 시에는 기 징구된 실명확인증표 사본 등 관련 서류의 재사용은 <u>금지</u>된다.

06 〈오답 확인〉 ㄱ. <u>금융정보분석기구(FIU)</u>에 대한 설명이다. 우리나라의 자금세탁방지기구는 금융정보분석원(KoFIU; Korea FIU)으로, 금융기관 등으로부터 자금세탁 관련 의심거래를 수집·분석하여 불법거래, 자금세탁행위 또는 공중협박자금조달행위와 관련 있다고 판단되는 금융거래 자료를 법 집행기관(검찰청·경찰청·국세청·관세청·금융위원회·중앙선거관리위원회 등)에 제공하는 업무를 주 업무로 한다.
ㄴ. 고객확인제도(CDD)는 금융회사가 고객과 거래 시 자금세탁행위 등의 우려가 있는 경우 실제 당사자 여부 및 금융거래 목적을 확인하는 제도이다. 고객확인제도는 금융실명제를 토대로 하되, 금융실명제가 포함하지 않고 있는 사항을 보완하는 차원에서 「특정 금융거래정보의 보고 및 이용 등에 관한 법률」에 근거를 두고 2006년 1월 18일부터 이 제도를 도입하였다. 2010년 7월 새롭게 제정·시행된 「자금세탁방지 및 공중협박자금조달금지 업무규정(FIU고시)」에서는 고객확인제도의 이행사항을 상세하게 규정하고 있다.

05 ④ 06 ④

07 예금주의 사망 시 적용되는 상속제도에 대한 설명으로 옳지 <u>않은</u> 것은?　2019 계리직 9급

① 친양자 입양제도에 따라 입양된 친양자는 법정혈족이므로 친생부모 및 양부모의 예금을 상속받을 수 있다.
② 예금주의 아들과 손자는 같은 직계비속이지만 아들이 손자보다 선순위로 상속받게 된다.
③ 특정유증의 경우, 수증자는 상속인 또는 유언집행자에 대하여 채권적 청구권만을 가진다.
④ 협의 분할 시 공동상속인 중 친권자와 미성년자가 있는 경우, 미성년자에 대하여 특별대리인을 선임하여 미성년자를 대리하도록 해야 한다.

08 A씨의 2020년 귀속 금융소득 현황이 다음과 같을 때 종합소득 산출세액으로 옳은 것은?　2019 계리직 9급 변형

- 정기예금 이자: 55,100,000원
- 우리사주 배당금: 20,000,000원
- 환매조건부채권 이자(RP): 30,000,000원
- 농업회사법인 출자금 배당: 10,000,000원

단, 종합소득 공제는 5,100,000원, 누진 공제액은 5,220,000원으로 한다.

① 9,580,000원　② 11,980,000원
③ 14,380,000원　④ 16,780,000원

정답&해설

07 2008년부터 시행된 친양자 입양제도에 따라 입양된 친양자는 친생부모와의 친족관계 및 상속관계가 모두 종료되므로 <u>생가부모의 예금을 상속하지는 못한다.</u>

- 양자: 생리적 친생자관계가 없지만, 입양을 통해 자식으로 인정받는 법정친자를 말한다. 양자는 법정혈족이므로 친생부모 및 양부모의 예금도 상속한다.
- 친양자: 자녀의 복리를 위해 양자를 법률상 완전한 친생자로 인정하는 것이다. 따라서 친양자로 입양되면 친생부모와의 친족관계나 상속관계는 모두 종료되고, 양부모와의 법률상 친생자 관계를 새롭게 형성하며, 성과 본도 양부의 성과 본으로 변경할 수 있다. 친양자는 친생부모와의 친족관계 및 상속관계가 모두 종료되므로 생가부모의 예금을 상속하지는 못한다.

08
- 종합과세되는 금융소득금액: 85,100,000원(정기예금 이자 + 환매조건부채권이자)
  - 비과세되는 금융소득(우리사주 배당금, 농업회사법인 출자금 배당)은 과세대상이 아니고, 분리과세되는 금융소득은 원천징수로 납세의무가 종결되므로 금융소득 종합과세 대상에서 제외된다.
  - 기준금액초과 금융소득: 85,100,000원 - 20,000,000원
    = 65,100,000원
- 종합소득 산출세액의 계산방법
  - 금융소득을 기본세율로 과세 시 산출세율

    (2천만원 초과금액 - 종합소득금액) × 기본세율 + 2천만원 × 14%

    = {(65,100,000원 - 5,100,000원) × 기본세율} - 누진공제
    　+(20,000,000원 × 14%)
    = (60,000,000원 × 24% - 5,220,000원) + 2,800,000원
    = 14,400,000원 - 5,220,000원 + 2,800,000원
    = 11,980,000원
  - 금융소득을 원천징수세율로 과세 시 산출세액

    금융소득 × 14%

    = 85,100,000원 × 14% = 11,914,000원
  - 종합소득산출세액은 둘 중 큰 금액인 11,980,000원이 된다.

07 ①　08 ②

09 「예금자보호법」에서 정한 예금보험제도에 대한 설명으로 옳은 것은?　2019 계리직 9급

① 은행, 보험회사, 종합금융회사, 수협은행, 외국은행 국내지점은 보호대상 금융회사이다.
② 외화예금, 양도성예금증서(CD), 환매조건부채권(RP), 주택청약저축은 비보호 금융상품이다.
③ 서울시가 시중은행에 가입한 정기예금 1억원은 5천만원 한도 내에서 예금자보호를 받는다.
④ 금융회사가 예금을 지급할 수 없게 되면 법에 의해 금융감독원이 대신하여 예금을 지급하는 공적 보험제도이다.

10 자금세탁방지제도에 대한 설명으로 옳지 않은 것은?　2016 계리직 9급 변형

① '자금세탁'이란 일반적으로 '자금의 위법한 출처를 숨겨 적법한 것처럼 위장하는 과정'을 의미한다.
② 의심거래보고제도(STR)의 보고대상에 대해 정해진 기준 금액은 없으며 금융기관이 주관적으로 판단하여 보고한다.
③ 금융정보분석원(KoFIU)은 보고된 의심거래를 조사·수사하여 법 집행기관에 기소 등의 의법 조치를 의뢰한다.
④ 고객확인제도(CDD)의 확인대상이 되는 '계좌의 신규 개설'에는 양도성예금증서, 표지어음의 발행, 대여금고 약정도 포함된다.

정답&해설

09 〈오답 확인〉 ② 양도성예금증서(CD), 환매조건부채권(RP), 주택청약저축은 비보호금융상품이다. 외화예금은 원화로 환산한 금액 기준으로 예금자 1인당 5천만원 범위 내에서 보호된다.
③ 정부, 지방자치단체(국·공립학교 포함), 한국은행, 금융감독원, 예금보험공사, 부보금융회사의 예금은 보호대상에서 제외된다.
④ 「예금자보호법」에 의해 설립된 예금보험공사가 평소에 금융회사로부터 보험료(예금보험료)를 받아 기금(예금보험기금)을 적립한 후, 금융회사가 예금을 지급할 수 없게 되면 금융회사를 대신하여 예금(예금보험금)을 지급하게 된다. 예금보험은 예금자를 보호하기 위한 목적으로 법에 의해 운영되는 공적 보험이기 때문에 예금을 대신 지급할 재원이 금융회사가 납부한 예금보험료만으로도 부족할 경우에는 '예금보험공사'가 직접 채권(예금보험기금채권)을 발행하는 등의 방법을 통해 재원을 조성하게 된다.

10 금융정보분석원(KoFIU)은 보고된 의심거래내용과 외환전산망 자료, 신용정보, 외국 FIU의 정보 등 자체적으로 수집한 관련 자료를 종합·분석한 후 불법거래 또는 자금세탁행위와 관련된 거래라고 판단되는 때에는 해당 금융거래자료를 검찰청·경찰청·국세청·관세청·금융위원회·선거관리위원회 등 법 집행기관에 제공하고, 법 집행기관은 거래내용을 조사·수사하여 기소 등의 법 조치를 하게 된다.

09 ①　10 ③

11 우체국예금에 대한 설명으로 옳은 것은?

2016 계리직 9급

① 체신관서는 예금자가 거래중지계좌에 편입된 예금의 부활 또는 해약을 청구하면 우정사업본부장이 정하는 바에 따라 해당 예금을 부활시키거나 해약해야 한다.
② 약관의 조항은 우체국과 예금주 사이에 개별적으로 합의한 사항에 우선한다.
③ 예금주는 통장·도장을 분실·도난되었을 때에는 우체국에 즉시 서면으로 신고하여야 한다. 신고를 철회할 때에는 우체국에 예금주 본인이 반드시 서면으로만 하여야 한다.
④ 듬뿍우대저축에 대한 질권설정은 사전에 우체국에 통지하고 동의를 받아야 한다.

12 예금의 입금과 지급 업무에 대한 설명으로 옳지 않은 것은?

2018 계리직 9급

① 기한부 예금을 중도해지하는 경우, 반드시 예금주 본인의 의사를 확인하는 것이 필요하다.
② 금융기관은 진정한 예금주에게 변제한 때에 한하여 예금채무를 면하게 되는 것이 원칙이다.
③ 송금인의 단순착오로 인해 수취인의 계좌번호가 잘못 입력되어 이체가 완료된 경우, 언제든지 수취인의 동의 없이도 송금액을 돌려받을 수 있다.
④ 금융기관이 실제 받은 금액보다 과다한 금액으로 통장을 발행한 경우, 실제 입금한 금액에 한하여 예금계약이 성립하고 초과된 부분에 대하여는 예금계약이 성립하지 않는다.

정답&해설

11 〈오답 확인〉 ② 우체국과 예금주 사이에 개별적으로 합의한 사항이 약관 조항과 다를 때에는 그 합의사항을 약관에 우선하여 적용한다.
③ 예금주는 통장·도장·카드 또는 증권이나 그 용지를 분실·도난·멸실·훼손하였을 때에는 우체국에 즉시 서면으로 신고하여야 한다. 다만, 긴급하거나 부득이할 때에는 영업시간 중에 전화 등으로 신고할 수 있으며 이때에는 다음 영업일 안에 서면으로 신고하여야 한다. 신고를 철회할 때에는 우체국에 예금주 본인이 서면 또는 전산통신기기 등으로 하여야 한다.
④ 예금주가 예금을 양도하거나 질권설정하려면 사전에 우체국에 통지하고 동의를 받아야 한다. 다만, 법령으로 금지되는 경우에는 양도나 질권설정을 할 수 없다. 또한 입출금이 자유로운 예금도 질권설정할 수 없다.

12 송금인의 단순착오로 인해 수취인의 계좌번호가 잘못 입력되어 이체가 완료된 경우, 수취인의 동의 없이는 송금액을 돌려받을 수 없다.

11 ① 12 ③

에듀윌이
너를
지지할게
ENERGY

인생에 있어서 가장 큰 기쁨은
'너는 그것을 할 수 없다'라고 세상 사람들이 말하는
그 일을 성취시키는 일이다.

– 월터 배젓(Walter Bagehot)

PART III

우체국금융 상품

Chapter 01 　우체국금융 상품
Chapter 02 　우체국금융 서비스
Chapter 03 　전자금융

출제비중

39%

※ 전 10회(2008~2023) 시험을 기준으로 출제비중을 산출하였습니다.

출제문항 수 & 키워드

Chapter 01 우체국금융 상품	14문항	예금상품, 카드상품(체크카드)
Chapter 02 우체국금융 서비스	5문항	해외송금, 전자금융, 제휴서비스, 우체국페이
Chapter 03 전자금융	3문항	텔레뱅킹, 신용카드, CD/ATM

*출제키워드는 전 10회(2008~2023) 시험에서 출제된 문항을 기준으로 분석하였습니다.

Chapter 01 우체국금융 상품

학습포인트
❶ 입출금이 자유로운 상품(19종), 목돈 굴리기 상품(12종), 목돈 마련 상품(10종), 카드상품(체크카드), 펀드상품을 구분한다.
❷ 예금상품의 종류별 특징을 파악한다.

출제키워드
- 예금상품
- 카드상품(체크카드)

01 예금상품

1 개요

(1) 예금상품 개발 시 고려사항
① 수익성: 예금사업의 영위를 위해 이익을 창출할 수 있도록 수익성을 고려한다.
② 공공성: 국민경제의 공익증진 및 금융시장 발전에 기여하는 방안을 고려한다.
③ 안정성: 예금이 전체 자산수익률 변동성과 손실 위험이 허용되는 범위 안에 있도록 안정성을 고려한다.
④ 소비자보호: 소비자보호의 관점도 고려한다.

(2) 예금상품의 이자율
「우체국예금·보험에 관한 법률」에 따라 고시하는 기본이자율에 우대이자율을 더하여 정한다.
① 기본이자율: 원금에 대한 이자의 비율(총 이자율) 중 우체국의 금리정책에 따라 예금의 종류별로 기본적으로 부여되는 금리를 말한다.
② 우대이자율: 원금에 대한 이자의 비율(총 이자율) 중 상품에서 특정 조건에 따라 선택적으로 제공하는 금리를 말한다.

(3) 우체국에서 취급하는 예금상품
「우체국예금·보험에 관한 법률」에 따라 고시하고 우체국에서 취급하는 예금상품은 크게 입출금이 자유로운 예금, 거치식 예금, 적립식 예금, 기타예금(국고예금, 환매조건부채권)으로 구분된다. 2023년 12월 기준 우체국에서 취급(판매상품)하는 예금상품은 다음과 같다.

2 수시입출식 예금(입출금이 자유로운 예금)(19종)

(1) 보통예금
가입대상에 제한이 없고 예입과 지급에 있어서 특별한 조건을 붙이지 않고 입출금이 자유로운 예금이다.

(2) 저축예금
개인고객을 대상으로 하여 입출금이 자유로운 예금이다.

(3) 듬뿍우대저축예금(MMDA; Money Market Deposit Account)
개인고객을 대상으로 예치 금액별로 차등 금리를 적용하는 개인 MMDA 상품으로 입출금이 자유로운 예금이다.

(4) e-Postbank예금
실명의 개인이 가입대상이며, 인터넷뱅킹, 스마트뱅킹 또는 우체국 창구를 통해 가입하고 별도의 통장 발행 없이 전자금융 채널(인터넷뱅킹, 스마트뱅킹, 폰뱅킹, 자동화기기)을 통해 거래하는 입출금이 자유로운 예금이다.

(5) 기업든든MMDA통장
법인, 고유번호증을 부여받은 단체, 사업자등록증을 가진 개인사업자 등을 대상으로 예치금액별로 차등 금리를 적용하는 기업 MMDA 상품으로 입출금이 자유로운 예금이다.

(6) 우체국 행복지킴이통장
가입대상은 아래 〈표〉에서 정하는 국가에서 지급하는 각종 복지급여 수급자로, 저소득층 생활안정 및 경제활동 지원 도모를 목적으로 기초생활보장, 기초(노령)연금, 장애인연금, 장애(아동)수당 등의 기초생활 수급권 보호를 위한 '압류방지 전용 통장'으로 관련 법령에 따라 압류방지 수급금에 한해 입금이 가능한 예금이다.

가입 대상
아래에서 정하는 실명의 개인 ① 「국민기초생활 보장법」에서 정하는 기초생활 수급자 ② 「기초연금법」에서 정하는 기초(노령)연금 수급자 ③ 「장애인연금법」에서 정하는 장애인연금 수급자 ④ 「장애인복지법」에서 정하는 장애수당, 장애아동수당 수급자 ⑤ 「한부모가족지원법」에서 정하는 한부모가족지원 보호대상자 ⑥ 「국민건강보험법」에서 정하는 요양비 등 보험급여 수급자 ⑦ 「긴급복지지원법」에서 정하는 긴급지원 대상자 ⑧ 「어선원 및 어선 재해보상보험법」에서 정하는 어선원보험의 보험급여 지급대상자 ⑨ 「노인장기요양보험법」에서 정하는 특별현금급여비 수급자 ⑩ 「건설근로자의 고용개선 등에 관한 법률」에서 정하는 건설근로자 퇴직공제금 수급자 ⑪ 「아동수당법」에서 정하는 아동수당, 영아수당 수급자 ⑫ 「중소기업협동조합법」에서 정하는 소기업·소상공인 공제금 수급자 ⑬ 「아동복지법」에서 정하는 자립수당 수급자 ⑭ 「재난적의료비 지원에 관한 법률」에서 정하는 재난적의료비 지원금액 수급자 ⑮ 「자동차손해배상 보장법」에서 정하는 자동차 사고 피해지원금 수급자 ⑯ 「의료급여법」에서 정하는 의료급여 수급자

(7) 우체국 국민연금안심통장
실명의 개인이 가입대상이며, 국민연금 수급권자의 연금수급 권리를 보호하기 위한 '압류방지 전용 통장'으로 관련 법령에 따라 국민연금공단에서 입금하는 국민연금급여에 한해 입금이 가능한 예금이다.

(8) 우체국 선거비관리통장
가입대상은 선거관리위원회가 관리·운영하는 선거에 출마하는 입후보자 또는 입후보자가 지정하는 회계책임자 및 시·군·구 선거관리위원회로, 선거관리위원회에서 관리·운영하는 선거 입후보자의 선거비용과 선거관리위원회의 선거경비 관리를 위한 입출금 통장이다. 선거기간을 전후로 일정 기간 동안 거래 수수료 면제 서비스를 제공하는 입출금이 자유로운 예금이다.

[단권화 MEMO]

● ☐☐☐☐☐☐☐☐☐ 은/는 예치 금액별 차등 금리를 적용하는 개인 MMDA 상품으로 입출금이 자유롭다.
(듬뿍우대저축예금)

[단권화 MEMO]

(9) 우체국 하도급지킴이통장
① 가입대상: 법인 및 사업자등록증을 소지한 개인사업자, 고유번호(또는 납세번호)를 부여받은 단체이다.
② 조달청에서 운영하는 '정부계약 하도급관리시스템'을 통해 발주한 공사대금 및 입금이 하도급자와 근로자에게 기간 내 집행될 수 있도록 관리·감독하기 위한 전용통장이다.
③ 제한사항: 예금 출금은 '정부계약 하도급관리시스템'의 이체요청을 통해서만 가능하며 우체국창구, 전자금융, 자동화기기 등을 통한 출금은 불가능하다.

(10) 우체국 다드림통장
가입대상은 다드림통장 패키지 구분별로 아래 〈표〉에서 정하는 대상자로 구분한다. 예금, 보험, 우편 등 우체국 이용고객 모두에게 혜택을 제공하는 상품으로, 거래 실적별 포인트와 패키지별 우대금리 및 수수료 면제 등 다양한 우대서비스를 제공하는 우체국 대표 입출금이 자유로운 예금이다.

패키지	주니어	직장인	사업자	실버	베이직
가입 대상자	19세 미만 실명의 개인	실명의 개인	개인사업자, 법인, 단체 (금융기관 제외)	50세 이상 실명의 개인	개인, 개인사업자, 법인, 단체 (금융기관 제외)

(11) 우체국 공무원연금평생안심통장
가입대상은 실명의 개인이며, 공무원연금, 별정우체국연금 수급권자의 연금수급 권리를 보호하기 위한 '압류방지 전용 통장'으로 관련 법령에 따라 공무원연금공단, 별정우체국연금관리단에서 입금하는 수급금에 한하여 입금이 가능한 예금이다.

(12) 우체국 호국보훈지킴이통장
가입대상은 실명의 개인이며, 독립·국가유공자의 보훈급여금 등 수급 권리를 보호하기 위한 '압류방지 전용 통장'으로 관련 법령에 따라 가입자에게 지급되는 보훈급여금, 참전명예수당, 고엽제수당 등 정기급여에 한하여 입금이 가능한 예금이다.

(13) 우체국 생활든든통장
가입대상은 50세 이상 실명의 개인이며, 50세 이상 고객의 기초연금, 급여, 용돈 수령 및 체크카드 이용 시 금융 수수료 면제, 우체국 보험료 자동이체 또는 공과금 자동이체 시 캐시백, 창구소포 할인쿠폰 등 다양한 서비스를 제공하는 시니어 특화 입출금이 자유로운 예금이다.

(14) 우체국 페이든든+ 통장
① 우체국예금 모바일 어플리케이션인 '우체국페이' 이용 실적 등에 따라 우대혜택을 제공하는 통장으로 실명의 개인으로 가입하는 개인통장과 개인사업자, 법인으로 가입하는 사업자 통장으로 구분된다.
② **개인통장**: '우체국페이'의 간편결제·간편송금 이용실적, 우체국 적립식 예금 보유, 각종 자동이체 실적, 가입자가 소상공인 또는 소기업 대표자일 경우 우대혜택을 제공한다.
③ **사업자통장**: '우체국페이'의 간편결제 가맹점 결제계좌가 우체국 계좌로 약정되어 있는 경우, 우체국 소상공인 정기예금을 보유한 경우, 가입자가 소상공인 또는 소기업일 경우에 우대혜택을 제공한다.

(15) 우체국 정부보관금통장
가입대상은 출납공무원이 배치된 국가기관으로, 정부보관금의 효율적인 자금관리를 위한 전용 통장이다.

(16) 우체국 청년미래든든통장
18세 이상~35세 이하 실명의 개인을 대상으로, 대학생·취업준비생·사회초년생의 안정적인 사회 진출 지원을 위해 금리우대, 수수료 면제, 창구소포 할인쿠폰 등 다양한 혜택을 제공하는 입출금이 자유로운 예금이다.

(17) 우체국 희망지킴이통장
실명의 개인이 가입대상이며, 산업재해 보험급여 수급권자의 보험급여에 한해 입금이 가능하며, 관련 법령에 따라 압류 대상에서 제외하는 '압류방지 전용 통장'이다.

(18) 우체국 건설하나로 통장
자격확인 증빙서류를 통해 건설업 종사자임을 확인할 수 있는 실명의 개인 또는 개인사업자를 대상으로 하며, 건설업에 종사하는 '우체국 하나로 전자카드' 이용고객을 우대하는 전용통장이다. 우대금리 혜택과 금융수수료 면제서비스를 제공하는 입출금이 자유로운 예금이다.

(19) 우체국 취업이룸통장
실명의 개인이 가입대상으로 구직촉진수당 등에 한해 입금이 가능하며, 「구직자 취업촉진 및 생활안정지원에 관한 법률」 제22조, 제23조에 따라 압류대상에서 제외하는 '압류방지 전용 통장'이다.

3 거치식 예금(목돈 굴리기 예금)(12종)   관련 법령집 ▶ P.247

(1) 정기예금
가입대상에 제한이 없으며, 일정의 약정 기간을 정하여 그 기간 내에는 지급청구를 하지 않고 기간 만료 시에 지급하는 조건으로 일정 금액을 일시에 예입하는 거치식 예금의 기본 상품이다.

(2) 챔피언정기예금
우체국 창구를 통해 가입하는 경우 가입대상에 제한이 없고, 인터넷뱅킹·스마트뱅킹을 통해 가입하는 경우에는 실명의 개인을 대상으로 한다. 가입기간(연·월·일 단위 가입) 및 이자지급방식(만기일시지급식, 월이자지급식)을 자유롭게 선택할 수 있는 고객맞춤형 정기예금이다.

(3) 이웃사랑정기예금
국민기초생활수급자, 장애인, 한부모가족, 소년소녀가정, 조손가정, 다문화가정 등 사회 소외계층과 장기기증희망등록자, 골수기증희망등록자, 헌혈자, 입양자 등 사랑나눔 실천자 및 농어촌 지역(읍·면 단위 지역 거주자) 주민의 경제생활을 지원하기 위한 공익형 정기예금이다.

(4) 우체국 퇴직연금 정기예금
① 「근로자퇴직급여 보장법」에서 정한 자산관리업무를 수행하는 퇴직연금사업자를 위한 전용 정기예금이다.
② 우정사업본부와 퇴직연금사업자의 사전 협약에 의해 가입이 가능하며, 우정사업본부가 정한 우체국에 한해 취급이 가능한 상품이다.

[단권화 MEMO]

▶ □□□정기예금은 가입기간 및 이자지급방식을 자유롭게 선택할 수 있는 고객맞춤형 정기예금이다.
(챔피언)

(5) e-Postbank정기예금
실명의 개인을 가입대상으로 하며 인터넷뱅킹, 스마트뱅킹으로 가입이 가능한 온라인 전용상품이다. 온라인 예·적금 가입, 자동 이체 약정, 체크카드 이용실적에 따라 우대금리를 제공하는 정기예금이다.

(6) 2040+α정기예금
우체국 창구를 통해 가입하는 경우 실명의 개인, 개인사업자, 단체, 법인(금융기관 제외)이 가입대상이고, 인터넷뱅킹·스마트뱅킹을 통해 가입하는 경우에는 실명의 개인을 가입대상으로 한다. 20~40대 직장인과 카드 가맹점, 법인 등의 안정적 자금운용을 위해 급여이체 실적, 카드 가맹점 결제계좌 이용, 우체국예금, 보험, 우편 우수고객 등 일정 조건에 해당하는 경우 우대금리를 제공하는 정기예금이다.

(7) 우체국 ISA(개인종합자산관리계좌)정기예금
「조세특례제한법」에서 정한 개인종합자산관리계좌(ISA; Individual Savings Account) 판매자격을 갖춘 신탁업자 및 금융투자업자 등 ISA 취급 금융기관을 대상으로 ISA 편입 자산을 운용하기 위한 전용 정기예금이다.

(8) 우체국 소상공인정기예금
실명의 개인 또는 개인사업자인 소상공인·소기업 대표자를 대상으로 노란우산공제에 가입하거나 우체국 수시입출식 예금 실적에 따라 우대금리를 제공하는 서민자산 형성 지원을 위한 공익형 정기예금이다.

(9) 우체국 파트너든든 정기예금
개인, 개인사업자, 법인(금융기관 제외)을 대상으로 회전주기(1개월, 3개월, 6개월) 적용을 통해 고객의 탄력적인 목돈운용이 가능하며, 우편 계약 고객(우체국소포, EMS, 우체국쇼핑 공급업체) 및 예금 거래 고객을 우대하는 정기예금이다.

(10) 우체국 편리한 e정기예금
실명의 개인을 가입대상으로 하며 보너스입금, 비상금 출금, 자동 재예치, 만기 자동해지 서비스로 편리한 목돈 활용이 가능한 디지털 전용 정기예금이다.

(11) 시니어 싱글벙글 정기예금
실명의 개인을 가입대상으로 하며 여유자금 추가입금과 긴급자금 분할해지가 가능한 정기예금으로, 50세 이상 중년층 고객을 위한 우대금리 및 세무, 보험 등 부가서비스를 제공한다.

(12) 초록별 사랑 정기예금
실명의 개인을 가입대상으로 하며 종이통장 미발행, 친환경 활동 및 기부참여 시 우대혜택을 제공하는 ESG 연계 정기예금이다.

4 적립식 예금(목돈마련 예금)(10종)

관련 법령집 ▶ P.248

(1) 정기적금
가입대상에 제한이 없으며, 일정 기간 후에 약정금액을 지급할 것을 조건으로 하여 예금자가 일정 금액을 일정일에 예입하는 적립식 예금이다.

(2) 2040+α 자유적금
가입대상은 개인, 개인사업자, 단체, 법인(금융기관 제외)으로 20~40대 직장인과 카드 가맹점, 법인 등의 자유로운 목돈 마련을 위해 급여이체 실적, 카드 가맹점 결제계좌 이용, 적금 자동이체 실적 등의 조건에 해당하는 경우 우대금리를 제공하는 적립식 예금이다.

(3) 우체국 새출발자유적금
사회 소외계층 및 농어촌 고객의 생활 안정과 사랑 나눔 실천(헌혈자, 장기기증자 등), 국민 행복 실현을 위해 우대금리 등의 금융혜택을 적극 지원하는 공익형 적립식 예금이다.

패키지 구분	새출발 희망	새출발 행복
가입 대상자	기초생활수급자, 근로장려금수급자, 장애인연금·장애수당·장애아동수당수급자, 한부모가족지원보호대상자, 소년소녀가장, 북한이탈주민, 결혼이민자	헌혈자, 입양자, 장기·골수기증자, 다자녀가정, 부모봉양자, 농어촌 읍면단위 거주자, 개인신용평점 상위 92% 초과 개인, 협동조합종사자, 소상공인

(4) 우체국 다드림적금
가입대상은 실명의 개인이며, 주거래 고객 확보 및 혜택 제공을 목적으로 각종 이체 실적 보유 고객, 장기거래 등 주거래 이용 실적이 많을수록 우대 혜택이 커지는 자유적립식 예금이다.

(5) 우체국 아이LOVE 적금
① 19세 미만의 실명의 개인을 대상으로 어린이·청소년의 목돈 마련을 위해 사회소외계층, 단체가입, 가족 거래 실적 등에 따라 우대금리를 제공하는 적립식 예금이다.
② 가입 고객을 대상으로 우체국 주니어보험 무료가입, 캐릭터통장 및 통장 명 자유선정, 자동 재예치 서비스 등의 부가서비스를 제공한다.
③ 우체국 수시입출식 예금의 자투리 금액(1만원 미만 잔액)을 매월 이 적금으로 자동 저축하는 서비스인 자투리 저축 서비스를 제공한다.

(6) 우체국 마미든든 적금
① 가입대상은 실명의 개인이며, 일하는 기혼 여성 및 다자녀 가정 등 워킹맘을 우대하고, 다문화·한부모 가정 등 목돈 마련 지원과 금융거래 실적 해당 시 우대혜택이 커지는 적립식 예금이다.
② 우체국 수시입출식 예금에서 이 적금으로 월 30만원 이상 자동이체약정 시 부가서비스로 우체국 쇼핑 할인쿠폰을 제공한다.

(7) 우체국 가치모아적금
① 실명의 개인을 대상으로 여행자금, 모임회비 등 목돈 마련을 위해 여럿이 함께 저축할수록 우대혜택이 커지고 다양한 우대 서비스를 제공하는 적립식 예금이다.
② 예금주에게 매월 자동이체 저축현황을 알려 주는 자동이체 알림 서비스, 모임추천번호에 등록한 인원 현황을 알려 주는 모임적금 알림 서비스, 고객이 통장명칭을 자유로이 선정할 수 있는 통장별칭 서비스 등 다양한 우대서비스를 제공한다.

(8) 우체국 장병내일준비적금
① 국군병사의 군복무 중 목돈 마련을 지원하고, 금융실적에 따라 우대금리, 부가서비스를 제공하는 적립식 예금이다.

[단권화 MEMO]

② 가입대상은 현역병, 상근예비역, 의무경찰, 해양의무경찰, 의무소방대원, 사회복무요원, 대체복무요원 등 병역의무 수행자로 만기일은 전역(또는 소집해제) 예정일로 한정된다.
③ 이 예금의 저축한도는 매월 20만원 범위 내에서 적립 가능하며, '장병내일준비적금' 상품을 판매하는 모든 취급기관을 합산하여 고객의 최대 저축 한도는 월 40만원까지 가능하다.
  ※ 취급기관: 14개(우체국, 국민, 기업, 신한, 우리, 하나, 농협, 수협, 대구, 부산, 광주, 전북, 경남, 제주은행)

(9) 우체국 매일모아 e적금
실명의 개인이 대상으로 매일 저축(자동이체) 및 매주 알림저축 서비스를 통해 소액으로 쉽고 편리하게 목돈 모으기가 가능한 디지털전용 적립식 예금이다.

(10) 달달하이(high) 적금
실명의 개인이 가입대상으로, 1개월 또는 2개월의 초단기로 가입하며 단기간의 소액이지만 높은 금리를 제공하는 스마트뱅킹 전용 적립식 예금이다.

5 국고예금
정부의 관서운영경비를 지급하는 관서운영경비 출납공무원이 교부받은 자금을 예치·사용하기 위해 개설하는 일종의 보통예금이다.

6 공익형 예금상품
'공익형 상품'이란 우체국예금 상품 중 국영금융기관으로서의 공적인 역할 제고를 위한 예금으로서 정부정책 지원 및 금융소외계층, 사회적 약자를 지원하기 위한 예금이다. 우체국은 총 12종의 예금상품을 통해 금융소외계층의 기초생활 보장을 위한 '수급금 압류방지 통장'과 서민·소상공인 등 금융소외계층의 자산형성을 지원하기 위한 특별 우대이율을 제공 중에 있다.

구분	수시입출식 예금(8종)	적립식 예금(2종)	거치식 예금(2종)
12종	• 행복지킴이통장 • 국민연금안심통장 • 공무원연금평생안심통장 • 호국보훈지킴이통장 • 청년미래든든통장 • 희망지킴이통장 • 건설하나로통장 • 우체국취업이룸통장	• 새출발자유적금 • 장병내일준비적금	• 이웃사랑정기예금 • 소상공인정기예금

○ 공익형 예금상품의 종류

02 카드상품(체크카드)

우체국은 국민의 건전한 소비문화 조성과 친(親)서민 경제 활성화를 위해 「전자금융거래법」(제2조 및 제28조)상 근거를 통해 우체국 결제계좌 잔액의 범위 내에서 지불결제 및 현금카드 기능을 부여한 체크카드 사업을 2011년 12월부터 시행 중이다.

1 발급대상 및 기능과 사용한도

(1) 발급대상

① 개인: 개인형 일반 상품의 가입연령은 12세 이상이며, 소액신용 및 후불교통 기능이 부여되어 있는 하이브리드 체크카드의 가입연령은 18세 이상이다.
② 법인: 법인카드의 경우 일반법인, 개인사업자, 고유번호 또는 납세번호가 있는 단체가 발급 대상이다.

구분	내용
개인	12세 이상(일반 체크카드), 18세 이상(하이브리드 체크카드) 단, 하이브리드 체크카드의 경우 18세는 후불교통 기능만 가능(소액신용 기능 불가)
법인	법인, 개인사업자, 고유번호 또는 납세번호가 있는 단체(임의단체)

(2) 기능

우체국 체크카드 상품은 기본적으로 체크카드와 현금카드 기능을 제공하며, 다양한 기능을 제공하고 있다.

구분	내용
체크카드	회원의 예금 잔고 범위 내에서 지불 결제
현금카드	자동화기기를 통해 예금 입·출금 이체 등
선불 교통	㈜티머니(T-money) 제휴 선불 교통 기능
하이브리드	소액신용 및 후불교통 기능(최대 30만원 한도)
해외결제	해외 글로벌(VISA, MASTER, UnionPay) 제휴 해외가맹점 결제 등
가족카드	본인회원의 가족카드로서 카드 이용에 관한 모든 책임을 본인회원이 부담하는 것을 조건으로 발급하는 카드
점자카드	시각장애인을 위해 카드 플레이트에 점자로 카드번호, 상품명, 유효기간 등을 각인 처리한 카드
학생증카드	대학교(원)의 학생신분 확인 등 학적사항 등이 플레이트에 반영된 카드
복지카드	복지포인트가 부여된 임직원을 대상으로 복지포인트 사용처에서 배정된 포인트를 사용할 수 있는 기능이 부여된 카드

○ 우체국 체크카드의 기능

(3) 사용한도

우체국 체크카드 결제계좌는 현재 우체국 요구불 예금으로 지정하도록 되어 있으며(국민행복 전용카드와 같이 계좌 없이 바우처 사용만을 위한 특수상품 제외), 사용한도는 개인과 법인에 따라 일별·월별 한도의 차이가 있다.

[단권화 MEMO]

구분		기본 한도		최대 한도	
		일 한도	월 한도	일 한도	월 한도
개인	12세 이상	3만원	30만원	3만원	30만원
	14세 이상	6백만원	2천만원	5천만원	5천만원
법인		6백만원	2천만원	1억원	3억원

※ 미성년자(12세~13세)는 14세 이상이 되는 시점에 자동으로 한도가 상향되지 않으며, 우체국창구, 인터넷뱅킹, 우체국뱅킹을 통한 한도 상향 신청이 필요하다.

● 14세 이상 개인의 체크카드 사용한도는 최대 일 한도 □천만원, 월 한도 □천만원이다.
(5, 5)

● 법인의 체크카드 사용한도는 최대 일 한도 □억원, 월 한도 □억원이다.
(1, 3)

● 우체국 체크카드 사용한도

2 체크카드 상품 및 특징

2023년 12월(판매상품) 기준 우체국 체크카드는 개인 16종, 법인 4종 등 총 20종의 상품이 있으며, 상품별 특징은 다음과 같다.

구분	카드명	주요특징	
개인	행복한	병·의원, 약국, 학원, 마트, 문화 10% 캐시백, 우편서비스 12% 캐시백 등 의료혜택 특화 카드	하이브리드 카드 발급 가능
	다드림	전 가맹점 0.3%, 알뜰폰 통신료 10% 등 우체국 포인트 적립 카드	하이브리드 카드 발급 가능
	국민행복	정부에서 지원하는 다양한 국가바우처를 한 장의 카드로 이용할 수 있으며, A, B, C 세 타입의 선택적인 혜택 제공이 가능한 카드	
	우리동네plus	지역별 특성을 고려한 특화가맹점에 대한 캐시백을 제공하며, Ⅰ, Ⅱ, Ⅲ 세 가지 타입 중 고객 소비성향에 따라 할인혜택 서비스를 선택할 수 있는 카드	
	후불하이패스	현금결제와 충전이 필요 없는 후불 하이패스 카드(평일 출퇴근 시간대 통행료 20~50% 자동 할인)	
	어디서나	쇼핑부터 음식점, 통신료, 주유 등 다양한 혜택이 담긴 카드	하이브리드 카드 발급 가능
	e-나라도움(개인형)	국고보조금을 교부받는 개인에게 발급하는 전용카드	
	드림플러스 아시아나	항공 마일리지 적립과 가맹점 5% 캐시백 혜택 등이 동시에 제공되는 마일리지 적립 특화상품	하이브리드 카드 발급 가능
	라이프+플러스	쇼핑, 레저, 반려동물 업종 등 캐시백 또는 유니마일 적립 선택 가능 카드	
	건설올패스	건설근로자 대상 맞춤서비스와 출퇴근기록이 가능한 특화카드	기존 '우체국 하나로 전자카드' 카드명 리뉴얼
	go캐시백글로벌	공항라운지 서비스, 해외 전 가맹점 7% 캐시백 등 해외이용 특화카드	하이브리드 카드 발급 가능
	영리한PLUS	환경부 인증 폐플라스틱을 재활용한 친환경카드, 디지털콘텐츠 서비스 최대 20% 캐시백 등 다양한 혜택 제공	
	개이득	전 가맹점 0.3%, OTT·패션·멤버십 30% 할인 및 디자인 특화 카드	
	브라보	음식점·대형마트 5%, 약국·골프 10%, 영화·숙박 15% 할인 등 생활형 실속 혜택을 제공하는 카드	하이브리드 카드 발급 가능
	동행	중증장애인 근로자 대상 교통비를 지원하는 전용상품	

	지역사랑상품권	지역사랑상품권을 우체국 체크카드로 사용할 수 있도록 한 카드	지역사랑상품권은 각 지자체와 제휴를 통하여 체크카드로 발급 (제천, 금산, 괴산, 순천 등 2023년 12월 기준 총 36종) 중이며, 개인용 카드 1종으로 취급
법인	성공파트너	사업자, 법인고객들이 선호하는 혜택이 강화된 법인 전용 체크카드
	e-나라도움(법인형)	국고보조금을 교부받는 사업자 및 보조사업자에게 발급하는 전용카드
	정부구매	정부기관 및 공공기관 전용 정부구매 체크카드
	Biz플러스	주유소, 신차구매 등 개인사업자 및 소상공인을 위한 맞춤형 혜택을 제공하는 카드

3 상품별 기능

우체국 체크카드는 상품별 특성에 따라 다양한 기능 추가 및 발급 형태의 선택이 가능하다.

구분	카드명	현금 카드 기능	복지 카드 기능	교통 선불	교통 후불	가족 카드	점자 카드	해외 겸용
개인	행복한(일반/하이브리드) ◆	○	×	△1)	△2)	△1)	○	○
	다드림(일반/하이브리드)	○	×	△1)	△2)	△1)	○	○
	국민행복 ◆	○	×	○	×	×	○	×
	우리동네plus ◆	○	×	○	×	×	○	×
	후불하이패스	×	×	×	○	×	×	×
	어디서나(일반/하이브리드)	○	○	△1)	△2)	×	○	○
	e-나라도움(개인형)	○	×	×	×	×	×	×
	드림플러스 아시아나(일반/하이브리드)	○	×	×	△2)	×	○	○
	라이프+플러스	○	○	×	×	×	○	○
	건설올패스	○	×	○	×	×	○	○
	go캐시백글로벌(일반/하이브리드)	○	×	×	△2)	×	△4)	○
	영리한PLUS	○	○	×	×	×	○	○
	개이득	○	×	×	×	×	○	○
	브라보(일반/하이브리드)	○	○	×	△2)	○	○	○
	동행	○	×	○	×	×	○	○
	지역사랑상품권	○	×	△5)	×	×	○	×
법인	성공파트너	△3)	×	×	×	×	×	○
	e-나라도움(법인형)	△3)	×	×	×	×	×	×
	정부구매	×	×	×	×	×	×	○
	Biz플러스	△3)	×	×	×	×	○	○

*자료: 각 체크카드 상품 및 특징은 2023년 12월 우체국 판매상품 기준(판매중지 상품 제외)
1) 일반 체크카드의 경우만 적용된다.
2) 하이브리드 체크카드의 경우만 적용된다.
3) 법인용 체크카드의 현금 입출금 기능은 개인사업자에 한하여 선택이 가능하다.
4) 일반형만 점자카드가 가능하다.
5) 일부 상품만 가능하다.
◆ 그린 플랫폼 서비스 제공 상품: 에코머니 포인트 적립, 공공시설 무료입장·할인 등의 혜택 제공

◎ 우체국 체크카드 상품별 기능

[단권화 MEMO]

4 효력의 발생과 상실

(1) 효력의 발생

우체국 체크카드는 회원이 가입신청서를 작성하여 카드 발급을 요청하면 우체국에서 이를 심사하여 금융단말기에 등록하고 카드를 교부함으로써 효력이 발생한다. 다만, 위탁업체를 통해 발급받은 경우에는 카드 수령 후 회원 본인이 우체국 창구 방문, 인터넷뱅킹, 우체국뱅킹, ARS를 통하여 사용 등록하여야 효력이 발생한다.

(2) 효력의 상실

우체국 체크카드는 카드 유효기간이 만료되거나, 회원 본인의 사망 또는 피성년후견인·피한정후견인으로 우체국에 신고 등록한 경우 효력이 상실되며, 법인 회원의 경우 폐업, 청산에 따라 우체국에 신고 등록한 경우에도 효력이 상실된다.

5 카드 해지와 이용정지

(1) 우체국 체크카드 해지의 종류

① **일반해지**: 카드 유효기간 내 회원의 요청에 의해 해지된다.
② **당연해지**: 체크카드 결제계좌 해지에 따라 당연해지된다.
③ **자동해지**: 기존 우체국 체크카드를 동종의 복지카드로 전환 발급하거나, 본인 회원 카드 해지 시 가족카드가 해지된다.
④ 체크카드 해지 시에는 현금카드 기능도 함께 해지된다.

(2) 일정한 사유에 의한 체크카드의 이용정지 및 일시제한

① 미성년자의 경우 법정대리인이 거래 중단을 요청하는 경우
② 예금에서 결제계좌의 지급정지 사유에 해당하는 경우
③ 카드의 부정사용·비정상적인 거래로 판단되거나, 해킹으로 인하여 회원에게 피해가 갈 것이 우려되는 경우

03 펀드상품

1 개요

2016년 금융당국은 실물경제 지원을 위한 공모펀드 활성화 방안의 일환으로 집합투자증권업(이하 '펀드 판매') 채널의 확대를 위해 우체국을 포함한 농협 등 중소서민금융 회사의 펀드판매를 허용하였다. 이에 우체국은 단계적인 준비 과정을 거쳐 2018년 9월부터 우체국 펀드판매를 개시하였다. 우체국의 펀드판매는 전국적인 네트워크망을 활용하여 금융소외지역 서민층의 펀드 정보 접근성을 강화하고 투자시장 활성화를 통해 서민의 자산형성 지원 및 실물경제 활력을 제고하는 국영금융기관의 역할 제고 측면에서 큰 의미를 가진다.

2 펀드상품의 종류 및 특징

2023년 12월 기준 우체국에서 판매하는 펀드상품은 대부분 안정형 위주로 구성되어 있다. 공모펀드 중 원금손실 위험도가 낮은 MMF 12종, 채권형펀드 19종, 주식 비중이 30% 이하인 채권혼합형펀드 20종 등 총 51종의 펀드상품을 우체국 창구 및 온라인을 통해 판매하고 있다. 펀드는 원금과 이자, 보험금 등 전액을 보장하는 우체국예금·보험 상품과는 달리, 운용실적에 따라 손익이 결정되는 실적배당 상품이기 때문에 원금 손실이 발생할 수도 있다.

구분	펀드상품명
단기금융펀드 (MMF) (12종)	• IBK그랑프리국공채MMF개인투자신탁제1호(국공채) • NH-Amundi개인MMF1호(국공채) • KB스타개인용MMFP-101호(국공채) • 신한BEST국공채개인MMF II 5(국공채) • 미래에셋개인전용MMF1호(국공채) • 한화개인MMF2호(국공채) • 키움프런티어개인용MMF제1호(국공채) • KB법인용MMFI-2호(국공채) • 멀티에셋국공채법인MMF투자신탁제1호(국공채) • NH-Amundi법인MMF8호 • 삼성MMF법인제1호 • 신한법인용MMFGS-1호
증권펀드 (채권형) (19종)	• 키움단기국공채증권자투자신탁제1호(채권) • 한화단기국공채증권자투자신탁(채권) • 유진챔피언단기채증권자투자신탁(채권) • 우리단기채권증권투자신탁(채권) • NH-Amundi하나로단기채증권자투자신탁(채권) • 한국투자크레딧포커스ESG증권자투자신탁1호(채권) • 흥국멀티플레이증권자투자신탁4호(채권) • 우리하이플러스단기우량ESG채권증권자투자신탁1호(채권) • 한화코리아밸류채권증권자투자신탁(채권) • 유진챔피언중단기증권자투자신탁(채권) • IBK단기채증권자투자신탁(채권) • 키움더드림단기채증권투자신탁(채권) • 한국투자e단기채ESG증권투자신탁(채권) • 신한지속가능경영ESG단기채권증권투자신탁제1호(채권) • 미래에셋글로벌다이나믹증권자투자신탁1호(채권) • 삼성달러표시단기채권증권자투자신탁H(채권) • 교보악사Tomorrow장기우량증권자투자신탁K-1(채권) • KB스타막강국공채증권자투자신탁(채권) • NH-AmundiUSD초단기채권증권자투자신탁(UH)(채권)
증권펀드 (채권혼합형) (20종)	• 흥국멀티플레이30공모주증권자투자신탁(채권혼합) • NH-Amundi4차산업혁명30증권자투자신탁(채권혼합) • 우리중소형고배당30증권투자신탁1호(채권혼합) • 브이아이공모주&배당주10증권투자신탁(채권혼합) • KB밸류포커스30증권자투자신탁(채권혼합) • 한국밸류10년투자배당증권투자신탁(채권혼합) • 흥국공모주로우볼채움플러스증권투자신탁1호(채권혼합) • NH-Amundi모아모아15증권투자신탁(채권혼합) • 신한삼성전자알파증권투자신탁제1호(채권혼합) • NH-Amundi모아모아30증권투자신탁(채권혼합) • NH-Amundi100년기업그린코리아30증권투자신탁(채권혼합) • 브이아이실적포커스30증권투자신탁1호(채권혼합) • 유진챔피언공모주&배당주30증권투자신탁(채권혼합) • DB크레딧알파증권투자신탁제1호(채권혼합) • IBKKOSPI200인덱스30증권자투자신탁(채권혼합) • 미래에셋스마트롱숏30증권자투자신탁1호(채권혼합) • 미래에셋단기채알파증권자투자신탁(채권혼합) • 키움차세대모빌리티30증권자투자신탁제1호(채권혼합) • 신영고배당30증권투자신탁(채권혼합) • 한국투자삼성TOP3증권자투자신탁1호(채권혼합)

○ 우체국 펀드상품

[단권화 MEMO]

3 펀드상품의 유형별 특징

(1) MMF(Money Market Fund)

① 정의: MMF는 투자대상이 단기채권, CP(기업어음), CD(양도성예금증서) 등 단기금융상품에 투자하는 펀드를 말한다. '단기'는 투자대상 자산의 만기가 단기라는 의미가 아니라 잔존만기가 단기라는 의미이다.

② 특징
  ㉠ 수시 입출금이 가능하며, 환매수수료가 없고, 입출금이나 투자금의 제한이 없다.
  ㉡ MMF의 위험을 체계적으로 관리하기 위해 투자대상자산의 신용등급과 잔존만기, 유동성, 평가방법 등을 엄격히 제한한다.
  ㉢ MMF는 예금자보호 대상 상품이 아니며, 보유채권 부도 시 원금 손실의 가능성이 있다.

(2) 채권형 펀드

① 정의: 집합투자재산의 50% 이상을 채권 및 채권 관련 파생상품에 투자하는 펀드이다.
② 종류: 투자하는 채권의 종류에 따라 국공채형, 일반형, 회사채형 등으로 구분된다.
③ 특징: 채권형 펀드는 시가로 평가하여 금리변동에 따른 채권가격의 변동위험, 채권 발행회사의 신용위험 등의 주의가 필요하다. 채권형 펀드의 수익은 이자수익과 자본수익으로 구성되는데, 금리, 듀레이션, 신용등급의 영향에 따라 수익률이 변동한다. 금리하락기에는 편입채권의 가격이 상승하여 수익이 커지고, 금리상승기에는 편입채권의 가격이 하락하여 수익이 작아진다.

(3) 채권혼합형 펀드

① 정의: 집합투자재산의 50% 미만을 주식에 투자하는 펀드로, 우체국 펀드의 경우 주식편입비 30% 이내 펀드를 판매하고 있다. 채권과 주식이 혼합되어 운용되나, 채권에의 투자 비중이 더 많아 채권의 안정성과 주식의 수익성을 기대하는 펀드이다. 대표적인 채권혼합형 펀드에는 공모주펀드, 롱숏펀드 등이 있다.

② 특징
  ㉠ 서로 다른 위험과 기대수익을 가진 자산(주식과 채권)을 혼합하여 운용하기 때문에 자산배분효과가 크다.
  ㉡ 상대적으로 채권운용전략보다 주식운용전략이 펀드의 성과에 미치는 영향이 더욱 크다.

Chapter 02 우체국금융 서비스

학습포인트
1. 전자금융, 우편환, 우편대체, 외국환(해외송금, 환전), 제휴 서비스를 구분한다.
2. 금융서비스별 특징을 파악한다.

출제키워드
- 해외송금
- 전자금융
- 제휴서비스
- 우체국페이

우체국예금은 기본적인 금융상품 제공 외 전자금융, 외국환, 우편환, 우편대체, 제휴를 통한 다양한 금융서비스를 제공하며 국민들의 금융 접근성 제고 및 편의성 증진을 위해 노력하고 있다.

01 전자금융

1 개요
'전자금융거래'라 함은 우체국이 전자적 장치를 통해 제공하는 금융상품 및 서비스를 이용자가 전자적 장치를 통해 비대면·자동화된 방식으로 직접 이용하는 거래를 말한다. 여기서 '전자적 장치'라 함은 휴대폰, 컴퓨터, 현금자동지급기, 자동입출금기, 지급용단말기 그 밖에 전자적 방법으로 전자금융거래정보를 전송하거나 처리하는 데 이용되는 장치를 말한다. 우체국이 제공하는 전자금융서비스는 크게 인터넷뱅킹, 모바일뱅킹, 폰뱅킹, CD/ATM 등의 서비스가 있다.

2 인터넷뱅킹
고객이 우체국 창구에 직접 방문하지 않고 인터넷이 연결된 PC를 이용하여 우체국예금보험 홈페이지(www.epostbank.go.kr)에 접속하여 신청에 따라 금융상품 정보 획득, 각종 조회 및 이체, 예금·보험 상품의 가입 등 우체국예금 및 우체국보험에 대한 다양한 금융서비스를 이용할 수 있는 전자금융서비스이다.

구분	주요 서비스
예금	• 조회: 계좌조회, 거래내역조회, 수표조회 • 이체: 자금이체, 자동이체, 이체결과조회, 이체관리 • 공과금: 국고·통합지방세 조회·납부, 지로, 범칙·벌과금, 보험료·연금, 생활·기타 요금
체크카드	이용내역 조회, 포인트 조회·관리, 카드관리(정보변경, 재발급, 배송조회 등)
외환	환율조회, 인터넷환전, 해외송금
펀드	펀드매매, 펀드계좌관리, 펀드자동이체, 펀드소액투자서비스
오픈뱅킹	오픈뱅킹 등록(계좌·카드·핀테크), 오픈뱅킹 관리·조회·이체, 착오송금반환결과 조회
보험	• 보험관리: 조회, 자동이체, 계약사항 변경, 안내장·증명서 • 납입·지급: 보험료선납, 보험료납입, 보험금청구, 지급신청, 예상보험금 조회 • 대출·전자청약: 환급금대출신청, 대출상환신청, 대출내역조회, 전자청약서비스

◎ 우체국 인터넷뱅킹 서비스

[단권화 MEMO]

3 폰뱅킹

고객의 신청에 따라 우체국예금·보험 고객센터를 통해 가정이나 사무실 등에서 다양한 우체국예금·보험 서비스를 전화통화로 간편하게 처리할 수 있는 서비스를 말한다. 지정전화번호 등록 시 고객이 지정한 전화번호로만 자금이체 또는 보험금 지급 등 주요 거래가 가능하다. 또한 고객이 직접 단축코드를 등록하여 편리하게 이용할 수 있는 고객 맞춤서비스도 제공 중이다.

구분	주요 서비스
예금	• 조회: 잔액조회, 거래내역조회 • 이체: 우체국 간 이체, 다른 은행으로 이체 • 체크카드: 체크카드 사용등록, 이용내역조회, 포인트환급 신청·취소 • 경조금 및 기타: 경조금배달, 온라인환 송금·조회, 환율조회, 고객정보관리 등
보험	• 조회: 환급금대출·해지환급금·만기보험금·연금·배당금·휴면보험금 조회 • 환급금: 환급금대출 신청, 원리금 상환, 대출이율 조회 • 보험료: 보험료 납입, 보험료 자동이체 신청·변경·해지, 대출이자 자동이체 신청·변경·해지 • 신청: 만기보험금·배당금·휴면보험금·해지환급금 신청
펀드	펀드 잔액조회, 펀드 거래내역조회
기타	• 신고: 보이스피싱 피해신고, 카드분실신고, 통장/인감 분실신고, 보안카드·OTP 분실 신고 등 • 쉬운 말 서비스: 잔액조회, 거래내역조회, 우체국 간 이체, 우체국과 은행 간 이체

◐ 우체국 폰뱅킹 서비스

4 모바일뱅킹

(1) 개념

고객이 우체국을 방문하지 않고 스마트폰을 이용하여 우체국예금·보험 및 각종 모바일 금융서비스를 제공받을 수 있는 전자금융서비스를 말한다. 모바일뱅킹 서비스는 크게 휴대폰의 기능에 따라 IC칩 방식(2016년 7월 서비스 종료), VM방식(2015년 12월 서비스 종료), 스마트폰뱅킹으로 구분된다. 현재 우체국예금은 어플리케이션 기반의 스마트폰뱅킹인 '우체국뱅킹'과 '우체국페이' 두 가지 모바일뱅킹 서비스를 제공하고 있다.

◐ 우체국예금은 어플리케이션 기반의 스마트폰뱅킹인 우체국뱅킹과 포스트페이 두 가지의 □□□뱅킹 서비스를 제공하고 있다.
(모바일)

(2) 우체국뱅킹

우체국뱅킹 앱(App)은 우체국 전자금융서비스 신청 고객이 우체국 방문 없이 스마트폰에서 우체국금융 서비스(가입, 조회, 이체 등)를 이용할 수 있는 우체국예금 스마트폰뱅킹 전용 어플리케이션이다. 우체국 창구 및 인터넷뱅킹 수준의 다양한 서비스를 제공하며, 다음과 같은 특징이 있다.

① QR 코드를 활용한 쉽고 편리한 지로·공과금 납부서비스를 제공한다.
② SMS 및 PUSH메시지를 활용한 입출금통지, 모바일 경조금 등 고객 편의를 위한 우체국만의 부가서비스 이용이 가능하다.
③ 공동인증서, 금융인증서, 간편인증(개인인증번호, 패턴인증, 지문·얼굴 등 생체인증), PASS 인증 등을 통해서 로그인이 가능하다.
④ 우체국 인터넷뱅킹을 해지하면 우체국뱅킹은 자동 해지되나, 우체국뱅킹을 해지하더라도 인터넷뱅킹 이용 자격은 계속 유지된다.

구분	주요 서비스
예금	• 조회: 계좌조회, 거래내역조회, 이체결과조회, 수표조회 • 이체·출금: 이체, 생활송금, 자동이체, 간편결제, 스마트(ATM)출금, 이체관리 • 공과금: 통합공과금, 지로, 범칙·벌과금, 통합사회보험료, 생활요금
체크카드	내카드조회, 이용조회, 포인트·캐시백 관리, 카드관리, 카드재발급
외환	환율조회, 외화환전, 해외송금, 해외송금조회
펀드	내펀드조회, 펀드매매, 펀드계좌관리, 펀드자동이체, 펀드소액투자서비스
오픈뱅킹	오픈뱅킹(계좌, 카드, 핀테크) 관리, 오픈뱅킹 이체, 착오송금반환
금융상품몰	예금·보험·카드·펀드상품 소개 및 가입, 판매종료상품 안내, 금융계산기
부가서비스	비대면서류 제출, 모바일번호표, 증명서 발급, 전자문서지갑

◎ 우체국뱅킹 주요 서비스

(3) 우체국페이

우체국페이는 우체국예금 모바일뱅킹에 핀테크를 접목시켜 간편결제 및 간편송금 등 핀테크 서비스를 제공하는 앱이다. 우체국페이 앱(App)을 통해 현금 또는 카드 없이 스마트폰만으로 지불·결제를 진행한다. 휴대전화번호만 알면 경조카드와 함께 경조금을 보낼 수 있다. 또한 우체국 통합멤버십 가입 및 이용이 가능하여 우체국 쇼핑·체크카드 등에서 발생한 우체국 포인트를 통합적으로 관리할 수 있다.

구분		주요 서비스
간편결제	우편결제	바코드를 통하여 우체국 우편창구에서 결제
	제로페이	QR 코드를 활용하여 제로페이 가맹점*에서 상품 및 서비스 결제 *소상공인, 소기업 등 한국간편결제진흥원이 모집한 가맹점
	교통결제	스마트폰 NFC 기능을 활용한 선불충전형 교통카드 서비스
	포인트 결제	바코드를 통하여 우체국 통합멤버십 포인트로 오프라인* 결제 *생활밀접형 가맹점(카페, 편의점 등)에서 이용 가능
간편송금 (이체)	계좌번호 송금	별도 인증 없이 간편인증(핀번호, 생체-지문 등, 패턴)으로 바로 송금
	전화번호 송금	수신자의 계좌번호를 몰라도 전화번호로 바로 송금
	경조 송금	전화번호 송금에 온라인 경조사 카드(결혼, 상조 등)와 메시지 첨부
생활금융	모임서비스	통장 잔액 및 입출금 내역이 다수에게 공유되는 모임 회비 관리 서비스
	더치페이	모임 등에서 결제한 내역을 지정하여 다수와 나눠내기 정산 제공
	경조금배달	지정한 수신자에게 집배원이 현물(현금, 현금증서)과 경조카드 배달
잇다머니		우체국 통합멤버십 포인트 조회·충전·선물·캐시백 서비스 제공

◎ 우체국페이 주요 서비스

(4) 기타 우체국금융 모바일 어플리케이션

우체국 방문 없이 보험가입, 보험금청구 등 우체국보험과 관련된 다양한 서비스를 모바일로 간편하게 이용할 수 있는 우체국보험 모바일 앱(App)이다.

[단권화 MEMO]

구분	주요 서비스
보험관리	• 조회: 계약사항 조회, 부활보험료 조회, 피보험자담보별 조회 등 • 계약사항 변경: 보험금 감액, 청약철회, 특약해지, 기간변경, 연금변경 등 • 안내장·증명서: e-보험알림장 조회, 안내장 우편발송 신청, 납입증명서 이메일 신청 등
납입	보험료 납입·선납·추가 납입
지급	보험금 청구, 만기보험금 지급 신청, 연금지급 신청, 생존보험금 지급 신청 등
대출·상환	환급금대출 신청, 대출상환 신청, 대출내역 조회, 보험료 자동대출 신청/해지

◐ 우체국보험 주요 서비스

5 전자금융을 이용한 자금이체 한도

전자금융이용 고객은 1회 및 1일 이체 한도를 우체국이 정한 보안등급별 자금이체 한도와 보안매체별 거래이용수단에 따라 계좌이체 한도를 지정할 수 있으며, 우체국과의 별도 약정을 통해 우체국이 정한 한도를 초과하여 지정할 수 있다.

(1) 전자금융 보안매체별 거래이용 수단

보안등급	서비스	거래이용수단
안전등급	인터넷뱅킹·모바일뱅킹	우체국이 정한 인증서[1] + OTP(디지털 OTP 포함)
		HSM[2]방식 공동인증서 + 보안카드
	폰뱅킹	OTP(디지털 OTP 포함) + 이체비밀번호
일반등급	인터넷뱅킹·모바일뱅킹	우체국이 정한 인증서[1] + 보안카드
	폰뱅킹	보안카드 + 이체비밀번호
기본등급	인터넷뱅킹·모바일뱅킹	우체국이 정한 인증서[1]

1) 우체국이 정한 인증서: 우체국 간편인증서(PIN), 공동인증서, 금융인증서 등
2) HSM(Hardware Security Module): 공동인증서 복사방지를 위해 사용하는 보안성이 강화된 스마트카드 USB 저장장치

(2) 전자금융 보안등급별 자금이체 한도

구분			보안등급		
			안전등급	일반등급	기본등급
인터넷뱅킹, 모바일뱅킹	개인	1회	1억원	1천만원	3백만원(인터넷뱅킹) 1천만원(모바일뱅킹)
		1일	5억원	5천만원	
	법인	1회	10억원	-	-
		1일	50억원	-	-
	법인 (별도계약[1])	1회	10억원	-	-
		1일	무제한	-	-
폰뱅킹	개인	1회	5천만원	3백만원	-
		1일	2억 5천만원	5백만원	-
	법인	1회	1억원	-	-
		1일	5억원	-	-

1) 법인 별도계약을 통해 한도 초과 약정을 하고자 할 경우 안전등급의 거래이용수단을 이용하고 관할 지방우정청장의 승인을 받아야 한다.
※ 인터넷·모바일의 1일 자금이체한도는 합산하여 처리된다.

※ 인터넷뱅킹의 기본등급은 본인거래(본인 우체국계좌 거래, 공과금 납부 등)에 한하여 적용된다.
※ 전화번호이체, 주소송금(경조금배달), 기부금송금의 이체 한도는 1회 200만원·1일 300만원 적용된다(해당 이체 한도는 합산하여 적용되며, 우체국페이 이체 한도와 별도 적용됨).

6 전자금융서비스 이용 제한

우체국은 다음과 같은 상황에 해당하는 경우 전자금융서비스의 전부 또는 일부를 제한할 수 있다.
① 계좌 비밀번호, 보안카드 비밀번호, 폰뱅킹 이체비밀번호, 모바일 인증서에 등록한 PIN, 패턴, 생체인증 정보, OTP(디지털 OTP 포함) 인증번호 등을 연속 5회 이상 잘못 입력한 경우
② OTP는 전 금융기관을 통합하여 연속 10회 이상 잘못 입력한 경우
③ 기타 예금거래 기본약관 등에서 정한 거래 제한 사유가 발생한 경우

7 자동화기기

우체국금융 자동화기기(CD 또는 ATM)을 이용하여 현금 입출금, 잔액조회, 계좌이체 등을 통장 및 카드거래(현금 또는 체크) 또는 무통장·무카드 거래로 손쉽게 제공받을 수 있는 서비스이다. 또한 최근 보급이 확대되고 있는 지능형 자동화기기인 '우체국 스마트 ATM'에서는 화상인증(신분증 복사기능 + 얼굴사진 촬영) 및 지문·얼굴 등 생체인증을 통해 이용고객의 신원확인이 가능하여, 서비스 제공범위가 기존 자동화기기 서비스는 물론 우체국 창구에서만 처리 가능하던 일부 업무(상품가입, 체크카드 발급, 비밀번호 변경 등)까지 확대되었다.

구분		주요 서비스
CD·ATM		• 예금: 입금·출금조회, 계좌이체·해외송금, 통장·보험정리, 무통장·무카드거래 • 기타: 휴대폰거래, 신용카드, 지로·공과금·대학등록금 납부, 전자통장·T-money거래, 보험서비스 등
스마트ATM	창구 업무	계좌[1] 개설, 체크카드 발급, 보안매체[2] 발급, 인터넷뱅킹 신규가입, 통장(재)발급, 분실신고·해제
	ATM 업무	예금 출금·입금·조회, 계좌이체·해외송금, 바이오·무통장거래, 통장정리, 공과금·등록금 납부 등

1) 개설 가능 상품종류: 수시입출식 예금, 저축성 예금
2) 발급 가능 보안매체: 보안카드, 카드형 OTP

◐ 우체국 자동화기기 서비스

02 통합멤버십

1 개념 및 특징

우정사업 서비스(체크카드, 쇼핑) 이용 및 이벤트 참여 등으로 모은 포인트를 통합하여 사용하는 서비스를 말한다. 통합멤버십 포인트의 명칭은 '잇다머니'이며 우체국페이앱(App)에서 회원가입을 통하여 이용할 수 있다. 통합멤버십 포인트는 우정사업 서비스 및 이벤트에서 모은 포인트 외에 우체국예금 계좌로 선불 충전이 가능하다. 또한 보유하고 있는 통합멤버십 포인트로 우체국 우편서비스와 제휴 가맹점에서 결제가 가능하며, 통합멤버십 관리·결제 등 전체 기능은 우체국페이앱에서만 제공한다.

2 회원 관리

우체국 통합멤버십은 기존 우정사업 서비스를 이용하는 고객 여부와 상관없이 멤버십 신규 회원가입을 통해 이용할 수 있다. 회원가입은 우체국페이앱에서만 제공하며 우체국페이 신규 가입절차에 통합멤버십 회원 가입절차가 포함되어 있다. 통합멤버십 회원의 단독탈회는 불가능하며 우체국페이 서비스 해지 시만 탈회가 가능하다.

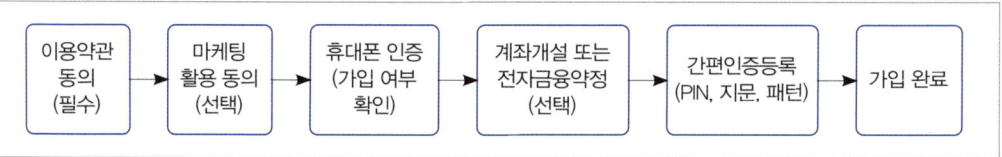

◎ 우체국페이 및 통합멤버십 회원가입 절차

3 포인트 관리

(1) 특징

통합멤버십의 1포인트는 1원의 가치를 가지며 우정사업을 이용하는 기존 고객이 보유한 포인트를 통합멤버십 포인트로 전환할 경우 1:1로 전환된다. 통합멤버십 포인트는 우체국 창구(우편접수, 통장 재발행 수수료)와 우체국쇼핑 웹·앱(상품 결제), 제휴처(한국페이즈, BC카드 제휴사)에서 포인트 차감 방식으로 사용이 가능하다.

(2) 유형

통합멤버십 포인트는 크게 적립포인트·충전포인트·선물포인트·전환포인트로 구분할 수 있다.
① **적립포인트**: 우체국 체크카드 서비스 이용과 우체국쇼핑에서 상품 구입, 이벤트 참여로 적립되는 포인트를 말한다.
② **충전포인트**: 우체국 계좌 연결 후 계좌이체를 통해 선불 충전한 포인트를 말한다. 충전 한도는 건당 30만원, 1일 50만원이며 총 보유 한도는 200만원이다.
③ **선물포인트**: 통합멤버십 회원 간 보유 포인트를 선물하거나 선물받은 포인트를 말한다. 선물 한도는 건당 10만원, 1일 30만원, 월 50만원이며, 받은 선물 포인트는 재선물이 불가하다.
④ **전환포인트**: 통합멤버십 가입 전 고객이 보유한 우체국 체크카드 및 우체국 쇼핑 포인트가 통합멤버십 가입으로 통합멤버십 포인트로 전환된 포인트를 말한다. 통합멤버십 가입 전 보유한 포인트는 멤버십 가입 후 익일에 일괄하여 통합멤버십 포인트로 전환된다.

03 우편환·대체

1 우편환

'우편환'이란 「우편환법」에 따라 우편 또는 전자적 수단으로 전달되는 환증서(전자적 매체를 통해 표시되는 지급지시서 및 계좌입금 등을 포함)를 통한 송금수단으로 금융기관의 온라인망이 설치되어 있지 않은 지역에 대한 송금을 위해 이용된다. 우체국의 우편환 서비스는 크게 통상환, 온라인환, 경조금배달서비스가 있다.

2 우편대체

우편대체는 우체국에 개설한 우편대체계좌를 통하여 자금 결제를 할 수 있는 제도로서 이를 통하여 세금·공과금·할부금 등 수납, 각종 연금·급여 지급, 공과금 자동 이체 및 수표 발행 등의 서비스가 제공된다.

04 외국환

우체국의 외국환 업무는 크게 환전과 해외송금 업무로 구분된다. 우체국은 「외국환거래법 시행령」제14조 제3호에 의거하여 체신관서의 업무와 직접 관련된 외국환 업무 조항에 따라 업무를 수행하고 있다. 우체국 외국환 업무는 이용고객 대부분이 금융소외계층인 중·소도시 외국인 근로자 및 농·어촌지역 다문화가정으로 우체국의 보편적 금융서비스 제공의무에 부합한다.

1 해외송금

우체국의 해외송금 업무는 크게 시중은행과의 제휴를 통한 SWIFT(계좌송금)·MoneyGram (무계좌 실시간 송금)과 유로지로 네트워크를 통해 우체국이 자체적으로 제공하는 Eurogiro, 소액해외송금업체와의 제휴를 통해 제공하는 판테크 송금서비스인 간편 해외송금으로 구분할 수 있다.

(1) SWIFT 해외송금

SWIFT(SWIFT; Society for Worldwide Interbank Financial Telecommunication)는 1973년 유럽 및 북미은행 중심으로 설립된 국제은행 간의 금융통신망이다. 은행 간 자금결제 및 메시지교환을 표준화된 양식에 의거하여 송수신함으로써 신속하고 저렴하며, 안전한 송금서비스를 제공한다. 우체국은 신한은행과 제휴하여 신한은행 SWIFT 망을 통해 전 세계금융기관을 대상으로 해외송금 서비스를 운영하고 있다. 해외송금 서비스는 수취인의 해외은행계좌로 송금하는 당발송금과 해외은행으로부터 수취인의 한국 우체국계좌로 송금을 받는 타발송금 업무가 있다. 또한, 매월 약정한 날짜에 송금인 명의의 우체국계좌에서 자금을 인출하여 해외의 수취인에게 자동으로 송금해주는 SWIFT 자동송금서비스도 제공하고 있다.

(2) Eurogiro 해외송금

유럽지역의 우체국 금융기관이 주체가 되어 설립한 유로지로사(Eurogiro社)의 네트워크를 사용하는 EDI(전자문서 교환)방식의 국제금융송금 서비스이다. 우정사업자와 민간금융기관이 회원으로 가입 후, 회원 간 쌍무협정(Bilateral Agreement)을 통해 해외송금 업무를 수행한다. 계좌와 주소지 송금이 가능하다.

(3) MoneyGram 특급송금

미국 텍사스에 본사를 둔 머니그램社와 제휴한 Agent 간 네트워크상 정보에 의해 자금을 송금·수취하는 무계좌 거래로 송금 후 약 10분 뒤에 송금번호(REF.NO)만으로 수취가 가능한 특급해외송금 서비스이다. 우체국은 신한은행 및 머니그램社와 제휴하여 계좌번호 없이 8자리 송금번호 및 수취인 영문명으로 송금하면 약 10분 뒤 수취인 지역 내 머니그램 Agent를 방문하여 수취 가능한 특급송금 서비스를 제공하고 있다.

(4) 간편 해외송금

소액해외송금업체인 ㈜와이어바알리社와 제휴를 통해 제공하는 핀테크 해외송금으로, 수수료가 저렴하며 타 송금서비스 대비 고객에게 유리한 환율로 우체국 방문 없이 간편하게 송금하는 서비스이다. 스마트뱅킹을 통한 당발송금만 가능(2021년 4월 시행)하며, 타발송금의 창구 지급 및 배달 서비스는 향후 도입할 예정이다.

플러스이론 펼쳐보기 ▼ 우체국 해외송금 비교

구분		SWIFT		유로지로	머니그램 특급송금		간편 해외송금
송금통화		USD 등 13종		USD, EUR	USD		해당 국가 통화
송금한도	건당 5천불 이하	제한 없음					연간 5만불 이하
	건당 5천불 초과 (SWIFT·머니그램 합산)	국민인 거주자	연간 10만불 이하	송금 불가	국민인 거주자	연간 10만불 이하	송금 불가
		외국인 비거주자	연간 5만불 이하		외국인 비거주자	연간 5만불 이하	
소요시간		3~5영업일		3~5영업일	송금 후 10분		즉시~2영업일
거래 유형		계좌송금		주소지·계좌송금	수취인 방문 지급		국가에 따라 다양(계좌, 방문, 배달, 전자지갑)
이용 채널	창구	○		○	○		×
	인터넷뱅킹	○		○	○		×
	CD·ATM	○		○	×		×
	스마트뱅킹	○		○	○		○
취급국가		전 세계 대부분		태국, 필리핀, 스리랑카, 베트남, 몽골	전 세계 대부분		43개 국가

※ 2023년 12월 기준

2 환전 업무

우체국의 환전 업무는 창구에서 직접 신청 후 즉시 현물로 수령하는 직접환전과 우체국 창구 또는 인터넷뱅킹·스마트뱅킹에서 신청 후 지정 우체국 또는 제휴은행 일부 지점에서 현물 수령이 가능한 외화환전 예약서비스가 있다. 또한 우체국 환전고객 외화 수령의 편의 제공을 위한 '외화배달 서비스'를 부가적으로 시행하고 있다.

(1) 외화환전 예약서비스

우체국 창구 방문 신청 또는 인터넷뱅킹·스마트뱅킹을 이용하여 환전(원화를 외화로 바꾸는 업무) 거래와 대금 지급을 완료하고, 원하는 수령일자(환전예약 신청 당일 수령은 불가) 및 장소를 선택하여 지정한 날짜에 외화실물을 직접 수령하는 서비스이다. 수령 장소는 고객이 지정한 일부 환전 업무 취급 우체국 및 우정사업본부와 환전 업무 관련 제휴된 하나은행 지점(환전소)에서 수령할 수 있다. 환전 가능 금액은 건당 1백만원 이내이고 환전 가능 통화는 미국달러(USD), 유럽유로(EUR), 일본엔(JPY), 중국위안(CNY), 캐나다달러(CAD), 호주달러(AUD), 홍콩달러(HKD), 태국바트(THB), 싱가폴달러(SGD), 영국파운드(GBP) 등 총 10종이다.

(2) 외화배달 서비스
우체국 인터넷뱅킹 또는 스마트뱅킹 등 비대면 채널을 통해(우체국 창구 접수는 불가) 환전거래와 대금 지급을 완료하고, 고객이 직접 날짜와 장소를 지정하면 우편서비스(맞춤형계약등기)를 이용하여 접수된 외화 실물을 직접 배달해주는 서비스이다. 외화 수령일은 신청일로부터 3영업일에서 10영업일 이내로 지정할 수 있으며, 외화배달 서비스 신청이 가능한 통화는 미국달러(USD), 유럽유로(EUR), 일본엔(JPY), 중국위안(CNY) 총 4개 통화이다.

05 제휴서비스

1 개요
우체국은 제한된 금융업무 범위를 보완하고 국민들에게 지역 차별 없는 종합적이고 보편적인 금융서비스를 제공하기 위해 민간금융기관에 전국 우체국망을 개방하였다. 우체국금융 창구망 및 시스템을 타 금융기관들에게 개방하여 농어촌 등 금융소외 지역에서도 도시 수준의 금융서비스를 제공받을 수 있도록 신용카드 등 제휴카드 발급, 증권계좌 개설, 시중 은행과의 창구망 공동이용을 통한 입출금서비스 제공 등 민간금융기관의 다양한 금융서비스를 우체국에서 제공하고 있다. 우체국의 제휴사업은 「우정사업 운영에 관한 특례법 시행령」 제2조(부대사업의 범위)에 따라 추진한다.

- 제1항: 우체국 전산망 및 이에 연계되는 전산망을 활용한 부가통신사업 및 정보처리업
- 제7항: 다른 행정기관이나 타인으로부터 위임 또는 위탁받은 업무

구분	분야	주요업무
창구망 개방 (11개 업무)	창구망 공동이용업무	• 창구공동망업무(자동화기기 포함) • 노란우산 판매대행 • SWIFT 해외송금 • 환전서비스 • 특급해외송금(머니그램) • 우체국CMS 입금업무 • 건설근로자퇴직공제금 접수 대행
	카드업무 대행서비스	• 신용·체크카드 • 선불카드(T-Money카드)
	증권계좌 개설 대행서비스	• 증권계좌 개설 대행 • 증권제휴카드 발급 등
시스템 개방 (9개 업무)	결제자금 수납 대행	• 일괄배치서비스 • 실시간 자동이체서비스 • 가상계좌서비스 • 인터넷 지불결제 • 예금주 실명조회서비스 • 금융결제원 지로·CMS
	자동화기기 이용업무	• 제휴CD업무 이용 • 현금서비스
	전자금융서비스	공동인증서비스
합계		20개 업무

◐ 우체국금융 제휴서비스 현황

[단권화 MEMO]

2 창구망 공동이용

우체국과 민간은행이 업무제휴를 맺고 전용선 또는 금융결제원 공동망으로 양 기관 간 전산 시스템을 연결하여 제휴은행의 고객이 전국의 우체국 창구에서 기존의 타행환거래 방식이 아닌 자행거래 방식으로 입출금 거래를 할 수 있도록 하고 있다.

구분			주요내용
제휴기관 (총 8개 은행)			IBK기업은행, KDB산업은행, 한국씨티은행, 전북은행, KB국민은행, 신한은행, 하나은행, 우리은행
이용 가능 업무	창구	입금	제휴은행 고객이 우체국 창구에서 제휴은행 고객계좌로 입금(유통, 무통)
		지급	제휴은행 고객이 우체국 창구에서 제휴은행 통장을 이용하여 출금
		통장정리	제휴은행 고객이 우체국 창구에서 통장정리
		조회	무통거래내역, 계좌잔액, 처리결과, 수수료 조회
	※ 우체국 창구에서 제휴은행 통장 신규발행(재발행) 및 해지 불가		
	자동화 기기	입금	제휴은행 고객이 우체국 자동화기기에서 제휴은행 고객계좌로 입금
		지급	제휴은행 고객이 우체국 자동화기기에서 제휴은행 카드로 출금
		이체	제휴은행 고객이 우체국 자동화기기에서 타행으로 이체
		조회	제휴은행 고객이 우체국 자동화기기에서 계좌잔액 조회
	※ 자동화기기에서는 카드 거래만 가능, 통장정리 불가		

○ 제휴기관 및 이용 가능 업무　　　　　　　　　　　　　　　　　　　　　　　　　　　※ 2023년 12월 기준

3 노란우산 판매 대행

노란우산은 소기업·소상공인이 폐업·노령·사망 등의 위험으로부터 생활안정을 기하고 사업 재기 기회를 제공받을 수 있도록 「중소기업협동조합법」 제115조 규정에 따라 2007년 9월부터 비영리기관인 중소기업중앙회에서 운영하는 공적 공제제도이다. 2013년 11월부터 국가의 기본 인프라망인 전국 우체국 금융창구를 통해 가입 및 지급신청 등을 할 수 있도록 업무를 대행함으로써 소기업·소상공인의 서비스 이용편익을 제고하였다.

구분	주요내용
가입자격	소기업·소상공인 대표자, 무등록 소상공인* * 사업자등록이 없는 일종의 프리랜서이나 사업소득원천징수영수증 발급이 가능한 자
가입혜택	압류·담보·양도 금지 및 무료상해보험가입(가입시점부터 2년간), 가입부금에 대해 연간 최대 500만원 한도 내 소득공제 및 연 복리이율 적용
업무 대행 내용	• 청약 전 고객 상담: 기 가입자 또는 강제해지 후 1년 미경과 시에는 신규 및 (재)청약이 불가하므로 청약 전 기 가입 여부 등 조회를 필수적으로 실시 • 청약서(철회서) 및 제반 서류 접수 • 부금 수납, 공제금·해약지급신청서 및 제반서류 접수

○ 우체국 노란우산 판매 대행업무

4 우체국 CMS업무

[단권화 MEMO]
> 기업의 입출금 자금에 대한 관리를 우체국 등 금융기관이 대행해주는 서비스로서, 기업의 자금관리 담당자가 자금흐름을 한눈에 파악하여 자금관리 업무를 용이하게 수행할 수 있도록 지원하는 서비스

우체국은 카드·캐피탈사(社) 등과의 개별 이용약정을 통해 전국 우체국에서 CMS 입금업무를 대행한다. CMS는 고객이 우체국에 개설된 제휴회사의 계좌로 무통장입금하고, 그 입금 내역을 우체국금융 IT운영을 담당하는 우정사업정보센터에서 입금회사로 실시간 전송하는 시스템이다. 입금된 자금은 우정사업정보센터에서 회사가 지정한 정산계좌로 일괄 입금 처리한다.

구분	업무분담 내역
제휴회사	• 대금청구서 등 수납자료를 우체국 CMS 계좌번호와 함께 고객에게 통지함. • 입금거래내역과 정산자금을 대신 확인함. ※ 카드사(신한, 롯데, 삼성, 현대), 현대백화점, AXA다이렉트보험, 공무원연금공단 등 7개
고객	우체국창구에서 무통장입금을 의뢰하거나 인터넷뱅킹, 폰뱅킹, 자동화기기를 통한 CMS 이체를 함.
우체국	고객이 우체국 창구에 입금을 의뢰하면 해당 계좌에 CMS 번호와 함께 무통장입금 처리함.
우정사업 정보센터	• 입금거래내역을 해당 회사로 실시간 전송하고 입금된 자금을 해당 회사가 지정한 정산계좌로 일괄 이체함. • 익월 10일까지 해당 회사에 수수료 내역을 통보하고 매월 20일에 해당 회사 계좌에서 출금하여 수수료를 정산함.

○ 우체국 CMS 업무분담 내역　　　　　　※ 2023년 12월 기준

5 건설근로자퇴직공제금 접수 대행

우체국은 2020년 2월 건설근로자공제회와 창구망 업무제휴를 체결하고 전국 우체국창구에서 건설근로자의 퇴직공제금 접수 업무를 대행하여 퇴직공제금 신청 편의를 제공하고 있다.

접수 대상	2020. 5. 26. 이전 퇴직공제부금 적립일수가 252일 미만이고, 1955. 5. 26. 이전 출생한 퇴직자 ※ 단, 사망자 및 종전 기준에 따른 252일 이상 적립자는 건설근로자공제회에서 접수
구비서류	퇴직공제금 지급청구서, 개인정보 수집 및 이용 동의서, 신분증(대리인 신청 불가)

6 카드업무 대행서비스

우체국은 신용카드사와의 업무제휴를 통해 우체국예금의 현금카드 또는 체크카드 기능이 결합된 제휴 체크카드를 발급하거나 우체국예금의 현금카드와 신용카드 기능이 포함된 제휴 신용카드 상품을 출시함으로써 국민들의 카드이용 편의를 도모하고 있다.

구분	제휴 체크카드	제휴 신용카드
발급대상	• 개인: 12세 이상 • 법인, 임의단체: 카드사별 심사	• 개인: 19세 이상 소득이 있는 자 • 법인, 임의단체: 카드사별 심사
심사기준	자격기준 없음(신용불량자도 가입 가능)	별도 자격기준 부여
이용범위	제휴카드사 가맹점에서 일시불만 이용(할부 불가)	국내·외 가맹점 일시불·할부·현금서비스 이용
사용한도	우체국예금 결제계좌 잔액	개인별 신용한도액
연회비	연회비 없음	회원등급별 연회비 징수
제휴기관	신한카드, 삼성카드	하나카드

○ 우체국 제휴 체크카드 및 신용카드 비교　　　　　　※ 2023년 12월 기준

[단권화 MEMO]

7 증권계좌 개설 대행

우체국은 증권·선물회사와 업무제휴 계약을 체결하고 전국의 우체국창구에서 고객의 증권·선물 계좌개설, 관련 제휴카드 발급, 이체서비스 등을 대행하고 있다.

구분		주요내용
제휴기관	증권(16개)	한국투자, NH투자, 대신, 교보, KB, 하이투자, 삼성, 한화투자, SK, 미래에셋, 키움, 하나금융투자, 신한금융투자, 유안타, 한국포스, DB금융투자 등
	선물(1개)	삼성선물 DB금융투자는 신규 계좌개설 불가, 기존 고객에 한해 주식 거래 가능
이용 가능 업무		• 우체국 고객(성년 본인 限)의 증권·선물 계좌 개설 대행 – 위탁(주식): 제휴증권사 전체(한국포스증권, 삼성선물 제외) – 선물·옵션: 한국투자, 하나금융투자, 삼성, 하이투자, 키움, SK, 미래에셋, 신한금융투자, 유안타, 삼성선물 – 수익증권: 한국투자, 하이투자, 키움, SK, 한국포스증권 – CMA: 삼성증권, 하이투자증권 • 우체국과 증권·선물회사 간의 자금이체 • 우체국 및 증권·선물회사 고객의 제휴카드 발급 • 증권·선물 계좌 비밀번호 변경

○ 제휴기관 및 이용 가능 업무   ※ 2023년 12월 기준

Chapter 03 전자금융

학습포인트
1. 전자금융의 의의와 특징, 발전단계를 이해한다.
2. 인터넷뱅킹, 모바일뱅킹, 텔레뱅킹, CD·ATM, 신용카드, 직불카드, 체크카드, 선불카드의 개념을 파악한다.

출제키워드
- 텔레뱅킹
- 신용카드
- CD/ATM

회독 체크표
- 1회독 월 일
- 2회독 월 일
- 3회독 월 일

01 전자금융의 의의

'전자금융'이란 금융업무에 IT 기술을 적용하여 자동화, 전산화를 구현한 것을 의미한다. 초창기 전자금융의 의의는 금융기관 업무를 자동화함으로써 입출금, 송금 등 기본적인 금융서비스 처리 속도를 향상시키는 한편, 다양한 공동망 구축을 통하여 금융기관 간 거래의 투명성, 효율성 등을 제고하는 것이었다. 그 결과 금융기관 직원의 개입 없이 계좌 간, 금융기관 간 거래가 자동화되었으며 실시간 거래도 가능해졌다. 이를 기반으로 은행들은 온라인뱅킹, 지로 등 고객 대상 전자금융서비스를 제공할 수 있고, 고객들은 영업점을 방문하지 않아도 PC, 전화, 휴대폰 등 정보통신기기를 사용해서 금융거래가 가능하게 되었다.

1 전자적 장치 – 전달 채널

(1) IT 인프라의 구축

지급결제 관련 IT 인프라 구축으로 개인과 회사, 개인과 개인의 지급서비스가 전자화되기 시작하였다. 이 과정에서 신용카드, 현금카드 등 전자지급수단이 등장하게 되었으며, 구매자의 대금이 판매자에게 지불되는 전 과정이 전산화되었다. 또한 스마트폰의 등장으로 다양한 직불 및 선불 전자지급수단이 출시되고 금융기관을 중심으로 모바일금융서비스 제공이 확산되고 있다.

(2) 전자금융거래에서 이용되고 있는 전자적 장치

전화, 현금자동 입출금기(CD/ATM; Cash Dispenser/Automated Teller Machine) 등 전통적인 전자매체에서부터 PC, 태블릿 PC, 스마트폰 등 새로운 전자매체에 이르기까지 매우 다양하다. 새로운 접근장치의 등장으로 인터넷, 모바일을 통한 온라인 쇼핑 대금의 지불, 전자인증, 소액 지급서비스, 개인 간 송금 등 보다 다양한 금융서비스 제공이 가능하게 되었다.

2 접근 매체 – 거래의 진정성 확보 수단

(1) 접근 매체의 필요성

금융기관의 영업점을 방문하여 금융거래를 이용하는 창구거래의 경우 고객이 통장, 도장, 신분증 등을 제시하고 창구 직원이 이를 확인한 후 실제 금융거래를 이용할 수 있다. 이와 같이 전자금융거래에 있어서도 거래지시를 하거나 이용자 및 거래내용의 진실성과 정확성을 확보하기 위하여 사용되는 수단 또는 정보가 필요한데, 이를 '접근 매체'라고 한다.

> [단권화 MEMO]
>
> ○ □□□□은/는 금융기관 등이 전자화된 접근 매체를 이용하여 자동화된 방식으로 금융거래를 하는 것을 의미한다.
> (전자금융)

(2) 접근 매체의 종류

접근 매체로는 전자식 카드 및 이에 준하는 전자적 정보, 「전자서명법」상의 인증서, 금융회사 또는 전자금융업자에 등록된 이용자 번호, 이용자의 생체정보, 이상의 수단이나 정보를 사용하는 데 필요한 비밀번호 등 「전자금융거래법(제2조 제10호)」에서 정하고 있는 것이 있다.

3 디지털 금융(Digital Finance)

최근에는 전자금융과 관련하여 디지털 금융이라는 용어를 많이 사용하고 있다. 통신, 정보기술, 전자기술 등의 결합으로 기존의 금융거래 방식을 완전히 변화시킨다는 의미로 고객은 금융서비스 제공자로부터 원하는 서비스를 다양한 금융 채널과 방식으로 제공받을 수 있다. 디지털 금융의 특징은 개인 고객의 특성에 적합한 금융서비스를 적시에 제공하는 것이다. 특히, 금융과 ICT기술의 융합이 가속화되면서 출현한 금융서비스는 기존 금융기관이 아닌 ICT업체들의 전자금융산업 참여를 가능하게 하였으며, 최근 금융(Finance)과 기술(Technology)의 융합인 핀테크(Fintech)가 등장하는 등 관련 산업 환경이 변화하면서 비금융기업들의 금융시장 참여가 더욱 활발하게 진행되고 있다.

02 전자금융의 특징

1 금융서비스 이용편의 증대

전자금융서비스 이용 시 고객 입장에서는 영업점 방문이 필요했던 전통적인 금융거래의 시간적·공간적 제약을 극복할 수 있어 금융서비스 이용편의가 크게 증대된다. 과거에는 금융거래를 위하여 금융기관을 직접 방문해야 했고 금융기관의 영업시간 내에만 금융거래가 가능했으나, 비대면·비장표로 거래가 가능하여 24시간 언제 어디서든 금융거래가 가능해졌다. 영업점 창구 대신에 집이나 사무실에서 또는 밖에서 이동하는 중에도 단순 입출금, 공과금 납부는 물론 예금이나 펀드상품 가입, 대출업무까지 거의 모든 금융거래가 가능하며, 창구거래보다 이용 수수료도 저렴하다. 따라서 고객은 시간과 공간의 제약을 받지 않으면서 편리하고 빠르게 금융거래를 이용할 수 있다.

2 금융기관 수익성 제고

금융기관 입장에서는 비장표로 거래되는 특성상 금융거래에 필요한 종이 사용량이 크게 감소하여 관리비용과 거래 건당 처리비용을 크게 낮출 수 있다. 또한 다양한 전자금융 전용 상품 및 서비스의 개발이 가능하여 높은 부가가치 창출이 가능해졌다. 아울러 전자금융은 고객이 이용할 수 있는 전자금융서비스 채널의 다양화를 통해 고객의 영업점 방문 횟수를 감소시킴으로써 금융기관에게는 효율적인 창구운영의 기회를 제공하게 되었다. 또한 영업점 창구의 모습을 금융상품 판매와 전문화된 금융서비스 제공에 집중할 수 있는 분위기로 전환시킴으로써, 예전의 복잡하고 비생산적인 영업점에서 수익성과 생산성을 높일 수 있는 영업점으로 변화시키고 있다.

3 전자금융의 이면

IT에 대한 의존도 증가, 비대면 거래 수행, 공개 네트워크 이용 등으로 기존에는 없었던 새로운 유형의 문제점들도 발생하고 있다.

(1) IT 시스템의 문제 발생

전산화된 금융서비스들은 IT 시스템 문제로 운영이 중단될 수 있으며 전산 장애 또는 운영자의 실수로 IT 시스템이 정상적으로 작동하지 않을 경우 고객들에게 금융서비스를 제공할 수 없다. 이에 안정적인 전력 및 통신망 제공 등 IT 시스템을 원활하게 동작할 수 있는 환경을 제공하고 운영에 필요한 전문 인력을 양성하는 한편, 장애에 대비한 업무지속계획을 수립하여 이를 준수해야 한다.

(2) 해킹 및 부정거래 발생

전자금융은 비대면, 공개 네트워크로 이루어지기 때문에 해킹 등 악의적인 접근으로 인한 금융정보 유출 혹은 비정상 고객으로 인한 부정거래 발생 빈도가 높아지고 있다. 따라서 IT 시스템에 대한 정보보호를 위해 내부 직원에 대한 정보보호, 윤리 교육을 강화하여 내부자로 인한 정보유출 사고를 예방하는 것도 중요하다. 이러한 전자금융의 특징으로 금융기관이 부담해야 하는 전반적인 리스크 상황이나 수준이 전통적인 금융서비스를 제공하던 때와 달라졌다. 특히, IT 시스템 장애로 금융서비스가 중단됨으로써 발생할 수 있는 운영리스크와 이로 인한 금융기관의 평판리스크 등이 과거에 비해 중요해졌다. 또한 모바일을 중심으로 발전 중인 전자금융서비스는 전자기기가 익숙하지 않은 고령층 등 오프라인에서 금융거래를 하는 고객에게 금융소외 발생 유인이 되며, 디지털 접근성 강화를 통한 금융포용 구현이 전자금융의 주요 과제로 부상하고 있다.

03 전자금융의 발전과정

전자금융은 정보통신기술 기반의 자동화 및 네트워크화 된 금융정보망을 통하여 PC, 스마트기기 등으로 고객들에게 전자적인 금융서비스를 제공하는 것이다. 국내 전자금융의 역사는 1980년대부터 현재까지 정부 및 금융기관의 많은 준비 작업과 지속적인 노력으로 큰 발전과 혁신을 거듭하고 있다. 이러한 전자금융 분야에서의 발전과정은 크게 5단계로 세분화할 수 있다.

1 제1단계 – PC 기반 금융업무 자동화(1970년대)

우리나라의 경우 지금과 같이 일상생활에서 전자금융거래를 편리하게 이용할 수 있게 된 배경은 금융기관의 업무전산화 노력에서부터 시작되었다고 할 수 있다. 특히 1970년대부터 은행에서 자체 본·지점 간에 온라인망을 구축하여 그동안 수작업으로 처리하던 송금업무나 자금정산업무 등을 전산으로 처리할 수 있게 됨으로써 금융기관의 업무전산화가 본격적으로 시작되었다. 이 단계에서는 CD·ATM 및 지로 등을 도입해 장표처리를 자동화하여 창구업무의 효율화를 도모하였다. 그리고 이는 1980년대 국가정보화사업의 하나였던 은행 공동의 전산망 구축으로 확대되면서 고객에게 다양한 전자금융서비스를 제공할 수 있는 기반이 되었다.

2 제2단계 – 네트워크 기반 금융전산 공동망화(1980년대)

1980년대 후반 금융권역별로 개발한 금융기관들이 구축한 자동화된 업무시스템을 상호 연결하여 금융네트워크(금융공동망)를 형성하여 공동망서비스를 제공하게 되었다. 고객들은 개별 금융기관에서만 처리하였던 금융거래를 공동망에서 편리하고 신속하게 이용할 수 있게 되었다.

[단권화 MEMO]

[단권화 MEMO]

은행공동망 구축은 은행의 각 전산시스템을 연결하여 24시간 연중무휴로 금융서비스를 제공하고 전국의 1일 결제권화와 전자자금 이체를 확산시킬 목적으로 추진되었다. 따라서 거래은행에 관계없이 CD·ATM, 전화기를 이용한 전자금융거래가 가능해져 창구거래 위주의 금융거래가 전자금융으로 확대되기 시작하였다. 또한 자금의 수수도 현금이나 어음·수표 등 장표기반의 지급수단을 직접 주고받는 대신에 자동이체, 신용카드와 같은 전자지급수단을 이용한 전산데이터의 송·수신방식으로도 가능해지면서 전자금융거래가 대중화되는 계기가 되었다.

3 제3단계 – 인터넷 기반 금융서비스 다양화(1990년대)

(1) 인터넷의 등장

인터넷의 등장은 금융 산업을 포함하여 거의 모든 분야에 혁명적이라고 할 만큼 큰 영향을 주었다. 1990년대 중반 이후 인터넷과 컴퓨터 보급의 확산으로 고객들의 PC 이용률이 증가하였고, 이를 통해 금융기관은 그동안 CD·ATM이나 전화기에 의존하던 전자금융서비스 전달 채널을 컴퓨터로 확대시킬 수 있게 되었다. 금융기관과 고객이 기존 영업점 창구에서 대면하지 않고 인터넷 공간에서 실시간으로 입출금거래, 주식매매, 청약, 대출 등의 금융거래를 수행함으로써 편의성과 효율성이 크게 제고되었다.

(2) 전자금융서비스의 등장 및 확대

인터넷을 기반으로 한 전자상거래의 발달로 고객, 인터넷쇼핑몰, 금융기관을 연결하여 결제서비스를 제공하는 PG(Payment Gateway)서비스, 결제대금예치서비스 및 인터넷을 통해 각종 대금을 조회하고 납부할 수 있는 EBPP(Electronic Bill Presentation and Payment)서비스와 같은 새로운 전자금융서비스가 등장하면서 전자금융거래의 이용이 활성화되는 기폭제가 되었다. 또한 이때부터 전자어음, 전자외상매출채권과 같은 기업 고객을 위한 전자지급수단이 개발되기 시작하였고, 서비스 전달 채널이 더욱 다양화되어 휴대폰, PDA, TV를 통해서도 전자금융거래를 이용할 수 있게 되었다. 그러나 한편으로는 비대면 채널에서의 각종 보안사고가 발생하고 전문화된 해킹 기술을 통해 전자금융사기 피해가 증가하면서 전자금융에 대한 신뢰성과 안전성에 대한 경각심이 크게 부각되었다.

4 제4단계 – 모바일 기반 디지털금융 혁신화(2000년대)

2000년대 후반 스마트폰이 전 세계적으로 확산되면서 국내 전자금융도 새로운 환경에 직면하게 되어 은행, 증권, 카드업계에서 스마트기기를 적극 활용한 디지털 금융서비스 시대가 시작되었다. 스마트폰과 무선인터넷을 통해 금융서비스가 이루어지는 모바일 금융서비스는 일상생활 속에 디지털 혁신은 물론 금융소비자의 이용행태에도 큰 변화를 가져왔다. 모바일뱅킹, 모바일증권, 모바일카드 등 모바일 기반의 디지털금융서비스를 통해 언제 어디서나 편리하게 금융거래가 가능하게 되었으며, 이용 규모도 급속히 증가하게 되었다. 또한 사회 전반에 확산된 개방형 네트워크와 스마트폰 등 모바일 기기를 활용한 전자상거래 활성화에 따른 해외 전자금융서비스 이용 규모도 증가하게 되었다.

5 제5단계 – 신기술 기반 금융IT 융합화(현재)

인터넷과 모바일 금융서비스의 발전은 전자금융 부문에서 금융·비금융업종 간 장벽을 허물고

국경 없는 진화된 서비스 경쟁을 촉발하게 되었으며 스타트업, 대형 ICT기업 등을 중심으로 비금융 기업들의 금융시장 진출이라는 큰 변화를 가져왔다. 글로벌 ICT기업들은 많은 고객층과 간편결제를 바탕으로 국내 전자상거래 시장 진출을 시도하고 있다. 또한 국내 ICT기업들도 모바일과 인터넷 사용자들을 대상으로 새로운 금융서비스와 전자지급 모델을 개발하고 있어 향후에도 소액결제 시장에서 금융기관과 협력 및 경쟁이 심화될 전망이다. 이에 정부와 금융당국은 전자금융의 관리·감독을 법제화한 「전자금융거래법」에 금융소비자 편의성과 효율성 제고를 위한 공동인증서(舊 공인인증서) 의무사용 폐지, Active X 제거, 국제 웹 표준 적용 등의 규제 완화와 핀테크 산업 육성을 위해 노력하고 있다.

6 전자금융과 미래 전망

(1) 전자금융의 활성화 배경

1990년대 후반 이후 본격화되기 시작한 전자금융은 금융서비스의 채널을 다양화하고 금융거래의 편리성과 투명성을 높이는 동시에 시장참여자들의 정보 접근성과 거래비용 절감 등에 크게 기여하고 있다. 전자금융거래의 활성화에는 인터넷을 비롯한 정보통신기술의 발달 이외에 금융시장의 환경변화에 따른 금융기관 내부의 혁신도 한몫했다고 할 수 있다. 우리나라 경제상황에서 처음 겪어보는 외환위기를 통해 금융기관 내부에서도 효율적인 조직으로 변화해야만 생존할 수 있다는 위기의식이 높아지면서 금융기관은 경쟁력 강화와 경제처리의 효율성을 높이기 위해 전자금융서비스 제공에 전력을 쏟기 시작하였다. 전 세계적으로도 인터넷을 통한 전자금융의 이용자 수가 급속히 늘어나면서 각국의 금융기관들이 인터넷금융서비스를 강화하고 있는 가운데, 점포를 두지 않은 채 인터넷·모바일뱅킹 서비스만을 전문으로 제공하는 인터넷전문은행이 성업 중이며, 우리나라도 2017년부터 케이뱅크와 카카오뱅크, 토스뱅크가 인터넷전문은행으로 출범하여 영업 중이다.

(2) 전자금융의 미래

① 전자금융의 신속성 및 편리성, 저비용 등을 감안할 때 앞으로 전자서명 등을 통한 안정성 강화와 함께 인터넷·모바일금융은 더욱 활성화될 것으로 예상된다. 더 나아가 IT기술의 발달로 인터넷을 통한 기업·은행 간, 개인·은행 간 쌍방향 거래가 용이하게 이루어지게 되어 전자금융을 통해 고객별로 차별화된 상품이나 맞춤형 상품도 취급할 수 있다.
② 정보통신기술의 발전으로 금융과 IT가 융합된 혁신적인 전자금융서비스가 출현되고 있어 보다 고도화된 금융보안사고 대책 마련과 자율과 책임이 따르는 금융서비스를 위한 금융업계의 노력이 요구된다.

04 인터넷뱅킹서비스

1 인터넷뱅킹의 개요

1990년대 개인용 컴퓨터의 보급 확대와 인터넷 접속을 위한 네트워크 인프라 확충에 따라 인터넷이라는 새로운 전달 채널을 통해 금융서비스 제공이 가능하게 되었다. 전자금융의 가장 대표적인 서비스라고 할 수 있는 인터넷뱅킹은 고객이 인터넷을 통해 각종 은행 업무를 원격지에서 편리하게 처리할 수 있는 새로운 형태의 금융서비스이다.

[단권화 MEMO]

> **플러스이론 펼쳐보기 ▼** 주요 전자금융 채널 비교
>
> | 구분 | 인터넷뱅킹 | 모바일뱅킹 | 텔레뱅킹 | CD·ATM |
> |---|---|---|---|---|
> | 매체 | PC, 인터넷 | 휴대전화, 스마트기기 | 전화 | CD·ATM |
> | 취급 가능 정보 | 문자, 화상, 음성 | 문자, 화상, 음성 | 음성 | 문자, 화상, 음성 |
> | 이용 가능 장소 | 가정, 직장 등 | 제약 없음. | 제약 없음. | 영업점 및 번화가 |
> | 시각성 | 화면이 커서 보기 쉬움. | 화면이 작아 정보 표시에 한계가 있음. | – | 화면이 커서 보기 쉬움. |
> | 통신료 부담 | 고객 | 고객 | 금융기관(수신자 부담) | 금융기관 |

2 인터넷뱅킹의 의의

고객이 은행으로부터 금융서비스를 제공받는 채널로는 영업점, CD·ATM, PC 및 스마트기기 등이 있다. 이 중에서 PC는 전용선 또는 인터넷을 통하여 은행의 호스트 컴퓨터 등과 연결되는데, 인터넷을 활용하여 금융서비스가 이루어지는 것을 인터넷뱅킹이라고 한다. 국내의 인터넷뱅킹서비스는 도입 시기(1999년 7월)가 일부 선진국들에 비해 다소 늦었음에도 불구하고 매우 빠른 성장 속도를 보여주고 있다. 국내의 높은 인터넷 이용률과 관련 산업의 눈부신 발달은 인터넷뱅킹의 확산을 가속화시켰고, 은행은 인터넷뱅킹을 도입함으로써 비용을 절감하고 고객관계 강화를 위한 노력에 집중할 수 있게 되었다.

3 PC뱅킹과 인터넷뱅킹

PC뱅킹은 인터넷뱅킹 도입 이전에 많이 이용되던 거래방법으로, 고객이 VAN사업자나 은행이 제공하는 전용소프트웨어를 이용하여 자신의 PC를 은행의 호스트 컴퓨터와 연결하여 금융서비스를 제공받는 방식이다. 이용자를 기준으로 기업이 이용하면 펌뱅킹이라고 하고, 개인이 이용하면 홈뱅킹이라고 하는데, 개인의 인터넷의 이용이 급증하면서 기존 홈뱅킹 이용자가 거의 인터넷뱅킹 이용자로 전환되었다. 한편, 인터넷뱅킹은 인터넷을 통해 고객의 컴퓨터와 금융기관의 호스트 컴퓨터를 연결하여 금융서비스를 제공하는 시스템을 지칭한다. 스마트기기를 이용하는 모바일뱅킹의 경우에도 전용 앱이나 웹브라우저를 통해 금융서비스가 전달되는 측면에서 볼 때, 넓은 의미에서는 인터넷뱅킹의 범주에 포함된다고 할 수 있다.

4 인터넷뱅킹의 특징

(1) 긍정적 측면

① **세계화 촉진 및 비용 절감**: 인터넷은 저비용, 실시간성, 멀티미디어화, 쌍방향성, 글로벌화라는 기본 특성을 가지고 있는데, 이러한 특성이 금융거래에 반영된 인터넷뱅킹으로 인해 지역적·시간적 제약을 뛰어넘은 금융거래가 가능해져 금융서비스의 범세계화가 촉진될 뿐만 아니라 금융거래를 하는 데 있어 비용을 절감할 수 있다.

② **고객 중심의 신속하고 편리한 서비스 제공**: 인터넷을 통해 금융상품 및 서비스에 대해 금융기관 간 비교가 가능해짐으로써 다양한 금융서비스와 상품에 대한 수요가 높아지고, 시장이 금융기관 중심에서 고객 중심으로 재편된다. 인터넷에서 한 번의 클릭으로 고객이 다른

금융기관으로 이동할 수 있으므로 고객흡인력과 경쟁력 있는 상품을 갖춘 금융기관으로 고객이 집중되는 현상이 심화될 가능성이 있으며, 점포 등 공간 확보에 따른 비용과 인건비가 감소되어 서비스 제공비용도 대폭 절감할 수 있다. 또한 인터넷을 통하여 금융상품 및 서비스에 대한 금융기관 간 및 시장 간 비교가 가능해진다. 그 외에도 저렴한 수수료, 인터넷예금과 대출 시 우대금리 제공, 환율우대, 각종 공과금의 인터넷납부, 사고신고 및 고객정보 변경, 계좌관리 등 고객 중심의 보다 신속하고 편리한 서비스를 제공한다.

(2) 부정적 측면 및 보완

인터넷은 해킹 등으로 인한 안전성에 문제가 생길 가능성이 높으므로 철저한 보안대책이 필요하다. 이 때문에 고객 단말기와 가상은행 서버 간 보안을 위해 상당히 높은 수준의 암호문을 활용하고 있으며, 웹서버에 대한 외부 사용자의 접근을 제어하기 위해 방화벽을 사용하고 있다. 또한 공동인증서(舊 공인인증서) 등 다양한 인증수단을 통하여 보안성과 안전성을 높이고 있다.

5 인터넷뱅킹의 이용

(1) 이용신청 및 등록

인터넷뱅킹은 개인고객과 기업고객(법인, 개인사업자)으로 서비스가 구분된다. 인터넷뱅킹을 이용하려는 개인고객은 금융실명거래 확인을 위한 신분증을 지참하고 거래금융기관을 방문하여 신청하거나 비대면으로 신청할 수 있다. 기업고객은 사업자등록증, 대표자 신분증 등 관련 서류를 지참하여 거래금융기관에 방문하여 신청해야 한다. 금융기관 지점에서는 인터넷뱅킹 신청 고객에게 보안매체(보안카드, OTP 등)를 지급해준다. 비대면으로 신청한 고객은 인터넷뱅킹의 보안센터에서 타금융기관 OTP를 등록하거나, 신청 금융기관 앱에서 디지털 OTP를 발급받을 수 있다. 고객은 인터넷뱅킹의 인증센터에 접속하여 공동인증서(舊 공인인증서)를 발급받고 최초 거래 시 이체비밀번호를 등록해야 한다. 조회서비스만 이용할 고객은 공동인증서 발급 없이도 조회서비스를 이용할 수 있다.

(2) 인터넷뱅킹 제공서비스

인터넷뱅킹을 제공하는 은행은 서비스 내용이 조금씩 다르지만 대부분 예금조회, 이체, 대출 등의 기본적인 금융서비스 외에도 계좌통합서비스, 기업 간 전자상거래(B2B: Business-to-Business) 결제서비스 등의 금융서비스도 제공하고 있다. 또한 각종 상담 및 이벤트 정보 등의 다양한 서비스도 제공하고 있다.

(3) 이용시간 및 수수료

① **이용시간**: 인터넷뱅킹 서비스는 대부분 24시간 연중무휴 이용이 가능하지만, 일부 서비스의 경우 00:00부터 07:00까지는 금융기관별로 일정 시간 이용시간에 제한이 있다.

② **수수료**
   ㉠ 인터넷뱅킹을 이용할 경우 자행이체의 수수료는 대부분 면제되고, 타행이체의 경우 제공기관에 따라 수수료 면제 또는 500원 내외의 수수료를 적용하고 있어 창구를 이용하는 것보다 저렴하다.
   ㉡ 외화 환전이나 해외 송금의 경우에도 수수료 우대 혜택이 제공되며, 예금 및 대출 상품 가입 시 우대 금리가 적용된다.

[단권화 MEMO]

(4) 디지털 신원인증

디지털 신원인증은 디지털 공간에서 본인을 증명하는 행위이다. 인터넷서비스, 특히 금융서비스를 디지털 공간에서 이용하기 위해서는 필수적으로 거쳐야 하는 과정이다. 2020년 「전자서명법」 개정 전까지는 공인인증서를 디지털 신원인증 방법으로 사용하였다. 1999년부터 도입된 공인인증서는 정부에서 인정한 공인인증기관이 발행하는 인증서로 「전자서명법」에 의해 법적인 효력과 증거력을 갖추고 있어 인터넷에서 일어나는 각종 계약·신청 등에 사용하는 인증서이다. 공인인증서를 사용하면 거래사실을 법적으로 증빙할 수 있으므로 인감을 날인한 것과 같은 효력이 생긴다. 인터넷뱅킹 이용 시 예금조회, 계좌이체의 경우에는 일반적으로 공인인증서가 필요하고, 로그인 시에도 ID나 비밀번호 대신에 공인인증서를 사용할 수 있기 때문에 인터넷뱅킹서비스를 이용하고자 하는 고객은 공인인증서를 발급받는 것이 편리하다.

플러스이론 펼쳐보기 ▼ 공동인증서

2020년 「전자서명법」 개정안이 시행되어 공인인증서의 법적 지위가 상실되었고 기존 인증업체들은 '공동인증서'로 명칭을 변경하여 계속 서비스를 제공하고 있다. 「전자서명법」 개정에 따라 공동인증서(舊 공인인증서) 이외에도 여러 민간기관에서 발행하는 다양한 전자서명서비스를 선택하여 사용할 수 있으며, 공동인증서의 발급은 거래 금융기관의 인터넷 홈페이지에서 가능하다.

(5) 보안매체

① **개념**: '보안매체'란 계좌이체 및 상품 가입 등 전자금융거래 시 기존의 비밀번호 이외에 보안용 비밀번호를 추가 입력하는 보안수단으로, 금융거래 시 사고를 예방한다.

② **구분**: 보안매체는 크게 보안카드와 OTP로 구분된다.

　㉠ **보안카드**: 보안용 비밀번호를 추가로 사용하기 위한 카드로서, 카드에 30개 또는 50개의 코드번호와 해당 비밀번호가 수록되어 있어 거래 시마다 무작위로 임의의 코드번호에 해당하는 비밀번호를 입력한다.

　㉡ **OTP(One Time Password)**: 전자금융거래의 인증을 위해 이용고객에게 제공되는 일회용 비밀번호 생성 보안매체이다. OTP는 실물형과 전자형으로 구분된다. 실물형 OTP는 비밀번호 생성이 6자리 숫자를 1분 단위로 자동 변경되어 보여주며 고객은 전자금융 이용 시 해당 숫자를 보안카드 비밀번호 대신 입력한다. 한 번 사용한 비밀번호는 다시 반복하지 않으므로 보안카드보다 더 안전한 보안수단이다. 고객이 보유하고 있는 OTP 1개로 전 금융기관에서 전자금융서비스 이용이 가능하며, 다른 금융기관에서 사용하기 위해서는 고객이 신분증을 지참하고 해당 금융기관을 방문하여 OTP 사용신청을 하면 된다. 전자형 OTP는 금융기관 앱(App)에서 발급이 가능하며, 고객이 전자금융거래 시 금융기관 앱에 접속하여 사용자가 지정한 비밀번호를 통해 생성된 OTP번호를 자동으로 인증한다. PC와 휴대폰을 연동한 2채널 인증이며, 실물형 OTP와 다르게 발급받은 금융기관에서만 사용이 가능하다.

(6) 업무처리 절차

인터넷뱅킹을 이용하여 계좌이체를 하기 위해 고객은 인터넷상에서 로그인을 할 때 인터넷뱅킹 신청 시 발급받은 공동인증서(舊 공인인증서)로 인증 후 로그인한다. 메뉴 중에 이체 메뉴를 선택한 후 인터넷뱅킹 신청 시 등록한 계좌 비밀번호와 공동인증서 인증, 은행에서 받은 보안카드 또는 OTP번호를 입력하거나, 금융기관 앱(App)에서 발급받은 전자형 OTP 인증 절차를 완료한다. 그리고 출금계좌와 입금계좌를 입력한 후 이체내역을 확인함으로써 거래가 완료된다.

6 인터넷 공과금 납부

(1) 인터넷 공과금 납부서비스
각종 공과금 납부를 위해 고객이 별도 영업점 창구를 방문할 필요 없이 인터넷뱅킹을 통해 공과금의 과금내역을 조회하고 납부할 수 있도록 한 서비스이다.

(2) 납부 가능한 공과금의 종류
① 금융결제원에서 승인한 지로요금
② 서울시를 포함한 지방세(100여 개 지방자치단체)
③ 국세, 관세, 각종 기금을 포함한 국고금(재정 EBPP)
④ 전화요금, 아파트관리비, 상하수도 요금 등 생활요금
⑤ 국민연금, 고용보험료, 산재보험료 등
⑥ 경찰청 교통범칙금, 검찰청 벌과금
⑦ 대학등록금

05 모바일뱅킹 서비스

1 모바일뱅킹의 개요

(1) 개념
모바일뱅킹 서비스는 고객이 휴대전화나 스마트기기 등을 수단으로 무선인터넷을 통해 금융기관의 사이트에 접속하여 금융서비스를 이용할 수 있는 전자금융서비스이다.

(2) 모바일뱅킹의 등장
① 우리나라의 이동통신 산업은 1999년 후반부터 이동전화 가입 고객 수가 유선전화 가입자 수를 초과하고 모든 연령층으로 이용고객이 확대되면서 폭발적으로 성장하였다. 휴대폰에서 금융서비스의 이용이 가능한 모바일뱅킹은 이와 같은 이동통신시장의 성장과 휴대폰 기능의 진화를 배경으로 등장하였다.
② 모바일뱅킹은 이동성을 보장받고자 하는 고객에 대한 서비스 제고와 이동통신사들의 새로운 수익원 창출 노력이 결합되면서 제공되기에 이르렀는데, 서비스의 내용 측면에서 인터넷뱅킹 서비스에 포함되는 것으로 보이지만 공간적 제약과 이동성 면에서 큰 차이가 있다.

2 모바일뱅킹의 의의

(1) 은행의 모바일뱅킹 서비스
은행은 모바일뱅킹 서비스를 통해 기존 고객 유지 및 신규 고객 확보 등의 경쟁력을 강화하고 은행업무의 자동화를 통해 은행 비용 절감이라는 경제적 효과를 누릴 수 있다. 은행에서 제공하는 모바일뱅킹 서비스는 기본적으로 통신회사의 무선통신회선을 기반으로 고객정보와 금융서비스 거래과정 전반을 은행이 관리하는 것을 기본 구조로 하고 있다. 이러한 모바일뱅킹 이외에도 이동통신기기를 이용한 유사 모바일 지급결제서비스가 이동통신회사 등을 통해 제공되고 있다.

[단권화 MEMO]

(2) 모바일뱅킹의 발전
① **모바일뱅킹의 발전**: 모바일뱅킹의 등장은 금융과 통신의 대표적인 서비스 융합 사례로 주목받았으며, CD·ATM 서비스나 인터넷뱅킹과 달리 매체의 특성상 장소의 제약을 받지 않고 자유롭게 이용할 수 있다는 점에서 U-Banking(Ubiquitous Banking) 시대의 시작을 알리는 전자금융서비스로 인식되었다. 모바일뱅킹 서비스는 IC칩 기반의 모바일뱅킹을 거쳐 IC칩이 필요 없는 VM모바일뱅킹으로 이용자가 전환되었다. 참고로, 2016년 말을 기준으로 스마트폰뱅킹을 제외한 기존 모바일뱅킹(IC칩 기반 모바일뱅킹, VM모바일뱅킹, 3G 모바일뱅킹, WAP뱅킹)은 모든 서비스가 종료되었다.

② **스마트폰뱅킹 서비스**
  ㉠ **스마트폰뱅킹 서비스의 등장**: '스마트폰뱅킹'이란 태블릿PC나 스마트폰으로 무선인터넷(LTE, 5G, WIFI 등)을 이용하여 시간과 장소에 상관없이 편리하게 뱅킹서비스, 상품가입, 자산관리 등을 이용할 수 있는 금융서비스이다. 2009년 말 이후 혁신적인 멀티태스킹과 고객 친화적 인터페이스를 기반으로 한 스마트폰이 급속히 보급되며 국내 스마트폰 시장의 활성화에 따라 현재 국내 모든 시중은행들이 자체 앱(App)을 통해 스마트폰뱅킹 서비스를 제공하고 있다.
  ㉡ **스마트폰뱅킹 서비스의 특징**: 국내 은행의 스마트폰뱅킹 서비스는 인터넷뱅킹 서비스 이후 가장 핵심적인 전자금융서비스 채널로 빠르게 자리잡았다. 스마트폰뱅킹은 휴대성, 이동성 및 개인화라는 매체적 특성을 활용한 조회, 이체, 상품가입 등 기본 업무에 한정되었던 것에서 최근 부동산담보대출 등의 고관여 업무까지 범위를 확장하며 비대면의 한계를 극복하고 있다.

3 모바일뱅킹의 이용

(1) 모바일뱅킹 제공서비스
모바일뱅킹을 통해 제공되고 있는 서비스로는 예금조회, 거래명세조회, 계좌이체, 현금서비스, 대출신청, 예금 및 펀드 가입, 환율조회, 사고신고 등이 있다.

(2) 이용시간 및 수수료
① **이용시간**: 모바일뱅킹의 이용 가능 시간은 인터넷뱅킹과 동일하다.
② **수수료**: 조회 및 자행이체 서비스는 무료로 제공하고 있으며, 타행이체의 경우 무료로 제공하거나 건당 수수료를 부과하고 있다.

(3) 이용방법 및 유의사항
모바일뱅킹 서비스는 거래 금융기관에 방문하여 전자금융서비스 신청을 통해 인터넷뱅킹과 모바일뱅킹을 가입하고 모바일뱅킹 앱(App)을 다운로드하여 서비스를 이용하거나, 모바일뱅킹 앱에서 비대면 전자금융서비스 신청을 통해 이용한다.

06 텔레뱅킹 서비스

1 텔레뱅킹의 개요
텔레뱅킹 서비스는 고객이 은행창구에 나가지 않고 가정이나 사무실 등에서 전자식 전화기를 통해 자동응답서비스를 이용하거나 은행 직원과 통화함으로써 자금이체, 조회, 분실신고 및 팩스통지 등을 할 수 있는 금융서비스이다.

2 텔레뱅킹의 의의
(1) 텔레뱅킹의 이용
각종 조회·분실신고 등은 거래은행에 별도의 신청절차 없이 비밀번호 입력만으로 이용이 가능하다. 다만, 자금이체·FAX 통지서비스 등은 이용신청서를 제출하고 이용 시 비밀번호를 입력하게 하는 등 거래의 안전을 기하고 있으며, 은행창구를 통한 거래보다 저렴하게 은행서비스를 이용할 수 있다.

(2) 텔레뱅킹 활용 범위의 확대
단순한 텔레뱅킹 제공에서 더 나아가 전화를 매체로 한 고객에 대한 1:1 마케팅 영업이 새롭게 주목받는 소매금융 영업 전략이 되고 있다. 전화를 이용한 마케팅을 위해서는 CTI(Computer Telephony Integration) 기술을 도입한 콜센터의 구축이 필수적인데, 우리나라에서도 이미 대부분의 은행이 이러한 콜센터를 구축하고 운영 중이다.

3 텔레뱅킹의 이용
(1) 이용신청 및 등록
① **이용 가능 대상**: 실명확인증표가 있는 개인(외국인, 재외교포 포함) 및 기업이면 누구나 이용 가능하다. 단, 본인의 수시입출식 예금계좌(보통, 저축, 기업자유, 가계당좌, 당좌예금)가 있어 출금계좌로 지정할 수 있어야 하며, 금융기관 영업점에 신청해야 한다. 다만, 잔액 조회, 입출금내역 조회는 별도의 신청 없이도 가능하다.
② **필요서류 및 신청 절차**: 개인의 경우 본인을 확인할 수 있는 실명확인증표를, 법인의 대표자인 경우 사업자등록증, 법인등기사항전부증명서, 법인인감증명서, 법인인감, 대표자 실명확인증표 등을 지참하여 영업점에서 신청한다. 영업점에서 이용자번호 등록과 보안카드를 수령한 후 각 은행별 텔레뱅킹 접속번호에 접속한 후 서비스를 이용한다.
③ **서비스 이용 제한**: 비밀번호를 연속 5회 잘못 입력하면 서비스 이용이 제한되며, 은행(우체국) 창구에서 확인 절차를 거쳐야 다시 이용할 수 있다.

[단권화 MEMO]

◦ □□□□은/는 고객이 전화기를 통해 계좌이체, 조회, 사고신고 등의 금융거래를 이용할 수 있는 전자금융서비스이다.

(텔레뱅킹)

[단권화 MEMO]

> **플러스이론 펼쳐보기 ▼** 텔레뱅킹 본인 확인 절차
>
> | 구분 | 징구서류 | 본인 확인 방법 |
> |---|---|---|
> | 신규 고객 | 주민등록증 | • 주민등록증의 홀로그램, 사진, 성명 등을 확인함
• ARS 또는 인터넷으로 주민등록증 진위 여부를 확인* |
> | | 주민등록증 이외의
실명확인이 가능한 신분증 | • 신분증의 사진, 성명 등을 확인함
• ARS 또는 인터넷으로 주민등록증 진위 여부를 확인함 |
> | 기존 고객 | 주민등록증 | • 주민등록증의 사진, 성명 등을 확인함
• ARS 또는 인터넷으로 주민등록증 진위 여부를 확인함
• 기존에 전산등록이 되어 있는 정보와 대조함 |
> | | 주민등록증 이외의 신분증 | • 신분증의 사진, 성명 등을 확인함
• ARS 또는 인터넷으로 주민등록증 진위 여부를 확인함
• 기존에 전산등록이 되어 있는 정보와 대조함 |
>
> * 주민등록증 진위확인서비스
> - ARS 확인: 국번 없이 '1382'(행정안전부)에서 확인할 수 있다.
> - 인터넷 확인: 대한민국 전자정부 홈페이지(http://www.egov.go.kr 접속 → 민원서비스)에서 확인할 수 있다.
> - ARS와 인터넷 장애 시 주민센터에서 유선으로 확인할 수 있다.

(2) 이용시간 및 수수료
① 텔레뱅킹 서비스는 대부분 24시간 연중무휴 이용이 가능하지만, 일부 서비스의 경우 금융기관별로 이용시간에 제한이 있다. ┌ 통상적으로 00:00부터 07:00 사이에 제한됨.
② 계좌이체 한도나 수수료도 금융기관별로 차이가 있을 수 있는데, 대부분 자행이체의 경우 무료로, 타행이체의 경우에는 건당 500원 내외의 수수료가 부과되어 은행창구를 이용하는 것보다 저렴하다.
③ 상담원을 이용한 상담 및 이체 거래의 경우 주말 및 공휴일에는 제공하지 않는 것이 일반적이다.

(3) 업무처리 절차
텔레뱅킹 서비스는 자동응답시스템(ARS)과 상담원을 통해 이용이 가능하다. 텔레뱅킹을 통한 업무는 금융결제원의 전자금융공동망을 이용하여 처리된다.
① **자동응답시스템**: 전화기를 이용하여 은행의 주전산기에 접속하게 된다.
② **상담원**: 상담원과의 통화 내용이 녹취되는 장치가 필요하며, 단순 뱅킹 업무 외에도 고객상담 및 불만처리 등의 업무를 위해 고객정보호출시스템 등을 설치하여 전화하는 고객에 대한 정보를 상담원이 볼 수 있도록 하고 있다.

(4) 안전거래를 위한 보안조치
① 텔레뱅킹은 일반전화 회선을 통해 금융거래 내역이 송·수신되기 때문에 각 금융기관에서는 도청 등 보안상 취약점을 방지하기 위해 텔레뱅킹 도·감청 보안솔루션을 도입하고 있다. 아울러 지정된 전화번호에서만 텔레뱅킹을 이용하거나 공중전화, 국제전화, 선불폰 등 발신자 추적이 불가능한 전화로는 텔레뱅킹 서비스 이용을 제한하는 금융기관도 있다.
② 계좌이체 시 이용자 비밀번호 이외에 보안카드 비밀번호와 출금계좌의 비밀번호를 입력하도록 하고, 최종 거래일로부터 12개월 이상(금융기관별 상이) 이용실적이 없는 경우에는 이용을 제한하고 있다. 다만, 이와 같은 경우에는 본인이 거래금융기관에 직접 방문하여 계좌이체 제한을 해제하면 바로 이용이 가능하다.

07 CD·ATM 서비스

1 CD·ATM 서비스 개요
① CD·ATM 서비스는 고객이 금융기관 창구에 방문하지 않고도 24시간 365일 은행의 현금자동 입출금기(CD/ATM; Cash Dispenser/Automated Teller Machine)를 이용하여 현금인출, 계좌이체, 잔액조회 등을 이용할 수 있는 서비스이다.
② CD·ATM 서비스 제공으로 금융서비스의 장소적 제약이 제거되어 이용 고객은 통장과 도장이 없더라도 현금카드 또는 현금카드 겸용 신용·체크카드 등을 지참하고 모든 참가은행의 CD·ATM을 이용하여 손쉽게 현금인출 등 각종 서비스를 이용할 수 있으며, 금융기관의 무인점포영업이 조기에 도입되는 계기를 마련하였다.

2 CD·ATM 이용 매체
CD·ATM 서비스를 이용하기 위해서는 현금카드나 신용·체크카드 등이 있어야 하지만, 최근 기술 발달로 인해 휴대폰, 바코드, 생체인식으로도 CD·ATM 서비스를 이용할 수 있으며, 이용매체가 없어도 CD·ATM 서비스 이용이 가능하다.

(1) 칩 내장 휴대폰 이용
① 모바일뱅킹용 금융IC칩이 내장된 휴대폰으로도 거래금융기관뿐만 아니라 다른 금융기관의 CD·ATM에서도 금융거래를 이용할 수 있다. 휴대폰과 CD·ATM 간의 정보교환은 교통카드 결제를 통해 이용자들에게 널리 알려진 무선주파수방식으로 이루어지는데, RF 수신기가 부착되어 있는 금융기관의 CD·ATM에서 현금인출, 계좌이체, 조회 등의 금융 업무를 처리할 수 있다.
② 이용절차
  ㉠ 고객이 은행에 서비스를 신청한다.
  ㉡ 고객의 휴대폰으로 Callback URL(Uniform Resource Locator)이 있는 SMS가 수신된다.
  ㉢ 고객이 해당 URL에 접속하여 자신의 카드번호를 대체한 바코드를 전송받는다.
  ㉣ 바코드가 인식되는 ATM에 휴대폰의 바코드를 접촉하여 현금인출, 계좌이체 등 각종 금융서비스를 이용한다.

(2) 생체인식 본인인증
① 현금카드의 위조·도난, ID·비밀번호 등의 도용에 따른 각종 금융사고를 예방하고자 금융거래 시 본인 확인수단으로 생체인식기술이 이용되기도 한다. 고객이 자신의 지문, 홍채, 정맥 등 생체정보를 미리 금융기관에 등록해 놓으면 고객이 CD·ATM을 이용할 때 등록한 생체정보와 비교하여 일치하면 이용권한을 부여하는 것이다.
② 최근에는 손바닥·손가락 정맥 등 생체인식 수단 종류가 다양화되고 있으며, 2개 이상의 복합 생체정보를 적용한 선진형 CD·ATM인 스마트 키오스크 및 스마트 ATM이 보급되는 추세이다. 생체인식 수단은 각각 특징이 있으나, 크게 접촉식과 비접촉식으로 구분할 수 있다. 접촉식의 주요 생체인식 수단은 지문, 손가락 정맥이며, 비접촉식은 홍채, 손바닥 정맥이 있다.

(3) 무매체거래

거래매체가 없어도 CD·ATM 이용이 가능하다. 통장이나 카드 없이 금융거래가 가능한 무매체거래는 사전에 고객이 금융기관에 신청하여 무매체 거래용 고유승인번호를 부여받은 뒤, CD·ATM에서 주민등록번호, 계좌번호, 계좌비밀번호, 고유승인번호를 입력하여 각종 금융서비스를 이용할 수 있는 거래를 말한다. 고객이 현금을 찾기 위하여 카드나 통장을 지니고 다녀야 하는 불편함과 분실의 위험을 해소하고, 창구 대기시간을 단축하기 위해 개발된 서비스이다. 그러나 이 서비스는 개인정보 등이 유출될 경우 타인에 의한 예금 부정인출 가능성이 있고, 다른 은행의 CD·ATM에서는 이용할 수 없다는 단점이 있다.

3 CD·ATM 제공 서비스

CD·ATM 서비스로는 현금(10만원권 자기앞수표 포함)인출 및 입금, 신용카드 현금서비스, 계좌이체, 잔액조회, 공과금 납부 등이 있다.

(1) 현금 입출금

현금 입출금 업무는 고객이 다른 은행 CD·ATM을 이용하여 예금잔액 범위 내에서 현금을 인출하거나 자신의 계좌에 입금하는 서비스이다. 현재 1회 인출 한도(100만원 이내) 및 1일 인출 한도(600만원 이내)는 금융위원회의 전자금융감독규정이 정한 한도금액 내에서 예금계좌 개설 은행이 정하여 운영한다. 다만, CD·ATM의 계좌이체 기능을 이용한 전화금융사기(일명 '보이스피싱') 사건의 증가로 인한 피해를 최소화하기 위해 최근 1년간 CD·ATM을 통한 계좌이체 실적이 없는 고객에 한하여 1일 및 1회 이체 한도를 각각 70만원으로 축소하였다.

(2) 현금서비스(단기카드대출)

현금서비스 업무는 고객이 CD·ATM을 통해 신용카드 현금서비스를 받을 수 있는 금융서비스로, 고객은 거래은행과 상관없이 CD·ATM을 통하여 현금서비스 이용 한도 내에서 현금을 인출할 수 있다. 현금서비스 한도는 각 신용카드 발급사가 개별 고객의 신용도에 따라 정하고 있다.

(3) 계좌이체

계좌이체는 고객이 CD·ATM을 이용하여 거래은행 내 계좌이체를 하거나 거래은행의 본인계좌로부터 다른 은행의 본인 또는 타인계좌로 자금을 이체할 수 있는 서비스이다. 1회 이체 가능금액(600만원 이내) 및 1일 이체 가능금액(3,000만원 이내)은 금융위원회의 '전자금융감독규정'이 정한 한도금액 내에서 각 은행이 정하여 운영하고 있다. 다만, 보이스피싱 피해 방지를 위해 수취계좌 기준 1회 100만원 이상 이체금액에 대해 CD·ATM에서 인출 시 입금된 시점부터 30분 후 인출 및 이체가 가능하도록 하는 지연인출제도가 시행되고 있다.

4 기타 CD·ATM 서비스

CD·ATM은 창구업무의 부담을 완화시키는 수준에서 처음에는 은행의 영업점 내에 설치되기 시작하였지만 이후에는 영업점을 개설하기 어려운 장소나 유동인구가 많은 장소 등으로 설치 장소가 다변화하였다. 또한 현금인출과 잔액조회가 주기능이었던 초기의 CD·ATM 서비스는 현재 대출금 이자납부 및 대출원금 상환뿐만 아니라 각종 금융상품의 조회, 잔액증명과 같은 각종 증명서나 거래내역의 출력, 카드나 통장 비밀번호 변경 및 분실신고, 수표 사고신고 등으로 매우 다양하게 확대되었다.

(1) 제2금융권 연계서비스

① **다양한 연계서비스**: 은행은 CD·ATM을 통해 제2금융권과 연계하여 카드, 증권, 보험 관련 서비스를 제공하고 있다. 현금서비스 제공을 위한 전 업계 카드사의 은행 CD·ATM 연계를 시작으로 은행의 CD·ATM을 이용한 증권사 자산관리계좌의 관리가 일반화되고, 보험사의 대출원금 및 이자상환이나, 분할보험금·배당금·중도보험금 등의 입·출금서비스도 가능하게 되었다. 또한 공과금납부, 티켓발행, 화상상담, 기업광고 등 다양한 서비스로 확대되어 은행으로서는 CD·ATM 서비스를 통해 수익 창출의 기회도 얻게 되었다.

② **장소에 따른 특화된 부가서비스**: CD·ATM이 설치된 장소의 특성을 고려하여 특화된 부가서비스가 제공되기도 한다. 예를 들어 기차나 버스 터미널에 설치된 CD·ATM에서는 차표 발권·발매서비스를 제공한다든지, 공공기관에 설치된 CD·ATM을 통해 민원서류 발급, 행정정보 검색 등의 서비스를 제공하는 것이 대표적이다.

(2) CD·ATM 기능의 진화

단순 현금 입출금 기능이 전부였던 초기의 CD·ATM은 1990년대 초반부터 금융자동화기기 제조업체의 기술진보에 힘입어 수표 입출금 기능에서부터 키오스크 기능과 CD·ATM 기능이 접목되어 CD·ATM에서도 정보검색은 물론 각종 티켓이나 서류발급 및 출력까지 할 수 있는 다기능 기기로 발전하였다. 또한 외국인을 위한 외국어 지원 기능, 노인이나 저시력자를 위한 화면확대 기능도 추가되어 이용편의를 도모하고 있으며, 휠체어 이용 고객용 CD·ATM, 입력버튼에 점자가 추가된 CD·ATM, 인터폰으로 안내방송을 들으면서 이용할 수 있는 CD·ATM 등이 등장하여 이용 효율성을 높여가고 있다.

08 신용카드, 직불카드, 체크카드, 선불카드

카드거래 시에는 카드회원, 카드발급사, 가맹점 그리고 가맹점의 거래금융기관이 한 네트워크 안에서 서로 연결되어 전자거래가 이루어진다. 카드회원이 가맹점에서 카드를 이용하게 되면 카드발급사는 가맹점 거래금융기관과 자금정산을 통해 카드결제대금을 입금해주고, 카드발급사는 카드회원으로부터 약정한 날짜에 카드결제대금을 회수하게 된다. 「여신전문금융업법」에서는 카드를 대금 결제 방법에 따라 신용카드, 직불카드, 선불카드로 분류하고 있다.

플러스이론 펼쳐보기 ▼ 카드 종류별 비교

구분	신용카드 (Credit Card)	선불카드 (Prepaid Card)	직불형 카드		
			체크카드 (Check Card)	직불카드 (Debit Card)	현금 IC카드
회원자격	신용등급 7등급 이하 및 미성년자는 원칙적으로 발급 금지	제한 없음	제한 없음 (단, 소액신용한도 부여 시 자체기준 있음)	제한 없음 (요구불 예금 보유자)	제한 없음 (요구불 예금 보유자)
계좌인출	선구매 후인출	선인출 후구매	구매 즉시 인출	구매 즉시 인출	구매 즉시 인출
연회비	있음	없음	없음	없음	없음

[단권화 MEMO]

이용 한도	신용한도 내	충전잔액 범위 내[1]	예금잔액 범위 내[2]	예금잔액 범위 내	예금잔액 범위 내
발급기관	카드사 (겸영은행)	카드사 (겸영은행)	카드사 (겸영은행)	국내 은행	국내 은행
이용 가능 시간	24시간	24시간	24시간	08:00~23:30	24시간
승인 절차	서명	서명	서명	PIN 입력	PIN 입력
신용공여	가능	불가능	일정 한도 내	불가능	불가능
사용 가맹점	신용카드 가맹점	신용카드 가맹점	신용카드 가맹점	직불카드 가맹점	현금 IC카드 가맹점
가맹점 입금	매출전표 접수 후 2영업일 이내	매출전표 접수 후 2영업일 이내	매출전표 접수 후 2영업일 이내	결제 익일	결제 익일
부가혜택	있음	없음	있음	없음	없음
거래 승인	거래정지 잔여한도 확인	권면 잔액 확인	거래정지 잔여한도 확인	거래정지, 예금잔액, 비밀번호 확인	거래정지, 예금잔액, 비밀번호 확인
기능	물품구매, 예금 입출금 (현금카드 기능)	물품구매	물품구매, 예금 입출금 (현금카드 기능)	물품구매, 예금 입출금 (현금카드 기능)	물품구매, 예금 입출금 (현금카드 기능)
네트워크	신용카드망	신용카드망	신용카드망	직불카드망 (금융결제원)	CD공동망 (금융결제원)

1) 기명은 500만원, 무기명은 50만원까지 가능하다.
2) 일정 한도(최대 30만원) 내에서 예금잔액 초과 신용공여 혜택 부여가 가능하다.

1 신용카드(Credit Card)

(1) 신용카드의 개요

① 신용카드는 가맹점 확보 등 일정한 자격을 구비한 신용카드업자가 카드 신청인의 신용상태나 미래소득을 근거로 상품이나 용역을 신용구매하거나 현금서비스, 카드론 등의 융자를 받을 수 있도록 발급하는 지급수단이다. 신용카드는 현금, 어음·수표에 이어 제3의 화폐라고도 불린다.

② 등장한 지 불과 50년이 조금 넘은 신용카드는 수세기 전부터 사용해 온 현금이나 어음·수표보다 더 많이 이용하는 전자지급결제수단이 되었다.

(2) 신용카드의 특징

① 기능
  ㉠ **지급수단 기능**: 신용카드는 기본적으로 현금 및 수표를 대체하는 지급수단 기능을 수행한다.
  ㉡ **사회적 지위 표시 기능**: 신용카드는 일정 자격 이상의 신청자에게만 발급되고 개인의 경제 현황에 따라 발급되는 카드등급이 다르므로 사회적 지위를 나타내는 기능이 있다.
  ㉢ **신용제공 기능**: 회원에게는 대금 결제일까지 이용대금 납부를 유예하므로 신용제공의 기능도 있다.

② **신용카드 이용의 확대와 문제점**: 신용카드는 소지하기가 편리하고 물품을 구매하거나 서비스를 이용할 때 당장 현금이 없어도 신용을 담보로 일정 시점 후에 결제가 가능하기 때문에 이용이 증가하고 있다. 정부에서도 1999년부터 자영업자의 과표를 양성화하고 신용카드

이용을 활성화한다는 취지하에 신용카드 사용금액에 대한 소득·세액공제와 카드영수증 복권제도(2006년 폐지)를 실시함으로써 이용이 활성화되는 데 기여하였다. 그러나 과당경쟁에 따른 무분별한 신용카드 발급과 현금서비스 위주의 무분별한 확장영업으로 신용불량자 양산과 같은 사회경제적 문제를 초래(2003년 카드사태)하기도 하였다.

③ **장점**: 신용카드 사용 시 카드 이용고객 및 가맹점 모두에서 유리하다. 고객은 물품 및 서비스의 신용구매에 따른 실질적인 할인구매의 효과를 누릴 수 있고, 현금서비스 기능을 이용하여 긴급신용을 확보할 수 있다. 가맹점은 고정고객을 확보하거나 판매대금을 안정적이고 편리하게 회수할 수 있다는 장점이 있다.

(3) 신용카드 서비스 제공기관

1969년 신세계백화점이 우리나라 최초의 판매점카드를 발행하였으며, 1978년 외환은행이 비자카드를 발급한 이후 은행계 카드가 카드 시장을 주도하게 되었다. 1980년대 후반부터 전문 신용카드 회사가 설립되었고, 1990년대부터 신용카드에 대한 규제가 완화됨에 따라 카드산업이 크게 성장하기 시작했다. 신용카드는 카드발급기관의 성격에 따라 전업카드사와 겸영카드사로 구분되고, 각 카드사는 은행계와 기업계 카드사 등으로 구분할 수 있다. 국내 신용카드는 해외에서의 이용을 위해 국제적 서비스 망을 갖춘 VISA사, Master Card사 등과 제휴하고 있다.

① **전업카드사**: 신용카드업을 영위하는 자 중에서 금융위원회의 신용카드업 허가를 득한 자로서, 신용카드업을 주로 영위하는 자를 말한다.

② **겸영카드사**: 신용카드업자는 아니지만 영위하는 사업의 성격상 신용카드업 겸영이 바람직하다고 인정되는 자에게 대통령령으로 신용카드업을 영위할 수 있도록 허락한 곳이다.

플러스이론 펼쳐보기 ▼ 　신용카드 사업자

전업카드사(8)	은행계(4)	신한카드, 우리카드, 하나카드, KB국민카드
	기업계(4)	롯데카드, 비씨카드, 삼성카드, 현대카드
겸영은행(11)		경남, 광주, 부산, 수협, 씨티, 전북, 제주, DGB대구, IBK기업, NH농협, SC제일
유통계 겸영(2)		현대백화점, 갤러리아백화점

※ 출처: 여신금융협회(www.crefia.or.kr)

(4) 신용카드 제공서비스

① 초기의 신용구매에서 1986년 BC카드가 최초로 현금카드 기능을 추가하였고 금융위원회가 정한 최고한도 범위 내에서 현금서비스, 카드론 등의 대출서비스도 제공되고 있다.

② 최근에는 물품구매 및 현금서비스 외에 통신판매, 항공권 예약, 보험가입 등 유통서비스 부문을 중심으로 부수업무를 확대하고, 기업체와 연계한 제휴카드를 발급하는 등 서비스가 다양해지고 있다.

(5) 신용카드 회원

① **개념**: 신용카드 회원은 카드회사(신용카드업자)와의 계약에 따라 그로부터 신용카드를 발급받은 자를 말한다(여신전문금융업법 제2조 제4호). 카드회사의 약관에서는 '회원은 회원약관을 승인하고 카드회사에 신용카드의 발급을 신청하여 카드회사로부터 신용카드를 발급받은 자'라고 규정하고 있다.

[단권화 MEMO]

② 신용카드 회원의 구분
  ㉠ 개인회원
    ⓐ **본인회원**: 별도로 정한 심사 기준에 의해 신용카드 회원으로 입회가 허락된 실명의 개인으로서 개인회원으로 신청한 자를 말한다.
    ⓑ **가족회원**: 카드이용대금에 대한 모든 책임을 본인회원이 부담할 것을 승낙하고 신용카드 회원에 가입한 자로, 그 대상은 부모나 배우자, 배우자의 부모, 「민법」상 성년인 자녀 및 형제자매 등이다. 가족회원은 본인회원의 이용 한도 범위 내에서 카드를 사용할 수 있으며, 가족카드별로 한도를 별도로 지정할 수도 있다.
  ㉡ **기업회원**: 기업카드 신용평가 기준에 따라 신용카드 회원으로 가입한 기업체를 말한다.
    ⓐ **기업공용카드(무기명식 기업카드)**
      - 기업회원이 특정 이용자를 지정하지 않은 카드로 카드발급 기업 또는 법인 임직원 누구든지 사용 가능하다.
      - 카드 실물에 사용명의 대신 기업체 명칭이 영문으로 표기되어 있다.
      - 공용카드 신청서의 카드 서명란에는 카드를 실제로 사용하게 될 임직원의 서명을 기재하는 것이 아니라 법인명 또는 기업명을 기재하며, 카드를 사용할 경우 매출전표에는 사용자의 서명을 기재해야 한다.
    ⓑ **기업개별카드(사용자 지정카드)**
      - 기업회원이 특정 이용자를 지정한 카드로, 발급받은 기업 또는 법인의 지정된 임직원에 한하여 사용할 수 있는 권리가 부여된 카드를 말한다.
      - 카드의 앞면에 사용자의 영문명이 기재되어 있고 카드에 성명이 기재된 임직원만 그 카드를 사용할 권한이 있다.

분류	내용
일반 기업카드	후불식 일반 신용카드로서 국내·외에서 일시불 이용만 가능하며, 해외에서는 기업개별카드에 한해 제휴은행 창구 및 ATM에서 단기카드대출(현금서비스) 사용이 가능함.
직불형 기업카드	결제계좌 잔액 범위 내에서 이용 가능한 기업카드로 국내·외에서 이용 가능하며 신용공여 기능은 없음.
정부구매카드	정부부처 및 소속기관의 관서경비를 지출할 목적으로 정부기관을 대상으로 발급하는 기업카드로, 국가재정정보시스템과 신용카드사 전산망을 연결, 신용카드 발급 및 사후관리를 파일 송·수신으로 처리함.
구매전용카드	구매기업과 판매기업 간 물품 등 거래와 관련하여 발생되는 대금을 신용카드업자가 구매기업을 대신하여 판매기업에게 대금을 선지급하고 일정 기간 경과 후 구매기업으로부터 물품대금을 상환받는 카드로, 실물 없이 발급되기도 함.
기타	사용처가 주유소로 제한되는 주유전용카드, 지방세납부 전용카드, 고용·산재보험결제 전용카드, 우편요금결제 전용카드 등의 특화 기업카드들은 통상 별도의 한도가 부여되고 특정한 가맹점에서만 사용됨.

◎ 기업카드의 분류

(6) 이용수수료

신용카드와 관련된 수수료는 가맹점이 부담하는 가맹점 수수료와 이용 고객이 부담하는 서비스 수수료로 나뉜다. 가맹점 수수료는 가맹점과 신용카드사 간의 개별 협약에 의하여 정해지는데 가맹점의 업종 및 이용카드사, 가맹점 규모에 따라 다르다. 최근에는 영세한 중소가맹점의 범위 및 우대수수료율 조정을 지속적으로 추진 중이다. 한편, 신용카드로 현금서비스나 카드론을 받을 경우에는 그에 따른 수수료를 지급해야 한다.

(7) 신용카드 이용방법
① **발급방법**: 고객이 신용카드 서비스를 이용하고자 하는 경우 가입신청서, 본인 확인용 신분증, 자격확인서류 등을 구비하여 은행 및 카드사 앞으로 신청하면 소정의 심사 절차를 거쳐 신용카드가 발급된다.
② **신용카드 이용 대금의 결제 방식**
　㉠ **일시불결제**: 신용카드 발급 당시의 회원과 신용카드사 간의 결제 약정일에 카드사용 대금 전액을 결제하는 방식으로, 고객 입장에서는 수수료 부담이 없지만 일시 상환에 따른 자금 부담이 있을 수 있다.
　㉡ **할부결제**: 카드 이용대금을 할부로 2개월 이상 분할하여 1개월 단위로 희망하는 기간 동안 이자를 부담하여 결제하는 방식으로, 고객의 입장에서 여유로운 자금 운용이 가능하나 원금 이외의 할부수수료 부담이 있다.
　㉢ **리볼빙결제**: 카드이용대금 중 사전에 정해져 있는 일정 금액 이상의 건별 이용금액에 대해 이용금액의 일정 비율을 결제하면 나머지 이용 잔액은 다음 결제대상으로 연장되며, 카드는 잔여 이용 한도 내에서 계속 사용할 수 있는 결제방식이다. 리볼빙결제 방식은 이용고객의 경제 여건에 따라 결제를 조절할 수 있는 맞춤형 결제방식이지만, 높은 리볼빙 수수료를 부담해야 한다.

2 직불카드
(1) 직불카드의 개요
① **개념**: 직불카드는 고객이 카드를 이용함과 동시에 고객의 신용한도가 아닌 예금계좌의 잔액 범위 내에서 카드결제대금이 바로 인출되는 카드를 말한다. 고객 예금계좌에서 즉시 카드결제대금이 인출되고 CD·ATM을 이용하여 자신의 예금계좌에서도 즉시 자금을 인출할 수도 있기 때문에 직불카드를 현금카드라고도 한다.
② **직불카드의 등장**: 직불카드 역시 신용카드와 마찬가지로 미국에서 처음 등장한 이후 1970년대 중반부터 본격 사용하기 시작하였는데, 우리나라에서는 국가적인 차원에서 직불카드 공동망 구축을 추진하여 1996년 2월에 은행 공동의 직불카드가 도입되었다.

(2) 직불카드와 신용카드의 차이점
① **결제방식의 차이**: 직불카드와 신용카드의 가장 큰 차이는 결제방식의 차이인데, 신용카드는 신용공여에 기반을 둔 후불결제방식을, 직불카드는 예금계좌를 기반으로 한 즉시결제방식을 이용한다는 점이다. 따라서 직불카드는 자신의 예금계좌가 개설되어 있는 은행에서 발급받으며, 직불카드 취급가맹점이면 발급은행에 관계없이 어디에서나 사용할 수 있다.
② **직불카드의 한계**: 직불카드는 직불카드 가맹점을 별도로 모집해야 하고, 직불카드 가맹점 공동규약에 의해 국내에서 직불기능 이용 시 일정 시간에는 사용이 불가능하다는 제약 등으로 인해 활성화되지 못하였다.

3 체크카드
(1) 체크카드의 개요
① **개념**: 체크카드는 지불결제 기능을 가진 카드로서, 카드거래 대금은 체크카드와 연계된 고객의 예금계좌 범위 내에서 즉시 인출된다. 비자카드사의 오프라인 직불카드 이름인 Visa

[단권화 MEMO]

[단권화 MEMO]

Check Card에서 체크카드라는 명칭이 유래되었다고 하는데, 신용카드와 마찬가지로 서명을 통해 본인확인을 하게 된다. 원래 의미의 체크카드는 신용공여 기능이 없어 할부서비스나 현금서비스를 이용할 수 없지만, 최근에는 고객의 신용등급에 따라 소액의 신용공여(30만원 한도)가 부여된 하이브리드형 카드를 발급받아 이용할 수 있다.

② **체크카드와 직불카드의 차이점**: 거래은행에서 발급받고 가맹점 이용과 이용시간에 제약을 받는 직불카드에 비해, 체크카드는 은행 또는 카드사가 제휴한 은행에 입출금이 자유로운 통장을 소지한 개인 및 기업회원을 대상으로 발급 가능하며, 최근에는 증권사나 종금사의 CMA를 결제계좌로 하는 체크카드의 발급도 활발하다.

(2) 체크카드의 특징

① **발급방법**: 체크카드 발급 시 발급가능 연령, 신용상태, 외국인인지 여부 등에 따라 카드사마다 제한사항을 두기도 하지만, 기본적으로 하이브리드 체크카드를 제외하고는 신용공여 기능이 없기 때문에 발급과정에서 별도의 결제능력을 심사하지 않는다. 보통 카드사나 은행의 영업점에서 즉시 발급하는 경우가 많으며, 후선에서 발급 처리 후 회원 앞으로 인편이나 우편 교부하기도 한다.

② **이용방식**

    ㉠ **이용가능 시간 및 장소**: 금융기관 전산점검시간을 제외하고는 이용시간에 제한이 없고, 신용카드 가맹점이라면 어디서든 이용이 가능하다.

    ㉡ **해외거래 및 외국인 거주자의 이용**: 체크카드가 Visa, Master 등 해외 사용 브랜드로 발급된 경우에는 해외에서 물품구매 및 현지통화로 예금인출이 가능하다. 외국환거래규정상 외국인 거주자인 경우에는 별도의 등록 거래를 통해 연간 미화 5만불 한도 내에서 해외예금인출 및 해외직불가맹점 이용이 가능하고, 카드사에 따라서 해외현금인출이 가능한 체크카드의 발급을 제한하기도 한다.

    ㉢ **이용한도**: 체크카드는 일시불 이용만 가능하고 할부 및 단기카드대출(현금서비스) 이용은 불가능하다. 체크카드를 이용할 수 있는 이용 한도는 1회, 1일, 월간으로 정할 수 있으며 하이브리드 체크카드를 제외한 모든 체크카드는 별도의 신용한도가 부여되지 않는다.

③ **장점 및 전망**: 체크카드는 연체 리스크가 없는 직불카드의 장점과 전국의 신용카드 가맹점망을 이용할 수 있는 신용카드 프로세스를 그대로 적용할 수 있는 신용카드의 장점을 가지고 있다. 체크카드는 신용카드 대비 높은 세액공제 제공, 소액 신용한도가 부여된 체크카드의 등장, 신용카드 대비 낮은 가맹점 수수료율, 전반적인 체크카드 가맹점 수수료의 지속적 인하 등 체크카드 활성화 정책과 맞물려 계속 활성화될 전망이다.

④ **이용명세**: 체크카드의 이용명세는 직불카드와 마찬가지로 거래 건별로 결제계좌 통장에 가맹점명 및 사용 금액을 기록하는 것으로 갈음되지만, 카드사별로 별도의 이용내역서를 통지하거나 이메일로도 통지 가능하다.

(3) 하이브리드 카드

하이브리드 카드는 체크·신용결제 방식이 혼합된 겸용카드로서, 체크카드 기반과 신용카드 기반으로 구분된다.

① **하이브리드 체크카드**: 계좌 잔액범위 내에서는 체크카드로 결제되고 잔액이 소진되면 소액 범위 내에서 신용카드로 결제된다. 즉, 계좌 잔액이 부족한 상태에서 잔액을 초과하여 승인 신청이 되면 신청금액 전액이 신용카드로 결제되며, 부여 가능한 최대 신용한도는 30만원이다.

② **하이브리드 신용카드**: 회원이 지정한 일정 금액 이하의 거래는 체크카드로 결제되고, 초과 거래는 신용카드로 결제된다. 즉, 기존의 신용카드 회원에게 체크결제서비스를 부가하는 형태이다.

4 선불카드

(1) 선불카드의 개요 및 특징

① **개념**: 선불카드는 고객이 카드사에 미리 대금을 결제하고 카드를 구입한 후 카드에 저장된 금액 내에서만 이용할 수 있는 카드로서, 최근 인기를 얻고 있는 기프트카드가 대표적인 선불카드라고 할 수 있다. 신용카드와의 차이점은 신용카드의 경우 이용대금을 후불로 입금하지만 선불카드는 선불로 구매한다는 점이다.

② **구매 및 이용**
  ㉠ **구매**: 선불카드 구매 시 현금, 체크카드 및 신용카드를 사용하며, 유효기간은 대부분 발행일로부터 5년이고 연회비는 없다. 단, 개인 신용카드로 구매 및 충전할 수 있는 이용 한도는 1인당 월 최대 100만원(선불카드 금액과 상품권 금액 합산)이다.
  ㉡ **이용**: 신용카드사를 통해 연령에 제한 없이 발급받을 수 있는 선불카드는 원칙적으로는 신용카드 가맹점에서 이용 가능하나, 일부 백화점 및 대형할인점 등에서는 사용하지 못하는 경우도 있다. 또한 인터넷 쇼핑몰과 같은 온라인상에서도 이용이 가능한데, 이때에는 카드발급사의 인터넷홈페이지를 통해 본인확인용 비밀번호를 등록해야 한다.

③ **선불카드 잔액 환불**: 「전자금융거래법」 제19조 및 '선불카드 표준약관' 등에 따라 다음의 경우 환불 가능하며, 환불 시 기명식 선불카드의 경우 회원 본인 여부와 실명을, 무기명식 선불카드의 경우 선불카드 소지자의 실명 등을 확인한다.
  ㉠ 천재지변으로 사용하기 곤란한 경우
  ㉡ 선불카드의 물리적 결함
  ㉢ 선불카드 발행 권면금액 또는 충전액의 60/100(1만원권 이하의 경우 80/100) 이상 사용한 경우

(2) 선불카드의 종류

① **기명식 선불카드**
  ㉠ 카드 실물에 회원의 성명이 인쇄되어 있거나 신용카드업자 전산에 회원으로서의 정보가 존재하여 발급 이후에 양도가 불가능하다.
  ㉡ 최고 500만원까지 충전할 수 있다.

② **무기명식 선불카드**
  ㉠ 카드 실물에 성명이 인쇄되어 있지 않으며, 신용카드업자 전산에 기명식 회원으로서의 정보가 존재하지 않아 양도가 가능하다.
  ㉡ 무기명식 선불카드의 경우 양도 가능하므로 뇌물 등의 수단으로 악용되는 것을 방지하기 위해 「여신전문금융업법 시행령」 및 '선불카드 표준약관'에서 충전 금액 한도를 최고 50만원으로 제한하고 있다(단, 재난 및 안전관리 기본법에 따른 재난에 대응하여 국가 또는 지방자치단체가 지원금을 지급하기 위해 발행하는 경우에는 최고 300만원).

개념확인 핵심지문 O/X PART Ⅲ. 우체국금융 상품

01 머니그램(MoneyGram) 해외송금은 수취인의 계좌번호 없이 당발송금이 가능하다. (O | X)

02 유로지로(Eurogiro) 해외송금은 유럽지역 우체국 금융기관이 주체가 되어 설립한 Eurogiro社의 네트워크를 사용하는 EDI(전자문서 교환)방식의 국제금융 송금서비스로, 우정사업자와 민간금융기관이 회원으로 가입 후 회원 간 쌍무협정을 통해 해외송금을 거래하며, 계좌와 주소지 송금이 가능하다. (O | X)

03 우체국 생활든든통장은 50세 이상 고객의 기초연금, 급여, 용돈 수령 및 체크카드 이용 시 금융 수수료 면제, 우체국 보험료 자동이체 또는 공과금 자동이체 시 캐시백, 창구소포 할인쿠폰 등 다양한 서비스를 제공하는 시니어 특화 입출금이 자유로운 예금이다. (O | X)

04 노란우산공제는 우체국이 청약서 및 제반 서류 접수와 부금 수납 등의 업무를 대행한다. (O | X)

05 노란우산공제는 수급권 보호를 위해 압류와 담보 제공은 금지되지만 거래편의를 위해 양도는 허용된다. (O | X)

06 우체국예금 고객은 창구망 공동이용서비스를 통해 제휴은행 창구에서 자행거래 방식으로 입출금이 가능하다. (O | X)

07 듬뿍우대저축예금은 개인을 대상으로 예치 금액별로 차등 금리를 적용하는 개인 MMDA 상품으로 입출금이 자유로운 예금이다. (O | X)

08 이웃사랑정기예금은 사회 소외계층, 골수기증희망등록자, 헌혈자 등 사랑나눔을 몸소 실천하는 고객, 농어촌 지역 주민을 위한 공익형 예금상품이다. (O | X)

09 챔피언정기예금은 가입기간(연, 월, 일 단위 가입) 및 이자지급방식(만기일시지급식, 월이자지급식)을 자유롭게 선택할 수 있는 고객맞춤형 정기예금이다. (O | X)

10 우체국 펀드상품은 우체국예금·보험 상품과 동일하게 펀드상품을 우체국 창구를 통해서 판매(위탁판매)하는 구조이기 때문에 전액 원금이 보장된다. (O | X)

11 법인의 우체국 체크카드 월 사용한도는 기본 한도 1억원, 최대 한도 3억원이다. (O | X)

12 우체국 체크카드는 카드 유효기간의 만료 또는 회원 본인이 사망하거나 피성년후견인·피한정후견인으로 우체국에 신고 등록된 경우 효력이 상실된다. (O | X)

13 '우체국페이'는 우체국예금 모바일뱅킹에 핀테크를 접목시켜 간편결제 및 간편송금 등 핀테크 서비스를 제공하는 앱이다. 우체국페이 앱(App)을 통해 현금 또는 카드 없이 스마트폰만으로 지불 결제를 진행하고, 휴대전화번호만 알면 경조카드와 함께 경조금을 보낼 수 있다. (O | X)

14 모바일뱅킹은 PC와 인터넷을 매체로, 인터넷뱅킹은 휴대전화와 스마트기기를 매체로 거래되는 전자금 (○|×)
융서비스이다. 모두 통신료는 고객이 부담한다.

15 폰뱅킹은 고객의 별도 신청 없이도 우체국예금·보험 고객센터를 통해 가정이나 사무실 등에서 다양한 (○|×)
우체국예금·보험서비스를 전화통화로 간편하게 처리할 수 있는 서비스를 말한다.

16 인터넷뱅킹으로 인하여 지역적·시간적 제약을 뛰어넘은 거래가 가능해져 금융서비스의 범세계화가 촉 (○|×)
진될 뿐만 아니라, 금융거래를 하는 데 있어 비용을 절감할 수 있다.

17 선불카드 구매 시 현금, 체크카드 및 신용카드를 사용하며, 유효기간은 대부분 발행일로부터 3년이고, (○|×)
연회비는 있다. 단, 개인 신용카드로 구매 및 충전할 수 있는 이용한도는 1인당 월 최대 100만원(선불
카드 금액과 상품권 금액 합산)이다.

18 기명식 선불카드는 최고 500만원까지 충전할 수 있고, 무기명식 선불카드는 최고 50만원까지 충전금 (○|×)
액을 제한하고 있다.

19 생체인식 수단은 각각 특징이 있으나, 크게 접촉식과 비접촉식으로 구분할 수 있다. 비접촉식의 주요 (○|×)
생체인식 수단은 지문, 손가락 정맥이며, 접촉식은 홍채, 손바닥 정맥이다.

20 머니그램(MoneyGram) 해외송금은 신한은행 및 머니그램社와 제휴, 계좌번호 없이 16자리 송금번호 (○|×)
및 수취인 영문명으로 해외로 자금을 송금 후 약 10분 뒤 수취인 지역 내 머니그램 Agent를 방문하여
수취 가능한 특급송금 서비스이다.

정답 & X해설

01	○	02	○	03	○	04	○	05	×	06	×	07	○	08	○	09	○	10	×	11	×	12	×	13	○	14	×
15	×	16	○	17	×	18	○	19	×	20	×																

05 노란우산공제는 수급권 보호를 위해 압류와 담보, 양도가 금지된다.

06 창구망 공동이용서비스는 우체국과 민간은행이 업무제휴를 맺고 양 기관의 전산시스템을 전용선 또는 금융결제원 공동망으로 연결하여 제휴은행 고객이 각 우체국 창구에서 기존의 타행환 거래 방식이 아닌 자행 거래 방식으로 입출금 거래를 할 수 있도록 하는 업무이다.

10 우체국 펀드상품은 우체국예금·보험 상품과는 달리 자산운용사에서 만든 펀드상품을 우체국 창구를 통해서 판매(위탁판매)하는 구조이기 때문에 원금 손실이 발생할 수도 있다.

11 법인의 우체국 체크카드 월 사용한도는 기본 한도 2천만원, 최대 한도 3억원이다.

14 인터넷뱅킹은 PC와 인터넷을 매체로, 모바일뱅킹은 휴대전화와 스마트기기를 매체로 거래되는 전자금융서비스이다. 모두 통신료는 고객이 부담한다.

15 폰뱅킹은 고객의 신청에 따라 우체국예금·보험 고객센터를 통해 가정이나 사무실 등에서 다양한 우체국예금·보험서비스를 전화통화로 간편하게 처리할 수 있는 서비스를 말한다.

17 선불카드 구매 시 현금, 체크카드 및 신용카드를 사용하며 유효기간은 대부분 발행일로부터 5년이고, 연회비는 없다. 단, 개인 신용카드로 구매 및 충전할 수 있는 이용 한도는 1인당 월 최대 100만원(선불카드 금액과 상품권 금액 합산)이다.

19 생체인식 수단은 각각 특징이 있으나, 크게 접촉식과 비접촉식으로 구분할 수 있다. 접촉식의 주요 생체인식 수단은 지문, 손가락 정맥이며, 비접촉식은 홍채, 손바닥 정맥이다.

20 머니그램(MoneyGram) 해외송금은 신한은행 및 머니그램社와 제휴, 계좌번호 없이 8자리 송금번호 및 수취인 영문명으로 해외로 자금을 송금 후 약 10분 뒤 수취인 지역 내 머니그램 Agent를 방문하여 수취 가능한 특급송금 서비스이다.

21 체크카드 사용 기본 한도는 14세 이상 개인은 일 한도 5천만원, 월 한도 5천만원이고, 법인은 일 한도 1억원, 월 한도 3억원이다. (○ | ×)

22 주가지수연동 정기예금(ELD)은 원금을 안전한 자산에 운용하여 만기 시 원금은 보장되고 장래에 지급할 이자의 일부 또는 전부를 주가지수(KOSPI 200지수, 일본 닛케이 225지수 등)의 움직임에 연동한 파생상품에 투자하여 고수익을 추구하는 상품이다. (○ | ×)

23 환매조건부채권(RP)은 금융기관이 보유하고 있는 국공채 등 채권을 고객이 매입하면 일정 기간이 지난 뒤 이자를 가산하여 고객으로부터 다시 매입하겠다는 조건으로 운용되는 단기금융상품이다. (○ | ×)

24 우체국 체크카드 발급대상은 개인과 법인으로 구분된다. 개인형 일반 상품의 가입연령은 12세 이상이며, 후불교통 기능이 부여되어 있는 하이브리드 체크카드의 가입연령은 18세 이상이다. (○ | ×)

25 MMF는 투자대상이 단기채권, CP(기업어음), CD(양도성예금증서) 등 단기금융상품에 투자하는 펀드를 말한다. 이때 '단기'는 투자대상 자산의 만기가 단기라는 의미이다. (○ | ×)

정답 & X해설

| 21 | × | 22 | ○ | 23 | ○ | 24 | ○ | 25 | × |

21 체크카드 사용 최대 한도는 14세 이상 개인은 일 한도 5천만원, 월 한도 5천만원이고, 법인은 일 한도 1억원, 월 한도 3억원이다.

25 '단기'는 투자대상 자산의 만기가 단기라는 의미가 아니라 잔존만기가 단기라는 의미이다.

실전적용 기출&예상문제 — PART Ⅲ. 우체국금융 상품

01 〈보기〉에서 CD/ATM 서비스에 대한 설명으로 옳은 것을 모두 고른 것은?　　　　　　2023 계리직 9급

〈보기〉

ㄱ. '우체국 스마트 ATM'은 기존 ATM 서비스뿐만 아니라 계좌개설, 체크카드 및 보안매체 발급, 비밀번호 변경 등이 가능하다.

ㄴ. CD/ATM 계좌이체는 최근 1년간 영업점 창구를 통한 현금 입출금 실적이 없는 고객에 한하여 1일 및 1회 이체한도를 각각 70만원으로 축소하고 있다.

ㄷ. CD/ATM 서비스를 이용하기 위해서는 현금카드나 신용·체크카드 등이 있어야 하지만 최근 기술 발달로 휴대폰, 바코드, 생체인식으로도 이용할 수 있으며 이용매체가 없어도 CD/ATM 서비스 이용이 가능하다.

ㄹ. 보이스피싱 피해 방지를 위해 수취계좌 기준 1회 100만원 이상 이체금액에 대해 CD/ATM에서 인출 시 입금된 시점부터 10분 후 인출 및 이체가 가능하도록 하는 지연인출제도가 시행되고 있다.

① ㄱ, ㄷ
② ㄴ, ㄹ
③ ㄱ, ㄴ, ㄷ
④ ㄱ, ㄷ, ㄹ

02 우체국 체크카드에 대한 설명으로 옳은 것은?　　　　　　2023 계리직 9급 변형

① 법인용 체크카드의 현금 입출금 기능은 법인, 임의단체에 한하여 선택 가능하다.
② 개인 체크카드 발급대상은 우체국 거치식 예금 통장을 보유한 12세 이상의 개인이다.
③ 위탁업체를 통하여 발급받은 경우, 고객이 카드 수령 후 우체국을 직접 방문하여 사용 등록하여야만 효력이 발생한다.
④ 우체국 체크카드는 일반적인 직불 전자지급 수단에 의한 지불결제, 현금카드 기능 외에도 상품별 특성에 따라 다양한 기능 추가 및 발급 형태의 선택이 가능하다.

정답&해설

01 〈오답 확인〉 ㄴ. CD/ATM의 계좌이체 기능을 이용한 전화금융사기(일명 '보이스피싱') 사건의 증가로 인한 피해를 최소화하기 위하여 최근 <u>1년간 CD/ATM을 통한 계좌이체 실적이 없는 고객에 한하여</u> 1일 및 1회 이체한도를 각각 70만원으로 축소하고 있다.
ㄹ. 보이스피싱 피해 방지를 위해 수취계좌 기준 1회 100만원 이상 이체금액에 대해 CD/ATM에서 인출 시 입금된 시점부터 <u>30분 후</u> 인출 및 이체가 가능하도록 하는 지연인출제도가 시행되고 있다.

02 〈오답 확인〉 ① 법인용 체크카드의 현금 입출금 기능은 <u>개인사업자에 한하여</u> 선택 가능하다.
② 개인 체크카드 <u>발급대상은 우체국 수시입출식(요구불) 통장을 보유한</u> 12세 이상의 개인이다. 우체국 체크카드 결제계좌는 현재 우체국 요구불 예금으로 지정하도록 되어있으며(국민행복 전용카드와 같이 계좌 없이 바우처 사용만을 위한 특수상품 제외), 사용한도는 개인과 법인에 따라 일별·월별 한도의 차이가 있다.
③ 위탁업체를 통하여 발급받은 경우에는 카드 수령 후 회원 본인이 <u>우체국 창구 방문, 인터넷뱅킹, 우체국뱅킹, ARS</u>를 통하여 사용 등록하여야 효력이 발생한다.

01 ①　02 ④

03 〈보기〉에서 우체국 외국환 업무에 대한 설명으로 옳은 것을 모두 고른 것은? 2023 계리직 9급

> **보기**
> ㄱ. 외화배달 서비스 이용 시 외화 수령일은 신청일로부터 3영업일에서 10영업일 이내로 지정할 수 있다.
> ㄴ. 머니그램(MoneyGram)은 송금 후 약 10분 뒤에 송금번호(REF.NO)만으로 수취가 가능한 특급해외송금 서비스이다.
> ㄷ. 외화환전 예약서비스는 인터넷뱅킹·스마트뱅킹에서 신청 후 모든 우체국 또는 제휴은행 일부 지점에서 현물을 수령할 수 있다.
> ㄹ. 우체국은 하나은행과 업무 제휴하여 하나은행 SWIFT 망을 통해 전 세계 금융기관을 대상으로 해외송금 서비스를 운영하고 있다.

① ㄱ, ㄴ ② ㄱ, ㄹ
③ ㄴ, ㄷ ④ ㄷ, ㄹ

04 〈보기〉에서 체크카드에 대한 설명으로 옳은 것을 모두 고른 것은? 2022 계리직 9급 변형

> **보기**
> ㄱ. 우체국 법인용 체크카드에는 브라보, Biz플러스 등이 있다.
> ㄴ. 우체국 체크카드의 발급대상은 개인카드의 경우 우체국 수시입출식 통장을 보유한 12세 이상의 개인이다.
> ㄷ. 고객의 신용등급에 따라 소액의 신용공여가 부여된 하이브리드형 카드를 발급받아 이용할 수 있다.
> ㄹ. 증권사나 종합금융회사의 MMF를 결제계좌로 하는 체크카드도 발급이 가능하다.

① ㄱ, ㄴ ② ㄱ, ㄹ
③ ㄴ, ㄷ ④ ㄷ, ㄹ

정답&해설

03 〈오답 확인〉 ㄷ. 외화환전 예약서비스는 우체국 창구 방문 신청 또는 인터넷뱅킹·스마트뱅킹을 이용하여 환전(원화를 외화로 바꾸는 업무) 거래와 대금 지급을 완료하고, 원하는 수령일자(환전예약 신청 당일 수령은 불가) 및 장소를 선택하여 지정한 날짜에 외화실물을 직접 수령하는 서비스이다. 수령 장소는 고객이 지정한 일부 환전업무 취급 우체국 및 우정사업본부와 환전업무 관련 제휴된 하나은행 지점(환전소)에서 수령할 수 있다.
ㄹ. 우체국은 신한은행과 제휴하여 신한은행 SWIFT 망을 통해 전 세계 금융기관을 대상으로 해외송금 서비스를 운영하고 있다.

04 〈오답 확인〉 ㄱ. 우체국 법인용 체크카드에는 성공파트너, e-나라도움(법인형), 정부구매, Biz플러스 등이 있다. 브라보는 개인용 체크카드에 해당한다.
ㄹ. 우체국은 국민의 건전한 소비문화 조성과 전통시장, 중소 슈퍼마켓 등 친(親)서민 경제 활성화를 위해 「전자금융거래법」(제2조 및 제28조)에서 정한 직불 전자지급 수단에 의거하여, 우체국 결제계좌 잔액의 범위 내에서 지불결제 및 현금카드 기능을 부여한 체크카드 사업을 2011년 12월부터 시행 중이다. 따라서 증권사나 종합금융회사의 MMF를 결제계좌로 하는 체크카드의 발급은 시행하지 않고 있다.

03 ① 04 ③

05 〈보기〉에서 우체국 예금상품에 대한 설명으로 옳은 것은 모두 몇 개인가?
2022 계리직 9급 변형

> **보기**
> ㄱ. 우체국 희망지킴이통장: 기초생활보장, 기초(노령)연금, 장애인연금, 장애(아동)수당 등의 기초생활 수급권 보호를 위한 압류방지 전용 통장
> ㄴ. 이웃사랑정기예금: 사회 소외계층과 사랑나눔 실천자 및 읍·면 단위 지역에 거주하는 농어촌 지역 주민의 경제생활 지원을 위한 공익형 정기예금
> ㄷ. 우체국 편리한 e정기예금: 50세 이상 중년층 고객을 위한 우대이율 및 세무, 보험 등 부가서비스를 제공하는 정기예금
> ㄹ. 우체국 다드림적금: 주거래 고객 확보 및 혜택 제공을 목적으로 각종 이체 실적 보유 고객, 장기거래 등 주거래 이용 실적이 많을수록 우대 혜택이 커지는 적립식 예금

① 1개 ② 2개
③ 3개 ④ 4개

06 밑줄 친 ( )에서 제공하는 주요 서비스 내용으로 옳은 것은?
2022 계리직 9급

> ( )은/는 우체국 특화서비스인 우편환 기반 경조금 송금서비스와 핀테크를 접목시킨 간편결제 및 간편송금 서비스를 제공하는 우체국예금 모바일 뱅킹 서비스 앱이다.

① 수신자의 휴대전화번호만 알면 경조금 및 경조카드를 보낼 수 있다.
② 전체 메뉴를 영어모드로 전환하는 서비스를 제공한다.
③ SWIFT, 국제환 서비스로 해외송금이 가능하다.
④ 증명서 신청 및 발급 등 전자문서지갑 기능을 제공한다.

정답&해설

05 〈오답 확인〉 ㄱ. 우체국 행복지킴이통장: 저소득층 생활안정 및 경제활동 지원 도모를 목적으로 기초생활보장, 기초(노령)연금, 장애인연금, 장애(아동)수당 등의 기초생활 수급권 보호를 위한 압류방지 전용 통장이다.
ㄷ. 시니어 싱글벙글 정기예금: 여유자금 추가입금과 긴급자금 분할해지가 가능한 정기예금으로 50세 이상 중년층 고객을 위한 우대금리 및 세무, 보험 등 부가서비스를 제공한다.

06 우체국페이 앱(App)에 대한 설명이다. 우체국페이 앱(App)을 통해 현금 또는 카드 없이 스마트폰만으로 지불·결제를 진행하고, 휴대전화번호만 알면 경조카드와 함께 경조금을 보낼 수 있다.

05 ② 06 ①

07 우체국 체크카드에 대한 설명으로 옳은 것은?

2021 계리직 9급

① 법인의 우체국 체크카드 월 사용 한도는 기본 한도 1억원, 최대 한도 3억원이다.
② Biz플러스 체크카드는 신차 구매, 전 가맹점 0.3% 포인트 적립 등 개인사업자 및 소상공인을 위한 맞춤형 혜택을 제공하는 카드이다.
③ 라이프+플러스 체크카드의 교통기능은 일반카드일 경우에는 선불, 하이브리드 카드일 경우에는 후불 적용된다.
④ 우체국 체크카드는 카드 유효기간의 만료 또는 회원 본인이 사망하거나 피성년후견인·피한정후견인으로 우체국에 신고 등록된 경우, 효력이 상실된다.

08 「우체국예금·보험에 관한 법률」과 동법 시행령·시행규칙에 관한 내용으로 옳은 것은?

2021 계리직 9급

① 연 면적의 100분의 20을 우정사업에 직접 사용하고 나머지는 영업시설로 임대하고자 하는 업무용 부동산은 우체국 예금자금으로 취득할 수 있다.
② 우체국 예금자금은 금융기관 또는 재정자금에 예탁하거나 1인당 2천만원 이내의 개인 신용대출 등의 방법으로도 운용한다.
③ 우체국은 예금보험공사에 의한 예금자보호 대상 금융기관의 하나이지만, 특별법인 이 법에 의해 우체국예금(이자 포함)과 우체국보험계약에 따른 보험금 등 전액에 대하여 국가가 지급 책임을 진다.
④ 우체국 예금자금으로 「자본시장과 금융투자업에 관한 법률」에 따른 파생상품 거래 시 장내파생상품 거래를 위한 위탁증거금 총액은 예금자금 총액의 100분의 20 이내로 한다.

정답&해설

07 〈오답 확인〉 ① 법인의 우체국 체크카드 월 사용 한도는 기본 한도 2천만원, 최대 한도 3억원이다.
② Biz플러스 체크카드는 주유소, 신차 구매 등 개인사업자 및 소상공인을 위한 맞춤형 혜택을 제공하는 카드이다. 포인트가 적립되는 체크카드는 다드림 체크카드이다.
③ 라이프+플러스 체크카드는 교통기능이 없고, 가족카드 발급도 되지 않는 카드이다.

08 〈오답 확인〉 ② 우체국 예금자금은 금융기관 또는 재정자금에 예탁하거나 자금중개회사를 통한 금융기관에 대여하는 방법으로도 운용한다. 개인에 대한 신용대출업무는 하고 있지 않다(우편대체 계좌대월 등 일부 특수한 경우를 제외하고는 여신이 없음).
③ 우체국은 예금보험공사에 의한 예금자보호 대상 금융기관이 아니지만, 특별법인 「우체국예금·보험에 관한 법률」에 의해 우체국예금(이자 포함)과 우체국보험계약에 따른 보험금 등 전액에 대해 국가가 지급 책임을 진다.
④ 우체국 예금자금으로 「자본시장과 금융투자업에 관한 법률」에 따른 파생상품 거래 시 장내파생상품 거래를 위한 위탁증거금 총액은 예금자금 총액의 100분의 1.5 이내로 한다.

07 ④ 08 ①

09 우체국 예금상품에 대한 설명으로 옳은 것을 모두 고른 것은?
2021 계리직 9급

> ㄱ. e-Postbank정기예금은 자동이체 약정, 체크카드 이용실적, 자동 재예치 실적에 따라 우대금리를 제공한다.
> ㄴ. 「중소기업협동조합법」에서 정하는 소기업·소상공인 공제금 수급자는 우체국 행복지킴이통장 가입 대상이다.
> ㄷ. 입양자는 이웃사랑정기예금과 우체국 새출발자유적금 패키지 중 새출발 행복 상품에 가입할 수 있다.
> ㄹ. 우체국 하도급지킴이통장은 공사대금 및 입금이 하도급자와 근로자에게 기간 내 집행될 수 있도록 관리, 감독하기 위한 압류방지 전용 통장이다.

① ㄱ, ㄴ ② ㄱ, ㄹ
③ ㄴ, ㄷ ④ ㄷ, ㄹ

10 우체국 예금상품 및 체크카드에 대한 설명으로 옳은 것을 모두 고른 것은?
2019 계리직 9급 변형

> ㄱ. 법인용 체크카드의 현금 입출금 기능은 개인 사업자에 한하여 선택 가능하다.
> ㄴ. 우체국 소상공인정기예금은 노란우산공제에 가입하거나 신용카드 가맹점 결제계좌 약정 시 우대금리를 제공한다.
> ㄷ. e-Postbank예금은 우체국 창구를 통한 가입이 불가하다.
> ㄹ. 우체국 브라보 하이브리드 체크카드는 음식점·대형마트 5%, 약국·골프 10%, 영화·숙박 15% 할인 등 생활형 실속혜택을 제공하는 카드로, 교통 기능은 후불 적용되며 점자카드 발급도 가능하고 해외에서 사용이 가능한 카드이다.

① ㄱ, ㄴ ② ㄴ, ㄷ
③ ㄷ, ㄹ ④ ㄱ, ㄹ

정답&해설

09 〈오답 확인〉 ㄱ. e-Postbank정기예금은 인터넷뱅킹, 스마트뱅킹으로 가입이 가능한 온라인 전용상품으로 온라인 예·적금 가입, 자동이체 약정, 체크카드 이용실적에 따라 우대금리를 제공하는 정기예금이다. 자동 재예치 실적은 우대금리 제공사유가 아니다.
ㄹ. 우체국 하도급지킴이통장은 공사대금 및 입금이 하도급자와 근로자에게 기간 내 집행될 수 있도록 관리·감독하기 위한 전용통장으로, 압류방지 전용 통장이 아니다.

10 〈오답 확인〉 ㄴ. 우체국 소상공인정기예금은 소상공인·소기업 대표자를 대상으로 노란우산공제에 가입하거나 우체국 수시입출식 예금 실적에 따라 우대금리를 제공하는 서민자산 형성 지원을 위한 공익형 정기예금이다.
ㄷ. e-Postbank예금은 인터넷뱅킹, 스마트뱅킹 또는 우체국 창구를 통해 가입하고 별도의 통장 발행 없이 전자금융 채널(인터넷뱅킹, 스마트뱅킹, 폰뱅킹, 자동화기기)을 통해 거래하는 전자금융 전용 입출금이 자유로운 예금이다. 반면, e-Postbank정기예금은 우체국 창구를 통한 가입이 불가능하다.

09 ③ 10 ④

11 우체국 해외송금서비스에 대한 설명으로 옳지 않은 것은?
<small>2018 계리직 9급 변형</small>

① 머니그램(MoneyGram) 해외송금은 수취인의 계좌번호 없이 당발송금이 가능하다.
② 유로지로(Eurogiro) 해외송금은 유럽지역 우체국 금융기관이 주체가 되어 설립한 Eurogiro社의 네트워크를 사용하는 EDI(전자문서 교환)방식의 국제금융 송금서비스로 우정사업자와 민간 금융기관이 회원으로 가입 후 회원 간 쌍무협정을 통해 해외송금을 거래한다. 계좌와 주소지 송금이 가능하다.
③ SWIFT 해외송금은 우체국은 신한은행과 제휴를 통한 신한은행 SWIFT 망을 통해 전 세계 금융기관을 대상으로 해외송금서비스를 운영하고 있다.
④ 우체국의 해외송금 업무는 크게 '국제환'과 'SWIFT 무계좌송금, MoneyGram 계좌 실시간 송금 등 해당 망을 이용한 전자적 송금서비스인 제휴송금'으로 구분할 수 있다.

12 우체국예금 상품에 대한 설명으로 옳은 것은?
<small>2018 계리직 9급 변형</small>

① 시니어 싱글벙글 정기예금은 여유자금 추가입금과 긴급자금 분할해지가 가능한 정기예금으로 60세 이상 중년층 고객을 위한 우대금리 및 세무, 보험 등 부가서비스를 제공한다.
② 우체국 국민연금안심통장과 우체국 생활든든통장은 압류방지 전용 통장이다.
③ 우체국 마미든든 적금은 우체국 수시입출식 예금에서 이 적금으로 월 50만원 이상 자동이체 약정 시 부가서비스로 우체국쇼핑 할인쿠폰을 제공한다.
④ 우체국취업이룸통장은 구직촉진수당 등에 한해 입금이 가능하며, 「구직자 취업촉진 및 생활안정지원에 관한 법률」 제22조, 제23조에 따라 압류대상에서 제외하는 압류방지 전용 통장이다.

정답&해설

11 우체국의 해외송금 업무는 크게 국제환(UPU 환 약정에 의거한 UPU 회원국 간 우편환 송금서비스, 양 기관 간 쌍방계약에 의해 우편환 또는 계좌송금 거래가 가능한 Eurogiro서비스)과 제휴송금(SWIFT 계좌송금, MoneyGram 무계좌 실시간 송금 등 해당 망을 이용한 전자적 송금서비스)으로 구분할 수 있다.

12 〈오답 확인〉 ① 시니어 싱글벙글 정기예금은 여유자금 추가입금과 긴급자금 분할해지가 가능한 정기예금으로 50세 이상 중년층 고객을 위한 우대금리 및 세무, 보험 등 부가서비스를 제공한다.
② 우체국 국민연금안심통장은 압류방지 전용 통장이지만, 우체국 생활든든통장은 압류방지 전용 통장이 아니다.
③ 우체국 마미든든 적금은 우체국 수시입출식 예금에서 이 적금으로 월 30만원 이상 자동이체약정 시 부가서비스로 우체국쇼핑 할인쿠폰을 제공한다.

11 ④ 12 ④

13 〈보기〉의 우체국예금 상품에 대한 설명으로 옳은 것을 모두 고른 것은?

2016 계리직 9급 변형

보기

ㄱ. 2040+α 자유적금은 매일 저축 및 매주 알림저축 서비스를 통해 소액으로 쉽고 편리하게 목돈 모으기가 가능한 디지털 전용 적립식 예금이다.
ㄴ. 기업든든MMDA통장은 입출금이 자유로우며, 예치기간에 따라 금리를 차등 적용하는 상품이다.
ㄷ. 우체국 다드림통장은 패키지별(주니어, 직장인, 사업자, 실버, 베이직) 금융거래 실적에 따라 우대금리를 추가 제공한다.
ㄹ. 우체국 가치모아적금은 여행자금, 모임회비 등 목돈 마련을 위해 여럿이 함께 저축할수록 우대혜택이 커지고 고객이 통장명칭을 자유로이 선정할 수 있는 통장별칭 서비스 등 다양한 우대 서비스를 제공하는 적립식 예금이다.

① ㄱ, ㄴ
② ㄱ, ㄹ
③ ㄴ, ㄷ
④ ㄷ, ㄹ

14 우체국 체크카드에 대한 설명으로 옳지 않은 것은?

2016 계리직 9급 변형

① 영리한PLUS 체크카드는 복지카드, 교통카드(선불), 가족카드, 점자카드 발급이 가능하다.
② 우리동네plus 체크카드는 지역별 특성을 고려한 특화가맹점에 대한 캐시백을 제공하며 Ⅰ, Ⅱ, Ⅲ 세 가지 타입 중 고객 소비성향에 따라 할인혜택 서비스를 선택할 수 있다.
③ 다드림 체크카드는 전 가맹점 이용액 0.3%, 알뜰폰 통신료 10% 등이 우체국 포인트로 적립되는 체크카드이다.
④ 국민행복 체크카드와 지역사랑상품권 체크카드는 점자카드 발급이 가능하다.

정답&해설

13 〈오답 확인〉 ㄱ. 2040+α 자유적금은 20~40대 직장인과 카드 가맹점 등의 자유로운 목돈 마련을 위해 일정 조건에 해당하는 경우 우대금리를 제공하는 적립식 예금이다. 우체국 매일모아 e적금은 매일 저축 및 매주 알림저축 서비스를 통해 소액으로 쉽고 편리하게 목돈 모으기가 가능한 디지털전용 적립식 예금이다.
ㄴ. 기업든든MMDA통장은 입출금이 자유로우며, 단기간 예치하더라도 높은 금리를 적용하는 고수익 상품으로, 예치금액별로 금리를 차등 적용하며, 추가입금 및 출금이 가능하다.

14 영리한PLUS 체크카드는 복지카드, 교통카드(선불), 점자카드 발급이 가능하지만, 가족카드 발급은 불가능하다. 가족카드는 행복한(일반), 다드림(일반), 브라보(일반/하이브리드) 체크카드만 가능하다.

13 ④ 14 ①

에듀윌
계리직
공무원

부록
관련 법령집

01 우체국 예금거래 기본약관
02 입출금이 자유로운 예금 약관
03 거치식 예금 약관
04 적립식 예금 약관
05 금융실명거래 및 비밀보장에 관한 법률
06 우체국예금·보험에 관한 법률
07 우체국예금·보험에 관한 법률 시행령
08 우체국예금·보험에 관한 법률 시행규칙

01 우체국 예금거래 기본약관

[시행 2021. 3. 16.]

이 예금거래 기본약관(이하 '이 약관'이라 한다)은 우체국과 예금주가 서로 믿음을 바탕으로 예금거래를 빠르고 틀림없이 처리하는 한편, 서로의 이해관계를 합리적으로 조정하기 위하여 기본적이고 일반적인 사항을 정한 것이다. 우체국은 이 약관을 창구에 놓아두고, 예금주는 영업시간 중 언제든지 이 약관을 볼 수 있고 또한 그 교부를 청구할 수 있다.

본문 ▶ P.112, P.122, P.129

제1조 【적용범위】 이 약관은 입출금이 자유로운 예금, 거치식 예금, 적립식 예금 거래에 적용한다.

제2조 【실명거래】 ① 예금주는 실명으로 거래하여야 한다.
② 우체국은 예금주의 실명확인을 위하여 주민등록증·사업자등록증 등 실명확인증표 또는 그 밖에 필요한 서류의 제시나 제출을 요구할 수 있고 예금주는 이에 따라야 한다.

제3조 【거래장소】 예금주는 예금계좌를 개설한 우체국 창구(이하 '개설우체국'이라 한다)에서 모든 예금 거래를 한다. 다만, 우체국이 정하는 바에 따라 다른 우체국이나 다른 금융기관 또는 현금자동지급기, 현금자동입출금기, 컴퓨터, 전화기 등(이하 '전산통신기기'라 한다)을 통하여 거래할 수 있다.

제4조 【거래방법】 예금주는 우체국에서 내준 통장(증서·전자통장을 포함한다) 또는 수표·어음용지로 거래하여야 한다. 그러나 입금할 때와 자동이체·전산통신기기이용약정에 따라 거래하는 경우 및 기등록된 생체정보(이하 '바이오정보'), 실명확인증표 등을 통해 본인확인된 경우에는 통장 없이(이하 '무통장')도 거래할 수 있다.

제5조 【인감과 비밀번호 등의 신고】 ① 예금주는 거래를 시작할 때 인감 또는 서명, 비밀번호, 성명, 상호, 대표자명, 대리인명, 주소 등 거래에 필요한 사항을 신고하여야 한다. 다만, 비밀번호는 비밀번호 입력기(이하 'PIN-Pad기'라 한다)에 의하여 예금주가 직접 등록할 수 있으며, 예금주가 우체국에 내국할 수 없는 경우 예금주는 개설된 예금의 첫 거래 전에 우체국이 정한 방법에 따라 전산통신기기를 이용하여 비밀번호를 등록하여야 한다.
② 제1항에 불구하고 거치식·적립식 예금은 비밀번호를 신고하지 않을 수 있다.
③ 예금주는 인감과 서명을 함께 신고하거나 인감 또는 서명을 추가로 신고할 수 있다.
④ 통장을 발행하지 않는 경우, 우체국은 거래처로부터 인감 또는 서명의 신고 절차를 생략할 수 있다.

제6조 【입금】 ① 예금주는 현금이나 과학기술정보통신부장관이 지정하는 수표·증서(이하 '증권'이라 한다)로 입금할 수 있다.
② 예금주는 현금이나 증권 등으로 계좌송금(예금주가 개설우체국 이외에서 자기계좌에 입금하거나, 제3자가 개설우체국 또는 다른 우체국이나, 다른 금융기관에서 예금주 계좌에 입금하는 것)하거나, 계좌이체(예금주의 신청에 따라 우체국이 특정 계좌에서 자금을 출금하여 같은 우체국 또는 다른 금융기관의 다른 계좌에 입금하는 것)를 할 수 있다.
③ 증권으로 입금할 때 입금인은 증권의 백지보충이나 배서 또는 영수기명날인 등 필요한 절차를 밟아야 하며, 우체국은 백지보충 등의 의무를 지지 않는다.
④ 입금하는 증권이 수표일 때 우체국은 소정의 금액란에 적힌 금액으로 처리한다.

제7조 【예금이 되는 시기】 ① 제6조에 따라 입금한 경우 다음 각 호의 시기에 예금이 된다.
1. 현금으로 입금한 경우: 우체국이 이를 받아 확인한 때
2. 현금으로 계좌송금하거나 계좌이체한 경우: 예금원장에 입금기록이 된 때
3. 증권으로 입금하거나 계좌송금한 경우: 우체국이 그 증권을 교환에 돌려 부도반환시한이 지나고 결제를 확인한 때. 다만, 우체국에서 즉시 지급하여야 할 증권의 경우 결제를 확인한 때
② 제1항 제3호에 불구하고 증권이 자기앞수표이고 지급제시 기간 안에 사고신고가 없으며 결제될 것이 틀림없음을 우체국이 확인한 경우에는 예금원장에 입금의 기록이 된 때 예금이 된다.
③ 우체국은 특별한 사정이 없는 한 제1항 및 제2항의 확인 또는 입금기록을 신속히 하여야 한다.

제8조 【증권의 부도】 ① 제6조 제1항에 따라 입금한 증권이 지급거절되었을 때는 우체국은 그 금액을 예금원장에서 뺀 뒤 예금주(무통장입금일 때에는 입금의뢰인)가 신고한 연락처로 그 사실을 알린다. 다만, 통화불능 등 부득이한 사유로 그 사실을 알릴 수 없는 경우에는 그러하지 아니하다.
② 우체국은 지급거절된 증권을 그 권리보전절차를 밟지 아니하고, 입금한 우체국에서 예금주(무통장입금일 때에는 입금 의뢰인)가 반환청구할 때 돌려준다. 다만, 증권 발행인이 지급거절한 날의 다음 영업일까지 증권을 입금한 예금계좌에 해당 자금을 현금이나 즉시 현금으로 바꿀 수 있는 증권으로 입금하였을 때는 발행인에게 돌려줄 수 있다.

제9조 【이자】 ① 이자는 10원을 단위로(10원 미만 절사) 약정한 예치기간 또는 제7조에 따라 예금이 된 날(자기앞수표·가계수표는 입금일)로부터 지급일 전날까지의 기간에 대하여 과학기술정보통신부장관이 정한 이율로 계산한다.
② 우체국은 예금종류별 이율표를 창구 또는 인터넷 홈페이지에 비치·게시하고, 이율을 바꾼 때는 그 바꾼 내용을 창구 또는 인터넷 홈페이지에 1개월 동안 게시한다.
③ 제2항에 따라 이율을 바꾼 때에는 입출금이 자유로운 예금은 바꾼 날로부터 바꾼 이율을 적용하며, 거치식·적립식 예금은 계약 당시의 이율을 적용함을 원칙으로 하되, 변동금리가 적용되는 예금은 금리를 바꾼 날로부터 바뀐 이율을 적용한다.
④ 변동금리를 적용하는 거치식·적립식 예금은 최초 거래 시 이율적용 방법을 통장에 표시하며, 또한 변동이율을 적용하는 적립식 예금은 이율을 바꾼 때마다 바뀐 이율을 통장에 기록하여 안내한다.
⑤ 예금주가 실제 받는 이자는 제1항에 따라 계산한 이자에서 「소득세법」 등 관계법령에 따라 원천징수한 세액을 뺀 금액이다.

제9조의2 【휴면예금 및 국고귀속】 ① 우체국은 예금이 각 호에 해당할 때에는 예금채권의 소멸시효가 완성된 것(이하 '휴면예금'이라 한다)으로 본다.
1. 입출금이 자유로운 예금은 이자지급을 포함한 최종거래일로부터 10년 이상 경과한 예금
2. 거치식, 적립식 예금은 만기일 또는 이자지급을 포함한 최종거래일로부터 10년 이상 경과한 예금
② 제1항에 따른 휴면예금은 「우체국 예금·보험에 관한 법률」 제24조에 따라 국고귀속될 수 있으며, 원권리자는 국고귀속된 휴면예금을 같은 법 제24조의2에 따라 지급청구할 수 있다.
③ 예금계약은 예금이 제1항 각 호에 따라 휴면예금에 해당하게 된 시점에 자동 종료하며, 해당 계좌는 더 이상 이용이 불가하다. 잔액이 0원으로 된 예금이 제1항 각 호에 해당하게 된 경우도 같다.

제10조 【지급·해지청구】 ① 예금주가 통장으로 예금·이자를 찾거나 예금계약을 해지하고자 할 때에는 신고한 비밀번호 등 필요한 사항을 적고, 거래인감을 날인하거나 서명감과 일치되게 서명한 지급 또는 해지청구서를 제출하여야 한다. 다만, 예금주가 PIN-Pad기에 직접 비밀번호를 입력하는 경우에는 지급 또는 해지청구서에 비밀번호의 기재를 생략할 수 있다.
② 예금주가 무통장으로 거래하고 실명확인증표 등에 의해 본인확인된 경우, 우체국이 정하는 바에 따라 제1항에 따른 절차의 전부 또는 일부를 생략할 수 있다.
③ 예금주가 자동이체·전산통신기기·바이오정보 등을 이용하여 찾을 때에는 그 약정에서 정한 바에 따른다.

제11조 【지급시기】 ① 입출금이 자유로운 예금은 예금주가 찾을 때에 지급한다.
② 거치식·적립식 예금은 만기일이 지난 다음 예금주가 찾을 때 지급한다.

제12조 【양도 및 질권설정】 ① 예금주가 예금을 양도하거나 질권설정하려면 사전에 우체국에 통지하고 동의를 받아야 한다. 다만, 법령으로 금지되는 경우에는 양도나 질권설정을 할 수 없다.
② 입출금이 자유로운 예금은 질권설정할 수 없다.

제13조 【사고·변경사항 신고】 ① 예금주는 통장·도장·카드 또는 증권이나 그 용지를 분실·도난·멸실·훼손하였을 때에는 우체국에 즉시 서면으로 신고하여야 한다. 다만, 긴급하거나 부득이할 때에는 영업시간 중에 전화 등으로 신고할 수 있으며 이때에는 다음 영업일 안에 서면으로 신고하여야 한다.
② 예금주가 인감 또는 서명, 비밀번호, 성명, 상호, 대표자명, 대리인명, 주소, 전화번호 기타 신고사항을 바꿀 때에는 서면으로 신고하여야 한다.
③ 예금주는 주소, 전화번호 등의 일부 신고사항에 대하여는 우체국이 정한 방법에 따라 전산통신기기를 이용하여 변경할 수 있다.

④ 제1항 및 제2항의 신고는 우체국이 이를 접수한 뒤 전산입력 등 필요한 조치를 하는 데 걸리는 합리적인 시간이 지나면 그 효력이 생기며 전산장애 등 불가항력적인 사유로 처리하지 못한 때에는 복구 등 사유해제 시 즉시 처리하여야 한다.

⑤ 제1항의 신고를 철회할 때에는 우체국에 예금주 본인이 서면 또는 전산통신기기 등으로 하여야 한다.

제14조 【통장, 카드의 재발급 등】 제13조에 따라 통장·도장·카드에 대한 사고신고가 있을 때에는 우체국은 신고인이 예금주 본인임을 확인하는 등 필요한 조치를 마친 뒤에 재발급하거나 지급한다.

제15조 【통지방법 및 효력】 ① 우체국은 오류의 정정 등 예금거래에서 발생하는 일반적 사항을 통보하는 경우에는 예금주가 신고한 전화 또는 E-mail을 이용하여 통보할 수 있다. 다만, 전화에 의한 통보 시 통화자가 예금주 본인이 아닌 경우, 그 통화자가 우체국의 통지내용을 이해하고 이를 예금주에게 전달할 것이라고 믿을 충분한 이유가 있는 때에는 예금주에게 정당하게 통보한 것으로 본다.

② 일반적인 사항을 서면 또는 E-mail로 통지할 때에는 천재지변 등 불가항력적인 경우 외에는 보통의 우송기간이 지났을 때 도달한 것으로 본다.

③ 우체국은 예금계약의 임의해지 등 중요한 의사표시를 하는 때는 서면으로 하여야 하며 그 통지가 예금주에게 도달되어야 의사표시의 효력이 생긴다. 다만, 관계법령 또는 어음교환업무규약 등에 의하여 예금계약을 해지한 경우나 예금주가 제13조에 의한 변경신고를 게을리하여 도달되지 않은 때에는 그러하지 아니하다.

제16조 【면책】 ① 우체국은 예금지급청구서·증권 또는 신고서 등에 찍힌 인영(또는 서명)을 신고한 인감(또는 서명감)과 육안으로 주의 깊게 비교·대조하여 틀림없다고 여기고, 예금지급청구서 등에 적힌 비밀번호나 PIN-Pad기를 이용하여 입력된 비밀번호가 신고한 것과 동일하여 예금을 지급하였거나 기타 예금주가 요구하는 업무를 처리하였을 때에는 인감이나 서명의 위조·변조 또는 도용 그 밖의 다른 사고로 인하여 예금주에게 손해가 생겨도 그 책임을 지지 아니한다. 다만, 우체국이 예금주의 인감이나 서명의 위조·변조 또는 도용 사실을 알았거나 알 수 있었을 때는 그러하지 아니한다.

② 전산통신기기 등을 이용하거나 거래정보 등의 제공 및 금융거래명세 등의 통보와 관련하여 우체국이 책임질 수 없는 사유로 계좌번호, 비밀번호 등의 금융정보가 새어나가 예금주에게 손해가 생겨도 우체국은 그 책임을 지지 않는다.

③ 우체국이 거래처의 실명확인증표 등으로 주의 깊게 본인확인하여 예금을 지급하였거나 기타 예금주가 요구하는 업무를 처리하였을 때에는 위조·변조 또는 도용이나 그 밖의 다른 사고로 인하여 거래처에 손해가 생겨도 그 책임을 지지 않는다. 다만, 우체국의 고의 또는 과실로 인한 귀책사유가 있는 경우 우체국은 그 책임의 일부 또는 전부를 부담한다.

④ 우체국이 주민등록증 등 실명확인증표로 주의 깊게 실명확인하거나 실명전환한 계좌는 예금주가 실명확인증표 또는 서류의 위조·변조·도용 등을 한 경우, 이로 인하여 예금주에게 손해가 생겨도 우체국은 그 책임을 지지 않는다.

⑤ 예금주가 제13조 제1항, 제2항, 제4항의 신고나 절차를 미루어 생긴 손해에 대해 우체국은 그 책임을 지지 않는다. 다만, 이 경우에도 우체국은 예금주에게 손해가 발생하지 않도록 선량한 관리자로서의 주의를 다하여야 한다.

제17조 【수수료】 ① 예금주가 개설우체국이 아닌 다른 우체국이나 다른 금융기관 또는 전산통신기기 등을 통해 거래할 때 우체국은 온라인수수료나 추심수수료 등을 받을 수 있다.

② 제1항의 경우 외에도 예금주가 자기앞수표 발행 등을 원하거나 예금주 잘못으로 통장 재발행 등을 요청하는 경우 그 사무처리와 관련하여 과학기술정보통신부장관이 정하여 고시하는 수수료를 납부하여야 한다.

③ 제1항 및 제2항과 관련한 수수료표는 영업점 및 인터넷 홈페이지에 게시한다.

제18조 【오류처리 등】 ① 우체국이 예금원장이나 통장거래내용을 사실과 다르게 처리하였을 때에는, 이를 확인하여 바르게 고치고 그 사실을 예금주에게 통지하여야 한다.

② 예금주는 거래를 마친 때 그 내용이 맞는가를 확인하고, 거래내용이 사실과 다를 때에는 바르게 고칠 것을 요구할 수 있으며, 우체국은 그 사실을 확인하고 바르게 처리하여야 한다.

제19조 【예금의 비밀보장】 ① 우체국은 「금융실명거래 및 비밀보장에 관한 법률」 등 법령에서 정한 경우를 제외하고는

예금주의 거래내용에 대한 자료나 정보를 남에게 제공하지 않는다.

② 우체국은 예금주가 전산통신기기 등으로 무통장입금(송금 포함) 및 예금잔액 등에 관한 정보의 제공을 요청한 때에는 명의인·계좌번호·비밀번호[자동응답서비스(ARS)는 계좌번호·비밀번호]가 맞으면 그 요청자를 본인으로 여겨 입금(송금)을 하고 입금인, 입금액, 예금잔액 등에 관한 정보를 제공할 수 있으며, 이로 인하여 금융거래 정보누설 등으로 거래처에 손해가 생겨도 그 책임을 지지 않는다.

제20조【약관변경】 ① 우체국은 약관을 변경하고자 할 때에는 변경약관 시행일 1개월 전에 그 내용을 우체국과 인터넷 홈페이지에 게시하여 예금주에 알린다. 다만, 법령의 개정이나 제도의 개선 등으로 인하여 긴급히 약관을 변경할 때에는 즉시 이를 게시 또는 공고하여야 한다.

② 약관변경의 내용이 예금주에게 불리한 경우에는 변경약관 시행일 1개월 전에 제1항에 따라 게시하여야 하며 다음 각 호 중 3개 이상의 방법으로 거래처에 알린다.
  1. 거래처가 신고한 전자우편(E-mail) 또는 휴대전화 (SMS, MMS)에 의한 통지
  2. 거래통장에 표기
  3. 현금자동지급기/현금자동입출금기 설치장소에 게시
  4. 인터넷뱅킹 및 모바일뱅킹 초기화면에 게시
  5. 거래처와 약정한 별도의 전자기기(앱푸쉬 등)에 의한 통지

③ 예금주는 제1항 및 제2항의 고지 후 변경약관 시행일 전 영업일까지 서면에 의한 통지로 계약을 해지할 수 있으며, 이 기간 내에 예금주의 서면에 의한 이의가 우체국에 도달하지 않으면 이를 승인한 것으로 본다.

제21조【약관적용의 순서】 ① 우체국과 예금주 사이에 개별적으로 합의한 사항이 약관 조항과 다를 때는 그 합의사항을 약관에 우선하여 적용한다.

② 이 약관에 정한 사항과 입출금이 자유로운 예금약관 또는 거치식·적립식 예금약관에서 정한 사항이 다를 때에는 입출금이 자유로운 예금약관이나 거치식·적립식 예금약관을 먼저 적용한다.

제22조【기타】 이 약관과 입출금이 자유로운 예금약관 또는 거치식·적립식 예금약관에서 정하지 않은 사항은 따로 약정이 없으면 관계법령·어음교환업무규약 및 과학기술정보통신부장관이 정한 업무처리 방법을 적용한다.

제23조【이의 제기】 예금주가 우체국과의 거래와 관련하여 이의가 있을 때에는 금융분쟁처리기구 등을 통하여 분쟁조정을 신청할 수 있다.

부칙

이 특약은 2021년 3월 16일부터 시행한다.

02 입출금이 자유로운 예금 약관

본문 ▶ P.184

제1조 【적용범위】 ① 입출금이 자유로운 예금(이하 '이 예금'이라 한다)이란 예치기간을 정하지 아니하고 자유로이 입출금하는 예금을 말한다.
② 이 약관에서 정하지 아니한 사항은 우체국 예금거래 기본약관의 규정을 적용한다.

제2조 【예금거래 특례】 저축예금 가입자 중 가계수표 약정을 한 경우에는 지급청구서, 현금카드 또는 가계수표 등에 의하여 인출할 수 있다.

제3조 【이자】 ① 이 약관의 적용을 받는 예금 중 예금의 이자는 상품별 해당 기준일에 계산하여 기준일 다음 날(이하 '지급일'이라 한다)에 원금에 더하여 지급한다. 다만, 우체국이 따로 정한 기준에 해당하는 예금에 대하여는 이자를 지급하지 않을 수 있다.
② 제1항의 예금이자는 최초 예금일부터 지급일 전일까지(또는 지급일부터 차기 지급일 전일)의 기간을 이자계산 기간으로 하고, 매일 최종잔액을 평균하여 우체국에 게시한 이율로 계산한다.
③ 예금의 이자는 제1항에 따른 이자지급을 제외한 최종거래일로부터 5년까지는 제1항 및 제2항에서 정한 방식으로 지급하고, 5년이 경과한 날부터는 이자에 원금을 더하지 않고 계좌해지 또는 추가 입출금거래발생일에 일괄 계산하여 지급할 수 있다.

제4조 【거래중지계좌】 우체국은 이 예금이 다음 각 호에 해당할 때에는 거래중지 계좌로 관리하여 입출금, 잔액조회, 이관 등을 제한할 수 있다. 다만 예금주가 위 계좌로 입출금, 잔액조회, 이관 등을 신청할 때에는 우체국은 금융거래목적확인서 등 서류를 징구하여 금융거래 목적을 확인 후 거래재개에 필요한 조치를 취하여야 한다.
1. 잔고가 1만원 미만으로서 1년 이상 계속하여 거래가 없을 때
2. 잔고가 1만원 이상 5만원 미만으로서 2년 이상 계속하여 거래가 없을 때
3. 잔고가 5만원 이상 10만원 미만으로서 3년 이상 계속하여 거래가 없을 때

제5조 【자동이체】 ① 급여, 연금배당금 등 정기적 수입금 및 제세공과금, 공공요금 등 정기적 지급금의 자동이체를 신청할 경우에는 우체국이 정한 소정의 신청서를 우체국 창구에 제출하여야 한다. 이 경우 신청서상의 제반 약정사항을 준수하여야 한다.
② 각종 지급금의 자동이체는 이체지정일에 입출금이 자유로운 예금에서 인출하여 자동 납입되므로 이체지정일의 지급가능액을 미리 확인하여야 한다.
③ 자동이체 지정일에 지급 가능액이 부족하여 우체국이 자동이체 처리를 못 하였을 경우 이로 인한 손해에 대하여는 우체국이 책임을 지지 아니한다.

제6조 【거래제한】 통장이 「전기통신금융사기 피해금 환급에 관한 특별법」에서 정의한 사기이용계좌로 사용될 경우, 통장 명의인에 대한 계좌개설 및 현금카드 발급 등의 금융거래를 제한할 수 있다.

부칙

이 특약은 2021년 3월 16일부터 시행한다.

03 거치식 예금 약관

본문 ▶ P.187

제1조 【적용범위】 ① 거치식 예금(이하 '이 예금'이라 한다)이란 예치기간을 정하고 거래를 시작할 때 맡긴 예금을 만기에 찾는 예금을 말한다.
② 이 약관에서 정하지 아니한 사항은 우체국 예금거래 기본약관의 규정을 적용한다.

제2조 【지급시기】 이 예금은 약정한 만기일 이후 예금주가 청구할 때 지급한다. 다만, 예금주가 부득이한 사정으로 청구할 때에는 만기 전이라도 지급할 수 있다.

제3조 【이자】 ① 이 예금의 이자는 일할 계산하되 약정한 예치기간에 따라 예금일 당시 과학기술정보통신부장관이 고시한 예치기간별 이율로 계산하여 만기일 이후 원금과 함께 지급한다. 다만, 예금주의 요청이 있으면 월별로 이자를 지급할 수 있다.
② 만기일 후 지급 청구할 때에는 만기일부터 지급일 전날까지의 기간에 대하여 예금일 당시 과학기술정보통신부장관이 고시한 만기 후 이율로 계산한 이자를 더하여 지급한다.
③ 만기일 전에 지급청구할 때에는 예금일부터 지급일 전날까지의 기간에 대하여 예금일 당시 과학기술정보통신부장관이 고시한 중도해지이율로 계산하여 지급하며 이미 지급한 이자는 지급할 금액에서 뺀다.
④ 이 예금 중 변동금리를 적용하는 예금은 이율을 바꾼 때 바꾼 날부터 바꾼 이율로 계산하여 이자를 지급한다.

제4조 【상속에 의한 특별중도해지】 저축가입자의 사망으로 인한 상속의 경우, 상속인은 우체국에 이 저축의 해지를 신청해야 하며, 이때 우체국은 당초 약정이율을 적용한다.

부칙

이 특약은 2018년 10월 31일부터 시행한다.

04 적립식 예금 약관

본문 ▶ P.188

제1조 【적용범위】 ① 적립식 예금(이하 '이 예금'이라 한다)이란 기간을 정하고 그 기간 중에 미리 정한 금액이나 불특정액을 정기 또는 부정기적으로 입금하는 예금을 말한다.
② 이 약관에서 정하지 아니한 사항은 우체국 예금거래 기본약관의 규정을 적용한다.

제2조 【지급시기】 이 예금은 약정한 만기일 이후 예금주가 청구할 때 지급한다. 다만, 예금주가 부득이한 사정으로 청구할 때에는 만기 전이라도 지급할 수 있다.

제3조 【저축금의 입금】 예금주는 계약기간 동안 매월 약정한 날짜에 월저축금을 입금하여야 한다.

제4조 【이자】 ① 이 예금의 월저축금을 매월 약정한 날짜에 입금하였을 때에는 우체국은 입금일부터 만기일 전날까지의 기간에 대하여 계약일 당시 과학기술정보통신부장관이 고시한 이율로 계산한 이자를 저축금 총액(이하 '원금'이라 한다)에 더한 금액(이하 '계약금액'이라 한다)을 만기지급금으로 지급한다.
② 이 예금 중 변동금리를 적용하는 예금은 이율을 바꾼 날부터 바꾼 이율로 계산하여 이자를 지급한다.
③ 예금주가 월저축금을 약정일보다 늦게 입금하였을 때에는 우체국은 예금주의 요청에 따라 총지연일수에서 총선납일수를 뺀 순지연일수에 대하여 계약일 당시 과학기술정보통신부장관이 고시한 입금지연 이율로 계산한 금액을 계약금액에서 빼거나 순지연일수를 계약월수로 나눈 월평균 지연일수 만큼 만기일을 늦출 수 있다.
④ 총선납일수가 총지연일수보다 많은 경우에는 우체국은 계약금액만을 지급한다.
⑤ 이 예금의 이자는 원을 단위로 과학기술정보통신부장관이 고시한 이율로 계산한다.

제5조 【만기도래 전 지급】 ① 월부금을 전회 납입하고 만기일(이연 만기일) 이전에 해약하는 것으로서 지연일수로 인해 만기일이 이연된 경우와 월부금 완납 후 당초 만기일 이전에 해약하는 경우로 구분되며 일반 해약절차에 준하여 처리한다.
② 만기도래 전 해약지급이자액 계산 시에는 중도해약 지급이자와 만기도래 전 지급이자를 계산하여 이자가 많은 것을 지급한다. 단, 약정지급이자액을 초과하여 지급할 수는 없다.

제6조 【중도해지이율 및 만기후이율】 ① 예금주가 만기일 후 지급청구한 때에는 만기지급금에 만기일부터 지급일 전날까지 기간에 대해 계약일 당시 과학기술정보통신부장관이 고시한 만기 후 이율로 계산한 이자를 더하여 지급한다.
② 예금주가 만기일 전에 지급청구한 때에는 월저축금마다 입금일부터 지급일 전날까지의 기간에 대하여 계약일 당시 과학기술정보통신부장관이 고시한 중도해지이율로 계산한 이자를 원금에 더하여 지급한다.
③ 예금주가 만기일까지 약정한 모든 회차의 월저축금을 입금하지 않고 만기일 이후에 청구하였을 때에는 전항의 중도해지이율로 계산한 이자를 지급한다.

제7조 【상속에 의한 특별중도해지】 저축가입자의 사망으로 인한 상속의 경우, 상속인은 우체국에 이 저축의 해지를 신청해야 하며, 이때 우체국은 당초 약정이율을 적용한다.

제8조 【자유적립식 예금 특례】 ① 자유적립식 예금이란 계약기간 동안 저축금을 달리하여 수시로 입금하는 예금을 말한다.
② 자유적립식 예금은 입금 횟수에 관계없이 저축금마다 입금일부터 만기일 전날까지의 기간에 대하여 계약일 당시 과학기술정보통신부장관이 고시한 이율로 계산한 이자와 원금을 만기지급금으로 한다.
③ 자유적립식 예금에는 제3조, 제4조 제1항, 제3항, 제4항, 제5조, 제6조 제3항의 규정을 적용하지 아니한다.

제9조 【법령위반 시 처리】 법령에 따라 시행하는 예금에 있어서 예금주가 법령에서 정하는 가입자격, 저축한도 등 거래조건을 위반한 것으로 판명된 때에는 우체국은 임의로 그 예금을 해지하고 제6조 제2항의 규정에 따라 처리한 후 이를 즉시 예금주에 통보한다.

부칙

이 특약은 2018년 10월 31일부터 시행한다.

05 금융실명거래 및 비밀보장에 관한 법률

[시행 2021. 12. 30.] [법률 제17799호, 2020. 12. 29, 타법개정]

본문 ▶ P.143, P.146

제1조【목적】 이 법은 실지명의(實地名義)에 의한 금융거래를 실시하고 그 비밀을 보장하여 금융거래의 정상화를 꾀함으로써 경제정의를 실현하고 국민경제의 건전한 발전을 도모함을 목적으로 한다.

제2조【정의】 이 법에서 사용하는 용어의 뜻은 다음과 같다.
1. "금융회사등"이란 다음 각 목의 것을 말한다.
   가. 「은행법」에 따른 은행
   나. 「중소기업은행법」에 따른 중소기업은행
   다. 「한국산업은행법」에 따른 한국산업은행
   라. 「한국수출입은행법」에 따른 한국수출입은행
   마. 「한국은행법」에 따른 한국은행
   바. 「자본시장과 금융투자업에 관한 법률」에 따른 투자매매업자·투자중개업자·집합투자업자·신탁업자·증권금융회사·종합금융회사 및 명의개서대행회사
   사. 「상호저축은행법」에 따른 상호저축은행 및 상호저축은행중앙회
   아. 「농업협동조합법」에 따른 조합과 그 중앙회 및 농협은행
   자. 「수산업협동조합법」에 따른 조합과 그 중앙회 및 수협은행
   차. 「신용협동조합법」에 따른 신용협동조합 및 신용협동조합중앙회
   카. 「새마을금고법」에 따른 금고 및 중앙회
   타. 「보험업법」에 따른 보험회사
   파. 「우체국예금·보험에 관한 법률」에 따른 체신관서
   하. 그 밖에 대통령령으로 정하는 기관
2. "금융자산"이란 금융회사등이 취급하는 예금·적금·부금(賦金)·계금(契金)·예탁금·출자금·신탁재산·주식·채권·수익증권·출자지분·어음·수표·채무증서 등 금전 및 유가증권과 그 밖에 이와 유사한 것으로서 총리령으로 정하는 것을 말한다.
3. "금융거래"란 금융회사등이 금융자산을 수입(受入)·매매·환매·중개·할인·발행·상환·환급·수탁·등록·교환하거나 그 이자, 할인액 또는 배당을 지급하는 것과 이를 대행하는 것 또는 그 밖에 금융자산을 대상으로 하는 거래로서 총리령으로 정하는 것을 말한다.
4. "실지명의"란 주민등록표상의 명의, 사업자등록증상의 명의, 그 밖에 대통령령으로 정하는 명의를 말한다.

제3조【금융실명거래】 ① 금융회사등은 거래자의 실지명의(이하 '실명'이라 한다)로 금융거래를 하여야 한다.
② 금융회사등은 제1항에도 불구하고 다음 각 호의 어느 하나에 해당하는 경우에는 실명을 확인하지 아니할 수 있다.
1. 실명이 확인된 계좌에 의한 계속거래(繼續去來), 공과금 수납 및 100만원 이하의 송금 등의 거래로서 대통령령으로 정하는 거래
2. 외국통화의 매입, 외국통화로 표시된 예금의 수입(受入) 또는 외국통화로 표시된 채권의 매도 등의 거래로서 대통령령으로 정하는 기간 동안의 거래
3. 다음 각 목의 어느 하나에 해당하는 채권(이하 '특정채권'이라 한다)으로서 법률 제5493호 「금융실명거래 및 비밀보장에 관한 법률」 시행일(1997년 12월 31일) 이후 1998년 12월 31일 사이에 재정경제부장관이 정하는 발행기간·이자율 및 만기 등의 발행조건으로 발행된 채권의 거래
   가. 고용 안정과 근로자의 직업능력 향상 및 생활 안정 등을 위하여 발행되는 대통령령으로 정하는 채권
   나. 「외국환거래법」 제13조에 따른 외국환평형기금 채권으로서 외국통화로 표시된 채권
   다. 중소기업의 구조조정 지원 등을 위하여 발행되는 대통령령으로 정하는 채권
   라. 「자본시장과 금융투자업에 관한 법률」 제329조에 따라 증권금융회사가 발행한 사채
   마. 그 밖에 국민생활 안정과 국민경제의 건전한 발전을 위하여 발행되는 대통령령으로 정하는 채권
③ 누구든지 「특정 금융거래정보의 보고 및 이용 등에 관한 법률」 제2조 제4호에 따른 불법재산의 은닉, 같은 조 제5호에 따른 자금세탁행위 또는 같은 조 제6호에 따른 공중협박자금조달행위 및 강제집행의 면탈, 그 밖에 탈법행위를 목적으로 타인의 실명으로 금융거래를 하여서는 아니 된다.

④ 금융회사등에 종사하는 자는 제3항에 따른 금융거래를 알선하거나 중개하여서는 아니 된다.

⑤ 제1항에 따라 실명이 확인된 계좌 또는 외국의 관계 법령에 따라 이와 유사한 방법으로 실명이 확인된 계좌에 보유하고 있는 금융자산은 명의자의 소유로 추정한다.

⑥ 금융회사등은 금융위원회가 정하는 방법에 따라 제3항의 주요 내용을 거래자에게 설명하여야 한다.

⑦ 실명거래의 확인 방법 및 절차, 확인 업무의 위탁과 그 밖에 필요한 사항은 대통령령으로 정한다.

제4조【금융거래의 비밀보장】 ① 금융회사등에 종사하는 자는 명의인(신탁의 경우에는 위탁자 또는 수익자를 말한다)의 서면상의 요구나 동의를 받지 아니하고는 그 금융거래의 내용에 대한 정보 또는 자료(이하 '거래정보등'이라 한다)를 타인에게 제공하거나 누설하여서는 아니 되며, 누구든지 금융회사등에 종사하는 자에게 거래정보등의 제공을 요구하여서는 아니 된다. 다만, 다음 각 호의 어느 하나에 해당하는 경우로서 그 사용 목적에 필요한 최소한의 범위에서 거래정보등을 제공하거나 그 제공을 요구하는 경우에는 그러하지 아니하다.

1. 법원의 제출명령 또는 법관이 발부한 영장에 따른 거래정보등의 제공
2. 조세에 관한 법률에 따라 제출의무가 있는 과세자료 등의 제공과 소관 관서의 장이 상속·증여 재산의 확인, 조세탈루의 혐의를 인정할 만한 명백한 자료의 확인, 체납자(체납액 5천만원 이상인 체납자의 경우에는 체납자의 재산을 은닉한 혐의가 있다고 인정되는 다음 각 목에 해당하는 사람을 포함한다)의 재산조회, 「국세징수법」 제9조 제1항 각 호의 어느 하나에 해당하는 사유로 조세에 관한 법률에 따른 질문·조사를 위하여 필요로 하는 거래정보등의 제공
   가. 체납자의 배우자(사실상 혼인관계에 있는 사람을 포함한다)
   나. 체납자의 6촌 이내 혈족
   다. 체납자의 4촌 이내 인척
3. 「국정감사 및 조사에 관한 법률」에 따른 국정조사에 필요한 자료로서 해당 조사위원회의 의결에 따른 금융감독원장(「금융위원회의 설치 등에 관한 법률」 제24조에 따른 금융감독원의 원장을 말한다. 이하 같다) 및 예금보험공사사장(「예금자보호법」 제3조에 따른 예금보험공사의 사장을 말한다. 이하 같다)의 거래정보등의 제공
4. 금융위원회(증권시장·파생상품시장의 불공정거래조사의 경우에는 증권선물위원회를 말한다. 이하 이 조에서 같다), 금융감독원장 및 예금보험공사사장이 금융회사등에 대한 감독·검사를 위하여 필요로 하는 거래정보등의 제공으로서 다음 각 목의 어느 하나에 해당하는 경우와 제3호에 따라 해당 조사위원회에 제공하기 위한 경우
   가. 내부자거래 및 불공정거래행위 등의 조사에 필요한 경우
   나. 고객예금 횡령, 무자원(無資源) 입금 기표(記票) 후 현금 인출 등 금융사고의 적발에 필요한 경우
   다. 구속성 예금 수입(受入), 자기앞수표 선발행(先發行) 등 불건전 금융거래행위의 조사에 필요한 경우
   라. 금융실명거래 위반, 장부 외 거래, 출자자 대출, 동일인 한도 초과 등 법령 위반행위의 조사에 필요한 경우
   마. 「예금자보호법」에 따른 예금보험업무 및 「금융산업의 구조개선에 관한 법률」에 따라 예금보험 공사사장이 예금자표(預金者表)의 작성업무를 수행하기 위하여 필요한 경우
5. 동일한 금융회사등의 내부 또는 금융회사등 상호 간에 업무상 필요한 거래정보등의 제공
6. 금융위원회 및 금융감독원장이 그에 상응하는 업무를 수행하는 외국 금융감독기관(국제금융감독기구를 포함한다. 이하 같다)과 다음 각 목의 사항에 대한 업무협조를 위하여 필요로 하는 거래정보등의 제공
   가. 금융회사등 및 금융회사등의 해외지점·현지법인 등에 대한 감독·검사
   나. 「자본시장과 금융투자업에 관한 법률」 제437조에 따른 정보교환 및 조사 등의 협조
7. 「자본시장과 금융투자업에 관한 법률」에 따라 거래소허가를 받은 거래소(이하 '거래소'라 한다)가 다음 각 목의 경우에 필요로 하는 투자매매업자·투자중개업자가 보유한 거래정보등의 제공
   가. 「자본시장과 금융투자업에 관한 법률」 제404조에 따른 이상거래(異常去來)의 심리 또는 회원의 감리를 수행하는 경우
   나. 이상거래의 심리 또는 회원의 감리와 관련하여 거래소에 상응하는 업무를 수행하는 외국거래소 등과 협조하기 위한 경우. 다만, 금융위원회의 사전 승인을 받은 경우로 한정한다.

8. 그 밖에 법률에 따라 불특정 다수인에게 의무적으로 공개하여야 하는 것으로서 해당 법률에 따른 거래정보등의 제공

② 제1항 제1호부터 제4호까지 또는 제6호부터 제8호까지의 규정에 따라 거래정보등의 제공을 요구하는 자는 다음 각 호의 사항이 포함된 금융위원회가 정하는 표준양식에 의하여 금융회사등의 특정 점포에 이를 요구하여야 한다. 다만, 제1항 제1호에 따라 거래정보등의 제공을 요구하거나 같은 항 제2호에 따라 거래정보등의 제공을 요구하는 경우로서 부동산(부동산에 관한 권리를 포함한다. 이하 이 항에서 같다)의 보유기간, 보유 수, 거래 규모 및 거래 방법 등 명백한 자료에 의하여 대통령령으로 정하는 부동산 거래와 관련한 소득세 또는 법인세의 탈루혐의가 인정되어 그 탈루사실의 확인이 필요한 자(해당 부동산 거래를 알선·중개한 자를 포함한다)에 대한 거래정보등의 제공을 요구하는 경우 또는 체납액 1천만원 이상인 체납자의 재산조회를 위하여 필요한 거래정보등의 제공을 대통령령으로 정하는 바에 따라 요구하는 경우에는 거래정보등을 보관 또는 관리하는 부서에 이를 요구할 수 있다.
  1. 명의인의 인적사항
  2. 요구 대상 거래기간
  3. 요구의 법적 근거
  4. 사용 목적
  5. 요구하는 거래정보등의 내용
  6. 요구하는 기관의 담당자 및 책임자의 성명과 직책 등 인적사항

③ 금융회사등에 종사하는 자는 제1항 또는 제2항을 위반하여 거래정보등의 제공을 요구받은 경우에는 그 요구를 거부하여야 한다.

④ 제1항 각 호[종전의 「금융실명거래에 관한 법률」(대통령긴급재정경제명령 제16호로 폐지되기 전의 것을 말한다) 제5조 제1항 제1호부터 제4호까지 및 금융실명거래 및 비밀보장에 관한 긴급재정경제명령(법률 제5493호로 폐지되기 전의 것을 말한다. 이하 같다) 제4조 제1항 각 호를 포함한다]에 따라 거래정보등을 알게 된 자는 그 알게 된 거래정보등을 타인에게 제공 또는 누설하거나 그 목적 외의 용도로 이용하여서는 아니 되며, 누구든지 거래정보등을 알게 된 자에게 그 거래정보등의 제공을 요구하여서는 아니 된다. 다만, 금융위원회 또는 금융감독원장이 제1항 제4호 및 제6호에 따라 알게 된 거래정보등을 외국 금융감독기관에 제공하거나 거래소가 제1항 제7호에 따라 외국 거래소 등에 거래정보등을 제공하는 경우에는 그러하지 아니하다.

⑤ 제1항 또는 제4항을 위반하여 제공 또는 누설된 거래정보등을 취득한 자(그로부터 거래정보등을 다시 취득한 자를 포함한다)는 그 위반사실을 알게 된 경우 그 거래정보등을 타인에게 제공 또는 누설하여서는 아니 된다.

⑥ 다음 각 호의 법률의 규정에 따라 거래정보등의 제공을 요구하는 경우에는 해당 법률의 규정에도 불구하고 제2항에 따른 금융위원회가 정한 표준양식으로 하여야 한다.
  1. 「감사원법」 제27조 제2항
  2. 「정치자금법」 제52조 제2항
  3. 「공직자윤리법」 제8조 제5항
  4. 삭제 〈2020. 12. 29〉
  5. 「상속세 및 증여세법」 제83조 제1항
  6. 「특정 금융거래정보의 보고 및 이용 등에 관한 법률」 제13조 제3항
  7. 「과세자료의 제출 및 관리에 관한 법률」 제6조 제1항

제4조의2 【거래정보등의 제공사실의 통보】 ① 금융회사등은 명의인의 서면상의 동의를 받아 거래정보등을 제공한 경우나 제4조 제1항 제1호·제2호(조세에 관한 법률에 따라 제출의무가 있는 과세자료 등의 경우는 제외한다)·제3호 및 제8호에 따라 거래정보등을 제공한 경우에는 제공한 날(제2항 또는 제3항에 따라 통보를 유예한 경우에는 통보유예기간이 끝난 날)부터 10일 이내에 제공한 거래정보등의 주요 내용, 사용 목적, 제공받은 자 및 제공일 등을 명의인에게 서면으로 통보하여야 한다.

② 금융회사등은 통보 대상 거래정보등의 요구자로부터 다음 각 호의 어느 하나에 해당하는 사유로 통보의 유예를 서면으로 요청받은 경우에는 제1항에도 불구하고 유예요청기간(제2호 또는 제3호의 사유로 요청을 받은 경우로서 그 유예요청기간이 6개월 이상인 경우에는 6개월) 동안 통보를 유예하여야 한다.
  1. 해당 통보가 사람의 생명이나 신체의 안전을 위협할 우려가 있는 경우
  2. 해당 통보가 증거 인멸, 증인 위협 등 공정한 사법절차의 진행을 방해할 우려가 명백한 경우
  3. 해당 통보가 질문·조사 등의 행정절차의 진행을 방해하거나 과도하게 지연시킬 우려가 명백한 경우

③ 금융회사등은 거래정보등의 요구자가 제2항 각 호의 어느 하나에 해당하는 사유가 지속되고 있음을 제시하고 통보의 유예를 서면으로 반복하여 요청하는 경우에는 요청받은 날부터 두 차례만(제2항 제1호의 경우는 제외한다) 매 1회 3개월의 범위에서 유예요청기간 동안 통보를 유예하여야 한다. 다만, 제4조 제1항 제2호(조세에 관한 법률에 따라 제출의무가 있는 과세자료 등의 경우는 제외한다)에 따른 거래정보등의 제공을 요구하는 자가 통보의 유예를 요청하는 경우에는 요청을 받은 때마다 그 날부터 6개월의 범위에서 유예요청기간 동안 통보를 유예하여야 한다.

④ 제1항에 따라 금융회사등이 거래정보등의 제공사실을 명의인에게 통보하는 경우에 드는 비용은 대통령령으로 정하는 바에 따라 제4조 제1항에 따라 거래정보등의 제공을 요구하는 자가 부담한다.

⑤ 다음 각 호의 법률의 규정에 따라 거래정보등의 제공을 요구하는 경우에는 제1항부터 제4항까지의 규정을 적용한다.
1. 「감사원법」 제27조 제2항
2. 「정치자금법」 제52조 제2항
3. 「공직자윤리법」 제8조 제5항
4. 삭제 〈2020. 12. 29〉
5. 「상속세 및 증여세법」 제83조 제1항
6. 「과세자료의 제출 및 관리에 관한 법률」 제6조 제1항

제4조의3【거래정보등의 제공내용의 기록·관리】 ① 금융회사등은 명의인의 서면상의 동의를 받아 명의인 외의 자에게 거래정보등을 제공한 경우나 제4조 제1항 제1호·제2호(조세에 관한 법률에 따라 제출의무가 있는 과세자료 등의 경우는 제외한다)·제3호·제4호·제6호·제7호 또는 제8호에 따라 명의인 외의 자로부터 거래정보등의 제공을 요구받거나 명의인 외의 자에게 거래정보등을 제공한 경우에는 다음 각 호의 사항이 포함된 금융위원회가 정하는 표준양식으로 기록·관리하여야 한다.
1. 요구자(담당자 및 책임자)의 인적사항, 요구하는 내용 및 요구일
1의2. 사용 목적(명의인의 서면상의 동의를 받아 명의인 외의 자에게 거래정보등을 제공한 경우는 제외한다)
2. 제공자(담당자 및 책임자)의 인적사항 및 제공일
3. 제공된 거래정보등의 내용
4. 제공의 법적 근거
5. 명의인에게 통보한 날
6. 통보를 유예한 경우 통보유예를 한 날, 사유, 기간 및 횟수

② 제1항에 따른 기록은 거래정보등을 제공한 날(제공을 거부한 경우에는 그 제공을 요구받은 날)부터 5년간 보관하여야 한다.

③ 다음 각 호의 법률의 규정에 따라 거래정보등의 제공을 요구하는 경우에는 제1항 및 제2항을 적용한다.
1. 「감사원법」 제27조 제2항
2. 「정치자금법」 제52조 제2항
3. 「공직자윤리법」 제8조 제5항
4. 삭제 〈2020. 12. 29〉
5. 「상속세 및 증여세법」 제83조 제1항
6. 「특정 금융거래정보의 보고 및 이용 등에 관한 법률」 제13조 제3항
7. 「과세자료의 제출 및 관리에 관한 법률」 제6조 제1항

제4조의4【금융위원회의 업무】 금융위원회는 이 법 또는 다른 법률에 따른 거래정보등의 요구, 제공, 통보 및 통보유예 현황을 파악하여 분석하고 그 결과를 매년 정기국회에 보고하여야 한다.

제5조【비실명자산소득에 대한 차등과세】 실명에 의하지 아니하고 거래한 금융자산에서 발생하는 이자 및 배당소득에 대하여는 소득세의 원천징수세율을 100분의 90{특정 채권에서 발생하는 이자소득의 경우에는 100분의 20(2001년 1월 1일 이후부터는 100분의 15)}으로 하며, 「소득세법」 제14조 제2항에 따른 종합소득과세표준의 계산에는 이를 합산하지 아니한다.

제5조의2【행정처분】 ① 금융위원회는 금융회사등이 이 법 또는 이 법에 따른 명령이나 지시를 위반한 사실을 발견하였을 때에는 다음 각 호의 어느 하나에 해당하는 조치를 하거나 해당 금융회사등의 영업에 관한 행정제재처분의 권한을 가진 관계 행정기관의 장에게 그 조치를 요구할 수 있다.
1. 위반행위의 시정명령 또는 중지명령
2. 위법행위로 인한 조치를 받았다는 사실의 공표명령 또는 게시명령
3. 기관경고
4. 기관주의

② 금융위원회는 금융회사등이 다음 각 호의 어느 하나에 해당하는 경우에는 6개월 이내의 범위에서 그 업무의 전부 또는 일부의 정지를 명하거나 해당 금융회사등의 영업에 관한 행정제재처분의 권한을 가진 관계 행정기관의 장에게 그 조치를 요구할 수 있다.
1. 제1항 제1호 및 제2호에 따른 명령을 이행하지 아니한 경우

2. 제1항 제3호에 따른 기관경고를 3회 이상 받은 경우
3. 그 밖에 이 법 또는 이 법에 따른 명령이나 지시를 위반하여 건전한 금융거래의 질서 또는 거래자의 이익을 크게 해칠 우려가 있는 경우

③ 금융위원회는 금융회사등의 임원 또는 직원이 이 법 또는 이 법에 따른 명령이나 지시를 위반한 사실을 발견하였을 때에는 다음 각 호의 구분에 따른 조치를 하여 줄 것을 해당 금융회사등의 장에게 요구할 수 있다.
1. 임원: 다음 각 목의 어느 하나에 해당하는 조치
  가. 해임
  다. 문책경고
  라. 주의적 경고
  마. 주의
2. 직원: 다음 각 목의 어느 하나에 해당하는 조치
  가. 면직
  나. 6개월 이내의 정직
  다. 감봉
  라. 견책
  마. 주의

④ 제1항 또는 제2항에 따른 요구를 받은 관계 행정기관의 장은 정당한 사유가 없으면 그 요구에 따라야 한다.

제6조 【벌칙】 ① 제3조 제3항 또는 제4항, 제4조 제1항 또는 제3항부터 제5항까지의 규정을 위반한 자는 5년 이하의 징역 또는 5천만원 이하의 벌금에 처한다.
② 제1항의 징역형과 벌금형은 병과(併科)할 수 있다.

제7조 【과태료】 ① 제3조·제4조의2 제1항 및 제5항(제4조의2 제1항을 적용하는 경우로 한정한다)·제4조의3을 위반한 금융회사등의 임원 또는 직원에게는 3천만원 이하의 과태료를 부과한다.
② 제1항에 따른 과태료는 대통령령으로 정하는 바에 따라 금융위원회가 부과·징수한다.

제8조 【양벌규정】 법인의 대표자나 법인 또는 개인의 대리인, 사용인, 그 밖의 종업원이 그 법인 또는 개인의 업무에 관하여 제6조 또는 제7조의 위반행위를 하면 그 행위자를 벌하는 외에 그 법인 또는 개인에게도 해당 조문의 벌금 또는 과태료를 과(科)한다. 다만, 법인 또는 개인이 그 위반행위를 방지하기 위하여 해당 업무에 관하여 상당한 주의와 감독을 게을리 하지 아니한 경우에는 그러하지 아니하다.

제9조 【다른 법률과의 관계】 ① 이 법과 다른 법률이 서로 일치하지 아니하는 경우에는 이 법에 따른다.
② 금융실명거래 및 비밀보장에 관한 긴급재정경제명령 시행 당시 같은 긴급재정경제명령보다 우선하여 적용하였던 법률은 제1항에도 불구하고 이 법에 우선하여 적용한다.

제10조 【권한의 위탁】 금융위원회는 이 법에 따른 권한의 일부를 대통령령으로 정하는 바에 따라 금융감독원장에게 위탁할 수 있다.

06 우체국예금·보험에 관한 법률

(약칭: 우체국예금보험법)

[시행 2024. 2. 9.] [법률 제19577호, 2023. 8. 8., 일부개정]

제1장 총칙

본문 ▶ P.97, P.98

제1조 【목적】 이 법은 체신관서(遞信官署)로 하여금 간편하고 신용 있는 예금·보험사업을 운영하게 함으로써 금융의 대중화를 통하여 국민의 저축의욕을 북돋우고, 보험의 보편화를 통하여 재해의 위험에 공동으로 대처하게 함으로써 국민 경제생활의 안정과 공공복리의 증진에 이바지함을 목적으로 한다.

제2조 【정의】 이 법에서 사용하는 용어의 뜻은 다음과 같다.
1. "우체국예금"이란 이 법에 따라 체신관서에서 취급하는 예금을 말한다.
2. "예금통장"이란 우체국예금의 예입(預入)과 지급 사실을 증명하기 위하여 체신관서에서 발행하는 통장을 말한다.
3. "예금증서"란 우체국예금의 예입과 지급 사실을 증명하기 위하여 체신관서에서 발행하는 증서를 말한다.
4. "우체국보험"이란 이 법에 따라 체신관서에서 피보험자의 생명·신체의 상해(傷害)를 보험사고로 하여 취급하는 보험을 말한다.
5. "보험계약"이란 보험계약자가 보험료를 납입하고 보험사고가 발생하였을 경우 체신관서가 보험금을 지급할 것을 내용으로 하는 계약을 말한다.
6. "보험사고"란 보험계약상 체신관서가 보험수익자에게 보험금이나 그 밖의 급여를 지급할 의무를 발생하게 하는 피보험자의 생명·신체에 관한 불확정한 사고를 말한다.

제3조 【우체국예금·보험사업의 관장】 우체국예금사업과 우체국보험사업은 국가가 경영하며, 과학기술정보통신부장관이 관장(管掌)한다.

제3조의2 【건전성의 유지·관리】 ① 과학기술정보통신부장관은 우체국예금·보험사업에 대한 건전성을 유지하고 관리하기 위하여 필요한 경우에는 금융위원회에 검사를 요청할 수 있다.
② 과학기술정보통신부장관은 우체국예금·보험사업의 건전한 육성과 계약자 보호를 위하여 금융위원회와 협의하여 건전성을 유지하고 관리하기 위하여 필요한 기준을 정하고 고시(告示)하여야 한다.

제3조의3 【소비자 보호】 과학기술정보통신부장관은 우체국예금·보험상품에 관한 계약의 체결 또는 계약 체결의 권유를 하거나 청약을 받는 것에 관한 체신관서의 거래 상대방(이하 '우체국예금·보험소비자'라 한다)의 권익 증진을 위하여 다음 각 호의 사항을 정하여 고시하여야 한다.
1. 우체국예금·보험소비자의 권리와 책무에 관한 사항
2. 체신관서가 우체국예금·보험소비자의 권리 보호를 위하여 준수하여야 할 사항
3. 그 밖에 우체국예금·보험소비자 보호를 위하여 과학기술정보통신부장관이 필요하다고 인정하는 사항

제4조 【국가의 지급 책임】 국가는 우체국예금(이자를 포함한다)과 우체국보험계약에 따른 보험금 등의 지급을 책임진다.

제5조 삭제

제6조 【업무취급의 제한】 ① 과학기술정보통신부장관은 전시·사변, 천재지변, 그 밖의 부득이한 사유가 있을 때에는 과학기술정보통신부령으로 정하는 바에 따라 우체국예금(이하 '예금'이라 한다)과 우체국보험(이하 '보험'이라 한다)에 관한 업무취급을 제한하거나 정지할 수 있다.
② 과학기술정보통신부장관은 제1항에 따라 예금·보험에 관한 업무취급을 제한하거나 정지한 경우에는 그 내용을 공고하여야 한다.

제7조 【피해 예금자 등에 대한 이용편의 제공】 ① 과학기술정보통신부장관은 전시·사변, 천재지변, 그 밖의 부득이한 사유로 피해를 입은 예금자 및 보험계약자·피보험자 또는 보험수익자(이하 '보험계약자등'이라 한다)에게는 과학기술정보통신부령으로 정하는 바에 따라 예금·보험의 업무취급에 관한 수수료를 면제하거나 그 밖의 이용편의를 제공할 수 있다.
② 과학기술정보통신부장관은 제1항에 따라 수수료를 면제하거나 그 밖의 이용편의를 제공할 때에는 그 내용을 공고하여야 한다.

제8조 【예금·보험의 증대 활동】 ① 과학기술정보통신부장관은 예금·보험을 늘리고 유지하기 위하여 필요한 활동을 할 수 있다.
② 제1항에 따른 활동의 내용과 활동 경비의 지출에 필요한 사항은 과학기술정보통신부령으로 정한다.

제9조 【우편물의 무료취급】 예금·보험업무의 취급에 관한 우편물은 과학기술정보통신부령으로 정하는 바에 따라 무료로 할 수 있다.

제10조 【관계 부처와의 협의 등】 ① 과학기술정보통신부장관은 제14조 제2항에 따라 예금의 종류별 이자율을 정하려면 금융위원회와 협의하여야 한다. 다만, 「한국은행법」 제28조 제15호에 따라 금융통화위원회가 정하는 기준의 범위에서 이자율을 정하려는 경우에는 금융위원회와 협의하지 아니하고 이자율을 정할 수 있다.
② 과학기술정보통신부장관은 제28조에 따라 계약보험금 한도액을 과학기술정보통신부령으로 정하려면 금융위원회와 협의하여야 한다.
③ 과학기술정보통신부장관은 제19조 제2항에 따른 국채(國債) 및 공채(公債)의 매매이율과 제1항 단서에 따른 예금의 종류별 이자율을 정한 때에는 금융위원회에 알려야 하고, 예금거래와 관련된 약관을 제정 또는 변경하였을 때에는 금융위원회에 알려야 한다.
④ 과학기술정보통신부장관은 보험의 종류를 수정하려면 「보험업법」 제5조 제3호에 따른 기초서류 등을 금융위원회에 제출하고 협의하여야 한다.
⑤ 과학기술정보통신부장관은 회계연도마다 보험의 결산이 끝났을 때에는 재무제표 등 결산서류를 금융위원회에 제출하고 협의하여야 한다.
⑥ 제2항·제4항 및 제5항에 따른 제출서류와 협의 절차 등에 필요한 사항은 과학기술정보통신부령으로 정한다.

제10조의2 【주민등록전산정보자료의 이용】 과학기술정보통신부장관은 다음 각 호의 어느 하나에 해당하는 경우에는 행정안전부장관에게 「주민등록법」 제30조 제1항에 따른 주민등록전산정보자료의 제공을 요청할 수 있다. 이 경우 요청을 받은 행정안전부장관은 특별한 사유가 없으면 그 요청에 따라야 한다.
1. 소멸시효가 완성된 예금 및 보험금 등의 지급을 위한 경우로서 해당 예금 및 보험금 등의 원권리자에게 관련 사항을 알리기 위한 경우
2. 예금 및 보험계약의 만기 도래, 효력 상실, 해지 등 계약의 변경사유 발생 등 거래 상대방의 권리·의무에 영향을 미치는 사항을 알리기 위한 경우

제2장 예금

제11조 【예금의 종류 등】 ① 예금은 요구불예금과 저축성예금으로 구분한다.
② 예금의 종류와 종류별 내용 및 가입대상 등에 관하여 필요한 사항은 과학기술정보통신부장관이 정하여 고시한다.
③ 예금업무취급 등에 필요한 사항은 과학기술정보통신부령으로 정한다.

제12조 【예금통장 등의 발급】 체신관서는 예금자가 처음 예입할 때에는 예금자에게 예금통장이나 예금증서를 내준다.

제13조 【인감 및 서명】 ① 예금자가 예금에 관하여 사용할 인감 또는 서명(「전자서명법」 제2조 제2호에 따른 전자서명을 포함한다)은 체신관서에 신고된 것이어야 한다.
② 제1항에 따른 인감은 예금자의 신고를 받아 변경할 수 있다.

제14조 【이자의 지급 등】 ① 예금에 대하여는 과학기술정보통신부령으로 정하는 바에 따라 이자를 지급한다.
② 예금의 종류별 이자율은 금융기관의 이자율을 고려하여 과학기술정보통신부장관이 정하여 고시한다.

제15조 【예금의 예입】 ① 예금의 예입은 현금이나 과학기술정보통신부령으로 정하는 유가증권 또는 증서로 한다.
② 예금자는 제1항에 따른 유가증권 또는 증서로 예입을 한 경우에는 그 유가증권 또는 증서로 결제하거나 지급한 후가 아니면 그 예입금의 지급을 청구하지 못한다.
③ 제2항에 따라 유가증권 또는 증서가 결제되거나 지급되지 아니하면 예금이 예입되지 아니한 것으로 본다.

제16조 【예금액의 제한】 ① 과학기술정보통신부장관은 예금의 종류별로 예금자가 예입할 수 있는 최고한도액을 정할 수 있다.
② 과학기술정보통신부장관은 거래관행과 업무취급의 편의 등을 고려하여 예금자가 한 번에 예입할 수 있는 최저액을 정할 수 있다.
③ 과학기술정보통신부장관은 제1항이나 제2항에 따라 최고

한도액이나 최저액을 정한 경우에는 그 금액을 고시하여야 한다.

제17조【예금의 지급】 예금의 지급은 체신관서에서 예금통장이나 예금증서에 의하여 예금자의 청구를 받아 지급한다.

제18조【예금자금의 운용】 ① 과학기술정보통신부장관은 예금(이자를 포함한다)의 지급에 지장이 없는 범위에서 예금자금을 다음 각 호의 방법으로 운용한다.
1. 금융기관에 예탁(預託)
2. 재정자금에 예탁
3. 「자본시장과 금융투자업에 관한 법률」에 따른 증권의 매매 및 대여
4. 「자본시장과 금융투자업에 관한 법률」 제355조에 따른 자금중개회사를 통한 금융기관에 대여
5. 「자본시장과 금융투자업에 관한 법률」 제5조에 따른 파생상품의 거래
6. 대통령령으로 정하는 업무용 부동산의 취득·처분 및 임대

② 제1항 제3호에 따른 증권의 매입, 같은 항 제4호에 따른 금융기관에의 대여, 같은 항 제5호에 따른 파생상품 거래의 각 총액이 예금자금에서 차지하는 비율과 같은 항 제6호에 따른 업무용 부동산의 보유한도는 예금의 안정을 해치지 아니하는 범위에서 과학기술정보통신부령으로 정한다.

③ 제1항 제3호에 따라 예금자금을 운용하는 경우에는 장기적이고 안정적인 수익 증대를 위하여 투자대상과 관련한 환경·사회·지배구조 등의 요소를 고려할 수 있다.

④ 과학기술정보통신부장관은 제1항에 따른 자금의 운용으로 생긴 수입금으로 이자를 지급하고 그 밖에 필요한 비용에 충당할 수 있다. [시행일: 2024. 2. 9.]

제19조【국채 및 공채의 매도】 ① 제18조 제1항 제3호에 따라 매입한 증권 중 국채 및 공채는 체신관서에서 매도(賣渡)할 수 있다. 이 경우 매수인이 요청하면 환매(還買)를 조건으로 할 수 있다.

② 제1항에 따라 환매를 조건으로 매도하는 국채 및 공채의 매매이율은 과학기술정보통신부장관이 정하여 고시한다.

③ 제1항에 따른 국채 및 공채의 매도, 환매조건부매도에 관한 절차, 취급체신관서, 그 밖에 필요한 사항은 과학기술정보통신부령으로 정한다.

제20조【예금통장 등의 재발급】 ① 체신관서는 다음 각 호의 어느 하나에 해당하는 경우에는 예금자의 신청을 받아 예금통장·예금증서 또는 지급증서를 재발급할 수 있다.

1. 분실한 경우
2. 더럽혀지거나 손상되어 기재사항이 분명하지 아니한 경우
3. 예금통장에 빈자리가 없는 경우

② 제1항에 따른 예금통장 등의 재발급 수수료와 그 납입 또는 면제, 그 밖의 재발급 절차 등에 관하여는 과학기술정보통신부령으로 정한다.

제21조【예금통장 등의 제출】 체신관서는 예금업무를 취급하기 위하여 필요하다고 인정할 때에는 예금자에게 예금통장이나 예금증서를 제출하도록 요구할 수 있다.

제22조【권리자의 확인 등】 체신관서는 예금통장 또는 예금증서의 소지인(所持人)이 예금의 지급을 청구한 경우에는 그가 정당한 권리자인지를 확인한 후 지급할 수 있다.

제23조【손해에 대한 면책】 체신관서는 다음 각 호의 어느 하나에 해당하는 경우에는 지급이 늦어져서 발생한 손해에 대하여 책임을 지지 아니한다.
1. 지급청구가 이 법을 따르지 아니한 경우
2. 천재지변이나 그 밖의 부득이한 사유로 업무취급을 하지 못하게 된 경우

제24조【예금지급청구권의 소멸】 ① 체신관서는 예금자가 10년간 예금을 하지 아니하거나 예금의 지급, 이자의 기입, 인감 변경, 예금통장(예금증서를 포함한다)의 재발급신청 등을 하지 아니한 경우에는 과학기술정보통신부령으로 정하는 바에 따라 그 예금의 지급청구나 그 밖에 예금의 처분에 필요한 신청을 할 것을 최고(催告)하여야 한다.

② 제1항에 따른 최고를 한 후 2개월이 지나도록 예금지급의 청구나 그 밖에 예금의 처분에 필요한 신청을 하지 아니한 경우에는 그 예금에 관한 예금자의 지급청구권은 소멸한다.

③ 지급증서를 발행한 예금에 관한 지급청구권은 그 발행 후 3년간 지급을 청구하지 아니한 경우에는 소멸한다.

④ 제1항 및 제3항의 기간에는 만기가 정하여진 예금의 만기까지의 예치기간과 지급증서의 유효기간은 포함하지 아니한다.

⑤ 제2항 또는 제3항에 따라 예금자의 지급청구권이 소멸된 예금은 국고에 귀속한다.

제24조의2【예금 미청구자에 대한 지원】 ① 과학기술정보통신부장관은 제24조 제5항에 따라 국고에 귀속된 예금 중 과학기술정보통신부령으로 정하는 사유가 있는 예금에 대하여

예금자가 지급청구를 하면 예금을 갈음하는 일정한 금액을 예금자에게 지급할 수 있다.
② 제1항에 따른 금액의 지급한도와 그 밖에 지급에 필요한 사항은 과학기술정보통신부령으로 정한다.

제3장 보험

제25조【청약의 승낙】 ① 보험계약은 보험계약을 체결하려는 자가 첫 회분 보험료 납입과 함께 보험계약을 청약하고 체신관서가 이를 승낙함으로써 그 효력이 발생한다.
② 체신관서는 제1항에 따른 청약을 승낙한 때에는 보험증서를 작성하여 보험계약자에게 내주어야 한다.
③ 제2항의 보험증서의 기재사항은 과학기술정보통신부령으로 정한다.

제26조【특약에 따른 불이익 변경금지】 과학기술정보통신부장관은 보험계약자와의 특약으로 이 법의 규정을 보험계약자등에게 불리하게 변경하지 못한다.

제27조【보험약관】 ① 과학기술정보통신부장관은 과학기술정보통신부령으로 정하는 범위에서 보험계약의 내용에 관한 사항을 보험약관으로 정하여 고시하여야 한다.
② 보험계약에 관하여 이 법 또는 과학기술정보통신부령으로 규정하지 아니한 사항은 보험약관에 따른다.

제28조【보험의 종류와 금액 등】 보험의 종류, 계약보험금 한도액, 보험업무의 취급 등에 필요한 사항은 과학기술정보통신부령으로 정한다.

제29조【신체검사의 면제】 보험계약을 체결할 때에는 피보험자에 대한 신체검사는 하지 아니한다. 다만, 과학기술정보통신부령으로 정하는 피보험자에 대하여는 그러하지 아니하다.

제30조【보험수익자】 보험계약자가 보험수익자(保險受益者)를 지정하지 아니한 경우에는 보험계약자를 보험수익자로 본다.

제31조【보험금의 감액 지급】 체신관서는 보험계약의 효력 발생 후 과학기술정보통신부령으로 정하는 기간 내에 보험사고가 발생한 경우에는 과학기술정보통신부령으로 정하는 바에 따라 보험금의 일부를 지급하지 아니할 수 있다.

제32조【보험계약의 승계】 ① 보험계약자는 피보험자의 동의를 받아 제3자에게 보험계약으로 인한 권리·의무를 승계하게 할 수 있다.

② 제1항에 따른 승계를 한 경우 보험계약자가 체신관서에 승계 사실을 알리지 아니하면 대항할 수 없다.

제33조【보험약관 개정의 효력】 ① 보험약관의 개정은 이미 체결한 보험계약에는 그 효력이 없다.
② 과학기술정보통신부장관은 보험약관을 개정하는 경우 보험계약자등의 이익을 보호하기 위하여 특히 필요하다고 인정할 때에는 제1항에도 불구하고 장래에 향하여 그 효력을 인정할 수 있다.

제34조【보험계약의 변경】 보험계약자는 과학기술정보통신부령으로 정하는 바에 따라 체신관서에 계약내용의 변경을 청구할 수 있다.

제35조【보험계약의 해지】 ① 보험계약자는 보험사고가 발생하기 전에는 언제든지 보험계약을 해지(解止)할 수 있다.
② 보험계약을 체결할 때 보험계약자 또는 피보험자가 과학기술정보통신부령으로 정하는 중요한 사항을 고의 또는 중대한 과실로 고지하지 아니하거나 부실한 고지를 한 경우에는 체신관서는 그 사실을 알게 된 날부터 1개월 이내, 보험계약의 효력발생일부터 5년 이내에만 그 보험계약을 해지할 수 있다.
③ 체신관서는 보험계약 체결 당시 제36조 제1항 제2호의 경우 외에 보험사고가 이미 발생하였거나 발생할 수 없는 것임을 안 때에는 그 보험계약을 해지할 수 있다.

제36조【보험계약의 무효】 ① 다음 각 호의 어느 하나에 해당하는 보험계약은 무효로 한다.
1. 보험계약자 또는 피보험자의 사기(詐欺)로 인한 보험계약
2. 보험계약자등이 보험계약 체결 당시 이미 보험사고가 발생하였거나 발생할 수 없는 것임을 알고 한 보험계약
② 체신관서는 제1항에 따라 보험계약이 무효인 경우에는 보험금을 지급하지 아니하며, 보험계약자가 이미 낸 보험료는 반환하지 아니한다.

제37조【보험계약 효력의 상실】 ① 보험계약자가 보험료를 내지 아니하고 과학기술정보통신부령으로 정하는 유예기간이 지난 때에는 그 보험계약은 효력을 잃는다.
② 보험계약자가 제1항에 따른 유예기간이 지난 후 1개월 이내에 그 계약을 보험료 납입을 완료한 보험계약으로 변경하여 줄 것을 청구한 경우에는 제1항을 적용하지 아니한다.

제38조【환급금의 지급】 체신관서는 제34조, 제35조, 제36조 제1항, 제37조 제1항, 제43조 및 제50조에서 준용하는 「상법」

제655조에 따라 보험금을 지급하지 아니하게 된 경우에는 보험수익자를 위하여 적립한 금액의 일부를 보험계약자에게 되돌려주어야 하며, 이 경우 되돌려줄 금액(이하 '환급금'이라 한다)의 범위와 환급 절차 등에 관한 사항은 과학기술정보통신부령으로 정한다. 다만, 제43조 제2호에 따른 보험사고가 보험계약자에 의하여 발생한 경우에는 되돌려주지 아니한다.

제39조 【보험계약의 부활】 ① 보험계약자는 제37조 제1항에 따른 보험계약의 효력 상실 후 2년을 초과하지 아니하는 범위에서 보험약관에서 정하는 기간 이내에 미납보험료의 납입과 함께 실효(失效)된 보험계약의 부활을 청구할 수 있다.
② 제1항에 따른 부활의 효력은 체신관서가 그 청구를 승낙한 때부터 발생한다.
③ 보험계약이 부활된 경우에는 처음부터 보험계약의 효력이 상실되지 아니한 것으로 본다.

제40조 【보험계약 부활 시의 준용 규정】 보험계약 부활에 관하여는 제31조, 제35조 제2항·제3항 및 제36조를 준용한다.

제41조 【환급금의 대출】 체신관서는 보험계약자가 청구할 때에는 보험계약이 해지된 경우 등에 되돌려줄 수 있는 금액의 범위에서 과학기술정보통신부령으로 정하는 바에 따라 대출할 수 있다.

제42조 【보험금 등 지급 시의 공제】 체신관서는 보험금이나 환급금을 지급할 때 제41조에 따른 대출금이나 미납보험료가 있으면 지급 금액에서 이를 빼고 지급한다.

제43조 【체신관서의 면책】 체신관서는 다음 각 호의 어느 하나에 해당하는 보험사고에 대하여는 보험금 지급의 책임을 지지 아니한다.
1. 피보험자가 보험계약 또는 제39조 제2항에 따른 보험계약 부활의 효력이 발생한 후 2년 이내에 자살하거나 자해행위로 인하여 발생한 보험사고
2. 보험계약자 또는 보험수익자의 고의로 인하여 발생한 생명·신체에 관한 보험사고. 다만, 보험수익자가 여러 명인 경우에는 그가 지급받을 부분만 해당된다.

제44조 【보험금의 감액 지급 등】 ① 체신관서는 천재지변, 전쟁, 그 밖의 변란(變亂)으로 인한 보험사고가 발생하여 보험금 계산의 기초에 중대한 영향을 미칠 우려가 있을 때에는 그 보험금을 감액하여 지급할 수 있다.
② 제1항에 따른 보험금의 감액지급률은 과학기술정보통신부령으로 정한다.

제45조 【수급권의 보호】 ① 보험금 또는 환급금을 지급받을 권리는 양도할 수 없다.
② 보험금을 지급받을 권리에 대하여는 다음 각 호의 금액은 압류할 수 없다.
　1. 직계존속(直系尊屬)·직계비속(直系卑屬) 또는 배우자가 사망함으로써 보험수익자가 취득하는 사망보험금청구권의 2분의 1에 해당하는 금액
　2. 본인, 직계존속·직계비속 또는 배우자의 장해로 인하여 보험수익자가 취득하는 장해보험금청구권의 2분의 1에 해당하는 금액
　3. 「국민기초생활 보장법」 제7조에 따른 급여를 받는 사람 또는 「장애인복지법」 제32조에 따라 등록한 장애인이 보험수익자로서 취득하는 보험금청구권(제1호 또는 제2호에 해당하는 보험금청구권은 제외한다)의 2분의 1에 해당하는 금액
　4. 「장애인복지법」 제32조에 따라 등록한 장애인에게 보험사고가 발생하여 보험수익자가 취득하는 보험금청구권(제1호부터 제3호까지의 규정에 해당하는 보험금청구권은 제외한다)의 2분의 1에 해당하는 금액
③ 제2항 각 호의 보험금청구권을 제외한 보장성보험의 보험금청구권과 환급금청구권에 대하여는 보험수익자 또는 보험계약자의 생계유지에 필요하다고 인정하여 대통령령으로 정하는 금액(이하 이 조에서 '최저보장금액'이라 한다)은 압류할 수 없다. 이 경우 보험계약이 여러 개이면 그 보험금청구권 또는 환급금청구권에 해당하는 금액을 합산하여 적용한다.
④ 제2항 각 호의 보험금청구권을 취득하는 보험계약이 여러 개인 경우 또는 제2항 각 호와 제3항의 보험금청구권 또는 환급금청구권을 취득하는 보험계약을 합하여 여러 개인 경우에는 제3항은 적용하지 아니하고 제2항 각 호의 보험금청구권만 각 보험계약별로 제2항을 적용한다.
⑤ 제2항 및 제4항을 적용한 금액(보험계약이 여러 개인 경우에는 그 합한 금액을 말한다)이 최저보장금액 미만인 경우에는 제2항 및 제4항에도 불구하고 최저보장금액을 압류할 수 없는 금액으로 한다.

제46조 【부당이득의 징수】 ① 체신관서는 거짓이나 그 밖의 부정한 방법으로 보험금을 지급받은 자에게는 그 지급액을 반환할 것을 요구할 수 있다. 이 경우 보험계약자등이 거짓 진술이나 거짓 증명으로 보험금을 지급하게 하였으면 연대(連帶)하여 책임을 진다.

② 제1항의 경우에는 환급금을 지급하지 아니한다.

제46조의2 【재보험】 ① 과학기술정보통신부장관은 보험을 효율적으로 운영하고 위험을 적절하게 분산하기 위하여 필요하다고 인정하면 재보험(再保險)에 가입할 수 있다.
② 제1항에 따른 재보험의 한도와 그 밖에 재보험 계약 등에 필요한 사항은 과학기술정보통신부령으로 정한다.

제47조 【복지시설의 설치 등】 ① 과학기술정보통신부장관은 보험계약자 등의 복지증진을 위하여 의료·휴양 등에 필요한 시설을 설치할 수 있다.
② 제1항에 따른 시설은 보험계약자 등 외의 자에게도 이용하게 할 수 있다.
③ 제1항에 따른 시설의 설치와 운영에 필요한 비용은 「우체국보험특별회계법」에 따른 우체국보험적립금에서 지출한다.

제48조 【보상금의 지급】 ① 보험업무를 취급한 사람에게는 그 실적에 따라 보상금을 지급할 수 있다.
② 제1항에 따른 보상금의 종류, 지급범위, 보상금액 등에 관한 사항은 과학기술정보통신부령으로 정한다.

제48조의6 【벌칙 적용에서 공무원 의제】 분쟁조정위원회의 위원은 「형법」 제129조부터 제132조까지의 규정을 적용할 때에는 공무원으로 본다.

제49조 【특별회계】 이 법에 따른 보험의 회계에 관하여는 따로 법률로 정한다.

제50조 【「상법」의 준용】 보험에 관하여는 「상법」 제639조·제643조·제655조·제662조·제731조·제733조 및 제734조를 준용한다.

제4장 우체국예금·보험분쟁조정위원회

제51조 【우체국예금·보험분쟁조정위원회의 설치 및 구성】
① 우체국예금·보험 이해관계인 사이에 발생하는 예금계약, 예금지급, 보험모집, 보험계약 및 보험금지급 등 우체국예금·보험 관련 분쟁으로서 대통령령으로 정하는 분쟁을 조정하기 위하여 과학기술정보통신부장관 소속으로 우체국예금·보험분쟁조정위원회(이하 '분쟁조정위원회'라 한다)를 둔다.
② 분쟁조정위원회는 위원장 1명을 포함한 15명 이내의 위원으로 구성한다.

③ 분쟁조정위원회 위원장은 위원 중에서 과학기술정보통신부장관이 지명하며, 위원은 다음 각 호의 어느 하나에 해당하는 사람 중에서 과학기술정보통신부장관이 위촉한다.
1. 예금·보험 관련 기관·단체 또는 예금·보험사업체에서 심사·분쟁조정 등의 업무에 10년 이상 근무한 경력이 있는 사람
2. 변호사 또는 전문의의 자격이 있는 사람
3. 「소비자기본법」 제28조에 따른 소비자단체 또는 같은 법 제33조에 따라 설립된 한국소비자원의 임원 또는 임원이었던 사람
4. 그 밖에 예금·보험 또는 예금·보험 관련 분쟁 조정에 관한 학식과 경험이 풍부한 사람으로서 과학기술정보통신부장관이 인정하는 사람

④ 위원의 임기는 2년으로 하되, 연임할 수 있다.
⑤ 이 법에서 정한 사항 외에 분쟁조정위원회의 구성·운영 및 조정 절차 등에 관하여 필요한 사항은 대통령령으로 정한다.

제52조 【위원의 제척·기피·회피】 ① 분쟁조정위원회의 위원이 다음 각 호의 어느 하나에 해당하는 경우에는 분쟁조정위원회의 심의·의결에서 제척(除斥)된다.
1. 위원 또는 그 배우자나 배우자이었던 사람이 해당 안건의 분쟁당사자(분쟁당사자가 법인·단체 등의 경우에는 그 임원을 포함한다. 이하 이 호 및 제2호에서 같다)가 되거나 그 안건의 분쟁당사자와 공동권리자 또는 공동의무자인 경우
2. 위원이 해당 안건의 분쟁당사자와 친족이거나 친족이었던 경우
3. 위원이 해당 안건에 관하여 증언, 진술 또는 자문을 하거나 진단을 한 경우
4. 위원이나 위원이 속한 법인·단체 등이 해당 안건의 분쟁당사자의 대리인이거나 대리인이었던 경우

② 해당 안건의 분쟁당사자는 위원에게 공정한 심의·의결을 기대하기 어려운 사정이 있는 경우에는 분쟁조정위원회에 기피 신청을 할 수 있고, 분쟁조정위원회는 의결로 이를 결정한다. 이 경우 기피 신청의 대상인 위원은 그 의결에 참여하지 못한다.
③ 위원이 제1항 각 호에 따른 제척 사유에 해당하는 경우에는 스스로 해당 안건의 심의·의결에서 회피(回避)하여야 한다.

제53조【위원의 해촉】 과학기술정보통신부장관은 위원이 다음 각 호의 어느 하나에 해당하는 경우에는 해당 위원을 해촉(解囑)할 수 있다.
1. 심신장애로 인하여 직무를 수행할 수 없게 된 경우
2. 직무태만, 품위손상이나 그 밖의 사유로 인하여 위원으로 적합하지 아니하다고 인정된 경우
3. 직무와 관련한 형사사건으로 기소된 경우
4. 제52조 제1항 각 호의 어느 하나에 해당함에도 불구하고 회피하지 아니한 경우

제54조【분쟁조정 절차】 ① 위원장은 분쟁조정의 신청을 받으면 지체 없이 이를 분쟁조정위원회의 회의에 부치고, 그 내용을 분쟁당사자에게 통지하여야 한다. 다만, 분쟁의 내용이 다음 각 호의 어느 하나에 해당하는 경우에는 회의에 부치지 아니할 수 있다.
1. 법원에 소(訴)가 제기된 경우
2. 분쟁의 내용이 관계 법령·판례 또는 증거 등에 의하여 심의·조정의 실익이 없다고 판단되는 경우
3. 그 밖에 분쟁의 내용이 분쟁조정 대상으로 적합하지 아니하다고 인정되는 경우

② 분쟁조정위원회는 회의에 부쳐진 분쟁에 대하여 관련 자료 등의 보완이 필요하다고 인정되면 적절한 기간을 정하여 분쟁당사자에게 그 보완을 요구하거나 관련 자료의 제출을 요청할 수 있다.

③ 분쟁조정위원회는 해당 분쟁이 회의에 부쳐진 날부터 60일 이내에 이를 심의·조정하여야 한다.

제55조【벌칙 적용에서 공무원 의제】 분쟁조정위원회의 위원은 「형법」 제129조부터 제132조까지의 규정을 적용할 때에는 공무원으로 본다.

제5장 보칙

제56조【권한의 위임】 이 법에 따른 과학기술정보통신부장관의 권한은 대통령령으로 정하는 바에 따라 그 일부를 소속 기관의 장에게 위임할 수 있다.

07 우체국예금·보험에 관한 법률 시행령

(약칭: 우체국예금보험법 시행령)

[시행 2023. 10. 19.] [대통령령 제33702호, 2023. 9. 12., 일부개정]

제1조 【목적】 이 영은 「우체국예금·보험에 관한 법률」에서 위임된 사항과 그 시행에 필요한 사항을 정함을 목적으로 한다.

제2조 삭제

제3조 삭제

제3조의2 【업무용 부동산의 범위】 「우체국예금·보험에 관한 법률」(이하 '법'이라 한다) 제18조 제1항 제6호에서 "대통령령으로 정하는 업무용 부동산"이란 다음 각 호의 어느 하나에 해당하는 부동산을 말한다.
1. 영업시설(연면적의 100분의 10 이상을 우정사업에 직접 사용하는 시설만 해당한다)
2. 연수시설
3. 복리후생시설
4. 제1호부터 제3호까지의 용도로 사용할 토지·건물 및 그 부대시설

제3조의3 【압류금지 금액의 범위】 법 제45조 제3항 전단에서 "대통령령으로 정하는 금액"이란 400만원을 말한다.

제4조 삭제

제5조 【우체국예금·보험분쟁조정위원회의 운영】 ① 법 제51조 제1항에 따른 우체국예금·보험분쟁조정위원회(이하 '분쟁조정위원회'라 한다)의 회의는 위원장이 소집하며, 위원장이 부득이한 사유로 직무를 수행할 수 없을 때에는 분쟁조정위원회의 의결을 거쳐 위원장이 미리 정한 분쟁조정위원회의 위원(이하 '위원'이라 한다)이 그 직무를 대행한다.
② 분쟁조정위원회의 회의는 재적위원 과반수의 출석으로 개의(開議)하고, 출석위원 과반수의 찬성으로 의결한다.
③ 위원장은 제1항에 따른 분쟁조정위원회의 회의를 소집하려는 경우에는 특별한 사정이 없으면 회의 개최 7일 전까지 회의의 일시, 장소 및 안건을 위원에게 통지하여야 한다.
④ 분쟁조정위원회의 회의는 공개하지 아니한다. 다만, 필요하다고 인정될 때에는 해당 위원회의 의결로 분쟁당사자 또는 이해관계인이 방청하게 할 수 있다.

제5조의2 【분쟁조정위원회의 조정 대상】 법 제51조 제1항에서 "대통령령으로 정하는 분쟁"이란 다음 각 호의 어느 하나에 해당하는 사항과 관련된 분쟁을 말한다.
1. 우체국예금의 계약 및 지급
2. 우체국보험의 모집, 계약 및 보험금 지급
3. 그 밖에 과학기술정보통신부장관이 우체국예금·보험과 관련하여 분쟁의 조정이 필요하다고 인정하는 사항

제5조의3 【분쟁조정위원회의 간사】 분쟁조정위원회의 업무 지원 및 회의 기록 등을 위하여 분쟁조정위원회에 예금 분야의 간사 1명과 보험 분야의 간사 1명을 두며, 간사는 예금·보험 분쟁 업무를 담당하는 우정사업본부 소속 4급 이상 공무원 중에서 과학기술정보통신부장관이 지명한다.

제6조 삭제

제7조 【신청인 등의 의견청취】 ① 분쟁조정위원회는 분쟁조정 신청인 또는 분쟁조정에 필요한 전문가 등의 의견을 들을 필요가 있다고 인정하면 이들을 회의에 출석하게 하여 의견을 들을 수 있다.
② 분쟁조정위원회는 제1항에 따라 의견을 들으려면 일시와 장소를 정하여 의견청취 7일 전까지 분쟁조정 신청인 또는 전문가 등에게 통지하여야 한다.
③ 분쟁조정 신청인은 필요한 경우에는 위원장의 허가를 받아 분쟁조정위원회에 출석하여 의견을 진술할 수 있다.

제8조 【분쟁조정 결과의 통지】 위원장은 법 제54조에 따른 분쟁조정 결과 또는 분쟁조정 회의에 부치지 아니하기로 결정한 사항을 분쟁당사자에게 통지하여야 한다.

제9조 【수당 등】 회의에 참석하는 위원 및 제7조 제1항에 따라 회의에 출석하여 의견을 진술하는 전문가 등에게는 예산의 범위에서 수당·여비 등을 지급할 수 있다. 다만, 공무원이 그 소관 업무와 직접적으로 관련되어 회의에 참석하는 경우에는 그러하지 아니하다.

제10조 【운영세칙】 이 영에서 규정한 사항 외에 분쟁조정위원회의 운영 등에 필요한 사항은 분쟁조정위원회의 의결을 거쳐 위원장이 정한다.

제11조 【권한의 위임】 ① 과학기술정보통신부장관은 법 제56조에 따라 다음 각 호의 권한을 우정사업본부장에게 위임한다.
1. 법 제3조의2 제2항에 따른 건전성의 유지·관리에 필요한 기준의 고시
1의2. 법 제3조의3에 따른 우체국예금·보험소비자의 권익 증진을 위한 사항의 고시
2. 법 제6조에 따른 우체국예금·보험에 관한 업무취급의 제한, 정지 및 그 내용의 공고
3. 법 제7조에 따른 우체국예금·보험의 업무취급에 관한 수수료의 면제, 이용편의 제공 및 그 내용의 공고
4. 법 제8조 제1항에 따른 우체국예금·보험의 증대와 유지를 위하여 필요한 활동
4의2. 법 제10조의2에 따른 주민등록전산정보자료의 제공 요청
5. 법 제11조 제2항에 따른 예금의 종류와 종류별 내용 및 가입대상 등에 관한 고시
6. 법 제14조 제2항에 따른 예금의 종류별 이자율의 결정 및 그 내용의 고시(「한국은행법」 제28조 제15호에 따라 금융통화위원회가 정하는 기준의 범위에서 정하는 경우로 한정한다)
7. 법 제16조에 따른 예금의 종류별로 예입(預入)할 수 있는 최고한도액 및 한 번에 예입할 수 있는 최저액의 결정 및 그 내용의 고시
8. 법 제18조에 따른 예금자금(제2항에 따라 지방우정청장이 운용하도록 위임한 자금은 제외한다)의 운용
9. 법 제19조 제2항에 따른 환매(還買)를 조건으로 매도하는 국채 및 공채의 매매이율의 결정 및 그 내용의 고시
10. 법 제24조의2 제1항에 따른 예금의 지급
11. 법 제26조에 따른 특약에 의한 불이익 변경금지
12. 법 제27조 제1항에 따른 보험약관의 결정 및 그 내용의 고시
13. 법 제33조 제2항에 따른 개정 보험약관의 효력 인정
14. 법 제46조의2 제1항에 따른 재보험(再保險)에의 가입
15. 법 제47조 제1항에 따른 시설의 설치
16. 법 제51조에 따른 분쟁조정위원회의 구성·운영
② 과학기술정보통신부장관은 법 제56조에 따라 법 제18조에 따른 예금자금 중 과학기술정보통신부장관이 책정하는 자금의 운용에 관한 권한을 지방우정청장에게 위임한다.

제12조 【민감정보 및 고유식별정보의 처리】 과학기술정보통신부장관(제11조 또는 「우정사업 운영에 관한 특례법」 제17조에 따라 과학기술정보통신부장관의 권한을 위임받거나 우정사업을 위탁받은 자를 포함한다)은 다음 각 호의 사무를 수행하기 위하여 불가피한 경우 각 호의 구분에 따라 「개인정보 보호법」 제23조에 따른 건강에 관한 정보(이하 이 조에서 '건강정보'라 한다)나 같은 법 시행령 제19조에 따른 주민등록 번호, 여권번호, 운전면허의 면허번호 또는 외국인등록번호(이하 이 조에서 '고유식별정보'라 한다)가 포함된 자료를 처리할 수 있다.
1. 법 제10조의2에 따른 주민등록전산정보자료의 제공 요청에 관한 사무: 원권리자 및 거래 상대방의 주민등록번호
2. 법 제2장에 따른 예금계약의 체결, 유지·관리, 예금의 지급 등에 관한 사무: 예금계약자의 고유식별정보
3. 법 제3장에 따른 보험계약의 체결, 유지·관리, 보험금의 지급 등에 관한 사무: 보험계약자의 고유식별정보와 피보험자에 관한 건강정보 또는 고유식별정보
4. 법 제50조 및 「상법」 제639조에 따른 타인을 위한 보험계약의 체결, 유지·관리, 보험금의 지급 등에 관한 사무: 보험계약자의 고유식별정보와 피보험자에 관한 건강정보 또는 고유식별정보
5. 법 제50조 및 「상법」 제733조에 따른 보험수익자 지정 또는 변경에 관한 사무: 보험수익자에 관한 고유식별정보
6. 「상법」 제735조의3에 따른 단체보험계약의 체결, 유지·관리, 보험금의 지급 등에 관한 사무: 피보험자에 관한 건강정보 또는 고유식별정보

08 우체국예금·보험에 관한 법률 시행규칙

(약칭: 우체국예금보험법 시행규칙)

[시행 2023. 9. 22.] [과학기술정보통신부령 제113호, 2023. 9. 22., 일부개정]

제1장 총칙

제1조【목적】 이 규칙은 「우체국예금·보험에 관한 법률」 및 같은 법 시행령에서 위임된 사항과 그 시행에 필요한 사항을 정함을 목적으로 한다.

제2조【업무취급 제한 등의 공고】 우정사업본부장은 「우체국예금·보험에 관한 법률」(이하 '법'이라 한다) 제6조에 따라 우체국예금(이하 '예금'이라 한다) 및 우체국보험(이하 '보험'이라 한다)에 관한 업무의 취급을 제한하거나 정지하였을 때에는 다음 각 호의 사항을 공고하여야 한다.
1. 업무취급이 제한 또는 정지되는 체신관서
2. 제한 또는 정지되는 업무의 내용
3. 제한 또는 정지되는 기간
4. 그 밖에 우정사업본부장이 필요하다고 인정하는 사항

제3조【이용편의의 제공 등】 ① 우정사업본부장은 법 제7조 제1항에 따라 다음 각 호와 같이 수수료를 면제하거나 이용편의를 제공할 수 있다.
1. 제16조 제1항에 따른 수수료의 면제
2. 제50조에 따른 보험료 납입 유예기간의 연장
3. 그 밖에 우정사업본부장이 특히 필요하다고 인정하는 조치

② 우정사업본부장은 제1항에 따라 수수료를 면제하거나 이용편의를 제공할 때에는 그 내용, 기간, 취급체신관서 및 그 밖에 필요한 사항을 공고하여야 한다.

제4조【예금·보험의 증대 활동】 ① 법 제8조 제1항에서 "예금·보험을 늘리고 유지하기 위하여 필요한 활동"이란 다음 각 호의 행위 또는 활동을 말한다.
1. 체신관서의 직원 등이 예금·보험을 모집하는 행위와 수납(收納)하는 행위
2. 제1호의 행위와 관련된 홍보, 교육, 지도, 감독 등 예금·보험을 늘리고 유지하기 위하여 필요한 모든 활동
3. 우체국이라는 명칭을 사용하는 행위
4. 법 제46조에 따른 부당이득의 징수를 위하여 필요한 활동

② 삭제

제5조【우편물의 무료취급】 법 제9조에 따라 무료로 취급하는 우편물은 다음 각 호와 같다.
1. 예금·보험업무의 취급을 위하여 체신관서에서 발송하는 우편물
2. 예금·보험업무의 취급을 위하여 체신관서의 의뢰에 따라 체신관서로 발송되는 우편물

제6조【창구업무취급시간】 예금·보험에 관한 창구업무취급시간은 「은행법」 제2조 제1항 제2호에 따른 금융기관의 창구업무취급시간을 고려하여 우정사업본부장이 정하여 고시한다. 다만, 체신관서는 특히 필요할 때에는 창구업무취급시간을 연장할 수 있으며, 이 경우 해당 체신관서 앞에 이를 게시하여야 한다.

제6조의2【계약보험금 한도액 등에 관한 협의】 ① 과학기술정보통신부장관은 법 제10조 제2항, 제4항 및 제5항에 따라 협의를 하려는 경우에는 다음 각 호의 구분에 따른 서류를 금융위원회에 제출하여야 한다.
1. 법 제10조 제2항에 따라 협의를 하려는 경우: 보험금 한도액 증액에 관한 자료
2. 법 제10조 제4항에 따라 협의를 하려는 경우: 「보험업법」 제5조 제3호에 따른 기초서류
3. 법 제10조 제5항에 따라 협의를 하려는 경우: 다음 각 목의 자료
   가. 「우체국보험특별회계법」 제8조에 따른 결산서
   나. 우체국보험의 지급여력비율 및 산출 근거

② 금융위원회는 법 제10조 제2항에 따른 계약보험금 한도액의 증액에 대한 협의를 요청받은 경우에는 그 내용을 고시하여 의견을 수렴한 후 과학기술정보통신부장관에게 의견을 제시하여야 한다. 이 경우 계약보험금 한도액의 증액분이 물가상승률을 반영하기 위하여 필요한 금액보다 많지 아니하고 적절한 경우에만 동의를 하여야 한다.

③ 금융위원회는 법 제10조 제4항 및 제5항에 따른 협의를 요청받은 경우에는 협의를 요청받은 날부터 15일 이내에 의견을 서면으로 제시하여야 한다.

④ 과학기술정보통신부장관은 제2항 및 제3항에 따라 금융위원회가 제시한 의견에 따라 필요한 조치를 하여야 한다.

제2장 예금

제1절 통칙

제7조 삭제

제8조 【예금 증대 활동의 경비】 ① 법 제8조 제2항에 따른 예금의 증대와 유지를 위하여 필요한 경비는 다음 각 호와 같다.
1. 다음 각 목의 모집 경비
   가. 개인모집경비: 예금을 모집한 체신관서의 직원 및 우정사업본부장이 지정하는 자에게 지급하는 경비
   나. 관서모집경비: 예금을 모집한 체신관서(별정우체국은 제외한다)에 지급하는 경비
   다. 그 밖의 모집경비: 우정사업본부장이 필요하다고 인정하는 경우 체신관서의 직원 및 체신관서에 지급하는 경비
2. 우체국이라는 명칭의 사용료

② 제1항에 따른 경비의 지급기준, 지급방법, 지급시기 및 그 밖에 경비의 지급에 필요한 사항은 우정사업본부장이 정한다.

제9조 【이자의 계산】 ① 법 제14조 제1항에 따른 예금의 이자는 예금의 종류별로 일할 이율, 월이율 또는 연이율로 계산한다.

② 예금의 이자계산은 예금 잔액에 그 예금 잔액의 예금일수를 곱하는 방법으로 하되, 산출된 누계액이 10원 미만인 경우에는 이자를 계산하지 않는다.

③ 삭제

④ 삭제

⑤ 제1항 및 제2항에서 정한 사항 외에 예금의 종류별 이자의 계산방법 및 정기계산시기에 관한 사항은 우체국예금약관으로 정하여 우정사업본부장이 고시한다.

제10조 【예금원부의 관리】 ① 예금원부는 우정사업정보센터의 장(이하 '센터장'이라 한다)이 기록하고 관리한다.

② 센터장은 예금계약의 성립·소멸, 예금의 예입 및 지급, 그 밖에 예금에 필요한 사항을 예금원부에 기록하여야 한다.

제11조 【예금원부의 변경】 예금자가 예금원부의 기재사항을 변경하려는 경우에는 예금원부 변경신청서를 체신관서에 제출하여야 한다.

제12조 【가입국의 변경】 예금자가 예금계좌를 개설한 체신관서(이하 '가입국'이라 한다)를 변경하려는 경우에는 해당 가입국 또는 변경하려는 체신관서에 가입국 변경신청서를 제출하여야 한다.

제13조 【인감의 변경】 예금자가 법 제13조 제2항에 따라 인감을 변경하려는 경우에는 인감 및 예금통장·예금증서·지급증서(이하 '통장등'이라 한다)와 함께 인감 변경신고서를 체신관서에 제출하여야 한다.

제14조 【예입 가능한 유가증권 및 증서】 법 제15조 제1항에 따라 예입할 수 있는 유가증권 및 증서(이하 '증권등'이라 한다)는 다음 각 호와 같다.
1. 자기앞수표
   가. 체신관서를 지급인으로 한 자기앞수표
   나. 「은행법」 제2조 제1항 제2호에 따른 금융기관을 지급인으로 한 자기앞수표
2. 우편대체증서
3. 우편환증서
4. 그 밖에 우정사업본부장이 지정하는 증권등

제15조 【결제 불능 증권등의 반환】 ① 체신관서는 예입된 증권등이 결제 또는 지급되지 아니하였을 때에는 그 사실을 예금자에게 알려야 한다.

② 제1항에 따라 통지를 받은 예금자는 해당 증권등의 예입을 취급한 체신관서에 통장등 또는 입금한 영수증 등을 제출하여야 한다.

③ 체신관서는 제2항에 따라 통장등 또는 입금한 영수증 등이 제출된 때에는 해당 예입을 취소하고 해당 증권등을 예금자에게 반환하여야 한다.

제15조의2 【증권 매입비율 등】 ① 법 제18조 제1항 제3호에 따라 「자본시장과 금융투자업에 관한 법률」에 따른 증권을 매입하는 때에는 같은 법 제4조 제2항 제2호에 따른 지분증권의 취득가액 총액을 예금자금 총액의 100분의 20 이내로 한다.

② 법 제18조 제1항 제4호에 따른 금융기관에의 대여금액 총액은 예금자금 총액의 100분의 5 이내로 한다.

③ 법 제18조 제1항 제5호에 따른 파생상품 거래 중 장내파생상품을 거래하기 위한 위탁증거금 총액은 예금자금 총액의 100분의 1.5 이내로 한다.

④ 법 제18조 제1항 제5호에 따른 파생상품의 거래 중 장외파생상품을 거래하기 위한 기초자산의 취득가액 총액은 예금자금 총액의 100분의 20 이내로 한다.

⑤ 법 제18조 제1항 제6호에 따른 업무용 부동산의 보유한도는 자기자본의 100분의 60 이내로 한다.

제15조의3 삭제

제15조의4 삭제

제16조【통장등의 재발급】 ① 예금자가 법 제20조 제1항 제1호에 해당하여 통장등을 재발급 받으려는 경우에는 과학기술정보통신부장관이 정하여 고시하는 수수료를 납부하여야 한다.
② 예금자가 법 제20조 제1항 제2호 및 제3호에 해당하여 통장등을 재발급받으려는 경우에는 체신관서에 통장등을 제출하여야 한다.

제17조【통장등의 제출 등】 ① 체신관서가 법 제21조에 따라 통장등의 제출을 요구할 때에는 미리 그 취지 및 제출방법 등을 해당 예금자에게 알려야 한다.
② 제1항에 따른 통지를 받은 예금자는 그 통지서에 적힌 제출방법으로 통장등을 체신관서에 제출하여야 한다.
③ 체신관서는 제2항에 따라 통장등이 제출된 때에는 예금자에게 통장등의 예치증을 발급하고 통장등을 예금원부와 대조한 후 직접 또는 등기우편으로 예금자에게 반환하여야 한다.

제18조【정당한 권리자인지의 확인 등】 ① 체신관서가 법 제22조에 따른 확인을 할 때에는 예금자로 하여금 정당한 권리자임을 증명하는 서류를 제시 또는 제출하게 할 수 있다.
② 체신관서는 제1항의 방법으로 예금자가 정당한 권리자인지를 확인할 수 없을 때에는 보증인의 선정을 요구할 수 있다.

제19조【예금 현재고의 확인】 ① 예금자가 예금의 현재고를 확인하려는 경우에는 현재고 확인신청서를 체신관서에 제출하여야 한다.
② 체신관서는 제1항에 따른 청구를 받으면 전산원부를 확인한 후 이를 확인하는 증명서를 해당 예금자에게 내주어야 한다.

제20조【거래중지계좌에의 편입】 ① 체신관서는 요구불예금계좌가 다음 각 호의 어느 하나에 해당될 때에는 거래중지계좌에 해당 계좌를 편입할 수 있다.
1. 잔액이 1만원 미만으로서 1년 이상 계속하여 거래가 없을 때
2. 잔액이 1만원 이상 5만원 미만으로서 2년 이상 계속하여 거래가 없을 때
3. 잔액이 5만원 이상 10만원 미만으로서 3년 이상 계속하여 거래가 없을 때
② 제1항에 따른 거래중지계좌에의 편입은 매년 2회 하며, 상반기에는 5월 마지막 일요일에 편입하고 하반기에는 11월 마지막 일요일에 편입한다.

제21조【거래중지계좌의 부활 및 해약】 체신관서는 예금자가 거래중지계좌에 편입된 예금의 부활 또는 해약을 청구하면 우정사업본부장이 정하는 바에 따라 해당 예금을 부활시키거나 해약해야 한다.

제22조【예금지급청구권의 소멸 최고】 ① 체신관서는 예금자가 10년간 예금의 예입·지급, 이자의 기입, 인감 변경 또는 통장등의 재발급신청 등을 하지 아니한 경우에는 법 제24조 제1항에 따라 10년이 경과한 날이 해당 연도의 상반기일 때에는 10년이 경과한 날부터 해당 연도 10월 말까지, 하반기일 때에는 10년이 경과한 날부터 그 다음 해의 4월 말까지 해당 예금자에게 그 예금의 지급청구나 그 밖에 예금의 처분에 필요한 신청을 하도록 최고(催告)하여야 한다.
② 제1항에 따른 최고는 우편 또는 전자우편으로 한다. 다만, 잔액이 1만원 이상인 경우에는 등기우편으로 한다.
③ 제2항에도 불구하고 예금자의 주소 또는 전자우편주소를 통상의 방법으로 확인할 수 없을 때에는 우정사업본부장이 정하여 고시하는 방법에 따른다.

제22조의2【국고귀속예금 지급사유】 법 제24조의2 제1항에서 "과학기술정보통신부령으로 정하는 사유"란 다음 각 호의 경우를 말한다.
1. 예금자의 의식불명 등으로 법 제24조 제2항 및 제3항의 기간에 예금지급의 청구 등을 할 수 없었던 경우
2. 예금자의 사망으로 상속인이 예금의 존재 여부를 인지(認知)하지 못한 경우
3. 그 밖에 예금자가 최고서를 받지 못하였다고 우정사업본부장이 인정할 만한 충분한 사유가 있는 경우

제22조의3【국고귀속예금 지급한도】 법 제24조의2 제2항에 따라 국고에 귀속된 예금의 지급한도는 국고에 귀속된 금액으로 한다.

제2절 예금의 예입

제23조【신규예입】 예금에 신규로 예입하려는 자는 현금 또는 증권등과 함께 예금가입신청서 및 예입신청서를 체신관서에 제출하여야 한다.

제24조【계속예입】 ① 예금자나 예금자 외의 자는 우정사업본부장이 정하는 바에 따라 예금자의 요구불예금계좌에 가입국 외의 체신관서에서도 예입할 수 있다.
② 예금자가 저축성예금의 월부금을 납입하려는 경우에는 예금통장과 함께 현금 또는 증권등을 체신관서에 제출하여야 한다. 이 경우 예금자는 우정사업본부장이 정하는 바에 따라 가입국 외의 체신관서에서도 예입할 수 있다.
③ 제1항에 따라 예금자 외의 자가 예금자의 요구불예금계좌에 가입국 외의 체신관서에서 예입하는 경우에는 과학기술정보통신부장관이 정하여 고시하는 수수료를 납부하여야 한다. 다만, 과학기술정보통신부장관이 정하는 사유에 해당하는 경우에는 그 수수료를 면제할 수 있다.

제25조【예입방법 등】 이 규칙에서 정한 것 외에 예금 예입의 방법 및 절차등 예금의 예입에 필요한 사항은 우정사업본부장이 정하여 고시한다.

제3절 예금의 지급 등

제26조【지급의 청구】 예금자가 예금의 지급을 청구할 때에는 통장등과 함께 예금지급청구서를 체신관서에 제출하여야 한다.

제27조【만기지급】 ① 저축성예금의 만기가 되거나 마지막 회분의 월부금을 납입한 경우에는 만기지급을 한다.
② 저축성예금의 만기지급 시 지연일수가 선납일수보다 많은 경우에는 우정사업본부장이 정하는 바에 따라 지급일을 산정하고, 선납일수가 지연일수보다 많은 경우에는 만기일을 지급일로 한다.

제28조【만기 전 지급】 ① 저축성예금의 예금자로서 우정사업본부장이 정하는 기간 이상 월부금을 납입하거나 우정사업본부장이 정하는 기간 이상 예치한 자는 예입액의 90퍼센트의 범위에서 만기 전에 지급을 청구할 수 있다.
② 제1항에 따라 만기 전에 지급을 받은 경우에는 그 지급일부터는 그 지급받은 금액에 대하여 이자를 계산하지 아니한다.
③ 제1항에 따라 만기 전에 지급을 받은 예금자는 과학기술정보통신부장관이 정하는 바에 따라 수수료를 납부하여야 한다.

제29조【해약】 예금자가 요구불예금을 해약하거나 저축성예금을 중도해약할 때에는 통장등과 함께 예금해약청구서를 체신관서에 제출하여야 한다.

제30조【지급방법 등】 이 규칙에서 정한 것 외에 예금 지급의 방법 및 절차 등 예금의 지급과 해약에 필요한 사항은 우정사업본부장이 정하여 고시한다.

제31조 삭제

제4절 삭제

제32조 삭제

제33조 삭제

제34조 삭제

제3장 보험

제1절 통칙

제35조【보험의 종류】 ① 법 제28조에 따른 보험의 종류는 다음 각 호와 같다.
1. 보장성보험: 생존 시 지급되는 보험금의 합계액이 이미 납입한 보험료를 초과하지 아니하는 보험
2. 저축성보험: 생존 시 지급되는 보험금의 합계액이 이미 납입한 보험료를 초과하는 보험
3. 연금보험: 일정 연령 이후에 생존하는 경우 연금의 지급을 주된 보장으로 하는 보험

② 제1항의 보험의 종류에 따른 상품별 명칭, 특약, 보험기간, 보험료 납입기간, 가입 연령, 보장 내용 등은 우정사업본부장이 정하여 고시한다.

제36조【계약보험금 및 보험료의 한도】 ① 법 제28조에 따른 계약보험금 한도액은 보험종류별(제35조 제1항 제3호의 연금보험은 제외한다)로 피보험자(被保險者) 1인당 4천만원(제35조 제1항 제1호의 보장성보험 중 우체국보험사업을 관장하는 기관의 장이 「국가공무원법」 제52조에 따라 그 소속 공무원의 후생·복지를 위하여 실시하는 단체보험상품의 경우에

는 2억원으로 한다)으로 하되, 보험종류별 계약보험금한도액은 우정사업본부장이 정한다.
② 제35조 제1항 제3호의 연금보험(「소득세법 시행령」 제40조의2 제2항 제1호에 따른 연금저축계좌에 해당하는 보험은 제외한다)의 최초 연금액은 피보험자 1인당 1년에 900만원 이하로 한다.
③ 제35조 제1항 제3호의 연금보험 중 「소득세법 시행령」 제40조의2 제2항 제1호에 따른 연금저축계좌에 해당하는 보험의 보험료 납입금액은 피보험자 1인당 연간 900만원 이하로 한다.

제37조 【보험료의 산정】 우정사업본부장은 예정이율·예정사업비율·예정사망률 및 최적기초율[장래 현금흐름이 실제 발생하는 현금흐름에 최대한 근접하도록 추정된 기초율(최적사업비율, 최적위험률, 최적해지율 등)을 말한다] 등을 기초로 하여 보험료를 산정하고, 그 내용을 고시하여야 한다.

제38조 【대리인의 청구】 ① 보험계약자 또는 보험수익자는 본인 외의 다른 사람으로 하여금 보험계약에 관한 각종 청구를 하게 할 수 있다. 이 경우 해당 청구서에는 보험계약자 또는 보험수익자의 위임장을 첨부하여야 한다.
② 제1항의 위임은 체신관서에 제출하는 서류에 덧붙여 적어 증명할 수 있다.

제39조 【보증인의 선정 요구 등】 ① 체신관서는 보험계약에 관하여 필요하다고 인정하면 보험계약자 또는 보험수익자로 하여금 정당한 권리자임을 증명하게 하거나 보증인의 선정을 요구할 수 있다.
② 보험계약자 또는 보험수익자가 체신관서에 대한 의무를 이행하지 아니하였을 때에는 제1항에 따른 보증인이 책임을 진다.

제40조 【각종 증서의 재발급】 보험계약자 또는 보험수익자는 보험증서, 보험금 또는 환급금 지급증서, 보험료 반환증서 또는 보험대출금 지급증서를 훼손하거나 분실한 경우에는 체신관서에 재발급을 청구할 수 있다.

제2절 계약의 성립

제41조 【보험계약의 청약】 ① 보험계약을 체결하려는 자는 법 제25조 제1항에 따라 제1회 보험료와 함께 보험계약청약서를 체신관서에 제출하여야 한다.
② 체신관서가 법 제25조 제1항 따라 보험계약의 청약을 승낙하지 아니한 경우에는 제1회 보험료(선납보험료를 포함한다)를 해당 청약자에게 반환하여야 한다.
③ 법 제25조 제3항에 따라 보험증서에 적어야 할 사항은 다음 각 호와 같다.
  1. 보험의 종류별 명칭
  2. 보험금액
  3. 보험료
  4. 보험계약자(보험계약자가 2인 이상인 경우에는 그 대표자를 말한다)·피보험자 및 보험수익자의 성명·주소 및 생년월일
  5. 보험기간 및 보험료 납입기간
  6. 보험증서의 작성연월일 및 번호
  7. 그 밖에 우정사업본부장이 정하는 사항

제42조 【특약의 설정】 보험계약자는 제35조 제2항에 따라 고시한 상품별 주계약에 부가하여 같은 고시에 따른 특약을 설정할 수 있다.

제43조 【보험약관】 법 제27조 제1항에 따라 보험약관으로 정할 사항은 다음 각 호와 같다.
1. 보험금의 지급사유
2. 보험계약의 변경
3. 보험계약의 무효사유
4. 보험자의 면책사유
5. 보험자의 의무의 한계
6. 보험계약자 또는 피보험자가 그 의무를 이행하지 아니한 경우에 받는 손실
7. 보험계약의 전부 또는 일부의 해지사유와 해지한 경우의 당사자의 권리·의무
8. 보험계약자 또는 보험수익자가 이익금 또는 잉여금을 배당받을 권리가 있는 경우 그 범위
9. 그 밖에 보험계약에 관하여 필요한 사항

제44조 【면접 및 신체검사】 ① 체신관서는 보험계약의 청약이 있을 때에는 다음 각 호의 어느 하나에 해당하는 자에게 피보험자를 면접하게 할 수 있다.
1. 체신관서의 직원
2. 우정사업본부장이 지정한 개인 또는 법인
② 제1항 제2호에 따른 개인 또는 법인의 자격 및 지정절차 등에 관하여 필요한 사항은 우정사업본부장이 정한다.

③ 체신관서가 제1항에 따른 면접을 요청하면 보험계약을 청약한 자는 즉시 피보험자로 하여금 그 면접에 응하게 하여야 한다.
④ 법 제29조 단서에 따라 신체검사를 받아야 하는 사람은 다음 각 호의 사람으로 한다.
1. 중증의 병력(病歷)이 있거나 현재 증세가 있다고 판단되는 사람
2. 신체상의 결함이 있어 「보험업법」 제2조 제6호에 따른 보험회사로부터 보험계약의 청약이 거절된 사실이 있는 사람
3. 제1항에 따른 면접 결과 신체검사를 실시할 필요가 있다고 인정되는 사람
⑤ 제3항에 따른 신체검사에 필요한 비용은 체신관서가 부담한다.

제45조 【보험계약의 변경】 ① 법 제34조에 따라 보험계약자는 보험약관에서 정하는 바에 따라 제41조 제3항 각 호(제4호 중 피보험자는 제외한다)의 사항의 변경을 청구할 수 있다. 다만, 제41조 제3항 제1호에 따른 보험의 종류별 명칭의 변경은 보험계약의 효력이 발생한 후 2년이 지나야 한다.
② 보험계약자 또는 보험수익자는 보험료를 납입하는 체신관서와 보험금·환급금·보험료 반환금 및 대출금 등을 지급하는 체신관서의 변경을 청구할 수 있다.
③ 보험계약자는 보험계약자·보험수익자·피보험자의 성명이 잘못 표기되어 이를 변경하려는 경우에는 그 사실을 증명하는 서류를 첨부하여 체신관서에 정정을 청구하여야 한다.

제46조 【보험계약의 해지사유】 ① 법 제35조 제2항에서 "과학기술정보통신부령으로 정하는 중요한 사항"이란 다음 각 호에 해당하는 사항을 말한다.
1. 피보험자의 신체의 이상, 과거 증세, 현재 증세 및 기능장애
2. 신체상의 결함이 있어 「보험업법」 제2조 제6호에 따른 보험회사로부터 보험계약의 청약이 거절된 사실이 있는 경우에는 그 사실
3. 피보험자의 직업 또는 직종
② 우정사업본부장은 법 제35조 제2항 및 제3항에 따라 보험계약을 해지하였을 때에는 그 사실을 보험계약자에게 알려야 한다.

제3절 보험료의 납입

제47조 【보험료의 납입】 ① 보험계약자는 제2회분 이후의 보험료를 약정한 납입방법으로 해당 보험료의 납입 해당 월의 납입기일까지 납입해야 한다.
② 보험계약자는 보험료를 1개월·3개월·6개월·1년 단위로 납입하거나 한꺼번에 납입할 수 있다.
③ 보험계약자는 다음 각 호의 방법 중 한 가지 방법을 선택하여 보험료를 납입할 수 있다.
1. 삭제
2. 보험계약자가 체신관서에 직접 납입하는 방법
3. 자동적으로 계좌에서 이체하여 납입하는 방법
4. 「여신전문금융업법」 제2조 제3호에 따른 신용카드 및 같은 조 제6호에 따른 직불카드로 납입하는 방법
5. 「전자금융거래법」 제2조 제13호에 따른 직불전자지급수단으로 납입하는 방법
④ 제3항 제4호 및 제5호에 따른 방법으로 보험료를 납입할 수 있는 우체국보험의 종류 및 보험료 납입방법 등은 우정사업본부장이 정하여 고시한다.
⑤ 보험계약자는 제2항 및 제3항에 따른 보험료 납입방법의 변경을 청구할 수 있다.
⑥ 보험계약자는 보험료 납입기간에 보험약관에서 정한 보험금 지급사유(보험계약 소멸사유와 보험료 납입 면제사유로 한정한다)가 발생한 경우에 그 발생일이 그 달의 계약일에 해당하는 날 전이면 해당 월의 보험료는 납입하지 아니한다.

제48조 【보험료의 할인】 ① 우정사업본부장은 보험계약자가 한꺼번에 3개월분 이상의 보험료를 선납(先納)하는 경우에는 그 보험료를 할인할 수 있다.
② 우정사업본부장은 보험계약자가 보험료(최초의 보험료는 제외한다)를 제47조 제3항 제2호 또는 제3호의 방법으로 납입하는 경우에는 재무건전성을 해치지 않는 범위 내에서 그 보험료를 할인할 수 있다.
③ 제1항과 제2항에 따른 보험료의 할인율 및 할인방법은 우정사업본부장이 정한다.

제49조 【보험료의 단체 납입】 ① 보험계약자는 5명 이상의 단체를 구성하여 보험료의 단체 납입을 청구할 수 있다.
② 우정사업본부장은 보험계약자가 보험료를 단체납입하는 경우에는 재무건전성을 해치지 않는 범위 내에서 그 보험료를 할인할 수 있다.

제50조 【보험료 납입 유예기간】 법 제37조 제1항에 따른 보험료 납입 유예기간은 해당 월분 보험료의 납입기일부터 납입기일이 속하는 달의 다음 다음 달의 말일까지로 한다. 다만, 유예기간의 만료일이 공휴일인 경우에는 그 다음 날까지로 한다.

제51조 【보험료의 납입 면제】 ① 보험의 종류에 따라 보험약관에서 정한 보험료의 납입 면제사유에 해당하는 경우에는 보험료의 납입을 면제한다.
② 보험계약자 또는 보험수익자는 제1항에 따라 보험료의 납입을 면제받으려면 「의료법」 제3조에 따른 의료기관(「의료법」 제3조에 따른 의료기관과 동등하다고 체신관서에서 인정하는 국외 의료기관을 포함한다. 이하 같다)에서 발행한 진단서를 체신관서에 제출하여야 한다. 다만, 공익사업 등 별도의 목적으로 개발된 보험으로서 우정사업본부장이 정하는 보험은 제외한다.

제4절 보험금 등의 지급

제52조 【보험금 지급사유의 발생 통보】 보험계약자 또는 보험수익자는 보험기간 만료 전에 보험약관에서 정한 보험금 지급사유가 발생하였을 때에는 지체 없이 그 사실을 체신관서에 알려야 한다.

제53조 【보험금의 지급청구】 ① 보험수익자가 보험약관에서 정한 보험금 지급사유가 발생하여 보험금의 지급을 청구할 때에는 보험금 지급청구서에 다음 각 호의 구분에 따른 서류 및 법 제27조 제1항에 따라 보험약관으로 정한 서류를 첨부하여 체신관서에 제출하여야 한다.
1. 사망의 경우: 「의료법」 제3조에 따른 의료기관에서 발행한 사망진단서 또는 사체검안서(死體檢案書)
2. 장해의 경우: 「의료법」 제3조에 따른 의료기관에서 발행한 장해진단서
3. 질병 또는 상해의 경우: 「의료법」 제3조에 따른 의료기관에서 발행한 진단서 등 질병 또는 상해를 증명할 수 있는 서류
4. 수술하거나 입원한 경우: 그 사실을 증명할 수 있는 서류
② 제1항에 따른 보험금의 지급은 즉시 지급하는 즉시지급 또는 심사에 의하여 지급하는 심사지급의 방법으로 한다.

제54조 【보험금의 즉시지급】 보험수익자는 다음 각 호의 어느 하나에 해당하는 경우에는 보험약관에서 정하는 바에 따라 보험금의 즉시지급을 청구할 수 있다.
1. 보험기간이 만료된 경우
2. 보험기간 만료 전에 생존보험금 지급사유가 발생한 경우
3. 그 밖에 우정사업본부장이 정하여 고시하는 사유가 발생한 경우

제55조 【보험금의 감액 지급 등】 ① 법 제31조에 따라 체신관서는 보험계약의 효력이 발생한 후 2년 이내에 피보험자가 재해 외의 원인으로 사망하거나 제1급 장해상태가 된 경우에는 보험약관에 따라 보험금의 일부만을 지급한다.
② 법 제44조 제2항에 따른 보험금의 감액지급률은 지급하여야 할 보험금의 100분의 50의 범위에서 보험사고의 발생률 등을 고려하여 우정사업본부장이 정한다.
③ 체신관서가 법 제44조 제1항에 따라 보험금을 감액하여 지급하기로 하였을 때에는 그 지급률을 체신관서의 게시판에 공고하여야 한다.

제56조 【환급금의 지급】 ① 법 제38조에 따른 환급금(이하 '환급금'이라 한다)의 범위는 우정사업본부장이 정하여 고시한다.
② 체신관서가 환급금을 지급할 때에는 보험계약자로 하여금 보험금 지급청구서를 작성하여 제출하게 하고, 그 신원을 확인할 수 있는 신분증명서로 정당한 권리자인지를 확인하여야 한다.

제57조 【공익급여의 지급】 ① 체신관서는 수입보험료의 일부를 공익급여(公益給與)로 지급할 수 있다.
② 제1항에 따른 공익급여 지급대상 보험의 종류별 명칭과 공익급여의 지급대상, 지급범위 및 지급절차 등은 우정사업본부장이 정한다.

제5절 대출

제58조 【대출금】 법 제41조에 따라 대출을 할 수 있는 금액의 범위는 보험종류별로 우정사업본부장이 정한다.

제59조 【대출기간 및 대출금의 이자계산】 ① 제58조에 따른 대출금의 이자율은 「은행법」 제2조 제1항 제2호에 따른 금융기관의 1년 만기 정기예금의 이자율을 고려하여 우정사업본부장이 정한다.

② 이자의 계산 단위는 원 단위로 하되, 그 수입금 또는 지급금에 10원 미만의 끝수가 있을 때에는 「국고금 관리법」 제47조에 따라 그 끝수는 계산하지 아니한다.
③ 대출기간의 계산은 대출받은 날의 다음 날부터 변제일까지로 하며, 대출금의 이자는 보험계약자가 이자 납기일까지 체신관서에 납입하여야 한다.
④ 보험계약자가 대출금의 이자를 이자 납기일까지 체신관서에 납입하지 아니한 경우 미납된 이자는 납기일의 다음 날에 대출원금에 산입된 것으로 본다. 이 경우 다음 납기일부터의 대출금 이자는 미납된 이자를 합산한 대출금을 기준으로 계산한다.

제60조 삭제

제5절의2 재보험

제60조의2【재보험의 가입한도】법 제46조의2 제2항에 따른 재보험(再保險)의 가입한도는 사고 보장을 위한 보험료의 100분의 80 이내로 한다.

제60조의3【재보험회사의 기준】보험의 재보험을 계약할 수 있는 보험회사는 「보험업법」 제4조에 따른 재보험의 영업허가를 받은 보험회사 또는 같은 법 제2조 제8호에 따른 외국보험회사로서 다음 각 호의 어느 하나의 요건을 갖춘 자로 한다.
1. 국내외 감독기관이 정하는 재무건전성에 관한 기준을 충족할 것
2. 국제적으로 인정받는 신용평가기관에서 실시한 최근 3년 이내의 신용평가에서 평가등급(이에 상응하는 국내 신용평가기관의 신용 등급을 포함한다)이 투자적격일 것

제6절 모집 등의 업무취급 및 보상금

제61조【보험의 모집 등】① 다음 각 호의 어느 하나에 해당하는 자는 보험의 모집과 보험료의 수납을 할 수 있다.
1. 체신관서의 직원
2. 우정사업본부장이 지정하는 개인 또는 법인
② 제1항 제2호에 따른 개인 또는 법인의 자격 및 지정절차 등에 관하여 필요한 사항은 우정사업본부장이 정한다.

제62조【보험 증대 활동의 경비】① 법 제8조 제2항에 따른 보험의 증대와 유지를 위하여 필요한 경비(이하 '보험증대활동경비'라 한다)의 종류는 다음 각 호와 같다.
1. 보험 모집 등 보험의 증대와 유지를 위한 영업을 촉진하는 데 필요한 경비(이하 '영업촉진경비'라 한다)
2. 우체국이라는 명칭의 사용료
3. 법 제46조에 따른 부당이득의 징수를 위한 활동에 필요한 경비
4. 제62조의2에 따른 부당이득 신고포상금
② 우정사업본부장은 법 제8조 제2항에 따라 영업촉진경비를 다음 각 호의 금액을 합한 범위에서 지급할 수 있다.
1. 모집한 보험금액의 1천분의 2에 해당하는 금액
2. 수납한 보험료의 100분의 1에 해당하는 금액
③ 우정사업본부장은 영업촉진경비를 다음 각 호의 구분에 따른 지급기준을 고려하여 해당 관서에 지급한다.
1. 보험업무를 취급하는 체신관서: 보험의 모집 및 수금 실적
2. 지방우정청: 지방우정청 소속 관서의 실적
④ 보험증대활동경비의 지급방법·지급시기, 그 밖에 보험증대활동경비의 지급에 필요한 사항은 우정사업본부장이 정한다.

제61조의2【부당이득 신고포상금】우정사업본부장은 법 제46조 제1항에 따른 거짓이나 그 밖의 부정한 방법으로 보험금을 지급받은 자를 신고하는 자에게 우정사업본부장이 정하여 고시하는 바에 따라 예산의 범위에서 포상금을 지급할 수 있다.

제63조【보상금의 종류 및 지급대상】법 제48조 제2항에 따른 보상금의 종류 및 지급대상은 다음 각 호와 같다.
1. 모집자 보상금: 직접 모집한 자(모집 형태에 따라 지급률을 다르게 할 수 있다)
2. 관서 영업지원 보상금: 보험업무를 취급하는 체신관서
3. 삭제
4. 유지관리 보상금: 보험료를 수납하여 보험계약을 유지·관리하는 자
5. 유공자 보상금: 보험의 모집 및 유지·관리가 우수하여 보험수입 증대에 기여한 공로가 큰 자, 그 밖에 보험사업 발전에 기여한 공로가 크다고 우정사업본부장이 인정한 자(보험사업을 취급하는 체신관서를 포함한다)
6. 모집자 육성 보상금: 제61조 제1항 제2호에 따른 개인 또는 법인의 육성에 기여한 공로가 크다고 우정사업본부장이 인정하는 자(보험업무를 취급하는 체신관서를 포함한다)
7. 비례보상금: 제61조 제1항 제2호에 따른 개인 또는 법인 중 우정사업본부장이 정하는 자

제64조【보상금의 지급률 및 지급절차 등】① 보상금의 지급률은 별표 2의 보상금 지급률의 범위에서 우정사업본부장이 정한다.
② 제63조 제7호에 따른 비례보상금을 지급받는 자에 대해서는 우정사업본부장이 정하는 바에 따라 별도의 금액을 보상금에 더하여 지급할 수 있다.
③ 제1항 및 제2항에서 규정한 사항 외에 보상금의 지급방법 및 지급절차 등에 관하여 필요한 사항은 우정사업본부장이 정한다.

제7절 삭제

제65조 삭제

제66조 삭제

제67조 삭제

제68조 삭제

제69조 삭제

제70조 삭제

제71조 삭제

제72조 삭제

제73조 삭제

에듀윌이
너를
지지할게

ENERGY

내가 꿈을 이루면
나는 다시 누군가의 꿈이 된다.

- 이도준

에듀윌
계리직
공무원

에듀윌 계리직공무원 기본서 예금일반

발 행 일	2024년 2월 20일 초판
편 저 자	에듀윌 공무원시험연구소 · 박상규
펴 낸 이	양형남
펴 낸 곳	(주)에듀윌
등록번호	제25100-2002-000052호
주 소	08378 서울특별시 구로구 디지털로34길 55 코오롱싸이언스밸리 2차 3층

* 이 책의 무단 인용 · 전재 · 복제를 금합니다.

www.eduwill.net
대표전화 1600-6700

여러분의 작은 소리
에듀윌은 크게 듣겠습니다.

본 교재에 대한 여러분의 목소리를 들려주세요.
공부하시면서 어려웠던 점, 궁금한 점,
칭찬하고 싶은 점, 개선할 점, 어떤 것이라도 좋습니다.

에듀윌은 여러분께서 나누어 주신 의견을
통해 끊임없이 발전하고 있습니다.

에듀윌 도서몰 book.eduwill.net
- 부가학습자료 및 정오표: 에듀윌 도서몰 → 도서자료실
- 교재 문의: 에듀윌 도서몰 → 문의하기 → 교재(내용, 출간) / 주문 및 배송

에듀윌에서 꿈을 이룬
합격생들의 진짜 **합격스토리**

에듀윌 강의·교재·학습시스템의 우수성을
합격으로 입증하였습니다!

김○은 국가직 9급 일반행정직 최종 합격

에듀윌만의 커리큘럼 덕분에 공시 3관왕 달성

혼자서 공부하다 보면 지금쯤 뭘 해야 하는지, 내가 잘하고 있는지 걱정이 될 때가 있는데 에듀윌 커리큘럼은 정말 잘 짜여 있어 고민할 필요 없이 그대로 따라가면 되는 시스템이었습니다. 커리큘럼이 기본이론-심화이론-단원별 문제풀이-기출 문제풀이-파이널로 풍부하게 구성되어 인강만으로도 국가직, 지방직, 군무원 3개 직렬에 충분히 합격할 수 있었습니다. 혼자 공부하다 보면 내 위치를 스스로 가늠하기 어려운데, 매달 제공되는 에듀윌 모의고사를 통해서 제 수준이 어느 정도인지 파악할 수 있어서 좋았습니다.

황○규 국가직 9급 세무직 최종 합격

아케르 시스템으로 생활 패턴까지 관리해 주는 에듀윌

공무원 시험을 준비하려고 마음먹었을 때 에듀윌이 가장 먼저 떠올랐습니다. 특히 에듀윌 학원은 교수님 선택 폭도 넓고 세무직은 현강에서 스터디까지 해 주기 때문에 선택했습니다. 학원에서는 옆에 앉은 학생들의 공부하는 모습을 보면서 자극을 받고 집중해서 공부할 수 있었습니다. 무엇보다 잘 짜인 에듀윌 학원 커리큘럼과 매니저님들의 스케줄 관리, 아케르 출석 체크를 활용한 규칙적인 생활 패턴 덕분에 합격할 수 있었다고 생각합니다.

편○혁 일반 순경 최종 합격

에듀윌의 강의로 경찰 공무원 합격

에듀윌 교수님들이 수업 시간에 친절하고 자세하게 설명해 주셔서 초반에 어려움 없이 학업을 이어갈 수 있었습니다. 열심히 하다 보면 붙는다는 말이 처음에는 미덥지 않았지만, 열심히 하다 보니까 합격까지 오게 되었습니다. 여러분들도 에듀윌을 믿고 따라가다 보면 분명히 합격할 수 있을 것입니다.

다음 합격의 주인공은 당신입니다!

더 많은
합격스토리

합격자 수 2,100% 수직 상승! 매년 놀라운 성장

에듀윌 공무원은 '합격자 수'라는 확실한 결과로 증명하며 지금도 기록을 만들어 가고 있습니다.

합격자 수를 폭발적으로 증가시킨 0원 평생패스

| 합격 시 수강료 0원 | + | 합격할 때까지 평생 무제한 수강 | + | 24년 시험 대비 개정 학습자료 모두 제공 |

※ 환급내용은 상품페이지 참고. 상품은 변경될 수 있음.

상품 페이지

* 2017/2022 에듀윌 공무원 과정 최종 환급자 수 기준

에듀윌 **직영학원**에서 합격을 수강하세요

언제나 전문 학습 매니저와 상담이 가능한 안내데스크

고품질 영상 및 음향 장비를 갖춘 최고의 강의실

재충전을 위한 카페 분위기의 아늑한 휴게실

에듀윌의 상징 노란색의 환한 학원 입구

에듀윌 직영학원 대표전화

공인중개사 학원 02)815-0600	공무원 학원 02)6328-0600	편입 학원 02)6419-0600
주택관리사 학원 02)815-3388	소방 학원 02)6337-0600	세무사·회계사 학원 02)6010-0600
전기기사 학원 02)6268-1400	부동산아카데미 02)6736-0600	

공무원학원 바로가기

꿈을 현실로 만드는
에듀윌

DREAM

공무원 교육
- 선호도 1위, 신뢰도 1위! 브랜드만족도 1위!
- 합격자 수 2,100% 폭등시킨 독한 커리큘럼

자격증 교육
- 8년간 아무도 깨지 못한 기록 합격자 수 1위
- 가장 많은 합격자를 배출한 최고의 합격 시스템

직영학원
- 직영학원 수 1위
- 표준화된 커리큘럼과 호텔급 시설 자랑하는 전국 22개 학원

종합출판
- 온라인서점 베스트셀러 1위!
- 출제위원급 전문 교수진이 직접 집필한 합격 교재

어학 교육
- 토익 베스트셀러 1위
- 토익 동영상 강의 무료 제공
- 업계 최초 '토익 공식' 추천 AI 앱 서비스

콘텐츠 제휴 · B2B 교육
- 고객 맞춤형 위탁 교육 서비스 제공
- 기업, 기관, 대학 등 각 단체에 최적화된 고객 맞춤형 교육 및 제휴 서비스

부동산 아카데미
- 부동산 실무 교육 1위!
- 상위 1% 고소득 창업/취업 비법
- 부동산 실전 재테크 성공 비법

학점은행제
- 99%의 과목이수율
- 16년 연속 교육부 평가 인정 기관 선정

대학 편입
- 편입 교육 1위!
- 업계 유일 500% 환급 상품 서비스

국비무료 교육
- '5년우수훈련기관' 선정
- K-디지털, 산대특 등 특화 훈련과정
- 원격국비교육원 오픈

에듀윌 교육서비스 **공무원 교육** 9급공무원/7급공무원/경찰공무원/소방공무원/계리직공무원/기술직공무원/군무원 **자격증 교육** 공인중개사/주택관리사/감정평가사/노무사/전기기사/경비지도사/검정고시/소방설비기사/소방시설관리사/사회복지사1급/건축기사/토목기사/직업상담사/전기기능사/산업안전기사/위험물산업기사/위험물기능사/유통관리사/물류관리사/행정사/한국사능력검정/한경TESAT/매경TEST/KBS한국어능력시험·실용글쓰기/ITX자격증/국제무역사/무역영어 **어학 교육** 토익 교재/토익 동영상 강의/인공지능 토익 앱 **세무·회계** 회계사/세무사/전산세무회계/ERP정보관리사/재경관리사 **대학 편입** 편입 교재/편입 영어·수학/경찰대/의치대/편입 컨설팅·면접 **직영학원** 공무원학원/소방학원/공인중개사 학원/주택관리사 학원/전기기사학원/세무사·회계사 학원/편입학원 **종합출판** 공무원·자격증 수험교재 및 단행본 **학점은행제** 교육부 평가인정기관 원격평생교육원(사회복지사2급/경영학/CPA)/교육부 평가인정기관 원격 사회교육원(사회복지사2급/심리학) **콘텐츠 제휴·B2B 교육** 교육 콘텐츠 제휴/기업 맞춤 자격증 교육/대학 취업역량 강화 교육 **부동산 아카데미** 부동산 창업CEO/부동산 경매 마스터/부동산 컨설팅 **국비무료 교육 (국비교육원)** 전기기능사/전기(산업)기사/소방설비(산업)기사/IT(빅데이터/자바프로그램/파이썬)/게임그래픽/3D프린터/실내건축디자인/웹퍼블리셔/그래픽디자인/영상편집(유튜브)디자인/온라인 쇼핑몰광고 및 제작(쿠팡, 스마트스토어)/전산세무회계/컴퓨터활용능력/ITQ/GTQ/직업상담사

교육 문의 **1600-6700** www.eduwill.net

- 2022 소비자가 선택한 최고의 브랜드 공무원·자격증 교육 1위 (조선일보) • 2023 대한민국 브랜드만족도 공무원·자격증·취업·학원·편입·부동산 실무 교육 1위 (한경비즈니스) • 2017/2022 에듀윌 공무원 과정 최종 환급자 수 기준 • 2023년 성인 자격증, 공무원 직영학원 기준 • YES24 공인중개사 부문, 2024 공인중개사 오시훈 합격서 부동산공법 이론+체계도(2024년 1월 월별 베스트) 그 외 다수 교보문고 취업/수험서 부문, 2020 에듀윌 농협은행 6급 NCS 직무능력평가-실전모의고사 4회 (2020년 1월 27일~2월 5일, 인터넷 주간 베스트) 그 외 다수 YES24 컴퓨터활용능력 부문, 2024 컴퓨터활용능력 1급 필기 초단기끝장(2023년 10월 3~4주 주별 베스트) 그 외 다수 인터파크 자격서/수험서 부문, 에듀윌 한국사능력검정시험 2주끝장 심화 (1, 2, 3급) (2020년 6~8월 월간 베스트) 그 외 다수 • YES24 국어 외국어사전 영어 토익/TOEIC 기출문제/모의고사 분야 베스트셀러 1위 (에듀윌 토익 READING RC 4주끝장 리딩 종합서, 2022년 9월 4주 주별 베스트) • 에듀윌 토익 교재 입문~실전 인강 무료 제공 (2022년 최신 강좌 기준/109강) • 2023년 종강반 중 모든 평가항목 정상 참여자 기준, 99% (평생교육원 사회교육원 기준) • 2008년~2023년까지 약 220만 누적수강학점으로 과목 운영 (평생교육원 기준) • A사, B사 최대 200% 환급 서비스 (2022년 6월 기준) • 에듀윌 국비교육원 구로센터 고용노동부 지정 "5년우수훈련기관" 선정 (2023~2027) • KRI 한국기록원 2016, 2017, 2019년 공인중개사 최다 합격자 배출 공식 인증 (2024년 현재까지 업계 최고 기록)